商务部十三五规划教材

农业企业经营管理学

何忠伟　主　编

中国商务出版社
CHINA COMMERCE AND TRADE PRESS

图书在版编目（CIP）数据

农业企业经营管理学 / 何忠伟主编 . —— 北京：中
国商务出版社，2016.7
ISBN 978-7-5103-1522-0

Ⅰ . ①农… Ⅱ . ①何… Ⅲ . ①农业企业管理 – 高等学
校 – 教材 Ⅳ . ① F306

中国版本图书馆 CIP 数据核字（2016）第 177249 号

商务部十三五规划教材

农业企业经营管理学

NONGYE QIYE JINGYING GUANLIXUE

主　　编　何忠伟

副 主 编　赵海燕　桂　琳　赵连静

出　　版：中国商务出版社
社　　址：北京市东城区安外东后巷 28 号　　　　邮　　编：100710
责任部门：经管与人文社科事业部（010-64255862　cctpress@163.com）
策划编辑：王筱萌
责任编辑：王筱萌
直销客服：010-64255862
传　　真：010-64255862
总 发 行：中国商务出版社发行部（010-64266193　64515150）
网购零售：中国商务出版社淘宝店（010-64286917）
网　　址：http://www.cctpress.com
网　　店：http://cctpress.taobao.com
邮　　箱：cctp@cctpress.com
排　　版：北京原创天下文化传播有限公司
印　　刷：北京墨阁印刷有限公司
开　　本：185 毫米 ×260 毫米　　　1/16
印　　张：24.5　　　　　　　　　　　　　字　　数：516 千字
版　　次：2016 年 8 月第 1 版　　　　　　印　　次：2016 年 8 月第 1 次印刷
书　　号：ISBN 978-7-5103-1522-0
定　　价：42.80 元

编 委 会

主　编　何忠伟

副主编　赵海燕　桂　琳　赵连静

前　言

农业企业经营管理学是高等农林院校农业经济管理类必修课教材。全书共分十章，第一章对农业企业的概念、特征、类型进行了界定，介绍农业企业职能及农业企业管理的内涵、性质等；第二章介绍农业企业经营组织的形式、结构设计等；第三章对农业企业经营战略环境分析、经营战略及经营决策进行分析；第四章阐述了农业企业要素，其中有形要素包括土地、物资、设备和人力资源，无形要素包括技术、信息和企业文化；第五章诠释了食品安全的内涵及重要性，介绍食品安全监管体制、农业企业产品质量管理等；第六章介绍企业物流的概念、特征及功能等；第七章介绍农业企业营销管理概念及发展阶段、农业企业战略管理内涵等；第八章介绍农业企业财务管理、利润管理和经营效益评价等；第九章介绍农业企业经营风险、风险规避等；第十章提出中国农业企业实现国际化的途径与方式。

本教材是北京市优秀教学团队"农林经济管理教学团队"在总结教学经验，吸收世界各国农业企业管理的优秀成果，梳理我国农业企业管理实践的基础上编写的。具体分工为：何忠伟负责设计与统稿，编写第一章、第二章、第三章；赵海燕编写第四章、第五章、第十章，桂琳编写第六章、第七章；赵连静编写第八章、第九章。

本教材得到了"教育部卓越农林人才培养计划"和"北京市属高等学校高层次人才引进与培养计划项目（CIT&TCD20140314）"的资助，也是北京市精品课程"农业企业经营管理学"和"农林经济管理"国家级特色专业的建设成果之一。既可作为全国高等农林院校农业经济管理专业相关课程的教材，也可供从事农业经济管理方面实际工作、理论研究和政策制订的人员参考。

在编写过程中，我们借鉴了国内外许多学者的一些成果，得到了许多专家的指导与帮助以及中国商务出版社的大力支持，在此一并感谢。由于编者水平所限，教材中难免存在纰漏，恳请读者批评指正。

编　者

2016 年 3 月

目 录

第一章

绪　论

学习目标

1. 了解企业和农业企业的概念与特征；

2. 掌握农业企业的职能；

3. 理解经营与管理的区别及联系；

4. 掌握农业企业经营经营管理的内涵。

第一节　农业企业的概念和职能

🍂 案例导入

中粮集团——世界 500 强企业之一

中粮集团有限公司（COFCO）是世界 500 强企业，也是中国领先的农产品、食品领域多元化产品和服务供应商。该企业集农产品贸易、物流、加工和粮油食品生产销售为一体，将企业发展与整个世界的粮食、食品的供应和需求形势连在一起，通过国际化战略布局，创造全新商业模式，打造从田间到餐桌的全产业链。目前，中粮资产超过 719 亿美元，336 个分公司和机构覆盖 140 多个国家和地区，全球仓储能力 3100 万吨，年经营总量近 1.5 亿吨，年加工能力 8950 万吨，年港口中转能力 5400 万吨。在中国拥有超过 180 家工厂，230 万家终端售点遍布中国 952 个大中城市、十几万个县乡村。同时还拥有包括种植、采购、仓储、物流和港口在内的全球生产采购平台和贸易网络，并在全球最大的粮食产地南美、黑海等国家及地区和拥有全球最大粮食需求增量的亚洲新兴市场间建立起稳定的粮食走廊。

2015 年 11 月 13~18 日，集团董事长宁高宁作为 APEC 工商咨询理事会联席主席出席在菲律宾马尼拉举行的年度第四次会议。宁高宁主持第一小组分组对话会，带领 11 位 ABAC 代表与中国国家主席习近平、韩国总统朴槿惠、马来西亚总理纳吉布和秘鲁总统乌马拉等 APEC 经济体领导人就服务业促进经济增长、亚太自贸区建设、基础设施融资、中小企业发展、可持续发展等问题进行了面对面的对话交流，取得了良好的效果，同时担任对话"协调人"，陪同习近平主席全程出席与 ABAC 代表的对话活动。

（资料来源：中粮集团官网，2015 年 11 月 30 日）

🍂 案例思考

什么是企业？农业企业具有哪些特殊职能？

一、企业的概念

企业通常是指从事商品生产、流通、服务等经济活动，通过商品或劳务交换去满足社会需要从而取得盈利，实行独立核算、自主经营、自担风险、自负盈亏的依法设立的经济组织。

二、企业特征

企业是商品生产和商品交换发展到一定阶段的产物，具有如下特征。

（一）企业是从事生产、流通、服务等经济活动的协作组织

企业作为一个组织实体，它是由投资人通过一定的方式把一定数量和质量的劳动力和生产资料集合在一起，为特定的生产目的而组成的生产经营体系并进行协作劳动。企业区别于个体劳动的一个重要特征是，它是众多劳动者进行协作劳动的场所。

（二）企业是以盈利为目标的商品生产者

企业的生产不是为自己而进行的，而是为了以其产品或劳务同消费者通过等价交换去满足社会需要而获得盈利。商品性和营利性是企业的最重要特征，也是它区别于其他非经济性组织的重要标志。获取盈利是企业存在的基本理由，但是企业的利润源泉或生存发展的机会并不取决于企业自身的盈利动机，盈利也并不必然表现为经营常态。企业只有以为消费者或顾客服务为宗旨，保持内部条件、外部环境和经营目标的动态平衡，才能获得更好的发展。

（三）企业是享有独立经营自主权的市场经济主体

企业作为投入各方为谋求一定利益结合而形成的利益共同体，只有实现其整体的发展和利润的增长才能满足和协调各方面的利益需要，所以必然要求企业拥有独立的经营自主权，实行自主决策、自主经营、独立核算、自负盈亏。

（四）企业一般是具有独立人格或法律主体资格的法人

企业作为一种社会经济组织，只要是按照相应条件依法登记设立，而且能够以企业的名义进行民事活动并承担责任，享有民事权利和义务，它就具备了成为法人的基本条件。企业法人是一种常见形态，但不是所有的企业都是法人企业。

三、农业企业的概念

农业企业（Agricultural Enterprise, Agribusiness）是指从事农、林、牧、副、渔业等生产经营活动，具有较高的商品率，实行自主经营、独立经济核算，具有法人资格的营利性的经济组织。

四、农业企业的特征

（一）农业企业的经营对象是农作物和农产品

这是农业企业区别于其他工商企业的最显著特点。农产品生产涉及多种自然因素和经济因素，有些因素可以控制，有些因素则无法控制。农产品具有生产资料和消费资料的双重属

性。作为生产资料，农产品一般是农业加工企业的原材料，农产品质量和品质至关重要，将会直接影响加工企业下一个再生产过程中产品的质量和产量。

（二）农业企业的经济效益带有较大的不确定性

农业生产过程周期长，受客观因素尤其是自然条件的影响较大，不可控因素较多，加之市场风险的影响，自然风险和市场风险双重夹击致使农业经营风险较大，投入与产出的因果关联常受偶然因素的影响，经营结果难以准确测定，经济效益常有波动。

2015 年中国玉米价格可能影响到 GDP 的增速 1 个百分点

2015 年玉米价格下跌明显，相比去年价格平均下跌 20% 以上，最高跌幅达 30%。有分析人士指出，玉米收储价格大幅度下滑或与国内玉米市场供求严重失衡有关。相关监测数据也显示，9 月上旬，国内产区和销区玉米平均批发价格分别比去年同期下跌 14.9%、11.8%。其中，华北黄淮产区价格同比下跌 20.2%，为 2011 年 5 月以来的最低水平，部分地区价格已跌至 2000 元 / 吨以下。与此同时，据海关数据显示，2015 年 10 月中国进口玉米 4 万吨，同比 2014 年 10 月增长 62.3%；2015 年 1~10 月累计进口玉米 458 万吨，同比 2014 年 1~10 月累计增加 164.2%。10 月 8 日，国家粮食局发布通知用两个"前所未有"来形容当前的粮食储存形势："目前我国粮食库存达到新高，各类粮油仓储企业储存的粮食数量之大前所未有，储存在露天和简易存储设施中的国家政策性粮食数量之多也前所未有。"

今年粮价 20% 以上的跌幅直接影响农民可支配收入近千亿元，按照上半年我国农民的 78% 的消费倾向简单核算，今年粮价大跌直接影响农民消费市场，或影响到 GDP 的增速 1 个百分点。根据发改委公布的农产品成本收益核算体系，玉米生产期间化肥价格变动和当前价格变动，以及国内玉米的播种进行核算：去年玉米的利润是 460 亿元，今年利润则是负 977 亿元，较上年的农民的可支配收入仅此项下降 1437 亿元，按照农村地区消费倾向核算大概影响国民生产总值是 6500 亿元。小麦去年一亩田净利润是 87 块钱，今年是 33 块钱，农民一亩田少收入 54 块钱，与全国麦田相乘大概有 124 亿元的净利润，约下降 190 亿元，如果再除以 0.22 大概是 800 多亿元，今年 GDP 大概是 70 万亿元的规模，小麦和玉米加起来影响 GDP1 个百分点。今年农民收入直线下滑，这自然会对农民的生活造成很大影响。

（**资料来源**：玉米价格信息，2015 年 10 月 18 日）

（三）农业企业作为农业生产的基本单位，其组织形式可以灵活多样

农业企业的组织形式，可以是一个家庭，也可以是几个家庭的联合或公司等；可以是法人企业，也可以是非法人企业（业主制企业和合伙制企业）；其规模可大亦可小。

其中，就规模而言，在经营规模十分狭小时，农业经营便会丧失规模经济效果，因此农业企业无论是何种组织形式，都必须讲究适度规模经营。

（四）农业企业经营成败的因素错综复杂

由产业的特性所决定，农业生产受自然因素制约而周期较长，农业生产决策以及产品结构调整对市场需求的变动的反应相对迟滞，加大了农业企业经营决策的难度，决定农业企业经营成败的因素错综复杂。

五、农业企业的职能

农业企业的职能，是指农业企业在社会经济活动中所产生的功能或发挥的作用。同其他类型企业一样，农业企业既具有企业的共性职能，又具有农业企业的特殊职能。

（一）农业企业的一般职能

1. 组织生产力方面

生产的过程就是创造价值的过程，就是创造财富的过程。在企业中，生产力表现为劳动力、生产资料、生产工具、厂房和资本等。

企业组织生产力具体表现为：

（1）根据市场需求，把握企业发展方向，调整生产结构，规划生产布局，制订各种劳动定额、技术定额及生产操作规程；

（2）依照农业生产过程的季节性、顺序性等特点，配置和合理利用企业经营资源，诸如劳动力、土地、机器设备、物质资料等，生产适销对路的产品，以及处理人与物的关系。

北京诚远隆养殖公司：互联网＋奶牛养殖＝？

北京农学院奶牛营养学北京市重点实验室与动物营养学国家重点实验室通过协同创新，将互联网引进奶牛养殖中，日前建成全国第一个物联网试验牛场，落户北京诚远隆养殖公司。用互联网怎么养牛呢？

信息传输，电脑手机实时查看

当我们走进公司的时候，工作人员正在电脑上仔细监测20里之外的牛场情况。在屏幕上，五六头牛正在悠闲地吃草料。为了让我们更全面地看清楚整个牛场，他切换出8个画面平铺在整个屏幕上，8个广角摄像头对牛实施24小时全天观察、分析和记录。

科学管理，数据监控奶牛养殖

像时尚人士戴的监测深睡眠时间的手环一样，牛场也给每头牛佩戴了"脚环"，分析功能又能对牛的各项指标进行"前情回顾"。对牛场的环境指标如温湿度、光照强度、氨

气浓度及 CO_2 等浓度指标实现了全天候监测与数据的远程可视化查看。温度、湿度和 pH 值等各种体征数据都绘制成了图表，发展趋势、数据比对加上文字说明，极大地方便了试验人员的科研观察和养殖场的管理，科技发展为农牧生产节省的开支一目了然。

远程控制，牛场运作尽在指尖

早上醒来、中午吃饭或是喝杯咖啡的工夫，拿出手机就可以随时掌握牛的动态，调节牛的生活条件。牛场会根据牛具体的表现，给它们提供适合的环境和待遇。通过远程控制，只需三五个人就轻松"玩转"近 300 头牛的养殖场。

在物联网技术的帮助下，物联网牛场作为国家第一个示范性养殖基地，利用手机 APP 或者实验室里的系统，仅凭指尖，就能控制牛场的方方面面。对试验牛场进行实时和全面的监控，为提升奶牛营养学北京市重点实验室研究和建设水平奠定了坚实的基础。远程养牛场只是第一步，相信"互联网＋"给有机农牧生产会带来不可思议的新革命。

（**资料来源**：北京农学院新闻网，2015 年 7 月 9 日）

2. 调节生产关系方面

正确处理农业企业生产经营活动中所发生的人与人之间的关系，以调动人的积极性。它包括企业内部的产权关系，分配关系，所有者、经营者与劳动者之间的责、权、利关系；与企业外部的协作关系，契约合同关系，商品交换关系，债权与债务关系，以及与国家之间的经济关系等。

管理者每天要花一定时间帮助人们在能充分展示自我的环境里高效工作。公司需要依靠员工创造经济效益同时也需要和大家分担责任、制订业务计划，让大家把总目标当作自己的目标。某农业企业公司从创立以来一直秉承一个基本理念，那就是爱。经理视每个员工为公司大家庭的一分子。例如，公司会经常举办员工聚会，经理会自己参与到节目表演中。又如，在一次看电影的晚会上，公司为参加活动的每位员工准备了面包和矿泉水，电影放映前，经理亲自来到会议室，与大家亲切交流，赢得了员工阵阵掌声，让大家更深入感受到公司文化，感受到公司温暖。在日常的管理中，经理对员工进行管理，也跟员工保持接触；他告诉员工，他们是在为谁工作，他们的工作有多重要。公司的理念是，让员工感觉自己很重要。公司鼓励员工释放自己，保持愉快的心情。愉快的工作氛围能使员工服务更加热情，工作效率也大大提高。

（**资料来源**：广东科技，2015 年 8 月）

（二）农业企业的特殊职能

农业的特点决定了农业企业有别于其他类型企业，具有其特殊职能。

1. 为社会提供基本的物质资料

一是生活食用品，如粮、棉、油、蔬菜、水果等直接食用的农副产品；二是生产加工用品，如各种可供生产加工的农副产品等初级原料，这是其他企业所不能替代的职能。

2. 保护自然生态环境

作为以生物有机体为劳动对象的农业企业，不仅要利用生物界和自然界生产各种产品，以满足社会物质需求，而且要依据系统内外环境的生态条件和经济条件，适时增加物质和能量的投入，实行集约化经营和科学化管理，不断改善农业生态环境，形成一个有利于农业生产稳定发展的生态基础和资源基础，使农业企业内部系统与外部系统协调统一。

3. 提高农民组织化程度

提高农民组织化水平，有利于提高农民政治地位、提高农民收入、提高农产品质量水平、缩小城乡差距、发展现代农业。农业企业以其多样的组织化形式，能有效提高农民组织化水平，解决小农户与大市场的矛盾。从目前中国实践发展来看，主要有以下几种形式。

（1）龙头企业带动组合型。即"企业＋农户""企业＋公司（协会）＋农户"模式。该模式以农产品加工企业为龙头，通过订单等契约方式联结广大农户，形成产、加、销紧密衔接的产业组织体系。龙头企业外连市场，内连基地，变农产品的市场交易为组织体系内部交易，降低了交易成本，减少了农户的市场风险，既解决了农产品卖难问题，降低了企业成本，又提高了农业的综合效益。

（2）股份公司型。这是较高水平的集体经济组织形式。公司采取股份制，具体操作上，可将原有的集体资产经过权威机构评估，折价入股，集体资产可作为集体股参股，也可平均分配到农户个人名下，农民可凭现金、土地、机械、劳动等入股，成为共同股东。

（3）农民专业合作社模式。即"企业＋农民专业合作社＋农户"模式。农民专业合作社以其成员为主要服务对象，提供农业生产资料的购买，农产品的销售、加工、运输、储藏以及与农业生产经营有关的技术、信息等服务。同时，农民专业合作社与企业通过订单等契约方式相联结。

丰之源种植养殖农民专业合作社的"公司＋合作社＋农户"

驻马店市驿城区丰之源种植养殖农民专业合作社隶属于河南益农丰达农业科技有限公司，该合作社采取"公司＋合作社＋农户"的经营模式，通过示范种植引导农民致富，带动相关产业发展，发挥基地在当地农户的示范带头作用。目前该合作社吸纳了104名农户参股，注册资金500万元。这里地势平坦，土壤肥沃，水质优良，适宜生产高品质蔬菜。村民将自家土地流转给农民专业合作社后，经过工人装箱、称重后，很快会出现在市区的超市里。该合作社所属的益农丰达果蔬配送中心已初步在市区各大超市及酒店建立销售网络，并配备专业蔬菜配送员30人及运输设备3辆。在驻马店众信果蔬批发市场设有 5 个摊位，建有冷库 50 平方米，严格按照国家蔬菜产品质量配送标准执行，蔬菜直通车保证按时保质保量为消费者提供蔬菜礼品箱配送与销售。具体运作模式如图 1-1 所示。

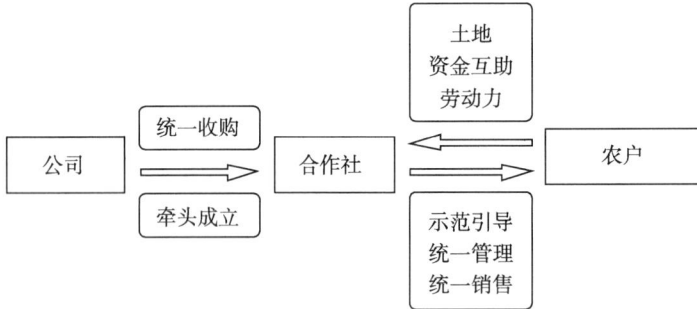

图 1-1　丰之源种植养殖农民专业合作社"公司 + 合作社 + 农户"运作模式

目前，该合作社正在打造"自助式生鲜食品网购商品物流平台"。该物流平台是由网络交易平台、物流配送系统、客服管理中心、前端电子储物柜组成的"网络购物、自助取货"商品流通管理平台。配送公司根据业务发展需要，实行全新物品流通运营模式，即在不同的区域（人口密集的小区、高档社区）布置电子柜配送点，并将配送的物品快递到客户就近的电子储物柜里存放，客户凭有效授权卡或自设的密码自行到存放点取物，让客户"网上购物、随时取货"更加安全方便。未来 5 年内，合作社将采取"统一种苗、统一管理、统一检测、统一品牌、统一销售"的方式，形成以魏庄基地为核心区，以顺河乡小王庄基地、水屯乡刘付汉村基地为辅助基地的万亩高品质蔬菜生产园区及高产示范区。

（资料来源：天中晚报，2014 年 5 月 16 日）

🍁 **动动脑**

1. 为什么企业要以营利为目标？
2. 农业企业有哪些本质特点？
3. 农业企业如何能提高农民的组织化程度？

第二节　农业企业经营管理概述

🍁 **案例导入**

伊利集团如何实现良好经营管理？

内蒙古伊利实业集团股份有限公司，是中国唯一一家同时服务于奥运会和世博会的大型民族企业。伊利以极其稳健的增长态势成为持续发展的乳品行业代表，是目前唯一一家进入全球 10 强的亚洲乳品企业。以下为近几年伊利集团的事迹。

（1）2005—2008 年：依托科技创新，伊利不断调整和优化产品结构，先后推出伊利金典奶、营养舒化奶、巧乐兹冷饮、QQ 星儿童奶、金领冠奶粉、畅轻酸奶等一大批备受消费者青睐的高科技含量、高附加值明星产品，目前伊利高科技含量、高附加值产品占到整体产品结构的 40%，接近国际化水平，在产品结构上与全球接轨。

（2）2013 年 2 月 26 日，河北张北伊利液态奶二期扩建项目竣工投产，该项目被列入河北省重点项目。3 月 15 日，伊利广西工厂在位于南宁—东盟经济开发区建成投产。4 月 2 日，伊利滦县公司二期项目在滦县经济开发区动工，该项目达产后年产 45 万吨高端乳制品。

（3）2014 年 8 月，伊利集团与 SGS（瑞士通用公证行）、LRQA（英国劳氏质量认证有限公司）、Intertek（英国天祥集团）达成战略合作，升级伊利全球质量安全管理保障体系。

（4）2015 年 3 月 26 日，中国乳业龙头伊利集团和全球生命科学领域顶尖学府荷兰瓦赫宁根大学在荷兰首相马克·吕特的见证下，针对"食品安全早期预警系统"及"母乳数据库"等内容签署重要合作协议。这是伊利全球创新网络在 2015 年的重要举措，将有利于推动中国乳业研发水平的整体提升。

（5）2015 年 9 月，伊利在奶牛学校基础上，全面升级了现代牧场人才的培养模式，推出了"伊利奶牛学校牛二代训练营"。在全国范围内，该训练营主要针对牧场主的接班人进行全方位培训，把牧场的经营管理置于显著地位，即针对牧场的未来接班人进行技术、管理、财务等综合能力的培训，致力于推动现代化牧场的可持续发展，引领了中国奶农培训的升级和变革。

（6）伊利集团推行管理和技术双轨晋升制度，使所有员工获得公平而符合实际的职业发展前景。为鼓励员工突破和创新，伊利还专门设立总裁特别奖励、技术进步奖和合理化建议奖等奖项，每年都会通过公开评选，使员工得到物质和精神的双重激励，并且设立特别激励项目，对表现卓著的员工大力奖励。

❧ 案例思考

从上述案例中，你能否区别出哪些是伊利集团的经营措施，哪些是管理措施？

一、经营管理的内涵

（一）经营与管理的概念

经营（Business Operation）是企业通过对人、财、物资源的运作、提供产品及服务来满足客户有效需要的一系列经济活动而使企业获得经济效益的一种外向市场行为。

管理（Management）是企业通过计划、组织、授权、领导、控制等手段达到资源的有效合理配置而使组织目标高效率实现的一种内向协调行为。

（二）经营与管理的关系

1. 经营与管理的区别

（1）产生的根源不同。经营是市场经济的产物，萌芽于商品经济，形成于市场经济。计划经济年代，企业没有经营，整个国民经济由国家在经营，但企业有管理。市场经济时代，市场对资源的配置发挥着更大的基础性作用，企业经营的作用就越来越明显。管理是集体劳动和分工协作的产物，一个人不需要管理，但凡有集体劳动和分工协作就会产生管理。

（2）包含的基本内容不同。经营按照经营对象不同分为商品经营、资产经营、资本经营。商品经营，即组织商品的生产和流通；资产经营的对象是生产要素，既包括有形的生产要素，同时也包括无形的生产要素；资本经营，其对象是产权，即对产权进行合理地流动与优化组合，从而能促进企业商品、资产经营更好地发展。企业管理的基本对象是企业的人、资产、质量等，一般会涉及企业人员、团队等方面的管理。

（3）解决问题的方向不同。经营是对外的，追求从企业外部获取资源和建立影响；管理是对内的，强调对内部资源的整合和建立秩序。经营追求的是效益，要资源，要盈利；管理追求的是效率，要节流，要控制成本。经营是扩张性的，要积极进取，抓住机会；管理是收敛性的，要谨慎稳妥，要评估和控制风险。

（4）反映的文化理念不同。经营的关键必须以客户为中心，以市场需求为导向，强调以满足顾客需求为核心，积极进行企业品牌建设，树立良好的企业公共关系与形象。企业管理的关键是强调以人为本，以企业的员工为中心，尊重和调动企业全体成员的积极性和创造热情，培养和树立员工的敬业创新精神、提高工作效率。

经营与管理的区别如下表所示。

经营与管理的区别

区　别	经　营	管　理
产生的根源	市场经济的产物，萌芽于商品经济，形成于市场经济	集体劳动和分工协作的产物
包含的基本内容	商品经营、资产经营、资本经营等	企业的人、资产、质量等
解决问题的方向	对外的，追求从企业外部获取资源效益和建立影响	对内的，强调对内部资源的整合效率和建立秩序
反映的文化理念	必须以客户为中心，以市场需求为导向，强调以满足顾客需求为核心，积极进行企业品牌建设	强调以人为本，以企业的员工为中心，尊重和调动企业全体成员的积极性和创造热情，培养和树立员工的敬业创新精神

2. 经营与管理的联系

（1）根本目标一致。无论经营还是管理，其根本目标都是为了顾客满意并取得合理利润，从而实现企业价值的最大化，创造出更多的财富和价值。

（2）相辅相成，密不可分。经营与管理是企业唇齿相依的不可或缺的两个重要的不同领域。既外抓市场经营，又内抓规范管理，才能促进企业的健康发展。

二、农业企业经营管理的内涵

（一）农业企业经营与农业企业管理的概念

农业企业经营（Operation of Agribusiness）指农业企业在国家的方针、政策和计划指导下，为达到企业外部环境、内部条件和经营目标之间的动态平衡，争取最佳经济效益而进行的决策性活动。

农业企业管理（Management of Agribusiness）指为实现企业的经营决策而进行的组织和指挥，包括对生产要素利用进行的控制和考核，对企业内外诸关系进行的协调和处理，对企业成员进行的教育和鼓励等。

（二）农业企业经营管理的概念

经营是管理的前提和向导，管理则是经营的基础和保证。在实际中，习惯上把经营管理作为一个概念来使用。

农业企业经营管理（Operation and Management of Agribusiness）是指对农业企业整个生产经营活动进行决策、计划、组织、控制、协调，并对企业成员进行激励，以实现其任务和目标一系列工作的总称。其基本任务是，合理地组织生产力，维护和完善社会主义生产关系，适时调整上层建筑，使供、产、销各个环节相互衔接，密切配合，人、财、物各种要素合理结合，充分利用，以尽量少的活劳动消耗和物质消耗，生产出更多的符合社会需要的产品。

三、农业企业经营管理的性质

同其他企业一样，农业企业经营管理的性质也具有二重性，即自然属性和社会属性。两者相互联系，相互作用，并寓于生产要素结合和供产销等环节运行当中。

（一）自然属性

自然属性指农业企业要合理组织生产力，要处理人与自然的关系，故也称经营管理的生产力属性。马克思曾经指出："一切规模较大的直接社会劳动或共同劳动都或多或少地需要指挥，以协调个人的活动，并执行生产总体的运动——不同于这一总体的独立器官的运动——所产生的各种一般职能。一个单独的提琴手是自己指挥自己，一个乐队就需要一个乐队指挥。"经营管理的这种自然属性是由生产力发展水平和人类活动的社会化程度决定的，是一种客观存在。它是社会协作过程本身的要求，是适应社会生产力发展和社会分工发展的表现。

（二）社会属性

社会属性指农业企业要处理人与人之间的关系，要受一定生产关系、政治制度和意识形态的影响和制约，故也称经营管理的生产关系属性。从农业企业内部来看，包括管理者与管理者之间的关系，管理者与被管理者之间的关系，员工与员工的关系等；从农业企业外部来看，包括企业和其他企业、组织之间的关系，企业和政府的关系等。农业企业良好的社会属性将有利于推动其自然属性发展。

（三）经营管理具有两重性的原因

经营管理之所以具有两重性，直接原因是企业的生产过程具有两重性。一个是动植物微生物的自然再生产过程，或者说是使用价值的再生产过程，靠合理组织生产力来维持；另一个是经济再生产过程，或者说是价值的再生产过程，也就是"价值的取得和回收的过程"，靠正确的维护和调节生产关系来维护。

（四）经营管理具有两重性的意义

学习经营管理二重性的现实意义在于以下两方面。

（1）农业企业既要合理组织生产力，又要努力改善生产关系。发展生产力是社会进步的要求，也是管理的首要任务。但是，共同劳动又是在一定的生产关系下进行的，如果忽视生产关系，就难以提高管理效率。

（2）农业企业经营管理人员既应具备组织生产力的技术知识和能力，又需要具备处理人际关系的知识和技能。只懂业务技术或只善于处理社会关系的管理者，都难以全面而顺利地完成组织目标。概括而言，一名优秀的管理者应该掌握以下三类技能：一是技术技能，即执行特定任务必须具备的能力；二是人际技能，即与人共事，激励或指导组织内各成员的能力；三是概念技能，即洞察和驾驭复杂环境的能力。

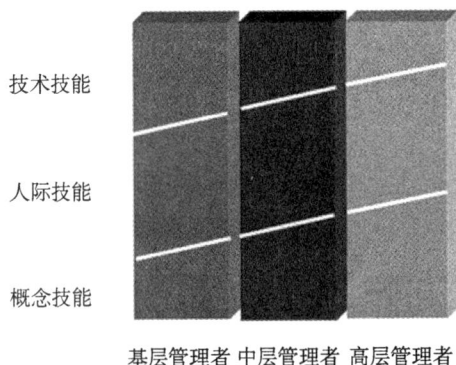

图1-2　对不同层次管理者所需具备三类技能的要求

如图 1-2 所示，对不同层次管理者所需具备三类技能的要求是：对基层管理者而言，技术技能相对更重要；对高层管理者而言，概念技能相对更重要；而人际技能对每层次管理者都同等重要。

🍁 **动动脑**

1. 如何实现经营和管理的有机统一？
2. 不同层次管理者拥有的三类技能应如何区分？

🍁 **链接案例**

现代农业企业的领跑者：阿卡农庄

随着城镇化发展的必然趋势，围绕城市的都市现代农业，虽然不是对农村的全面重组的大政策，但确实可以帮助一部分农户和合作社提高收入，缩减城乡贫富差异。同时也有效地使用耕地，减少大量闲置、改良土地，使其具有长远的可持续性发展的生产力。阿卡农庄成立于 2011 年，主要服务于全球 500 强企业驻北京机构的白领阶层及高端住宅小区住户等精众人群。农场采取会员制体验式消费，改变传统农场简单"卖菜"模式。农场会员享受的是一定单位面积的从选种到采送一揽子全方位全托管式种植服务，会员家庭既可在农场参与劳动，体验种植乐趣，和朋友分享丰收喜悦，也可交由农场对所种瓜果蔬菜进行打理，由农场将会员对应土地上收获的高品质瓜果蔬菜配送上门。会员在日常生活中，还可利用自主知识产权的会员关系管理软件、客户体验服务平台、客户消费追踪系统以及农产品溯源系统，通过 APP 手机客户端随时掌握"自家地头"瓜果蔬菜的长势，随时了解到自家瓜果蔬菜在生长过程中的温度、湿度、空气、土壤氮氧含量等20 余种数据指标，并可根据农场提供的对照标准实现对瓜果蔬菜作物的远程打理。

阿卡农庄平面示意图如图 1-3 所示：

一、经营目标

企业致力于改变传统农业营销和管理模式，将农业、金融、IT 三者融合，打造中国创新农业的第一品牌。确定经营目标后，阿卡农庄进行了一系列创新模式的探索并成功应用与实践，其中包括开拓金融合作，成为第一家发行主题信用卡的农业公司。

二、企业职能

企业职能包括推出农产品金融衍生产品，以众筹模式新建多家农场和有机餐厅，通过互联网微信营销和京东自营减少中间渠道全面推进 IT 管理技术高效管理农业种植等。

2012 年企业实现实时的 APP 掌上蔬菜溯源体验，完全开放农场，让家庭和孩子参与农业种植，完善体验式消费模式，实现了"互联网＋"和农场的完美结合；引进微生物技术，坚持不施农药、化肥，改良土地具有可持续性发展的生产力，用心种植安全放心

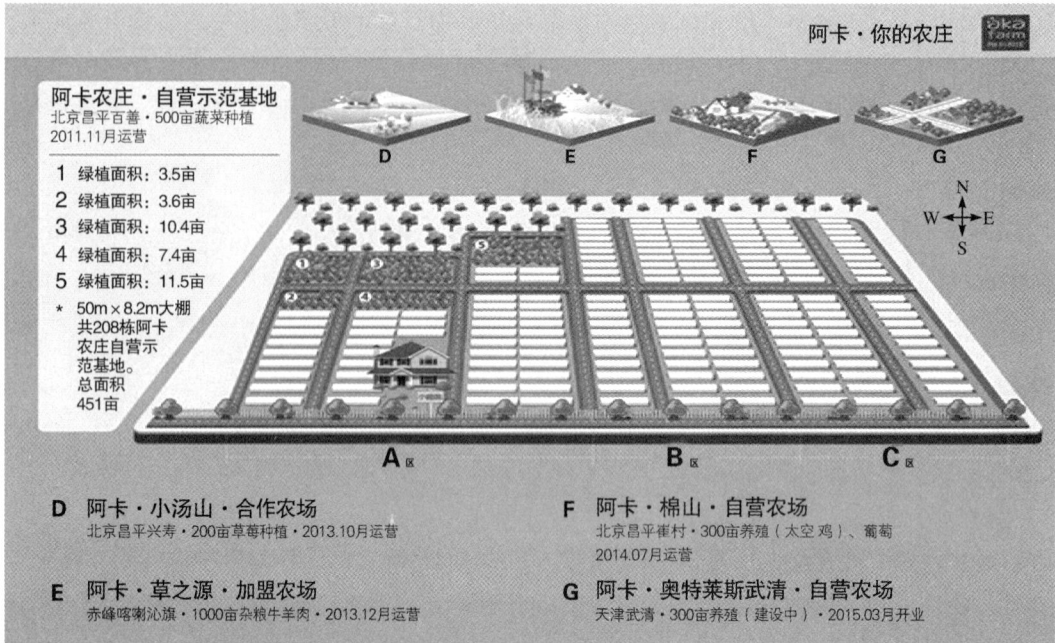

阿卡·你的农庄 aka farm

阿卡农庄·自营示范基地
北京昌平百善·500亩蔬菜种植
2011.11月运营

1 绿植面积：3.5亩
2 绿植面积：3.6亩
3 绿植面积：10.4亩
4 绿植面积：7.4亩
5 绿植面积：11.5亩
★ 50m×8.2m大棚
共208栋阿卡
农庄自营示
范基地。
总面积
451亩

A区　B区　C区

D 阿卡·小汤山·合作农场
北京昌平兴寿·200亩草莓种植·2013.10月运营

E 阿卡·草之源·加盟农场
赤峰喀喇沁旗·1000亩杂粮牛羊肉·2013.12月运营

F 阿卡·棉山·自营农场
北京昌平崔村·300亩养殖（太空鸡）、葡萄
2014.07月运营

G 阿卡·奥特莱斯武清·自营农场
天津武清·300亩养殖（建设中）·2015.03月开业

图 1-3　阿卡农庄平面示意图

的农产品；带动当地农民利用大棚温室进行生产，提高土地的利用效率。

2013 年 10 月企业开始进入 1200 家高端社区，建立 100 家社区服务站，实现冷链物流宅配。

2014 年 2 月企业以"昌农"品牌整合合作社资源，搭建电子和移动商务平台。从建立开始它就不仅仅是一家农业企业，而是一家基于云服务架构的农业服务公司。通过多种技术服务手段、儿童自然教育、现场农场生活体验，实现 O2O（Online to Offline）的体验式消费模式，为会员、社区、企业、农户打造一个以农业体验、农产品流通、金融服务为生态链的农业服务平台。

三、人性化管理

自成立以来，阿卡农庄已经和会员家庭们一起走过 4 年的信任之旅了，目前已经拥有 4 家会员制参与式农场，占地 2000 亩，整合除有机蔬菜以外肉、蛋、禽、米、果五类核心农产品种植养殖，有上万个精英会员家庭，200 家跨国企业，600 家幼教机构加入到一个全新的农业生活体验服务平台上。

企业员工在文化理念上也不仅仅将企业运营只当作一种营生，而是一种责任。

2012 年冬天，腊月二十八，北京特别冷，农庄早已经放假了，员工们也都已经回家准备过年了，但是当天晚上突然下了场很大的雪。第二天早上天刚蒙蒙亮，农庄董事长江宇虹就从被窝里爬起来，心想大雪可别冻坏了蔬菜，棚里有今年刚刚要结果的西红柿。她没吃早饭就急忙赶来了农庄，但眼前的一幕让她备受感动，已经回家的员工放弃休息，自发地来到农庄，冒着严寒把大棚上沾雪的草苫子掀起来，高峰（阿卡·胡萝卜农场的经理）还把好不容易买到的回家火车票都给退了。草苫子沾了雪水非常沉，大家头上都冒出了白气。虽然辛苦，但大家心里充满喜悦。

四、品牌运作

阿卡走品牌化运作路线，以丰富的市场运作经验，组织各行业的精英团队，用先进的跨行业多手段推广模式，重塑当代农业的时尚精神，完成都市农业从"传统"到"时尚"的"当代农业"形象定位，开创了以移动互联、金融与农业跨业经营的崭新模式。搭建基于移动互联 IT 为基础的营销社群、以参与性基地消费为特征的都市体验式农业；创新了有别于传统农业的以销定产的农业产业服务闭环体系，完成从消费者零库存种植定制化、食品安全全程溯源透明化、冷链配送直销产业化三大特征；满足中高端家庭会员的对优质优价农产品可持续性全年消费，积极推动儿童自然教育和永续农业运动的普及，和多家银行合作发行农业主题信用卡和金融衍生产品。此外，还分别在北京建立了2 个蔬菜基地、1 个水果基地，并复制了"阿卡魔方"上海当代农庄项目、杭州富阳"阿卡·文村"农业、民宿及文化创意项目。

（**资料来源**：百度百科及阿卡农庄官网，2015 年 10 月）

❦ **复习思考题**

1. 什么是企业？企业具有哪些特征？

2. 什么是农业企业？农业企业具有哪些特征？

3. 农业企业的职能有哪些？

4. 经营和管理的区别及联系分别是什么？

5. 什么是农业企业经营管理？

第二章

农业企业经营制度与经营组织

🍁 **学习目标**

1. 了解农业经营的几种形式；

2. 掌握农业企业经营组织形式及其相关内容；

3. 掌握农业企业组织结构设计的原则及内容。

第一节　企业制度的演进

案例导入

简单协作—分散—集中

　　在英国，资本主义生产方式产生于毛纺织业。毛纺织业兴起之初，其生产组织在城市是行会作坊，在农村是家庭手工业。农村中没有行会的控制，手工业者的分化比较迅速。商人以各种方式控制分散的生产者，简单协作很快过渡到手工工场。早在15世纪，分散的手工工场就在英国农村出现了。由商人先到市场上购买羊毛，交给各家纺工纺成毛线，他再收取毛线，分给各家织工织成毛呢，收取成品出售，付给纺工、织工以工资。这时生产分散进行，纺工织工多为农家妇女，她们还保有自己的一点生产资料，资本家的资金还不十分雄厚，没有集中的厂房设备。当时，北方约克郡的广大农村，这种手工工场很普遍。

　　到16世纪，集中的手工工场如雨后春笋般出现了。伦敦西部纽伯里一个名叫约翰·温彻康布的纺织业商人，在16世纪初就拥有一个约千人的手工工场，其中男女织工、纺工和助手600人，梳毛、理毛工人250人，修整工50人，染工40人，砑工20人。随着集中的手工工场的发展，越来越多的小生产者由于经受不住竞争，变为雇工。他们在1539年的一份请愿书中写道："富有的呢绒商在他们的家里拥有织机，同时有织工和技工按日工作。正由于此，我们这些在自己家中做工的请愿者，包括妇女和儿童，时常失去收入……但是，我们这些贫苦的臣民为了避免失业和得到收入，只有被迫接受呢绒商所规定的工作。"就这样，英国的毛纺织业得到迅速发展，毛织品输出激增，而羊毛输出则大减。英国的呢绒逐渐在欧洲市场上占据首要地位，毛纺织业成了英国的"民族工业"。除毛纺织业外，玻璃、肥皂、火药、书写用纸等制造业也普遍采用手工工场的形式。

（资料来源：百度百科，2015年8月19日）

案例思考

手工工场经历了哪几个阶段？

一、企业制度形态

（一）企业制度

企业制度通常是指以企业产权制度为基础和核心，包括企业组织制度和管理制度在内的各种制度的总称。企业制度是维系企业作为独立组织存在的各种社会关系的总和。

（二）企业制度的构成

1. 企业产权制度

企业产权制度是以产权为依托，对企业财产关系进行合理有效的组合、调节的制度安排。它以法律制度的形式对企业财产在占有、使用、收益、处分过程中所形成的各类产权主体的地位、权责及相互关系加以规范。对企业来说，合理的产权制度能够清晰地界定各个产权主体及其权能，从而建立有效的激励和约束机制，保障企业资产合理流动。

2. 企业组织制度

企业组织制度是企业组织形式的制度安排，规定着企业内部的分工协调和权责分配关系，如企业的治理结构、领导体制等。

组织制度是企业组织的基本规范。它既是企业各项组织工作的基础和依据，也是企业制度的一项基本内容。实践证明，组织制度合理与否，会对企业的生存发展产生至关重要的影响。

3. 企业管理制度

企业管理制度是对企业管理活动的制度安排。它由一整套企业管理活动的方式、标准和原则、理念等组成，如企业的劳动人事制度、分配制度和财务会计制度等。管理制度是企业管理工作的基础。

总体而言，产权制度是企业制度的基础和核心，它对企业制度的其他方面具有决定性的作用；同时组织制度和管理制度在一定程度上又反映着企业财产权利的安排，三者共同构成了企业制度。

（三）企业制度演变的四种形态

1. 家庭手工业制度

家庭手工业制度是指以一家一户为生产单位的手工业。在自己住宅经营，生产规模小，因此不用机械而全凭手工。开始是农民以自身农产品为原料加工成手工业品，自用有余而出售。在资本主义制度下，它又为大工厂加工零配件，成为附属于资本主义企业的家庭劳动。比如男耕女织、小行会、小作坊。因此，它们还不是典型的企业，而是介于家庭和企业之间的一种过渡组织，既保留着家庭经济的基本特征，又初步具备企业的某些特征。

2. 工场手工业制度

由家庭手工业向工场手工业过渡是一个复杂的过程。在这个过程中，小行会、小作坊从家庭经营逐步转变成真正的企业经营，行东和小手工业者变成资本家，起决定性作用的还是靠原始积累形成的商人资本。他们或通过剥夺手工业者的生产资料而变成工场主，或者直接购买设备、雇佣工人，对收购来的半成品或原材料进行加工，然后投入市场。随着规模的扩大，这些商人的家庭作坊逐渐演变成最早的工业企业——资本主义手工工场。

这种家庭工业制度向企业制度的演变，属于生产组织方式的变革，创造了比家庭手工业更高的劳动生产率。但由于其技术基础仍是手工劳动和手工工具，因而对劳动生产率的提高十分有限。

3. 工厂制度

从 18 世纪后期起，西欧各资本主义国家先后进行产业改革。到 19 世纪 30 至 40 年代，英国等欧洲国家各主要工业部门都采取了机器生产，手工工场逐渐被机器化的工厂所取代，与之相适应实施一种新的企业制度——工厂制度。工厂制度作为企业的一个发展阶段和一种具体组织形式，在制度内涵及其运作方式方面，与工场手工业有着很大区别（表 2-1）。

表 2-1　工场手工业与工厂制度的区别

	工场手工业	工厂制度
运行的物质基础	以人畜的体力为动力，用手工方式进行简单的商品生产	以蒸汽、电能为动力，采用机器和机器体系进行大生产
依托的技术手段	建立在手工劳动和手工工具的技术基础之上	一些新型材料如合金、聚合物等在生产中大量使用
劳动的分工协作形式	以工人为起点，劳动资料的运动从工人出发，分工是纯粹主观的	机器是生产的主体，工人则是机器的附属物
管理活动复杂程度	一般采用直线式的个人等级管理	一般按照产品或工艺的要求分成若干车间、工段、生产小组，自上而下地形成一个完整的管理系统

4. 公司制度

公司制度萌芽于 15 世纪中后期地中海沿岸的航海盒子贸易组织，起源于 19 世纪 40 年代的美国西部铁路公司，大发展于 20 世纪 50 年代。公司制的出现是生产社会化的必然产物。

工厂制度与公司制度的区别如表 2-2 示。

表 2-2　工厂制度与公司制度的区别

	工　厂	公　司
适用范围	工业部门的企业	各行业和跨部门、跨行业组织起来的企业
两权结合程度	所有权与经营权密切结合	所有权与经营权相分离
企业性质	大多数工厂企业都是自然人的独资企业	属于法人企业

从历史角度看，企业制度遵循着"手工工场—工厂—公司"的规律演进发展，但由于社会生产力的多层次和社会需求的多样性，各种企业制度总是同时并存着。任何一个

企业都处于不断地发展变化之中，其所采取的企业制度，也呈现出由低级向高级形态转化的递进趋势。

二、现代企业制度

（一）现代企业制度概念

现代企业制度是指以完善的企业法人制度为基础，以有限责任制度为保证，以公司企业为主要形式，以产权清晰、权责明确、政企分开、管理科学为要求的新型企业制度，其主要内容包括：企业法人制度、企业自负盈亏制度、出资者有限责任制度、科学的领导体制与组织管理制度。

（二）现代企业制度的内容

1. 现代企业产权制度

公司制是现代企业制度的载体，现代企业产权制度即公司法人产权制度。在公司法人产权制度下，出资者的所有权和法人财产权实现了分离。公司拥有独立的法人财产权，以法人的名义享有对公司的资产的占有、使用和依法处分的权利，并承担相应的民事责任。股东作为公司的出资人，享有投资收益权，可做出重大决策，但不能直接干预公司的生产和经营。公司法人产权制度使企业产权明晰化，公司可以作为独立的市场主体参与各类市场交易活动，是企业自主经营、自负盈亏的基础。

2. 现代企业法人治理制度

法人治理制度是现代企业制度的一项重要内容。独立的企业法人财产权要靠一定的治理结构来实现。在法人治理结构中，企业所有权和经营权分开。如图2-1所示，法人治理结构主要由股东大会、董事会、监事会和经理层等组成。其中，股东大会对公司的重大事宜进行决策，董事会是公司的管理机构，监事会对公司的财务和董事、经营者的行为发挥监督作用，由此实现决策权、执行权和监督权的三权分立。

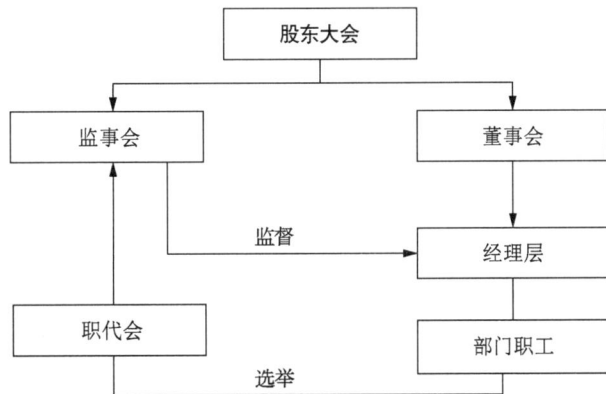

图2-1　法人治理结构

3. 现代企业有限责任制度

企业有限责任制度是指企业出资人对企业债务只承担有限责任，主要是有限责任公司和股份有限公司。有限责任制度规定出资人以出资额为限对公司债务承担责任，降低了出资人的风险，使公司具备较强的筹资能力。有限责任制度有两层含义，一是企业的出资人只以出资额为限承担企业的债务责任，不涉及出资人的其他财产；二是企业以全部法人财产承担企业的债务责任。有限责任制度可以保护投资者的利益，有利于社会资本的募集和企业的发展。

4. 现代企业管理制度

现代企业管理制度是对现代企业整个管理活动总的安排和部署，主要包括现代企业人力资源管理、现代企业组织管理、现代企业财务管理、现代企业战略管理、现代企业信息管理和现代企业文化管理等。

（三）现代企业制度的特点

1. 现代企业制度是产权关系明晰的企业制度

企业的设立必须要有明确的出资者，必须有法定的资本金。出资者享有企业的产权，企业拥有企业法人财产权。企业除设立时有资本金外，在经营活动中借贷构成企业法人财产。但借贷行为不形成产权，也不改变原有的产权关系。产权制度的建立是我国在走向市场经济过程中的一大突破，是现代企业制度的一个重要特征。

2. 现代企业制度是法人权责健全的企业制度

现代企业制度的另一个重要特征就是使企业法人有权有责。出资者的财产一旦投资于企业，就成为企业法人财产，企业法人财产权也随之确立。这部分法人财产归企业运用，企业以其全部法人财产，依法自主经营，自负盈亏，照章纳税。但同时企业要对出资者负责，承担资产保值增值的责任，形成法人权责的统一。

3. 现代企业制度是承担有限责任的企业制度

企业的资产是企业经营的基础，出资者的投资不能抽回，只能转让。出资者以其投资比例参与企业利益的分配，并以其投资比例对企业积累所形成的新增资产拥有所有权。当企业亏损以至破产时，出资者最多以其全部投入的资产额来承担责任，即只负有限责任。

4. 现代企业制度是政企职责分开的企业制度

政府和企业的关系体现为法律关系。政府依法管理企业，企业依法经营，不受政府部门直接干预。政府调控企业的工具主要用财政金融手段或法律手段，而不是行政干预。

5. 现代企业制度是一种科学组织管理的企业制度

科学的组织管理体制由两部分构成。

（1）科学的组织制度。现代企业制度有一套科学、完整的组织机构，它通过规范的组织制度，使企业的权力机构、监督机构、决策和执行机构之间职责明确，并形成制约关系。

（2）现代企业管理制度。包括企业的机构设置、用工制度、工资制度和财务会计制度等。

顺鑫农业的科学管理体制

北京顺鑫农业股份有限公司位于具有"绿色国际港"之称的京郊顺义区，公司下设5家分公司、11家控股子公司。公司成立于1998年9月21日，于1998年11月4日在深圳证券交易所挂牌上市，是北京市第一家农业类上市公司。公司主营业务主要有生物酿造、营养肉食、安全农品、健康地产、环保水利、生态建筑等板块。

公司采取两级管理模式，公司总部为资本经营决策、项目投资决策、高新技术研发和信息资源开发与利用四项工作的中心，重点研究中长期发展问题，各分公司、子公司为生产经营中心，即以经济效益为中心，重点研究市场营销和企业内部管理问题。公司整体通过人事任免、资金调配、财务控制、绩效考核以及企业文化建设等途径继续合理有效地控制各下属公司的生产经营活动。按照现代企业制度要求，公司对分公司授权经营，对控股子公司监督经营，明确权限，强化职责；通过服务、协调、指导、监督，实现公司与各分公司、子公司的有效沟通。公司总部通过战略发展部、资本运营部、投资管理部和产业发展部等部门协同合作、各司其职，对下属分公司和子公司进行综合管理。公司每年对各分公司和子公司下达考核指标，对各单位的业务收入、利润以及产品的生产销售等提出具体目标，按季度对其进行考核，通过激励和约束机制将各分公司和子公司纳入公司总体发展战略中，避免出现对分公司和子公司管理失控的情况。

（**资料来源**：顺鑫农业官网，2016年1月7日）

❧ **动动脑**

　　1.企业制度演变的四大阶段的历史背景分别是什么？

　　2.现代企业制度的本质特点是什么？

第二节　农业企业经营组织形式

❧ **案例导入**

多元化跨国集团——正大集团

泰国正大集团（Charoen Pokphand Group）由华侨谢易初、谢少飞兄弟于1921年在泰国创办，是一家以农牧食品、商业零售、电讯三大核心事业为主，同时涉足金融、房地产、生物制药、汽车摩托车等10多个行业领域的多元化跨国集团公司，业务遍及近

20 个国家和地区，员工超 30 万人，年销售额超过 400 亿美元。

作为中国改革开放后第一家在华投资的外商企业，1979 年正大集团在深圳投资 1500 万美元，建成当时全国最大的年产 8 万吨的现代化饲料生产企业——正大康地有限公司，获得了深圳市人民政府"深外资证字 0001 号"营业执照，成为中国第一个外商独资企业。20 世纪 90 年代，正大集团与中央电视台合办《正大综艺》节目，在全国引起广泛反响，至今依然作为央视品牌栏目全国热播。在中国改革开放 30 多年的历程中，正大集团不断加大在中国的投资力度，下属企业遍及除西藏、青海以外的所有省份，形成包括正大饲料、正大食品、正大种子、卜蜂莲花、大阳摩托、正大广场、正大制药等具有广泛知名度的企业、品牌和产品。

多年来，正大集团秉承"利国、利民、利企业"的经营宗旨，积极投身中国改革开放事业。截至目前，正大集团在中国设立企业 300 多家，员工超 8 万人，总投资超 1100 亿元，年销售额超 750 亿元。已成为在华投资规模最大、投资项目最多的外商投资成功企业之一。

（资料来源：正大集团官网，2015 年 8 月 15 日）

案例思考

正大集团的经营组织形式属于哪一种类型？

一、农业经营形式

经营形式是企业经营方式和方法的总和。我国农村实行经济体制改革以来，按照生产资料所有权与经营权适当分离的原则，农业企业的经营形式由单一的集体经营形式转变为家庭经营与集体经营相结合的双层经营、承包经营、租赁经营、联合经营和国际化经营等多种形式。

（一）统分结合的双层经营

统分结合的双层经营是指统一经营（集体经营）与分散经营（承包制家庭经营）相结合的双层经营。

1. 家庭经营

集体经济组织中的分散经营（承包制家庭经营）是在坚持土地等主要生产资料公有制的基础上，在集体经济组织的统一管理下，将集体的土地发包给农户耕种，实行自主经营，包干分配。其责任是完成按家庭人口和劳力确定包干任务；其权利是在完成包干任务的前提下，获得土地的使用权和经营的自主权；其利益是完成包干任务后的生产收益，即"保证国家的，完成集体的，剩下就是自己的"。

2. 统一经营

统一经营是集体经济组织的另一个经营层次，是以生产资料集体所有制为基础的集体经营。它主要从事不适于家庭经营的以及为家庭经营提供产前、产中、产后的服务项目，如农田水利设施、农产品加工、储运、销售、农机修理、信息服务等。

统一经营具有两大特点：一是共同协作劳动，统一经营核算；二是按一定的形式计算劳动成果的数量和质量并以此分配劳动报酬。

3.统一经营与家庭经营的关系

统一经营与家庭经营构成农业经营的两个层次，两者相互依存，相互补充，相互促进。这种经营形式把集体和家庭的优势有机地结合起来，把农业社会化生产同专业化管理有机地结合起来，既保留了家庭经营的长处，能调动农民生产、投入的积极性，又有利于在更大范围内合理配置生产资源，实行宏观决策和调控，弥补了小生产的局限性；既克服了过去集体管理过分集中的缺点，又发挥了集体统一经营的优势。双层经营符合农业生产的特点，适应当前我国农业生产力发展和农业企业管理水平。

（二）承包经营

1.概念

承包经营是在所有权与经营权分离的前提下，企业投资主体把所有的资产经营权按约定条件，承包给承包人经营的一种特定经营形式。承包经营由发包方和承包方构成，发包方把自己所拥有的一部分生产资源交给承包方经营；承包方对承包经营的资源和财产安全负责，并按承包合同规定的责任、指标，完成上缴任务。

承包经营方式在目前相当普遍。无论是国有经济中农牧场的"大套小"形式或是集体经济中的双层经营形式，都是以这种经营方式为基础的。

2.特点

（1）按照所有权与经营权分离的原则，以承包合同形式，确定发包方与承包方的权责利关系，使承包者能按约定条件自主经营、自负盈亏。

（2）在承包合同中必须规定双方的责任、权力和利益三方面内容，以便共同遵守和执行。

（3）由于通过合同明确了双方的经济关系，因此有利于调动承包者的生产经营积极性，所不足的是短期行为比较严重。

承包方的责任：

（1）对承包资产进行合理使用，保证资产不受侵犯，保护资产安全；

（2）全面完成承包任务指标；

（3）遵纪守法，合法经营。

发包方的责任：

（1）赋予承包人以经营自主权、生产指挥权、用人自主权和利益分配权等各种权力；

（2）为承包方提供各种有效服务。

（三）租赁经营

1. 概念

租赁经营，是指在不改变财产所有权的前提下，资产所有者将其资产出租给承租者使用，并定期收取租金的一种经营方式。

2. 特点

（1）通过签订租赁合同，在一定时期内，出租人将资产经营权有偿让渡给承租人自主经营。

（2）租赁以后，原有法人代表应让位于承租人，由承租人任法人代表。

（3）原有资产仍归出租方，但承租期间，承租者享受充分的经营自主权，人事制度和分配办法全由承租者自行确定。

（四）联合经营

1. 概念

联合经营是指把不同所有制性质的单位共同投资组成新的经济实体，从事经营活动。

2. 特点

（1）参加经营的单位基本上保持原有的独立经营者的地位，不改变各自所有制性质，按平等、自愿、互利的原则联合经营。

（2）联营的内容有生产联营、产销联营、购销联营、科技生产联营等；联营的对象有劳力、资金、技术、设备和土地等。

（3）联营的方式有紧密联营和松散联营等。

今年 44 岁的唐元明承包林地种植梨子已经有十多个年头，对梨树的种植管理他虽然已掌握了一套经验，但每年下来，尽管严格进行了疏花疏果，依旧有 60% 的梨仅有一二两重。看着这些个头虽小、品相却不差的梨子，唐元明要么让其腐烂变质作肥料，要么就自己挑上街出售。由于个头太小，即便 5 角钱一斤的超低价格，问津者仍然寥寥无几。

2014 年 6 月，唐元明听说有些酒厂专门买腐烂的水果作窖泥，他就到镇上的酒厂去问。一家酒厂听说唐元明有 5 吨多小个子梨不打算上市销售后，马上就与他达成了协议，以每千克 1.6 元的价格全部收购。

去年"腐烂梨"卖上了好价钱后，今年，唐元明又早早与企业对接，干脆只挑 3 两以上的梨子到市场上销售，其余的全部摇下来装进编织袋，等其腐烂后送到酒厂。

梨农以梨作为联营的对象，在平等、自愿、互利的基础上实现了"企业＋农户"的联合经营。

（资料来源：农合网，2015 年 8 月 14 日）

（五）股份合作经营

1. 概念

股份合作经营是融合作制因素和股份制因素为一体，实行劳动联合和资金联合，以财产共同占有和个人所有相结合为基础而形成的一种经济组织形式。股份合作经济组织是由两人以上的劳动群众或其他经济组织自愿组合，以资金、实物、技术等入股，按照股份合作制原则运行，并依法登记，取得法人资格的经济实体。

2. 特点

股份合作型的本质特点是实行劳动联合与资本联合相结合、按劳分配与按股分红相结合。与其他类型的农民合作经济组织类型不同的是，资本在股份合作企业的生产经营活动和收益分配中占有比较重要的地位。

金健米业股份有限公司于 1998 年 4 月在上海证券交易所上市，是湖南粮食集团控股的一家上市公司，被誉为中国粮食第一股；是首批农业产业化国家重点龙头企业、"十五"第一批国家级科技创新型星火龙头企业、全国优秀食品工业企业、中国主食加工示范企业、中国粮油企业 100 强、中国大米加工企业 50 强。

金健米业股份有限公司是由总公司独家发起，同时向社会公开募集股份设立的股份有限公司，设立时的总股本为 15 000 万股，其中：1998 年 1 月 12 日经湖南省人民政府以湘政函（1998）2 号文件批准，由总公司作为独家发起人，以其下属深圳潇湘米业公司、常德植物油公司、常德市面粉公司、常德市金海实业公司、临澧合口油脂化工厂经评估确认后的净资产折为 10 000 万股；1998 年 3 月 29 日，经证监会证监发（1998）39 号和证监发（1998）40 号文件批准，公司向社会公众公开发行人民币普通股 5000 万股。

公司以优质粮油、新型健康食品和药品开发、生产、销售为发展方向，坚持农、工、科、贸一体化的现代农业产业化经营模式，主要产品有大米、面粉、面条、植物油、米粉、牛奶、糖果、果冻、药品等。

（资料来源：金健米业官网，2016 年 1 月 7 日）

（六）集团化经营

集团化经营是在生产力发展到一定水平，企业经营规模进一步扩大，向多元结构、多角化经营、多功能性质、国际化方向发展的基础上，建立起来的一种开发性的经济联合体。其典型的集团化经营形式是企业集团或集团公司。

企业集团一般以生产要素为纽带，以扩大生产能力为着眼点，由规模不等的多个法人企业联合组成，实行资产一体化经营。

2009 年 4 月，经北京市政府批准，北京三元集团有限责任公司、北京华都集团有限责任公司、北京市大发畜产公司重组为北京首都农业集团有限公司。

首都农业集团在畜禽良种繁育、养殖、食品加工、生物制药、物产物流等方面具有行业明显优势，业已形成从田间到餐桌的完整产业链条，拥有5家国家级重点农业产业化龙头企业和"三元""八喜""峪口禽业""太子奶""丘比"五个中国驰名商标，"三元""华都""双大"三个"中国名牌"及一批著名商标，并与多家国际知名企业建立良好合作关系，具有较强的市场竞争力和影响力。

首农集团以"首农"品牌为核心，传播"安全立业、业精于农"的价值，建立"首农"主品牌，二级公司产品子品牌联动、互为支撑、协同发展的集团品牌体系，打造都市型现代农业第一品牌。

（资料来源：首农集团官网，2015 年 8 月 15 日）

二、农业企业经营组织形式

现代企业经营组织形式，包含既相互联系又相互区别的法律上的经营组织形式和管理上的组织形式。本部分主要讨论法律意义上农业企业经营的主要组织形式，以及它们的基本特点。

（一）独资企业

1. 概念

独资企业指企业完全由投资人所有和控制。这是企业组织形式中最常见的一种模式，也是最容易组建的组织形式，尤其是农业企业。一个独资企业唯一要遵守的法令、法规就是那些特定行业里对企业有所影响的相关规定。

2. 特点

（1）独资企业仅由一个自然人投资设立。这是独资企业在投资主体上与合伙企业和公司的区别所在。

（2）独资企业的全部财产为投资人个人所有。投资人（也称业主）是企业财产（包括企业成立时投入的初始出资财产及企业存续期间积累的财产）的唯一所有者。个人独资企业就财产方面的性质而言，属于私人财产所有权的客体。

（3）独资企业的投资人以其个人财产对企业债务承担无限责任。这是在责任形态方面独资企业与公司（包括一人有限责任公司）的本质区别。一是企业的债务全部由投资人承担；二是投资人承担企业债务的责任范围不限于出资，其责任财产包括独资企业中的全部财产和其他个人财产；三是投资人对企业的债权人直接负责。

（4）独资企业不具有法人资格。尽管独资企业有自己的名称或商号，并以企业名义从事经营行为和参加诉讼活动，但它不具有独立的法人地位。其一，独资企业本身不是财产所有权的主体，不享有独立的财产权利；其二，独资企业不承担独立责任，而是由投资人承担无限责任。

（二）合伙企业

1. 概念

合伙企业是指两人以上按照合伙协议、共同出资、共同经营、共负盈亏、共担风险的企业。合伙企业与独资企业基本相同，不是法律主体，负有无限责任，取得的收益由出资人（习惯上称之为合伙人）按个人所得缴纳个人所得税。

2. 特点

（1）合伙企业是不具备法人资格的营利性经济组织。合伙企业的非法人性，使得它与具有法人资格的市场主体相区别；合伙企业的营利性，使得它与其他具有合伙形式但不以营利为目的的合伙组织相区别；合伙企业的组织性，使得它与一般民事合伙区别开来，从而成为市场经济活动的主体和多种法律关系的主体。

（2）全体合伙人订立书面合伙协议。合伙企业是由全体合伙人根据其共同意志而自愿组成的经济组织。该组织的设立、活动、变更、解散等一系列行为都必须符合一定的行为规则，而合伙协议就是合伙企业的行为规则。

（3）合伙人共同出资、合伙经营、共享收益、共担风险。合伙企业的资本由全体合伙人共同出资构成。共同出资的特点决定了合伙人原则上均享有平等地参与执行合伙事务的权利，各合伙人互为代理人。此外，对于合伙经营的收益和风险，由合伙人共享、共担。

（4）全体合伙人对合伙企业的债务承担无限连带清偿责任。当合伙企业财产不足清偿合伙企业债务时，各合伙人对于不足的部分承担连带清偿责任。这样的规定可以使合伙人不仅能够谨慎、勤勉地执行合伙企业的事务，而且能使合伙企业债权人的合法权益能够得到保障和实现。这一特征是合伙企业与其他企业最主要的区别。

（三）公司制企业

1. 概念

公司制企业又叫股份制企业，是指由两个以上投资人（自然人或法人）依法出资组建，有独立法人财产，自主经营，自负盈亏的法人企业。它是现代企业的基本形式。

2. 种类

在国际上，现代公司种类很多，根据股东所负责任不同，可分为无限责任公司、有限责任公司、股份有限公司、股份两合公司等。在我国主要是有限责任公司和股份有限公司两类。

（1）有限责任公司。有限责任公司是指由两个以上股东共同出资，股东仅以自己所认缴的出资额为限对公司承担责任，公司以其全部资产对其债务承担责任的企业法人。有限责任公司是现代企业中数量最多的一种公司组织形式。

根据《中华人民共和国公司法》规定，注册有限责任公司，应当具备下列条件。

1. 股东符合法定人数

法定人数是指法定资格和所限人数两重含义。法定资格是指国家法律、法规和政策规定的可以作为股东的资格。法定人数是《公司法》规定的注册有限责任公司的股东人数。《公司法》对有限责任公司的股东限定为2个以上50个以下。一人有限公司为一个股东。

2. 股东出资达到法定资本的最低限额

公司必须有充足的资金才能正常运营。股东没有出资，公司就不可能设立。股东出资总额必须达到法定资本的最低限额。即：

（1）以生产经营为主的公司人民币50万元；

（2）以商品批发为主的公司人民币50万元；

（3）以商业零售为主的公司人民币30万元；

（4）科技开发、咨询、服务性公司人民币10万元。

特定行业的有限责任公司注册资本最低限额需高于前款所定限额的，由法律、行政法规另行规定（如拍卖业至少需100万元注册资本）。

3. 股东共同制订章程

制订有限责任公司章程，是设立公司的重要环节，公司章程由全体出资者在自愿协商的基础上制订，经全体出资者同意，股东应当在公司章程上签名、盖章。

4. 有公司名称、建立符合有限责任公司要求的组织机构

设立有限责任公司，除其名称应符合企业法人名称的一般性规定外，还必须在公司名称中标明"有限责任公司"或"有限公司"。建立符合有限责任公司要求的组织机构，是指有限责任公司组织机构的组成、产生、职权等符合《公司法》规定的要求。公司的组织机构一般是指股东会、董事会、监事会、经理或股东会、执行董事、1~2名监事、经理。股东人数较多，公司规模较大的适用前者，反之适用后者。

5. 有固定的生产经营场所和必要的生产经营条件

（2）股份有限公司。股份有限公司是指注册资本由等额股份构成，通过发行股票筹集资本，股东以其所持股份为限对公司承担责任，公司以其全部资产对其债务承担责任的企业法人。

股份有限公司的设立，可以采取发起设立或者募集设立的方式。发起设立，是指由发起人认购公司应发行的全部股份而设立公司。募集设立，是指由发起人认购公司应发行股份的一部分，其余股份向社会公开募集或者向特定对象募集而设立公司。

根据《中华人民共和国公司法》设立股份有限公司，应当具备下列条件：

1. 发起人符合法定人数（5人以上），其中半数以上应在中国境内居住

2. 发起人认购和募集的股本达到法定资本最低限额

申请设立股份有限公司，必须满足一个最低股本额。如法国规定设立股份有限公司的最低股本为 10 万法国法郎（股票或债券不公开发行）或 50 万法郎（股票或债券公开发行）；德国规定为 10 万德国马克；奥地利要求 100 万奥地利先令以上。中国规定注册资本最低限额为人民币 1000 万元。《公司法》第 78 条明确规定："股份有限公司的注册资本为在公司登记机关登记的实收股本总额。股份有限公司注册资本的最低限额为人民币 1000 万元。股份有限公司注册资本最低限额需高于上述所定限额的，由法律、行政法规另行规定。"

3. 股份发行、筹办事项符合法律规定

股份有限公司在设立过程中，许多行为要依照法律的规定，经法定机关批准、审核。如股本须全部认购或发行，注册资本的增减要在公司章程中修改，向社会公开募集资金要经政府有关部门批准等。

4. 发起人制订公司章程，采用募集方式设立的经创立大会通过

股份有限公司与有限责任公司一样，必须有章程，这是公司设立的必经程序。由于公司不是发起设立便是募集设立，股东的介入时间很难固定，所以，公司章程的制订人不是股东，而是公司的发起人。但其后可对章程进行修改，且这些修改是在创立大会进行的，整个章程以创立大会通过的为准。公司章程的规定，不得与《公司法》的内容规定相抵触及违反社会公共道德、风俗。股份有限公司的章程一般包括有公司名称、公司存在期限、公司性质形式、公司的业务范围、公司发行的股票总量、股份类别、转让股权的限制、股息的分配、公司地址、董事会的组成和权利、董事人数、姓名和地址、公司创办人的姓名和地址等事项内容的规定。

5. 有公司名称，建立符合股份有限公司要求的组织机构

设立股份有限公司，既要有符合规定的规范名称，同时要按股份有限公司的特殊要求设立组织机构。

6. 有固定的生产经营场所和必要的生产经营条件

3. 特点

有限责任公司和股份有限公司是两种常见的公司形式，它们都是股份制企业，具有企业法人资格，股东承担的是有限责任，公司以盈利为目的，依法设立。这些是主要的共同之处，同时，它们又各有一些特点，主要表现在以下几个方面。

（1）筹资能力不同。有限责任公司股东人数是有限制的，股份有限公司股东人数是无限制的，因而除个别有限责任公司外，股份有限公司的筹资能力强于有限责任公司。

（2）组成因素不同。股份有限公司以资本联合为基础而组成，这是其显著特点，而有限责任公司除了资本的联合之外，还考虑了人的因素，即股东之间相互了解并有一定的信任。

（3）规模不同。一般而言，股份有限公司规模较大，而有限责任公司则规模较小。

（4）出资形式不同。有限责任公司对股东的出资以占公司的出资比例来表现，不发行股票；股份有限公司将其资本划分为等额股份，以发行股票来表现。

（5）转让出资条件不同。有限责任公司股东转让出资受较多限制，而股份有限公司的股票流动性较强，易于变现。

（6）公开性程度不同。股份有限公司公开程度较高，有较多的公开义务，而有限责任公司则比较封闭。

（7）规范化管理要求不同。股份有限公司管理的规范化程度较高，而有限责任公司则相对较低，这与其筹资状况、公司规模等相联系。

此外，有限责任公司和股份有限公司还各有一些特点，投资者应当根据这些公司的特点和投资需要，以经营的实际来选择适宜的公司形式。在法律上，投资者也是有权选择公司形式的，可以比较各种因素，做出有利于投资、有利于经营的决策。

🍁 动动脑

1. 农业企业经营形式有哪些，它们有何特点？

2. 农业经营组织形式有哪些，它们有何特点？

第三节　农业企业组织结构设计

🍁 案例导入

"中国种业第一股"——合肥丰乐种业

合肥丰乐种业股份有限公司是中国种子行业第一家上市公司，被誉为"中国种业第一股"（股票代码：000713），注册资本2.99亿元。

公司是以种业为主导，农化、香料产业齐头并进，跨地区、跨行业的综合性公司，集农业产业化国家重点龙头企业、高新技术企业、中国种业信用明星企业、国家级企业技术中心、安徽省水稻工程技术研究中心、安徽省西瓜甜瓜工程技术研究中心等多项荣誉于一身，丰乐商标是中国驰名商标，企业综合实力与规模居中国种子行业前列。

公司各项产业蓬勃发展，是中国产销量最大的"两系"杂交水稻种子公司和西甜瓜种子公司；农化产业行业排名50强；香料产业天然薄荷产销量国内第一。

公司以振兴民族种业为己任，致力于"把丰收的快乐带给农民"，力争把丰乐品牌打造成为国内竞争力最强、影响力最大、辐射范围最广的"中国种业领军品牌"。

丰乐种业组织结构如图2-2所示。

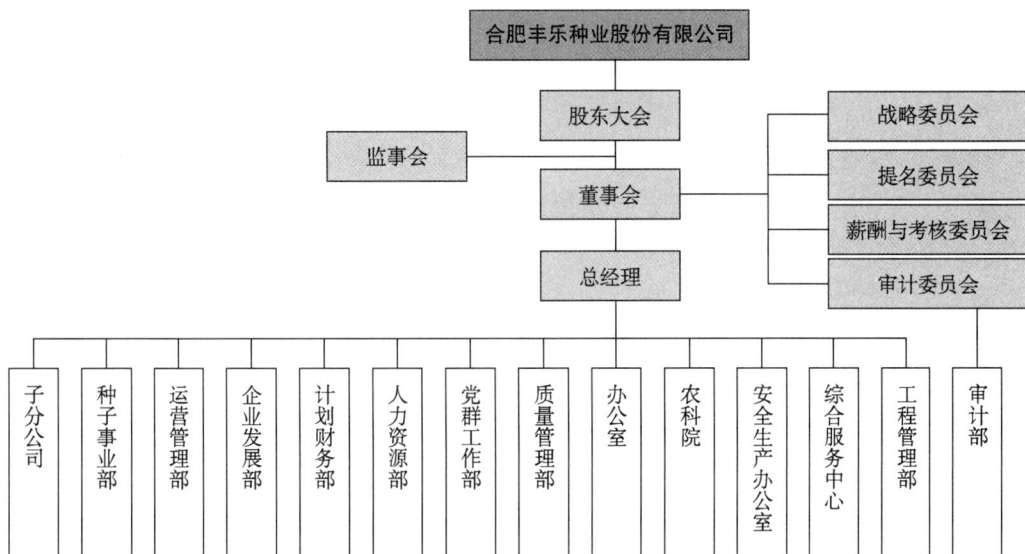

图 2-2 丰乐种业组织结构

（**资料来源**：丰乐种业官网，2016 年 1 月 6 日）

🍁 **案例思考**

丰乐种业的组织结构有哪些特点？

一、企业组织结构特性

企业组织结构是决定企业能否有效运行、经营活动能否取得成功的重要物质基础。"组织职能的目的是设计和维持一种职务结构，以便人们能为实现组织的目标而有效地工作"。[①] 所以，组织结构设计对于农业企业而言，也极其重要。

（一）企业组织结构的概念

企业组织结构，是指企业内部组织机构按分工协作关系和领导隶属关系有序结合的总体。它的基本内容包括明确组织结构的部门划分和层次划分，以及各个结构的职责、权限和相互关系，由此形成一个有机整体。企业能否实现其预期目标和组织效能，在很大程度上取决于组织结构的完善程度。

（二）企业组织结构的特性

1. 复杂性

复杂性指的是组织分化的程度。一般包括垂直分化、水平分化、空间分化三个表现

---

①哈罗德·孔茨.管理学原理（第 10 版）.北京：经济出版社，1998.

形式。一个组织越是进行细致的劳动分工，具有越多的纵向等级层次，组织单位的地理分布越是广泛，则协调人员及其活动就越复杂。

2. 规范化

规范化就是组织依靠规则和程序引导员工行为的程度。规范化可以使组织有序、高效地运转，但过分地强调规范化，又可能会束缚员工的手脚，影响员工的积极性，并不利于员工创造性的有效发挥。

3. 集权化

集权化是决策制订权力的集中程度。在一些组织中，决策是高度集中的，问题自下而上传递给高级经理人员，由他们制订合适的行动方案。

二、企业组织结构的设计

（一）组织结构设计的原则

1. 任务与目标原则

企业组织设计的根本目的，是为实现企业的战略任务和经营目标服务的。这是一条最基本的原则。组织结构的全部设计工作必须以此作为出发点和归宿点，即企业任务、目标同组织结构之间是目的与手段的关系；衡量组织结构设计的优劣，要以是否有利于实现企业任务、目标作为最终的标准。

2. 专业分工和协作的原则

现代企业的管理，工作量大，专业性强，分别设置不同的专业部门，有利于提高管理工作的质量与效率。在合理分工的基础上，各专业部门只有加强协作与配合，才能保证各项专业管理的顺利开展，达到组织的整体目标。贯彻这一原则，在组织设计中要十分重视横向协作问题。

3. 有效管理幅度原则

有效管理幅度不是一个固定值，它受职务的性质、人员的素质、职能机构健全与否等条件的影响。这一原则要求在进行组织设计时，领导人的管理幅度应控制在一定水平，以保证管理工作的有效性。由于管理幅度的大小同管理层次的多少呈反比例关系，这一原则要求在确定企业的管理层次时，必须考虑到有效管理幅度的制约。因此，有效管理幅度也是决定企业管理层次的一个基本因素。

4. 集权与分权相结合的原则

企业组织设计时，既要有必要的权力集中，又要有必要的权力分散，两者不可偏废。集权是大生产的客观要求，它有利于保证企业的统一领导和指挥，有利于人力、物力、财力的合理分配和使用。而分权是调动下属积极性、主动性的必要组织条件。合理分权有利于基层根据实际情况迅速而正确地做出决策，也有利于高层管理者摆脱日常事务，集中精力抓重大问题。

5. 稳定性和适应性相结合的原则

稳定性和适应性相结合的原则要求组织设计时，既要保证组织在外部环境和企业任务发生变化时，能够继续有序地正常运转；同时又要保证组织在运转过程中，能够根据变化的情况做出相应的变更，组织应具有一定的弹性和适应性。

（二）组织结构设计基本过程

1. 岗位设计

岗位设计是指将实现组织目标必须进行的活动划分成最小的有机相连部分，以形成工作岗位。其实质是工作的专门化，即按工作性质的不同将工作进行划分。

2. 部门化

部门化指将工作按某种逻辑合并成一些组织单元，如任务组、部门、处室等，以明确各单元的责任和权力。其实质是工作的归类。

部门化包括三种主要表现形式。

（1）职能部门化。即根据业务活动的相似性来设立管理部门。如图 2-3 所示，根据业务活动的相似性，公司可分别成立生产部门、营销部门和财务部门。

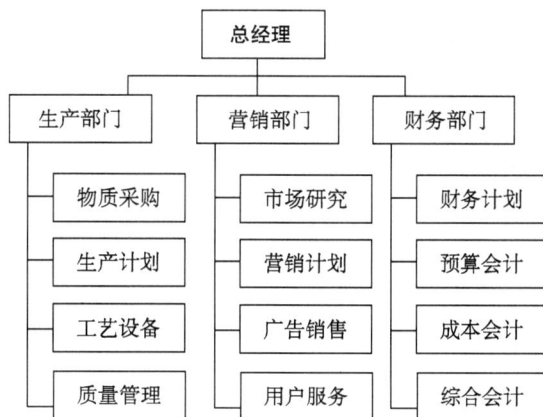

图 2-3　职能部门化示意

职能部门化的优缺点如表 2-3 所示。

表 2-3　职能部门化的优缺点一览表

优　点	缺　点
（1）可带来专业化分工的益处 （2）有利于维护最高行政指挥的权威，有利于维护组织的统一性 （3）有利于工作人员的培训和技术水平的提高	（1）不利于指导企业产品结构的调整 （2）不利于高级管理人才的培训 （3）易导致部门之间的活动不协调，影响组织整体目标的实现

（2）产品部门化。即将同一产品的生产或销售工作集中在相同的部门组织进行。如图 2-4 所示，根据产品的同类性，公司可分别成立洗衣机部门、冰箱部门和空调部门。并在每个部门下，再分设不同的职能科室。

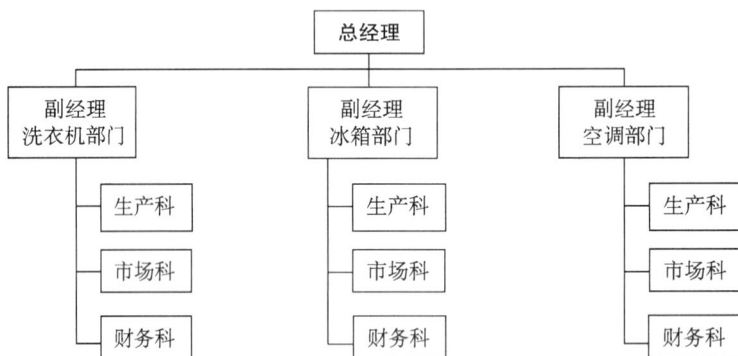

图 2-4　产品部门化示意

产品部门化的优缺点如表 2-4 所示。

表 2-4　产品部门化的优缺点一览表

优　点	缺　点
（1）能使企业将多元化经营和专业化经营结合起来 （2）有利于企业及时调整生产方向 （3）有利于促进企业的内部竞争 （4）有利于高级管理人才的培养	（1）对管理人员要求较高 （2）产品部与企业总部某些职能机构的重叠增加了管理费用 （3）各部门主管易过分强调本部门利益，影响企业的统一指挥

（3）区域部门化。即根据地理因素来设立管理部门，把不同地区的经营业务和职责划分给不同部门的经理。如图 2-5 所示，根据地理区域，公司可分别成立北美地区部、亚洲地区部和欧洲地区部。

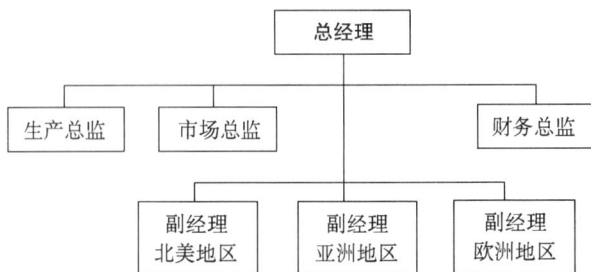

图 2-5　区域部门化示意

区域部门化的优缺点如表 2-5 所示。

表 2-5　区域部门化的优缺点一览表

优　点	缺　点
（1）有利于充分利用本地的人力、物力和财力，以便获取区域经营的效益 （2）有利于区域内部协调，对区域内顾客比较了解，有利于服务和沟通	（1）每个区域都是一个相对独立的单位，加上时间、空间的限制，总部难以控制 （2）由于总部与各区域是天各一方，难以维持集中的经济服务工作 （3）随着地区的增加，需要更多具有全面管理能力的人员

3. 确定组织的层次

确定组织的层次是企业组织结构设计的主要部分，运用较多。其内容简单来说就是纵向的分层次、横向的分部门。

管理层次的划分，是在组织目标逐级分解的基础上，设计和确定组织内从事具体工作所需要的层次数及其对应的职务类别、责任权限和应该具备的条件。然后根据各层次职务所从事工作内容的性质，以及各职务之间的相互关系，按照"分工合理，责权明确"的原则，将各个职务组成一个个"部门"。

（1）管理幅度。管理幅度亦称管理跨度，系指一名领导者直接领导的下级人员的人数。从形式上看，管理幅度仅仅表示了一名领导人直接领导的下级人员的人数，但由于这些下级人员都承担着某个部门或某个方面的业务，所以，管理幅度的大小，实际上意味着上级领导人直接控制和协调的业务活动量的多少。

（2）管理层次。管理层次亦称组织层次，它是描述企业纵向结构特征的一个概念。从构成企业纵向结构的各级组织来定义，管理层次是指从企业最高一级组织到最低一级组织的各个组织等级。每一个组织等级即为一个管理层次。企业有多少个领导职务等级，就有多少级管理层次。

由于企业各级组织的管理者职务，往往既有全面负责本部门工作的主管人员，即正职，又有协助主管人员工作的管理者，即副职，所以，按管理者职务划分的管理层次，一般要比按组织划分的层次多一些。为了从概念上较为清楚地反映这种差别，避免因划分标志不同而产生的矛盾，我们也可以把按组织定义的管理层次形象地称为大层次，或者叫组织层次；而把按管理者职务等级来定义的管理层次称为小层次，或者叫职务层级。

（3）管理层次与管理幅度的关系。管理层次和管理幅度是决定组织结构的两个重要参数，而且管理层次与管理幅度密切相关。

①一个组织的管理层次多少，受到组织规模和管理幅度的影响。在管理幅度给定的条件下，管理层次与组织的规模大小成正比，组织规模越大，包括的成员数越多，其所需的管理层次就越多。

②在组织规模给定的条件下，管理层次与管理幅度成反比。每个主管所能直接控制的下属人数越多，所需的管理层次就越少。

③较宽的管理幅度有利于降低管理成本。假设有两个组织，它们的作业人员约为4100人。如图2-6所示，如果一个组织的管理幅度各层次统一为4；另一个组织的幅度为8。幅度大的组织就可减少两个管理层次，大约精简800名管理人员。假如管理人员的平均年薪为3.5万元，则加宽管理幅度后将使组织在管理人员工资上每年节省280万元。

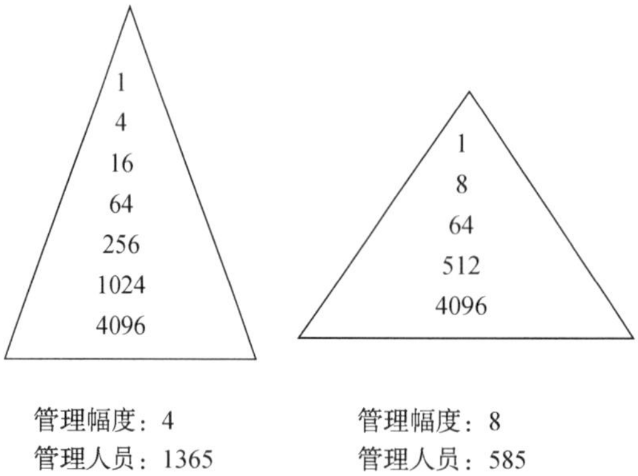

管理幅度：4
管理人员：1365

管理幅度：8
管理人员：585

图2-6 管理幅度与管理人员数量

（4）影响管理幅度的因素。有效管理幅度的大小受到管理者本身的素质与被管理者的工作内容、能力、工作环境与工作条件等诸多因素的影响，每个组织都必须根据自身的特点，来确定适当的管理幅度、相应的管理层次。

①工作能力。主管的综合能力、理解能力、表达能力强，则可以迅速地把握问题的关键，对下属的请示提出恰当的指导建议，并使下属明确地理解，从而可以缩短与每一位下属接触所占用的时间。同样，如果下属具备符合要求的能力，受到良好的系统培训，则可以在很多问题上根据自己的符合组织要求的主见去解决，从而可以减少向上司请示，占用上司时间的频率。在这样的情况下，管理的幅度可适当放宽。

②工作内容和性质。主管所处的管理层次。主管的工作在于决策和用人，处在管理系统中的不同层次，决策与用人的比重各不相同。决策的工作量越大，主管用于指导、协调下属的时间就越少。所以，越接近组织的高层，主管人员的决策职能越重要，其管理幅度较中层和基层管理人员就越小。

下属工作的相似性。下属从事的工作内容和性质相近，则对每人工作的指导和建议也大体相同。这种情况下，同一主管指挥和监督较多的下属时问题和困难将会相对较少。

计划与控制的明确性及其难易程度。下属的任务多数是由计划规定并依据它来实施的。因此，如果计划制订得详细具体、切实可行，下级人员就容易了解自己的具体目标和工作任务，就可以通过计划来指导业务活动，而不必事事请示领导。否则，上级的指导就将是大量的、不可缺少的。另外，计划的实施离不开控制，需要上级对下级的实际执行情况进行检查。如果用以衡量工作绩效的标准是具体的、定量化的，偏离计划的情况就容易显示出来，既便于上级及时采取措施加以纠正，也便于下级自我调节。反之，工作绩效标准不明确、不具体，领导者就要为计划的实施付出更多的精力。所有这些都会影响管理幅度的大小。

非管理性事务的多少。主管作为组织不同层次的代表，往往需要花费相当多的时间去从事一些非管理性事务。处理这些事务所需的时间越多，对管理幅度的扩大就会产生越多的消极影响。

③工作条件。助手的配备情况。助手可以协助甚至代替领导者做一些工作，因而给领导者配备的助手越多、助手越得力，领导者本人的工作量就越小，其管理幅度就可以越大。

信息手段的配备情况。掌握信息是进行管理的前提。利用先进的技术去收集、处理、传输信息，不仅可帮助领导者更快、更全面地了解下属的工作情况，从而及时提出建议，而且可使下属更多地了解与自己工作有关的信息，从而更好地自主处理自己分内的事务。这就有利于扩大管理者的管理幅度。

下级人员工作地点的相近性。下属工作岗位在地理上的分散，会增加下属与领导以及下属与下属之间的沟通困难，加大管理的难度，从而影响管理幅度。

④组织环境。组织环境是否稳定，会在很大程度上影响组织活动内容以及政策的调整频率与幅度。环境变化越快、变化程度越大，组织中遇到的新问题就越多，下属向上级的请示就越经常、越有必要；而此时上级能用于指导下属工作的时间和精力却越少，因为他必须花更多的时间去关注环境的变化，考虑应变的措施。因此，环境越不稳定，管理幅度就越受限制。

从成本角度来看，采用较宽的管理幅度要明显低于较窄的管理幅度，但管理幅度是有一个界限的，在某一点上，宽幅度会导致管理效率降低，如图2-7所示。

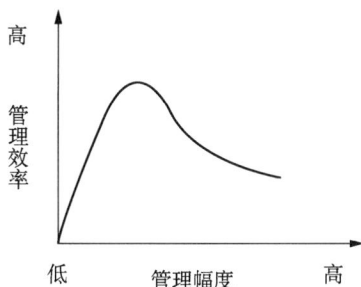

图2-7　管理幅度与管理效率的关系

因此，任何组织在进行结构设计时，都必须考虑这样的问题，即每个主管人员直接指挥与监督的下属人数应以多少为宜。如何确定管理跨度，这一直是研究人员和管理者感兴趣的问题。美国的管理理论家格兰库纳（V.A.Graicus）在他的《组织内的关系》一书中对管理跨度问题进行了探索，提出了一个领导者与其下级之间发生联系的关系总数与下级人数之间的关系的数学表达式为：

$$I = N \left(2^{N-1} + N - 1 \right)$$

式中，I 表示领导者与其直属下级发生联系的关系总数（包括直接单独联系、直接团体联系和交叉联系）；N 表示直接下级的数量。

格兰库纳斯虽然没有得出直接计算管理幅度的公式，但从他建立的关系式可以看出，当领导的直属下级人数以算术级数增加时，领导者与其下级发生联系的工作量将呈几何级数增加。

后来人们对这一问题的研究表明，影响管理幅度的因素来自两个方面。一是主观方面的因素，是由领导者的素质决定的。二是客观方面的因素，即由客观条件和下属人员素质决定的因素。主观因素主要表现在领导者能否减少花在下级身上的时间。哈罗德·孔茨（Harold Koontz）和海因茨·韦里克（Heinz Weihrich）在他们合著的《管理学》一书中总结影响管理跨度的主观因素时指出，一个管理人员到底能够有效地管理多少下属，"……除去理解快、善于与人相处、博得人们忠诚和尊敬等这些个人品格之外，最重要的决定因素是管理人员减少花在下级身上的时间的能力。"这一结论告诉我们，要扩大管理幅度，减少管理层次，领导者就应抓大事，避免在下级身上花费太多的时间。

4. 人员配备

人员配备就是管理人员的设计。企业结构本身设计和规范设计，都要以管理者为依托，并由管理者来执行。因此，按照组织设计的要求，必须进行人员设计，配备相应数量和质量的人员。管理学中的人员配备，是指对主管人员进行恰当而有效的选拔、培训和考评，其目的是为了配备合适的人员去充实组织机构中所规定的各项职务，以保证组织活动的正常进行，进而实现组织的既定目标。人员配备的程序为：

（1）制订用人计划，使用人计划的数量、层次和结构符合组织的目标任务和组织机构设置的要求；

（2）确定人员的来源，即确定是从外部招聘还是从内部重新调配人员；

（3）对应聘人员根据岗位标准要求进行考查，确定备选人员；

（4）确定人选，必要时进行上岗前培训，以确保能适用于组织需要；

（5）将所定人选配置到合适的岗位上；

（6）对员工的业绩进行考评，并据此决定员工的续聘、调动、升迁、降职或辞退。

三、农业企业组织结构的类型

（一）直线制

1. 概念

直线制组织结构又称垂直式或连队式结构，是一种集权式的组织结构（图2-8）。

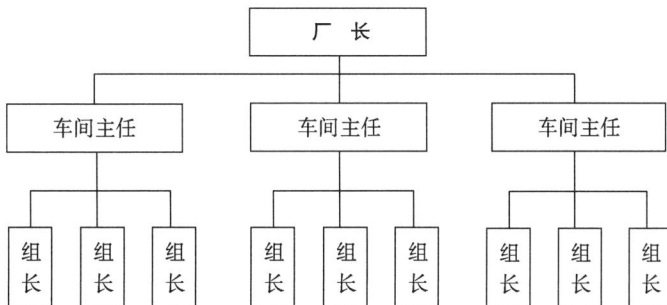

图 2-8　直线制组织结构

2. 特点

管理的全部职能由各级主管人员负责，少数职能人员协助工作，但不另设职能或参谋管理机构；下级直接受上级指令，上级对下级进行综合管理。

3. 优点

（1）机构简单、权力集中，便于统一领导指挥，决策迅速，工作效率高。

（2）责任和职权明确，每个人都明白应向谁报告工作和谁向自己报告工作。

（3）容易维持组织纪律，确定组织秩序；结构简单、管理费用低。

4. 缺点

（1）只注意上下层次间的沟通，缺乏横向的协调关系。

（2）没有职能部门充当领导的助手，要求管理者是全能型的，不利于培养接班人。

（3）由于直线指挥高度集权，组织的命运完全掌握在上层管理者手中，管理者必因经验、精力不及而顾此失彼，决策的正确性难以把握。

5. 适用范围

直线制只适用于规模较小、生产技术比较简单的企业，对生产技术和经营管理比较复杂的企业并不适宜。

（二）职能制

1. 概念

职能制组织结构是在各级行政领导人之下，按专业分工设置相应的职能机构，各级行政领导仍保留直线指挥权，同时，职能机构在各自的业务范围之内也有权向下级下达命令（图2-9）。

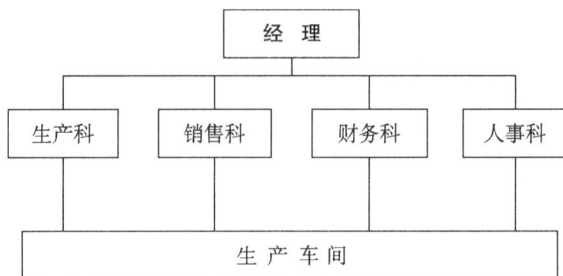

图 2-9　职能制组织结构

2. 优点

（1）各级管理机构和人员实行高度的专业化分工，各自履行一定的管理职能。因此，每一个职能部门所开展的业务活动将为整个组织服务。

（2）实行直线—参谋制。整个管理系统划分为两大类机构和人员：一类是直线指挥机构和人员，对其直属下级有发号施令的权力；另一类是参谋机构和人员，其职责是为同级直线指挥人员出谋划策，对下级单位不能发号施令，而是起业务上的指导、监督和服务的作用。

（3）企业管理权力高度集中。由于各个职能部门和人员都只负责某一个方面的职能工作，唯有最高领导层才能纵观企业全局，所以，企业生产经营的决策权必然集中于最高领导层，主要是在经理身上。

3. 优点

（1）能适应现代生产技术比较复杂和管理分工较细的要求，有利于促进技术进步。

（2）提高了管理专业化程度，减轻了各级行政负责人的工作负担，同时便于发挥职能专长，提高管理效率。

4. 缺点

（1）下级除接受上级行政领导的指挥外，还要接受职能部门的指挥，形成多头领导，使下级无所适从，不符合统一领导原则。

（2）滋长了本位主义，部门间的协调比较困难。

（3）不利于在管理队伍中培养全面的管理人才，因为每个人都力图向专业的方向发展自己。

5. 适用范围

这种结构只适合于组织规模小，整个组织集中在同一地点和提供的产品或服务不超过 3~4 种的组织。

（三）直线职能制

1. 概念

直线职能制又称直线参谋制、生产区域管理制。这种结构是直线制与职能制相结合的产物，是既按企业生产工艺特点或产品对象，以及区域分布来建立的指挥系统，又根据管理需要，设立必要的职能机构作为助手和参谋的一种组织机构（图2-10）。

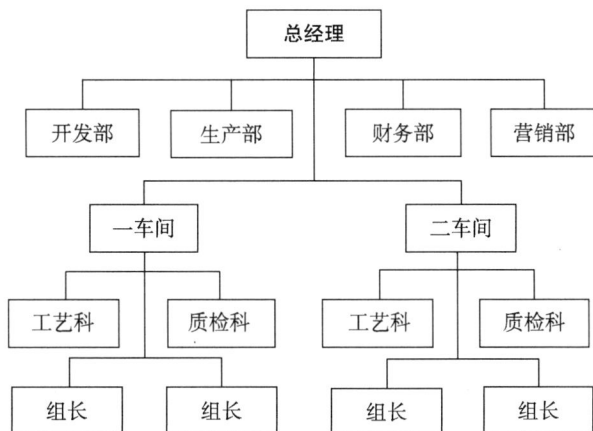

图2-10 直线职能制组织结构

2. 特点

直线主管人员拥有对下级的指挥和命令的权力，并实行逐级负责，高度集权。职能主管人员起参谋和助理的作用，可对下级进行业务指导、提出建议，但无权向下级发布命令。

3. 优点

（1）既保证了集中统一领导，又充分发挥了职能机构的作用。

（2）分工细密，职责明确。

（3）使直线主管人员能够对本部门的各项活动进行有效的组织和指挥。

4. 缺点

（1）领导人易于强调直线指挥，忽视职能作用，协调工作量大。

（2）职能部门间的横向联系较差，容易产生脱节和矛盾，决策缓慢。

5. 适用范围

由于这种组织结构形式具有以上的优点，使得它在各国的组织中被普遍地采用，而且采用的时间也较长。我国目前大多数企业，甚至机关、学校、医院等一般也都采用直线职能制的结构。

（四）事业部制

1. 概念

事业部制组织结构又称部门化结构或联邦分权化组织。是 20 世纪 20 年代由美国通用电气公司总裁斯隆首创并采用的。事业部制是在公司统一领导下，按产品、顾客、地区标志划分的统一进行产品设计、采购、生产和销售活动的半独立经营单位。实行相对的独立经营、单独核算，拥有一定的经营自主权，事业部内部没有相应的职能部门（图 2-11）。

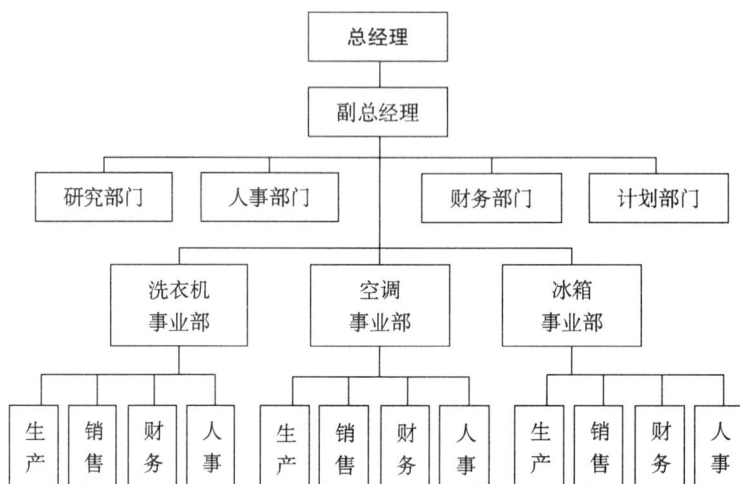

图 2-11　事业部制组织结构

2. 特点

按照"集中政策、分散经营"的管理原则，公司最高层掌握着预算、人事任免和重大问题的决策等权力、并通过利润等指标对事业部进行控制。

3. 优点

（1）决策分权，提高了管理的灵活性和适应性。

（2）有利于最高管理层摆脱日常行政事务，集中精力做好有关企业大政方针的决策。

（3）便于组织专业化生产，便于采用流水作业和自动线等先进的生产组织形式，有利于提高生产效率，保证产品质量，降低产品成本。

4. 缺点

（1）增加了管理层次，造成机构重叠，管理人员和管理费用增加。

（2）由于各事业部独立经营，各事业部之间人员互换困难，相互支援较差。

（3）各事业部经常从本部门出发，容易滋长不顾公司整体利益的本位主义和分散主义倾向。

5. 适用范围

事业部制组织结构一般适用于大型企业、跨国公司和多元化经营企业。

（五）矩阵制

1. 概念

矩阵制组织结构是按管理职能设置纵向垂直组织体系，按规划目标（产品、工程项目）设置横向组织系统，将两者相结合，便组成了一个矩阵，故称矩阵制组织结构（图 2-12）。

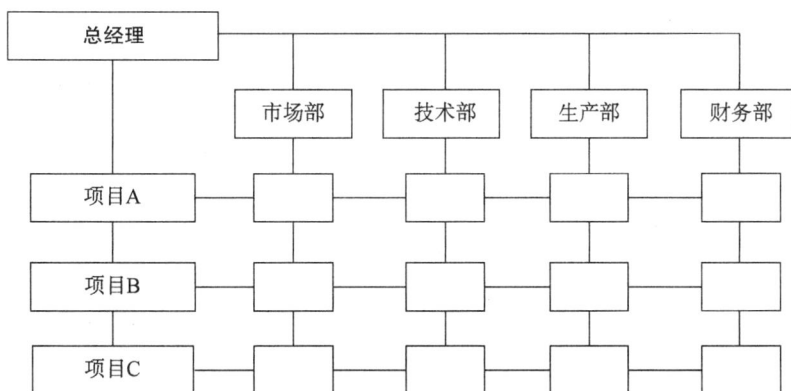

图 2-12 矩阵型组织结构

2. 特点

在矩阵制组织结构中，三类矩阵角色根据其不同定位，发挥不同作用。

一是高层管理者，即图 2-12 中的总经理，其主要职能是维持职能经理和项目管理者之间的平衡。

二是矩阵主管，即图 2-12 中的项目管理者，其主要职能是控制和协调下属工作。

三是雇员，横向系统按规划目标将所需人员从各职能部门或单位抽调出来，这些人员既受原单位领导，又受规划任务组的领导，具有服从双重管理的特点。

3. 优点

（1）将组织纵向联系和横向联系很好地结合起来，有利于加强各职能部门之间的协作和配合，及时沟通情况，解决问题。

（2）它具有较强的机动性，能根据特定需要和环境活动的变化，保持高度民主的适应性。

（3）把不同部门、具有不同专长的专业人员组织在一起，有利于互相启发，集思广益，有利于攻克各种复杂的技术难题，更加圆满地完成工作任务。

4. 缺点

（1）小组成员受双重领导，易使人无所适从。

（2）从职能部门看，由于临时性项目的需要，经常调动人员，对原部门的正常工作会形成一定的冲击。

（3）项目组成员因任务而结合在一起，其成员完成任务后要回到原单位，若没有足够的激励与惩治手段，易影响其对工作认真负责的态度。

5. 适用范围

矩阵制组织结构适用对象包括以下几类：

（1）重大工程与项目；

（2）单项重大事务的临时性组织；

（3）环境多变、创新性强、工作任务需要多种技术的组织。

（六）网络制

1. 概念

网络组织是一个由独立总司形成的临时性网络（包括供应商、销售商等）。它们通过计算机信息网络技术以契约的方式连接起来，共享知识，共担成本，共享市场（图2-13）。

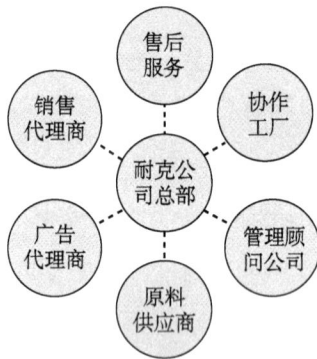

图2-13 网络型组织结构

2. 特点

由于网络制组织结构建立在信息技术之上，使得各项优势得以集中，能保证各组织成员机会至上。有利于独立公司与供应商、销售商等建立起相互信任、相互合作的稳定关系。

3. 优点

（1）灵活迅速，能根据特定需要和环境活动的变化而变化。

（2）增强能力，不仅能提高独立公司的运营管理能力，而且能提升子公司的生产销售能力。

4. 缺点

（1）可控性太差。这种组织的有效动作是通过与独立的供应商广泛而密切地合作来实现的，由于存在着道德风险和逆向选择性，一旦组织所依存的外部资源出现问题，组织将陷入非常被动的境地。

（2）外部合作组织具有临时性。如果组织中的某一合作单位因故退出且不可替代，组织将面临解体的危险。

（3）员工对组织的忠诚度也比较低。由于项目是临时的，员工随时都有被解雇的可能。

5. 适用范围

网络型组织结构并不是对所有的企业都适用的，它比较适合于玩具和服装制造企业。它们需要相当大的灵活性以对时尚的变化做出迅速反应。网络组织也适合于那些制造活动需要低廉劳动力的公司。

❦ **动动脑**

1. 部门化的三种形式之间有何内在联系？

2. 农业企业组织结构的六种类型之间有何内在联系？

第四节　农业企业的登记与设立

❦ **案例导入**

大通湖渔道食品有限公司正式开业

2015 年 8 月 8 日上午 11 点 18 分，大通湖渔道食品有限公司正式开业。

该公司于 2015 年 1 月 15 日登记注册，位于该区河坝镇铭新村 69 号，建筑面积 6000 平方米，采用标准化生产车间，从原材料到成品加工一条龙，现已通过湖南省益阳市大通湖区食品药品监督局审核下发生产许可证。该公司的成立，一方面可有效利用我区丰富的渔业资源和蔬菜资源，增加农产品的附加值；另一方面可促进本地村民就业增收，该公司现有的 60 名员工，全部为就业培训后上岗的本地村民。

"现在咱们公司产品手续齐全，产量稳定，下一阶段主要是打开销路，预计年产值可达到 5000 万元。"公司负责人姚老板告诉我们。

（资料来源：中国农业信息网，2015 年 8 月 13 日）

❦ **案例思考**

你知道大通湖渔道食品有限公司是如何注册成功的吗？

一、企业的登记

（一）企业登记的类型

企业登记是指企业依照法定程序，将法定事项申报企业登记主管机关注册登记的一种法律制度。

1. 设立登记

设立登记是指设立企业时必须向工商行政管理部门申请办理的登记。主要是确认企业享有企业法人资格或营业资格。

2. 变更登记

变更登记是指经开业登记已取得合法资格的企业要改变原登记事项，如名称、住所、法定代表人、经营范围、注册资金以及增设或撤销分支机构时办理的变更手续。

3. 注销登记

注销登记是指经开业登记已取得合法资格的企业在歇业、被撤销、被宣告破产或因其他原因终止营业时办理的注销手续。企业经注销登记后，登记主管机关应收缴《企业法人执照》或《营业执照》，收缴公章，并将注销登记情况告知被注销登记企业的开户银行。应办理注销登记而未办理或办理注销登记后仍从事生产经营活动的，均属于违法活动，应依法受到制裁。企业因违法经营，被工商行政管理部门吊销营业执照时，由工商行政管理部门直接注销其登记。

（二）企业登记的内容

1. 企业名称

企业名称是企业法人地位的标志，由企业自行申请，报工商行政管理部门核定。企业名称在核准登记以后，在一定范围内享有专有权，其他任何人不得侵犯。

2. 住所和经营场所

住所是指企业主要办事机构的地址。经营场所主要是企业生产经营的地址、面积和位置等。

3. 法定代表人

企业的法定代表人一般是指董事长。企业与企业之间、企业与国家之间以及企业与企业之外发生的一切涉及法律的事项，均由法定代表人出面解决，并承担责任。

4. 经济性质

企业的经济性质是由主管登记注册机关根据企业的财产所有权归属、资金来源、分配方式及有关规定审定的。

5. 经营范围和经营方式

经营范围是指企业生产经营活动的行业和项目，经营方式是指企业生产经营活动所采取的方式，如来料加工、批发、零售、代购代销等。

6. 注册资金

注册资金是指企业在登记注册机关登记注册的实有资金数额。资金是企业从事生产经营活动的保证，企业能否获准登记开业、能否获得法人地位，与资金数量的大小以及资金来源有密切的关系。

7. 经营期限

经营期限是企业章程、协议或合同所确定的企业合法经营的时限。主管登记机关核定经营期限后，在核发的营业执照上注明有效期，有效期自核准登记日起计算。经营期限可以依法延续。

8. 分支机构

分支机构是指企业法人设立的附设的公司、分店、销售门市部、加工场等。这些附属单位一般不独立核算，但可以直接从事生产经营活动。

二、农业企业的设立

（一）农业企业设立的含义

农业企业的设立，是指为使农业企业成立、取得合法的主体资格而依据法定程序进行的一系列法律行为的总称。

（二）农业企业设立的条件

1. 有符合法律规定的名称

农业企业名称是农业企业人格特定化的标志，是表明农业企业的行踪并与其他企业相互区别的标志。它包括以下内容。

（1）农业企业登记注册机关的行政级别和行政管理范围。

（2）商号，它是农业企业名称的核心内容，是唯一可以由当事人自主选择的内容，由两个以上汉字或少数民族文字组成。

（3）农业企业的营业或经营特点，农业企业的名称应该显示出农业企业的主管业务和行业性质。

（4）农业企业的法律性质。公司企业在名称中表明"有限责任公司"或"股份有限公司"字样；个人独资企业在名称中表明"个人独资"性质，合伙企业中应表明"合伙"字样。

隆平高科创立于1999年，由湖南省农业科学院发起，2000年深圳证券交易所上市。成立之初，公司注册资本为10 500万元，现在已变更为41 580万元。公司以世界杂交水稻之父——袁隆平院士的名字命名，袁隆平院士是公司名誉董事长和股东。2004年12月，长沙新大新集团有限公司受让湖南省农业科学院的全部国有股权，成为公司控股股东。

公司以袁隆平院士"发展杂交水稻，造福世界人民"为己任，以"做中国种业的领跑者，农业服务的旗帜"为企业愿景，聚焦种业，目前，已成为中国农业产业化的重点龙头企业，国家创新型星火科技龙头企业，"隆平高科""湘研"商标被认定为中国驰名商标，隆平高科牌水稻种子被评为中国名牌产品，在 2010 年中国种业骨干企业排名中名列第一，被誉为中国种业第一品牌。

公司是首批拥有完整科研、生产、加工、销售、服务体系的"育繁推一体化"的种业企业之一。公司以杂交水稻、杂交玉米种业为核心，聚焦种业，目前，公司杂交水稻种子市场份额全球第一，杂交辣椒种子推广面积全国第一，杂交棉花种子推广面积国内第三，杂交玉米种子产业正快速迈入全国前列。

（**资料来源**：隆平高科官网，2015 年 9 月 9 日）

2.有企业章程协议

根据我国有关法律规定，法人企业必须有企业章程；独资企业、合伙企业没有企业章程的法定要求，但合伙企业必须有书面的合伙协议；外商投资企业除必须制订企业章程外，中外合作经营企业还必须依法订立合营合同或合作合同。

（1）企业法人章程。企业法人章程是企业法人自己制订的，规定企业法人权利和义务以及调整企业内部关系准则的基本法律文件。外商投资企业的合营合同和章程按《中华人民共和国中外合资经营企业法》《中华人民共和国中外合作经营企业法》《中华人民共和国外资企业法》的有关规定制订。

企业法人章程的内容应当符合国家法律、法规和政策规定，并载明下列内容：

① 宗旨；

② 名称和住址；

③ 经济性质；

④ 注册资金数额及其来源；

⑤ 经营范围和经营方式；

⑥ 组织机构及其职权；

⑦ 法定代表人产生的程序和职权范围；

⑧ 财务管理制度及利润分配形式；

⑨ 劳动用工制度；

⑩ 章程修改程序；

⑪ 终止程序；

其他事项如果是联营企业，在章程中还应载明下列内容：

① 联营各方出资方式、数额和投资期限；

②联营各方成员的权利和义务；

③参加和退出的条件、程序；

④主要管理机构的产生、形式、职权及其决策程序；

⑤主要负责人任期具备企业法人条件的私营企业，其章程应按《中华人民共和国私营企业暂行条例》的规定制订。

（2）合伙协议。合伙协议是指合伙人为设立合伙企业而达成的，并规定合伙人之间权利和义务之间的协议。合伙协议作为合伙企业成立的基础，是确定合伙人之间权利义务的基本依据。根据我国《合伙企业法》的规定，设立合伙企业必须有书面合伙协议，它是成立合伙企业的法定要件之一。

3. 有符合法律规定的资本

企业的资本是企业投资人认缴的出资总额。企业投资人的基本义务是向企业出资，这既是其是否拥有企业投资人身份的标志，也是企业得以进行生产经营的物质基础，各投资人的出资是企业财产的原始构成部分。根据不同法律的规定，不同企业的形态的法律地位不同，法律对各类企业资本的要求也不同。

4. 建立符合法律规定的组织制度

企业组织制度涉及的是企业内部治理结构问题。公司是企业法人，拥有法律上的独立人格，其独立性可以从很多方面体现出来。但必须通过一个自然人的组织系统来实施其行为和实现其目标。

5. 有符合法律规定的经营范围

企业的经营范围是企业从事经济活动的业务范围，企业在工商行政机关注册登记时其经营范围体现在营业执照中。如果企业欲从事法律、行政法规规定须报经有关部门审批的业务，应当在申请设立登记时提交有关部门的批准文件。

（1）个人独资企业的经营范围由投资者个人选定，但其不得从事法律、行政法规禁止经营的业务。

（2）合伙企业的经营范围由合伙人签订的合伙协议约定。

（3）公司企业的经营范围由公司章程规定。公司可以修改公司章程，改变经营范围，但是应该办理变更登记。

6. 有自己的住所

企业以其主要办事机构所在地为住所，主要办事机构所在地由企业在工商机关登记时确定。企业的住所只能有一个，须在企业登记的主管机关管辖范围内。申请企业的住所必须提交能够证明其拥有该住所使用权的文件，如该住所的产权证或房屋租赁协议（须有两年以上的租赁期限）。

　　1. 农业企业如何设立？

　　2. 农业企业如何登记？

链接案例

走进"新希望"

　　新希望集团有限公司创立于 1982 年，是首批中国农业产业化国家级重点龙头企业之一，连续 12 年位列中国企业 500 强，数年蝉联四川企业百强榜第一位。目前产业涉及农牧与食品、化工与资源、地产与基础设施、金融与投资四大领域。已逐步成为农牧为根基，适度多元发展的大型民营企业集团。其中，农牧与食品是核心主业，涵盖的三条猪、禽、奶牛产业链，已经具备 2000 万吨饲料生产能力（位居全国第一）、13 亿只家禽加工能力、850 万头猪加工能力、100 万吨奶加工能力。2005 年，新希望适时提出了"造规范、环保、领先的世界级农牧企业"的战略发展目标。2011 年新希望完成了重大资产重组，"新希望六和股份有限公司"成为中国最大的农牧上市公司。

　　一、历史沿革

　　1982 年，刘永言、刘永行、陈育新（刘永美）、刘永好四兄弟一道辞去公职，到川西农村创业，在极其困难的条件下，他们变卖手表、自行车等家产，筹集 1000 元人民币资金，开始了艰苦的创业历程；1986 年，时任国务委员、国家科委主任宋健视察育新良种场，并题词"中国经济的振兴寄希望于社会主义企业家"，于是刘氏兄弟将育新良种场改为四川新津希望饲料厂，从此"希望"成为刘氏兄弟事业的品牌。1990 年，希望集团初具规模，刘氏兄弟大胆调整产业，致力于饲料产品的研发和生产；1992 年，希望集团注册成立。1995—1997 年，在南方希望资产的基础上，刘永好先生组建了四川新希望集团公司，在以后的约十年时间里，新希望集团进行了大量的规范和创新，成为农业产业化国家重点龙头企业。

　　新希望集团从种植业、养殖业起步，历经艰难，自强不息，终于获得成功，并使企业持续地发展，成为中国最有代表性的民营企业之一。1995 年，新希望集团依靠先进的技术、过硬的产品质量、创新的营销手段和带动广大农民致富的决心，使企业发展成为 20 亿元销售收入的大型民营企业，是四川省政府评定的全省最大规模民营企业十强第一位，并成为中国饲料百强第一位，连续 6 年入围中国企业 500 强，2010 年列第 134 位。现在，新希望集团已成为中国最大的农牧集群。

　　在产业发展上，新希望集团由小到大，从单一饲料产业逐步向上、下游延伸，在农牧领域不断做大做强以猪、禽、奶牛为主的产业链建设（包括饲料、饲养、屠宰、种畜、兽药、乳品、肉食加工等），同时抓住机遇，投资了金融、房地产、化工等行业，取得了很好的回报，成为集农、工、贸、科一体化发展的大型农牧业民营集团企业，再反哺农牧业。

在集团法人治理上，新希望将家族以外的成员进入集团董事会，同时聘请有国际背景的、专业水准很高的职业经理人担任集团高级管理职务，形成了强大的经营团队。

2010年年底，集团注册资本8亿元，总资产361亿元，新希望集团立足于基业长青，致力于正向、规范、阳光的企业治理架构；在企业发展同时，致力于产业提升，促进企业持续发展；新希望以开阔的视野，坚韧的毅力，积极走出国门。

二、集团化的组织架构

新希望集团的管理制度随着企业发展战略调整而不断完善。如今，新希望集团以现代企业管理制度为基准建立了规范的法人治理结构，设立董事会，并聘请有独立董事，构建比较完善的"两权分离"管理体系，集团总部与各专业事业部之间严密分工，充分授权，体现了科学、严谨、专业、高效的特色。

标准化运作、专业化管理。新希望集团在投资与运营、财务与审计、品牌与宣传、人力与文化等方面，形成了一套较为成熟的、与国际企业管理逐步接轨的标准化管理程序。在管理模型及工具方面，提倡专业化，一方面，集团现已经引入ERP（企业资源规划）、E-HR（企业人力资源管理）、CRM（客户管理）、E-CASE（资金集中管理）、P6（工程项目管理）等比较先进的信息化手段，畅通信息传送渠道，提高管理效率；另一方面，也积极采用全面预算管理、多纬度绩效管理、全方位对标管理、精益化管理等先进管理模型，通过多年的持续推进，软硬实力齐头并进，有机结合，提升组织系统竞争力。

新希望集团采取集团化管理模式，即：由集团统一管理下属各实业公司，并明确产权人，各级管理机构的责、权、利，为实行科学管理提供组织保障。

集团董事会是集团最高决策机构。主要负责集团发展战略的制订与修改，经营管理机制的确立和完善，经营管理策略的配套和修订。

集团总部定位为战略投资型和风险管控型，是集团最高管理机构，由行政管理部、人力资源部、财务部、经营管理部、战略发展部和审计监察部以及机要中心、发展研究中心、信息中心9个部门组成。主要负责为董事会经营决策提供信息支撑和科学依据，及时准确地把董事会决策变成执行规划，组织相关资源，指导和协调各事业部抓落实，并在执行过程中，监控和反馈决策执行情况，调控和协调解决执行政策过程中的矛盾。

新希望下设四个事业部，分别是农牧事业部、化工事业部、地产与基础设施事业部和金融投资事业部。各事业部直接对集团总裁班子负责，指导所属企业研发、推广、宣传和销售本专业产品，并根据授权实施本专业板块的其他经营和管理工作。

各实业分公司是集团经营实体，直接负责集团产品的生产、运输和销售工作。

新希望集团管理组织结构如图2-14所示。

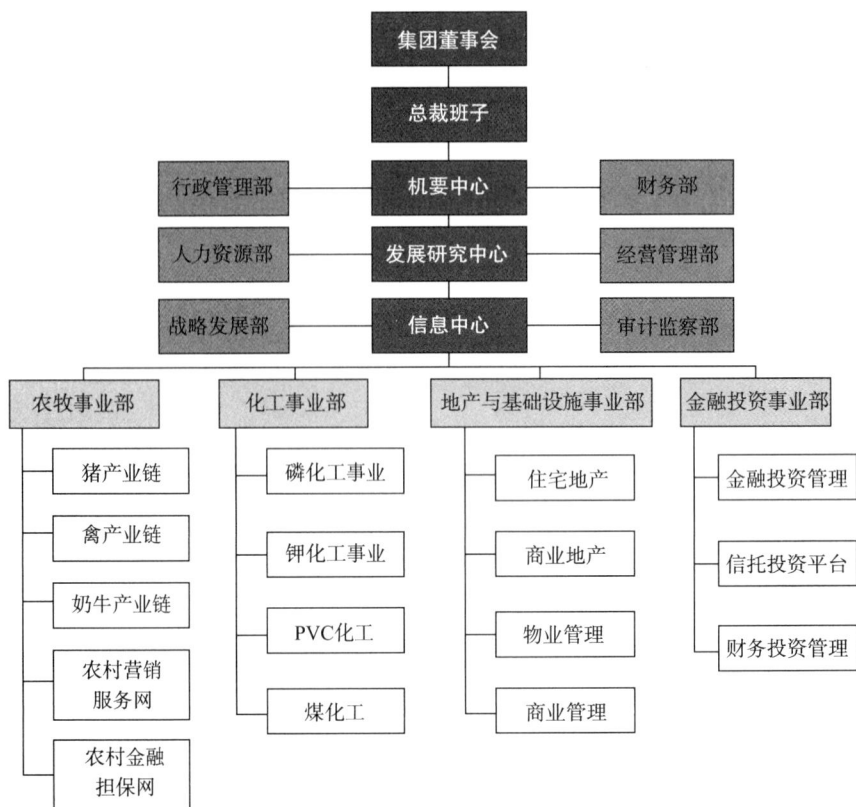

图 2-14　管理组织结构

三、新希望集团组织架构

希望集团是刘氏四兄弟于 1982 年开始创建的民营企业，主要从事饲料及食品生产。新希望集团在 1995 年被国家工商局和中国企业评价协会评定为"中国最大的 500 家私营企业之第一位"，并从 1994 年起连续 3 年被美国《福布斯》杂志评选为中国大陆私营资产首位。

新希望集团事业群构成如图 2-15 所示。

大陆希望集团	东方希望集团	华西希望集团	新希望集团
董事长刘永言	董事长刘永行	董事长陈育新	董事长刘永好
主营业务	主营业务	主营业务	主营业务
机电	农业投资	饲料、养殖、兽药	农牧与食品
能源化工	铝电投资	酒店	化工与资源
建筑总包	化工投资	金融	房产与基础设施
酒店旅游	生物工程	房地产	金融与投资
	金融投资		

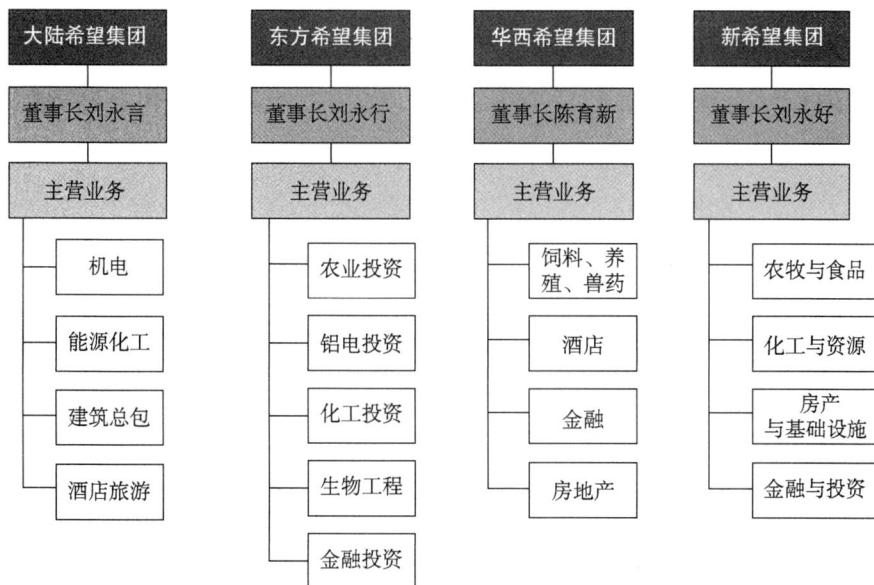

图2-15 新希望事业群构成

（资料来源：新希望集团官网，2016年1月7日）

❧ **复习思考题**

1. 简述企业制度形态和企业制度的构成。

2. 简述农业企业经营组织形式。

3. 简述企业组织结构的概念及特征。

4. 简述组织结构设计的原则。

5. 论述组织结构的基本类型及其优缺点。

6. 简述农业企业的登记与设立的流程。

第三章

农业企业经营战略

❧ 学习目标

1. 理解农业企业环境分析的内容与方法；

2. 掌握农业企业经营战略的类型、制订步骤与实施的内容；

3. 了解农业企业经营战略的特点、经营决策的种类和方法。

第一节 农业企业经营环境分析

案例导入

四川省农业龙头企业——宝山集团

宝山集团位于四川省成都市西北部，地处国家级森林公园、国家级地质公园回龙沟风景旅游区内，距彭州市 36 公里，与成彭高速、彭白公路相通，地理位置优越、交通便利、景色秀丽、气候宜人。

集团始创于 1983 年，是由宝山村集体控股，村民、职工参股的现代化股份制企业。宝山集团的董事长贾正方 1966 年带着村里的十多名党员和年轻骨干在山坡上破土造田，使村民的人均口粮得到大幅度提升，1969 年已经达到 405 斤，较原来提高了 5 倍多。

到了 1978 年，十一届三中全会召开，党和国家的工作重点开始转移到经济建设和四个现代化上。随后，改革开放的春风也吹到了偏远的宝山村，各村都实行包产到户、包产到组，贾正方利用改革的契机，一反村民各自致富的道路，集全村所有力量修路、修电站、办企业。正是这个大胆的决定，成就了今天的宝山企业，也让宝山村成了"西部第一村"。多年来，宝山集团公司坚持因地制宜，合理利用本地资源，坚持"以林养水，以水发电，以电兴工，以工补农"的产业化发展思路发展和壮大村级集体经济，坚持带领村民走共同富裕的道路。

（**资料来源**：宝山集团网站公司简介）

案例思考

通过宝山集团的发展，请思考农业企业经营环境包括哪些因素。

环境是指对组织管理绩效起着潜在影响的外部机构或力量。任何企业的生产经营活动，都是在一定的环境条件下进行的，而且各种环境因素总是不断变化的。农业企业作为一个开放的系统，都存在着与它的外部环境之间的物质、信息的交换，农业企业的生存和发展与其现实的环境及环境的未来变化有着密切的关系。因此，对农业企业来说，把握环境的现状和将来的变化趋势，利用有利于农业企业发展的机会，避开威胁因素，是谋求生存和发展的首要问题。农业企业战略环境分析包括对外界因素和内部条件的分析。

一、农业企业经营环境分析的内容

（一）农业企业经营的外部环境

农业企业经营环境是一个多因素、多层次且不断变化的系统。从宏观角度分析，企业外部环境包括：政治法律环境、经济环境、社会文化环境、科技环境、国际环境和自然环境等。

1. 政治法律环境

政治法律环境是指对农业企业经营活动具有现实的和潜在的作用与影响的政治力量、政治制度、体制、方针政策以及法律和法规等。对于农业企业而言，政治法律环境因素一旦影响到农业企业，就会使农业企业发生十分迅速和明显的变化，尤其是影响农业企业较长期的投资行为，而这一变化农业企业是驾驭不了的。因此，这是农业企业战略必须考虑的一个重要因素。

2. 经济环境

经济环境主要由社会经济结构、经济发展水平、经济体制、宏观经济政策、社会购买力、消费者收入水平和支出模式、消费者储蓄和信贷等要素构成。农业企业作为经济组织，其行为直接受到经济环境的制约，所以，经济环境对农业企业经营战略的影响是最直接、最明显的，它是影响农业企业生存、经营和发展的重要因素。管理者应当了解国民经济目前处于什么阶段，是产业结构调整时期、经济低速增长时期或是高速增长时期，并具体分析有关的经济指标，如国民生产总值、国民收入、国家预算收入水平及其分配的状况等，这对于制订企业发展战略至关重要。

新常态下的新趋势，三元奶粉更注重品质

新常态下的中国经济的发展趋势离不开质量与社会效益。食品安全问题与每一个人息息相关，是关系国计民生的大事。作为食品安全的重灾区，我国乳制品企业一直在经受着严峻的考验。随着国家两会对于食品安全问题的关注，婴幼儿奶粉再一次被推上风口浪尖。实现婴幼儿食品的透明化，追溯奶粉的根源，保证每一罐奶粉的质量是各大乳制品企业面临的重中之重。

为了满足国人对优质婴幼儿配方奶粉的需求，三元奶粉投巨资兴建河北三元工业园项目，现已经在新乐市经济开发区正式动工，该项目由北京三元食品公司独资兴建。为了保证生产优质好奶粉，工业园的建设与生产将全部使用节能材料，建设生产的每一个环节均可实现清洁环保；工业园厂房设计使用 GMP 标准（即药品生产质量管理规范，是为保证药品在规定的质量下持续生产的体系），将建有国际最先进的奶粉加工车间；生产环境等级分区严格，并能自动监测，引进杀菌、灌装等先进技术及国际领先的全自动生产线，生产工艺先进、绿色环保。DSI 蒸汽直接杀菌技术等国际乳制品企业先进技术的

广泛应用，为三元奶粉提供了高品质的保障。自控奶源基地是生产优质奶粉的关键。三元奶粉也将在新乐建成自己的自控奶源基地，从产业链源头掌控产品质量。

（资料来源：中国日报网站，2015年4月2日）

3. 社会文化环境

社会文化环境包括一个国家或地区的社会思想意识、人们共享的价值观、文化传统、生活方式、人口状况、教育程度、风俗习惯、宗教信仰等各个方面。这些因素是人类在长期的生活和成长过程中逐渐形成的，其变化也是缓慢渐进的，人们总是自觉不自觉地接受这些准则行动的指南。社会文化环境对农业企业的影响是间接的、潜在的和持久的。

以东西方国家文化差异为例，它将影响东西方企业的经营战略与策略方式。中国是一个持长期导向文化价值观的国家，如在做酒广告时，喜欢引用唐诗宋词、历史典故，来说明此酒历史源远流长："张裕葡萄酒——传奇品质，百年张裕；剑南春酒——唐时宫廷酒，盛世剑南春"。美国则属于短期导向文化的国家，在做广告时，更常用强直的推销方式（hard sale），即以产品的"立即见效"为卖点：如"go and get it at once""take action right now"等是广告中的常用语。

（资料来源：百度文库，2015年5月7日）

4. 科技环境

科技环境包括科学技术的发展情况及商业化程度，可供选择的机器装备、工艺、材料的种类及性能，良种的培育，生产技术可能造成的环境破坏，技术及管理咨询业的发展情况。农业企业的发展在很大程度上受到科学技术方面因素的影响，包括新材料、新设备、新工艺、新良种等物质化的硬技术和体现新技术新管理的思想、方式、方法等信息化的软技术。科技因素对农业企业的影响是双重的，一方面，它可能给某些农业企业带来机遇，尤其是现代生物技术对农业企业的生产经营活动影响深远；另一方面，科技因素会导致社会需求结构发生变化，从而给某些农业企业甚至整个行业带来威胁。科技的发展，新技术、新工艺、新品种、新材料的推广应用，对农业企业产品的成本、定价等都有重要影响。这种影响就其本质而言，是不可避免和难于控制的，农业企业要想取得经营上的成功，就必须预测科技发展可能引起的后果和问题，可能带来的机遇或威胁。

"十二五期间"，广西大力实施科技项目，在多个东盟国家成功建立起农业技术示范基地。在柬埔寨，实施了"中柬优质蔬菜水果示范基地"，并组织广西企业承担占地60公顷的中国援助柬埔寨农业项目"中柬农业促进中心"；在老挝，建立了"中—老农业合作试验基地"和"中国（广西）—老挝农作物优良品种试验站"；在文莱，实施"中—文合作研发水稻试验示范项目""文莱鸣铭农业产业园"等项目；在越南，实施"葡萄栽培技术开发与示范"等项目，并以"中国（广西）—越南农作物优良品种试验站"为平台，开展杂交水稻组合和瓜菜品种的种植示范；在缅甸，实施"剑麻替代种植农业综合合作项目"并建立加工厂。在菲律宾，实施"木薯栽培技术的高产栽培示范与推广项目"等。

如今，经过几年的建设推动，各项目基地已初具规模，不仅有效地帮助了东盟国家提高和推广适合本地发展的农业产业，提高农业生产技术水平，还带动了广西农业技术、品种和设施走出去与东盟国家开展合作。

（资料来源：环球网，2016 年 1 月 5 日）

5. 国际环境

随着经济全球化进程的加快，以及近年来中国农业"走出去"战略的加快实施，特别是"一带一路"沿线 60 多个国家丰富的农业资源，为中国农业"走出去"更是带来了广阔的市场。据统计，2015 年 1—7 月，我国境内投资者共对全球 150 个国家 / 地区的 4482 家境外企业进行了直接投资，累计实现对外非金融类投资 3890 亿元，同比增长20.8%。截至 2015 年 7 月底，我国累计对外非金融类直接投资 4.35 万亿元。在"2015 中国农业发展论坛"上，与会专家认为，在"一带一路"战略刺激之下，2015 年将成为中国农业对外投资的元年，或催生 7500 亿元农业海外投资市场。

6. 自然环境

自然环境包括土壤、空气、水等自然资源，以及地理位置、地质地貌、气候等因素。由于农业生产是自然再生产和经济再生产相交织，因此农业企业的生产受自然条件影响较大，生产周期长，往往会直接影响农业企业的产品品质。只要农业企业的经营依赖于稀缺的自然资源，它的活动就必然要受到自然物质环境的限制。

总之，环境对于任何组织来说都是一种客观存在，农业企业的外部环境大多是其自身不可控制的因素。一般来讲，绝大多数农业企业不可能采取有效措施去改变社会环境，但可以通过各种方式和渠道去认识、了解和掌握企业所处的社会环境，认真研究其变化的规律，预测其变化的趋势及可能对组织产生的影响，从而制订出相应的目标和战略。

（二）农业企业经营的内部条件

农业企业经营的内部条件一般包括企业形态、企业资源、企业文化、企业核心能力等内容。

1. 企业形态

农业企业形态是指农业企业在创建之初向政府有关机构登记注册时就确定下来的资产所有权关系。不同的产权关系，对经营管理者的约束程度有很大的差别。相对而言，独资农业企业对经营管理者的约束较强，股份公司对经营管理者的约束则较弱，这种不同的约束力会导致农业企业在决策时的偏重有所不同，从而体现出所有制形式对农业企业经营的影响。此外，不同产权关系的农业企业，其利益分配方式不同，行政管制的宽严也有区别，在资金筹措方式和能力上也有很大差异。这些差异会造成对农业企业经营活动的影响，包括影响企业对外部环境的反应、对企业内部要素的动员等，致使有的企业充满活力，应变能力强，有的企业则缺乏活力，对外部环境变化反应迟缓。

2. 企业资源

农业企业的资源包括有形资源和无形资源。

（1）有形资源。主要包括财务资源、物质资源、人力资源和组织资源。其中，财务资源表现为农业企业的借款能力、资金的再生能力等；物质资源包括农业企业的位置、土地的数量及肥沃程度、良种的培育方法、设备的精良程度、原材料的获取途径等；人力资源包括农业企业的经理人员、科技人员、管理人员和操作人员，以及其科学文化素质、技能、经历、承担的义务和忠诚等；组织资源包括农业企业的机构设置及正式的计划、控制和协调机制等。

（2）无形资源。既包括技术资源如专利、商标、版权和商业秘密等及成功运用其所需要的知识，又涉及信誉、品牌，对产品质量、耐久性、可靠性的认识和对供应商的信誉、有效率和效益的相互支持的互惠互利合作关系等。因为无形资源不具有实物形态，竞争对手难于掌握和模仿，所以它们是持续竞争优势的可靠来源，是农业企业核心能力的基础。

宝鸡市农业企业获商标质押贷款 2000 万元

2011 年以来，人行宝鸡市中心支行推动该市知识产权局与银行业机构合作制订了《宝鸡市知识产权质押贷款管理办法》，拉开了该市中小企业专利质押贷款帷幕。

2012 年，宝鸡祥和面粉有限责任公司遇到收购小麦资金短缺的困难。当地农发行针对该公司拥有 1 件陕西省著名商标、3 件在国家商标局注册商标经评估无形资产总价值超过 6000 万元的实际，一次性向该公司发放商标质押贷款 2000 万元。

（资料来源：金融时报，2012 年 9 月 14 日）

3. 企业文化

企业文化是指农业企业在长期的实践活动中所形成的，并且为组织成员普遍认可和遵循的，具有本组织特色的价值观念、团体意识、行为规范和思维模式的总和。企业文化的核心内容包括企业价值观、企业精神和伦理规范。农业企业的经营战略以及实施过程无不受企业文化的影响。外部环境和内部条件差不多的两个企业，往往由于企业之间文化传统的差异，导致在产品的质量、经济效益等方面的很大差别。管理者要充分认识企业文化对于增强员工的凝聚力、激发员工的积极性和创造性等方面的巨大作用，努力改变长期发展所形成的、落后的企业传统文化，建立与现代市场经济相适应的崭新的企业文化，树立良好的企业风貌。

4.企业核心能力

核心能力是农业企业依据自己独特的资源（自然资源、技术资源或其他方面的资源以及各种资源的综合），培育创造本企业不同于其他企业的最关键的竞争能力与优势。这种竞争能力与优势是本企业独创的，也是企业最根本、最关键的经营能力，凭借这种最根本、最关键的经营能力，企业才能拥有自己的市场和效益。越来越多的企业把拥有核心能力作为影响企业长期竞争优势的关键因素。企业在某一产品或某一方面具有一定的优势，并不代表企业就一定具有较强的核心能力，只有这种产品和技术使竞争对手在一个较长时期内难于超越而得以保持时，才是企业真正的核心能力的体现。

创新方法　提升企业核心竞争力

"农业产业具有投资大、周期长、回报慢的特点，这也决定了农业企业更需要创新，用现代科学技术改造农业，提升企业核心竞争力。"贵阳小河区金海农业科技开发有限公司总经理周朝军说。

从一家默默无闻的小企业到省级农业产业化经营重点龙头企业，周朝军认为，企业的成功，得益于成立之初就坚持的创新理念。作为一家集优质果树新品种引种、试验、示范、推广、休闲观光于一体的综合性农业公司，截至目前，金海农业共引进国内外优质果树新品种280个，在全省建设11个精品果树标准化示范基地，总面积2.2万余亩，示范带动种植面积32万余亩。

省委常委会议提出把贵阳打造成为创新型中心城市，周朝军直言这对于企业来说是一个大好消息。"与其他产业相比，农业产业是弱势产业，农业增效必须更加注重科技提升，要借助科技的力量，勇于创新，提升企业的核心竞争力。"周朝军说。

（**资料来源**：贵阳日报，2015年12月25日）

二、农业企业经营环境的分析方法

（一）PEST分析法

英国学者里·约翰逊（Gerry Johnson）和凯万·斯科尔斯（Kevan Scholes）在其著作《公司战略教程》中，将企业经营环境概括为政治法律环境（Political Environment）、经济环境（Economic Environment）、社会环境（Social Environment）和技术环境（Technological Environment）四个方面，故称之为PEST分析法。应用这种方法，主要是对企业的过去、现在和将来的经营环境进行时间序列分析。首先，分析上述四个方面因素，在过去对企业产生了哪些影响及其竞争对手的影响程度；然后，在确认关键影响因素的基础上，进一步分析对企业将来发展的影响程度及其变化趋势，据此确立企业的经营战略。

（二）SWOT 分析法

SWOT 是优势（Strength）、劣势（Weakness）、机会（Opportunities）和威胁（Threats）的缩写。SWOT 分析法，主要是分析经营环境中的关键性竞争因素，确认企业当前的优势和劣势，认识外部环境变化所提供的机会和可能面临的威胁。所谓优势，是指企业较之竞争对手在某些方面具有的不可匹敌、不可模仿的独特能力；所谓劣势，是指企业较之竞争对手在某些方面的缺点和不足。所谓机会，是指对企业将来发展富有吸引力的领域，在这一领域中，企业将拥有竞争优势。所谓威胁，是指发展环境中相对不利的发展趋势对企业所形成的挑战，如果不采取果断的战略行为，这种不利趋势将导致企业的竞争地位受到削弱。

鹏程食品公司经营环境 SWOT 分析

北京顺鑫农业股份有限公司鹏程食品分公司是集种猪繁育、生猪养殖、屠宰加工、肉制品深加工及物流配送于一体的国家级农业产业化龙头企业。1998 年完成股份制改造，成立了北京顺鑫农业股份有限公司的分公司。2008 年公司被指定为奥运会猪肉产品独家供应企业。2009 年圆满完成 60 周年国庆阅兵村猪肉产品的供应任务和国家猪肉储备任务。顺鑫鹏程是北京地区最大的安全肉食品生产基地，目前该公司生猪屠宰量位居全国第四。

图 3-1 为鹏程食品公司经营环境 SWOT 分析。

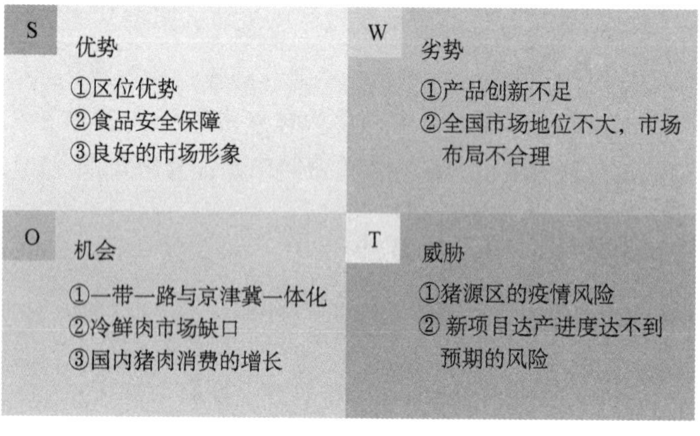

图 3-1　用 SWOT 模型对鹏程食品的经营环境进行分析

一、优势分析

1. 区位优势

鹏程食品分公司坐落在北京顺义区。北京作为全国的政治文化中心，有雄厚的科技金融人才优势，顺义又是北京重点建设的新城、临空经济高端产业功能区和现代制造业基地，中国最大的航空港——首都国际机场坐落境内，发达的交通网络成为顺义区联通全国乃至世界的通道。

2. 食品安全保障

鹏程食品分公司构建了最完善的食品安全可追溯体系，引进国内外一流的肉制品研发人才，技术上采用智能化低压麻电屠宰法，保证最有效的击晕效果和最稳定的肉品品质。采用 82℃以上热水清洗消毒，高效、环保，无血迹、污迹等残留。自动化分割系统杜绝二次污染。

3. 良好的市场形象

1999 年鹏程食品在全国首家提出了"放心肉"的承诺，并率先通过了 ISO 9001 质量管理体系认证和 ISO 22000 食品安全管理体系认证，首批获得全国工业产品生产许可证、无公害农产品认证，国内首批出口卫生注册企业等。近年来，"鹏程"商标荣获中国驰名商标，鹏程牌鲜冻分割猪肉被评为中国名牌产品，鹏程品牌荣获全国三绿工程畅销品牌、北京影响百姓生活十大品牌等百余项荣誉。

二、劣势分析

鹏程食品分公司产品创新能力还有待提高，全国市场覆盖面小，市场布局不合理。公司在北京的冷鲜肉市场份额能占到 45% 以上，辐射全国的 2000 多家销售网点，在全国的市场份额却不大。

三、机会分析

随着"一带一路"战略的实施和京津冀一体化的深入发展，鹏程食品分公司可以将眼光放在外埠地区的市场拓展上，在河北等地建立自己的养殖基地，并着眼于建立完整的产业链条。在国家越来越重视食品安全的现状下，拥有完整的产业链条不仅能极大地增强鹏程食品分公司的实力，更是将生猪养殖从源头把控食品安全的优势发挥得淋漓尽致。冷鲜肉市场缺口以及国内猪肉消费的增长，这些都会给企业发展带来机会。

四、威胁分析

由于我国的畜禽疾病防治和检疫工作滞后以及过去对疫情公布不及时，加之饲料和饲养管理中安全性保证体系运转不良，近年来我国生猪疫病频发，这将严重地制约着我国猪肉及畜产品的出口。再加上北京目前悉力打造高效节水农业，调减畜禽养殖总量，对于鹏程食品分公司的发展有极大的制约影响，需要及时调整公司战略方向，把握住市场动向。

（**资料来源**：北京顺鑫农业股份有限公司鹏程食品分公司网站）

（三）波特模型分析法

波特模型分析法，是 1979 年由哈佛大学教授迈克尔·波特提出来的。他认为，影响企业经营战略形成的因素有政治、经济、法律、科技、文化等方面。影响企业盈利能力或竞争能力的关键因素有五种：现有竞争者的威胁、潜在进入者的威胁、替代产品或服务的威胁、顾客的讨价还价能力和供应商的讨价还价能力等（图 3-2）。波特模型通过对五种竞争力的分析，找出关键性影响因素，具体勾勒出企业与外部环境的关系，并由此指导企业经营战略的制订。

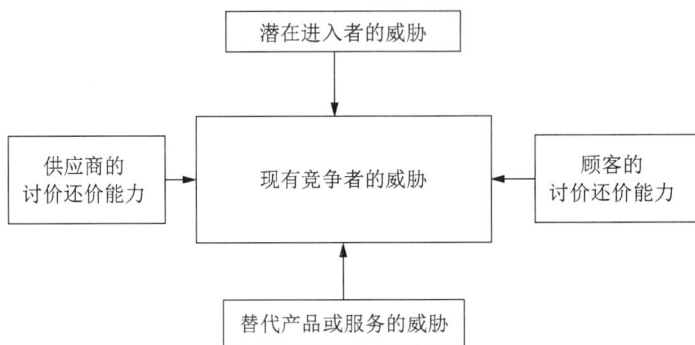

图 3-2　波特模型

🍁 **动动脑**

1. 农业企业经营的外部环境和内部条件之间有何关系？
2. 请运用一种农业企业经营环境的分析方法，分析你所熟知的企业其经营环境如何。

第二节　农业企业的经营战略

🍁 **案例导入**

五米常香：牵手"互联网＋"现代农业生产企业战略提速

我国经济发展进入新常态，随着信息技术的迅猛发展，大数据、移动互联、物联网等在各行业得到了广泛的应用，互联网时代深刻影响了社会经济的发展态势。"互联网＋农业"已然成为推进现代农业建设的重要途径，农业企业推行"互联网＋"政策，不仅可以带动整个产业的转型升级，更能够促使更多的社会资本注入农业，充分利用现代资源，为现代农业战略升级保驾护航。

正是因为这样的历史机遇，五米常香董事长李兴治带领一个年轻的团队率先走上了农业产品加工企业创新发展的道路。得益于创新发展的战略思维，五米常香在创立以来便制订了科学的发展框架，企业紧握市场脉搏，不断地整合优势资源、完善营销框架、探索新的商业模式，制订了线上线下融合发展的战略思路，建立了多平台、多渠道的网络营销框架，有效整合企业内外优势资源，使得五米常乡的电子商务运营已经打下了坚实的基础，企业已全面进入快速发展阶段，2014 年企业每股收益 2.19 元，每股净资产 3.29 元。

五米常香要利用"互联网 +"全面提升服务职能，借助改革浪潮助力，领走中小农业企业现代农业生态发展转型之路。李兴治认为，"互联网 + 农业"首先要推进互联网与农业种植、采购、生产、销售各环节的深度融合，要让农民看得、用得上，让消费者买得着、吃得放心。便民、利民，才是现代农业战略转型的核心要素。企业要利用好互联网的强大资源严格生产质量控制、规范大米生产行为，然后依托优质的产品、完善的服务，做强做大自己的品牌。

（资料来源：东北新闻网，2015 年 12 月 14 日）

案例思考

五米常香在新时代背景下，采取了什么经营战略？为什么采取该战略？

农业企业通过制定经营战略，可以使其对当前和长远发展的经营环境、经营发展方向、企业经营实力有一个正确的认识，可以使企业领导者从长远的、全面的角度研究分析企业的发展问题，从而不失时机地把握机会，避开风险，发展自己，使企业能够在竞争中求得生存和发展。

一、农业企业经营战略的类型及内容

农业企业经营战略，是指企业为适应未来环境的变化，对生产经营和持续与稳定发展中的重大问题进行全局性、长远性、纲领性的谋划和决策。它是企业高层管理者指导和控制其生产经营行为的最高行动纲领。如图 3-3 所示，按企业战略态势可以分为发展型战略、稳定型战略和紧缩型战略。

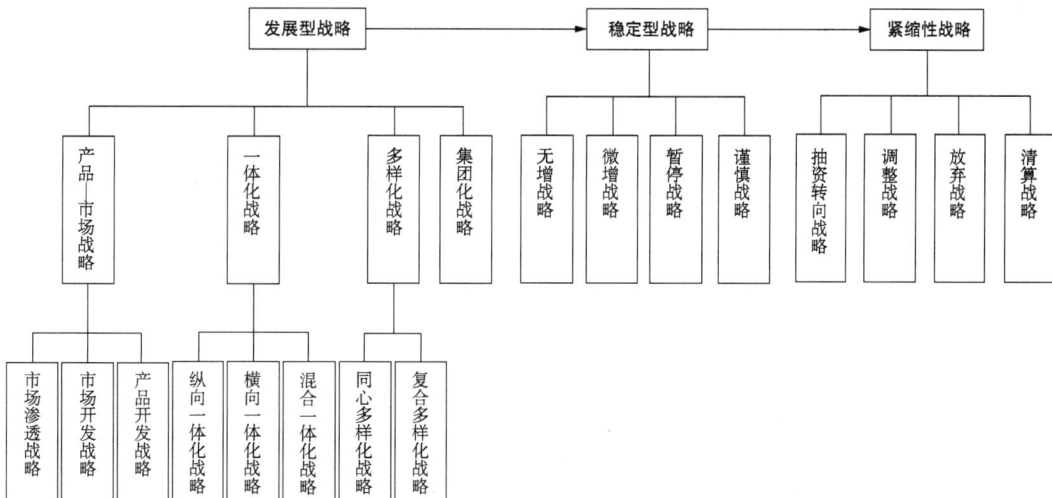

图 3-3 农业企业经营战略类型

（一）发展型战略

发展型战略是一种使企业在现有的战略基础水平上向更高一级的目标发展的战略。该战略以发展为导向，引导企业不断地开发新的产品，开拓新的市场，采用新的生产方式和管理方式，以扩大企业的产销规模，提高企业的竞争地位，增强其竞争实力。

发展型战略一般包括：产品—市场战略、一体化战略、多样化战略、集团化战略。

1. 产品—市场战略

产品—市场战略具体分为：市场渗透战略、市场开发战略和产品开发战略三类。

（1）市场渗透战略。它是指企业在现有产品和现有市场的基础上，通过改善产品和服务等经营手段、方法，逐步扩大销售，以占领更大的市场面。这种战略的核心是提高原有产品和市场占有率。市场渗透战略适用于那些处于成长期或刚刚进入成熟阶段的产品，产品一旦进入成熟期以后，这种战略就不适用了。

（2）市场开发战略。它是发展现有产品的新顾客或新的地域市场从而扩大产品销售量的战略。市场开发战略的核心是为现有产品寻找新用户、新市场。

（3）产品开发战略。它是以不断改进原有产品或开发新产品的方法巩固企业原有市场的战略，它是企业创新的一个基本战略。由于人们的需求不断变化和提高，企业只有不断改进产品，以新的外观包装、质量和性能来满足人们的需要，巩固原有市场，并进一步扩大市场占有率。这一战略一般适用于成熟期和衰退期的产品。

2. 一体化战略

一体化战略是从企业经营业务的角度，将若干个部分有机地结合在一起组成一个整体的战略。一体化战略的基本形式有三种：纵向一体化、横向一体化战略和混合一体化战略。

（1）纵向一体化战略。这是指在同一个行业内扩大企业的经营范围，包括把企业的业务范围后向扩大到供给资源和前向扩大到最终产品的直接使用者。实行纵向一体化的战略的主要目标是提高企业的市场地位，提高竞争优势，增强企业实力。

（2）横向一体化战略。这是指企业通过购买与自己有竞争关系的企业或者与之联合及兼并来扩大营业，获得更大利润的发展战略。该种战略的目标是扩大企业的实力范围，提高其竞争能力，一般是企业在竞争比较激烈的情况下进行的一种战略选择。这种选择既可能发生在产业成熟化的过程中，成为增加竞争力的重要手段，也可能发生在产业成熟之后，成为避免过度竞争和提高效率的手段。

（3）混合一体化战略。混合一体化战略就是上述两种一体化战略同时加以运用的一体化战略。这种战略主要适用于一些特大型农业企业，只是它在造就大企业方面虽有明显作用，但实施起来难度较大，风险较大，因此必须更加谨慎。

3. 多样化战略

多样化战略是指企业通过开发新产品、占领新市场相配合而扩大经营范围的战略，通常适用于规模庞大、资金雄厚、市场开拓能力强而适应能力差的大型农业企业。其作用主要在于分散风险和有效利用经营资源。多样化战略是企业产品——市场化战略中最复杂、最难掌握、误区最多、最容易失误，但一旦成功收效也是最大的一种战略。多样化战略分为同心多样化战略和复合多样化战略。

（1）同心多样化战略。它是指企业以现有设备和技术能力为基础，增加或生产与现有产品或服务相类似的新产品或服务。虽然经营种类众多，但各种经营在某些方面是相互配合的，是以某些共同的要素为基础，如相关的技术、共同的分销渠道、共同的供应商和原材料来源、类似的经营方法、相仿的管理技巧、互补的市场营销渠道等。这是对企业很有吸引力的一种扩大经营领域的战略。因为它不仅能保持经营业务在生产技术上的同一性，充分利用生产技术、原材料、生产设备的类似性，节约成本，增加利润，分散风险，而且能把企业原有的经验运用到新的领域，通过资源共享和经营匹配，迅速建立起比单一经营企业更强的竞争优势，获得更高的利润。

（2）复合多样化战略。它是指企业增加与现有产品或服务、技术、市场等都没有直接或间接联系的不同的新产品或服务的一种战略。实行复合多样化战略可以通过向不同行业渗透或向不同的市场提供产品或服务，可以分散企业的经营风险。企业可以在各种经营业务之间进行平衡，并逐步向具有更优经济特征、更大市场的行业转移，以改善企业的整体盈利能力和灵活性，从而提高企业的应变能力。但是，由于经营领域介入不同的行业，会导致企业资源的分散，难于形成重心，也不可能在各类市场上都取得领先地位，同时带来企业组织规模的膨胀，加大了管理的难度，并且需要的投资也较大。因此，复合多样化战略一般适合于规模大、资金雄厚或资金筹措能力较强、市场开拓能力强的大型企业。

4.集团化战略

企业集团是由有关企业在平等互利基础上结合而成的多功能经济实体。集团化经营是当前和今后相当长时期内我国政府鼓励的企业发展形势。我国现有的企业集团通常以一个或几个实力雄厚的大型骨干企业为核心，以名优产品为龙头，联合生产、技术、金融、原材料供给、产品营销、经营管理等方面的企业而组成，其联合紧密程度互有差异，形式多种多样。集团化经营有利于企业通过相互协调、相互渗透和相互扶助，扬长避短，挖掘资源潜力，获得规模效益，实现经营稳定，增强企业后劲，提高企业综合经济效益。

（二）稳定型战略

稳定型战略是指受内外环境的约束，企业在战略期基本维持原有经营领域或略有调整，保持现有的市场地位和水平，或仅有少量的增减变化。

采用稳定型战略的企业经营风险相对较小。由于企业基本维持原有的产品和市场领域，从而可以用原有的生产领域、渠道，避开开发新产品核心市场的巨大资金投入、激烈的竞争抗衡和开发失败的巨大风险。由于经营领域主要与过去大致相同，因而稳定战略不必考虑原有资源的增量或存量的调整，相对于其他战略态势而言，相对较容易。稳定型战略能给企业一个较好的修整期，使企业集聚更多的能量，以便为今后的发展做好准备。从这个意义上说，适时的稳定型战略将是发展型战略的一个必要的酝酿期。

稳定型战略的实施是以市场需求、竞争格局等内外条件基本稳定为前提的。一旦企业的这一判断没有得到验证，就会打破战略目标、外部环境、企业实力之间的平衡，使企业陷入困境。稳定型战略也会使企业的风险意识减弱，甚至形成害怕风险、回避风险的文化，这就会大大降低企业对风险的敏感性、适应性和冒风险的勇气，从而增加风险的危害性和严重性。

采用稳定型战略的农业企业，由于其所面临的外部环境和企业资源条件及竞争地位的不同，在战略目标、战略重点、战略对策等方面也存在不同的选择，从而使稳定型战略有不同种类。

1. 无增战略

无增战略是指企业在经过各种条件的分析后，只希望能保持在现有战略的基础水平上的一种战略。对于经营活动希望按照原有方针在原有经营领域内进行，而且对其在同行业所处的市场地位、产销规模、效益水平等也都希望维持现已达到的状况，保持不变。

2. 微增战略

微增战略是企业在保持稳定的基础上略有增长与发展的战略，其中包括小幅度地提高市场占有率，改善市场地位，或者随着市场的稳步增长而扩大产销规模，保持适当的市场占有率，也包括谨慎地推出新产品和扩大市场面。

3. 暂停战略

暂停战略是指在一段较长时间的快速发展后，企业可能会遇到一些问题使得效率下降，这时就可以采用暂停战略，即在一定时期内降低企业的目标和发展速度，使企业的发展速度、企业资源、管理力量保持一致。暂停战略是企业进行临时性休整，可以充分达到让企业积聚能量，为今后的发展做准备的战略。

4. 谨慎战略

谨慎战略是指企业根据外部环境中某一重要因素的变化或由于难以预测环境，而有意识地降低实施进度，步步为营，谨慎实施的一种战略。

（三）紧缩型战略

紧缩型战略是指企业从目前的战略领域和基础水平收缩和撤退，且偏离战略起点较大的一种经营战略。与稳定型战略和发展型战略相比，紧缩型战略是一种消极的发展战略。如削减某些产品的市场面，放弃某些产品的系列，甚至完全退出目前的经营领域；逐步缩小企业的产销规模，降低市场占有率，同时相应地降低某些经济效益指标水平；在资源的运用上，采取严格控制和尽量削减各项费用支出，只投入最低限度的经营资源的方针和措施。

一般说来，企业实行紧缩型战略只是短期性的，有时企业身陷困境，只有采取收缩和撤退的措施，才能抵御对手的进攻，避开环境的威胁和迅速地实行自身资源的最优配置。其基本目的是使自己摆脱困境，度过危机，保存实力，或者消除效益差的项目，集中资源，转而采取其他战略。因此，紧缩型战略是一种以退为进的战略。

紧缩型战略的类型有以下几种。

1. 抽资转向战略

抽资转向战略是指企业在现有的经营领域不能维持原有的产销规模和市场的情况下，采取缩小规模和减少市场占有率，或者企业在存在新的更好的发展机遇的情况下，对原有的业务领域进行压缩投资，控制成本，削减人员，目的是逐步收回资金和抽出资源用以发展新的经营领域，在新的事业中找到出路，从而推动企业更快地发展。

2. 调整战略

调整战略是指企业试图扭转财务状况欠佳的局面，提高运营效率，而对企业组织结构、管理体制、产品和市场、人员和资源等进行调整，使企业能度过危机，以便将来有机会再图发展的一种战略。实施调整战略可调整企业组织，在组织内部重新分配责任和权力等；降低成本和投资，压缩日常工作开支，实施更严格的预算制度，减少一些长期投资的项目等；减少资产，关闭或出售生产线、资产，加速回收企业资产等；降低企业存货量，加速收回应收账款等。

3. 放弃战略

放弃战略是指转让、出卖或停止经营企业的一个或几个战略经营单位、一条生产线或者一个事业部，将资源集中于其他有发展前途的经营领域，或保存农业企业实力寻求更大的发展机遇。

4. 清算战略

清算战略是指企业受到全面威胁，濒于破产时，通过拍卖企业的资产或停止整个企业的运行而终止全部经营活动的一种战略。对于企业管理者来说，清算是其最不期望、最不愿意做的选择，通常只有在其他战略全部失效时才会采用这种战略。在特定的情况下，及早地进行清算较之追求无法挽回的事业对企业来说也是一种明智的战略。

二、农业企业经营战略的特点与目标

（一）农业企业经营战略的特点

1. 方向性

战略管理的中心在于方向指导，即首先要把握住企业发展的大方向。对于农业企业而言，确定企业的经营范围或者活动领域属于战略决策。企业的经营或活动范围是战略决策的根本问题，因为这涉及高层管理者对于企业活动边界的看法，也牵涉到他们希望把企业办成什么类型或什么业务范围的问题。

2. 全局性

企业经营战略是以企业全局为对象，根据企业总体发展的需要而制订的。它所规定的是企业在一定时期内的总体行动，追求的是企业总体效果。企业的人、财、物组合，以及供、产、销运作等局部活动，都是企业经营战略总体行动的有机组成部分。这样也就使企业经营战略具有综合性和系统性。战略决策的全局性要求把企业管理作为一个完整的系统来考虑，企业所有部门所有员工都以一系列共同的基本认识为主线，相互联系、相互制约。战略的出发点是强调企业整体效益，而不是只顾局部效率。

3. 风险性

战略决策要解决企业与其所处环境的适应性问题。外界环境是企业自身不能控制的力量，但却是决定企业盛衰的关键因素。战略是针对企业未来复杂环境所做出的反应。对未来的预测充满着不确定性因素。战略管理的本质在于如何动员可用资源承担一项其结果还不能肯定的未来事业。战略的制订是创新活动，任何企业战略都伴随高风险。

4. 可行性

企业战略是建立在现有的主观因素和客观条件基础上的，战略不是孤立地探讨抵消环境带来的威胁和利用环境赐予的机会，战略必须研究企业采取任何战略行动的资源能力问题。即使有良好的盈利机会，如果企业没有财力去投资，没有专业技术能力去掌握需要的技术，这种机会对该企业就没有意义。通常在一个企业面前存在许多有利机会，但企业必须根据自己的投资能力排出优先顺序，然后逐步实行。企业的任何战略只有在比较了解企业能力与主要竞争对手的实力后才能正确地做出。

5. 复杂性

战略决策在本质上是复杂的。战略决策和其他一般管理决策的一个重要区别就在于复杂性。复杂性的来源至少有三个方面。

（1）战略决策的不确定性，决策者们要基于自己对未来的设想做出决策，而任何人对未来的判断都不可能是肯定的。

（2）战略决策需要对企业用一个整体的观点来经营管理，而任何一个部门的专家、经理和决策人员都不能独立完成，基于一个部门的观察也不能解决战略问题，而具有不同背景、利益、责任和观点的管理人员必须达成一致，这种跨部门的协调问题在战略决策中特别突出。

（3）战略决策还往往包含组织结构的变化，这是最为困难的一项工作。

以上因素决定了战略决策的复杂性是一般管理决策所不能比拟的。

6. 竞争性

企业经营战略，是关于企业在竞争中如何与竞争对手抗衡的行动方案，同时，也是针对来自各方面的许多冲击、压力、威胁和困难，所制订和实施的行动方案。它与那些不考虑竞争、挑战，而单纯为了改善企业现状、增加经济效益、提高管理水平等为目的的行动方案不同。市场如战场，在激烈竞争的市场条件下，企业研究并制订经营战略就是为了取得优势地位，战胜对手，保证自己的生存和发展。

（二）农业企业经营战略的目标

企业战略目标是企业战略思想和经营宗旨的具体化，反映企业自我定位和发展方向。它涉及企业拟达到的水平，比近期经营目标更强调长远性和方向性。企业战略目标一般应包括以下内容。

1. 获利能力

利润是企业生存和发展的基本条件，又是市场目标的必然结果和衡量经营效益的重要尺度。任何企业长期经营能力的大小都取决于其获得利润的多少。因此，获利能力是应以盈利为目的的企业目标中不可缺少的部分。其衡量指标有：利润额、投资利润率、资本收益率、销售利润率，以及职工的工资、奖金和集体福利水平等。

2. 生产能力

生产能力是企业获利能力的保证。一般可以用每单位投入量所生产的产品量或提供的服务量来表示。在单位产出量不变的情况下，成本的降低意味着利润的增加。所以，也可用成本降低目标来表示。

3. 竞争地位

衡量企业是否成功的标志之一是企业在市场上的相对地位。大企业常用竞争地位目标来衡量自身发展和获利的相对能力。其衡量指标主要是市场占有率或总销售量。市场占有率，指企业某种产品的销售量占该种产品市场总销售量的百分比，它是反映市场竞争能力的主要指标。一般来说，随着市场占有率的提高，销售收入也随之增加。

4. 人力资源开发

企业的发展在很大程度上依赖于员工的素质。注重对企业各类人员的培训，为职工提供良好的发展机会，既可以提高员工的积极性，又有利于企业综合素质的提高。因此，人力资源开发应作为现代企业长期发展目标之一。其衡量指标有：战略期内企业培训人数及培训费用、技术人员在全体员工中比例的增长、各种技术职称比例的增加、员工技术水平的提高、人员流动率等。

5. 技术改进与发展

企业制订战略目标时，必须从现在行业中的实际技术水平出发，预先确定自己在未来战略期内应达到的技术水平。其衡量指标有：企业用于投入研究开发的资金量或应完成的开发和创新项目数、新产品开发费用占销售额的百分比、新产品获利的能力专利数等。

6. 财务状况

企业财务状况是企业经营实力的重要表现。其衡量指标有：资本结构、现金流量、营运资本等。

7. 企业建设与发展

企业发展必须适应内外环境变化，因此企业应制订战略期建设与发展目标。具体指标有：年产量增长速度、企业生产规模的扩大、生产能力的扩大、生产用工面积的扩大，以及生产自动化、数控化、计算机水平的提高等。

8. 社会责任与贡献

现代企业已不再是单纯追求利润的唯利性组织，而是越来越注重树立良好的信誉形象、对用户和社会的责任以及对国家的贡献等。其衡量指标有：提供商品的质量与数量、交纳各种税款、承担有关社会负担和环境保护等（表 3-1）。

表 3-1　农业企业战略目标及其指标一览表

序号	企业战略目标	衡 量 指 标
1	获利能力	利润额、投资利润率、资本收益率、销售利润率以及职工的工资、奖金和集体福利水平等
2	生产能力	每单位投入量所生产的产品量或提供的服务量
3	竞争地位	市场占有率或总销售量
4	人力资源开发	战略期内企业培训人数及培训费用、技术人员在全体员工中比例的增长、各种技术职称比例的增加、员工技术水平的提高、人员流动率等
5	技术改进与发展	企业用于投入研究开发的资金量或应完成的开发和创新项目数、新产品开发费用占销售额的百分比、新产品获利的能力专利数
6	财务状况	资本结构、现金流量、营运资本
7	企业建设与发展	年产量增长速度、企业生产规模的扩大、生产能力的扩大、生产用工面积的扩大以及生产自动化、数控化、计算机水平的提高等
8	社会责任与贡献	提供商品的质量与数量、交纳各种税款、承担有关社会负担和环境保护等

事实上，并不是所有的企业都涉及这些目标领域，企业可以根据自己的业务特点和环境条件，有选择地利用相关指标。

三、农业企业经营战略的制订与实施

（一）农业企业经营战略的制订

一个农业企业经营战略的制订过程一般包括识别和鉴定现行的战略方案、分析企业的外部环境、评价企业内部实力、拟订各种战略方案、评价和比较战略方案和选择战略方案等步骤。如图 3-4 所示。

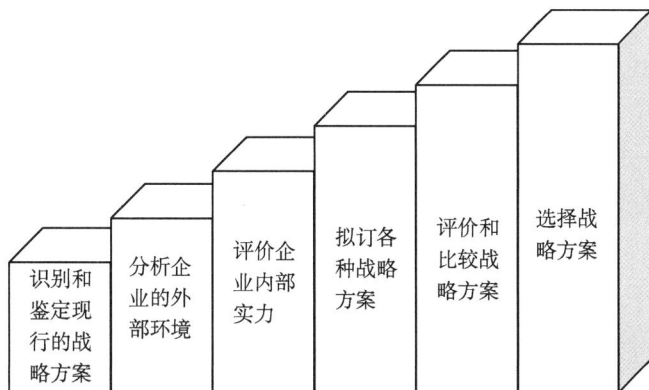

图 3-4 农业企业经营战略制订步骤

1. 识别和鉴定现行的战略方案

任何农业企业的经营战略都要随着企业的发展和外部环境的变化而不断地调整和修改，尤其是如果企业面对的市场变化程度较大，则相应的企业战略需要具有较大的灵活性。因此，识别和鉴定现行的战略方案，判断其是否有改变的必要，是制定新战略的前提。

2. 分析企业的外部环境

社会化的企业，从社会上获得资源，又为社会而生产或提供服务，其生存完全依赖社会是否接受。外部环境是影响企业经营战略发生改变的主要因素，这些因素如此复杂，以致没有任何办法可以列举全部可能的影响因素并全部把握影响的形式和程度。环境分析的核心问题，就是要抓住影响企业生存及发展的竞争力量来源，并从而把握环境因素发挥作用的方式，确定出关键的机会和威胁。

3. 评价企业内部实力

通过对企业资源拥有状况、核心竞争能力以及企业价值链的分析和评价，明确企业在该行业所处的地位，实事求是地评价企业的实力状况。

4. 拟订各种战略方案

拟订方案是战略决策的基础。拟订战略方案要求具备两个条件：第一，整体的详尽性。所有的拟订方案应当尽可能包括到达战略经营目标的所有方案；第二，相互排斥性，不同的方案必须相互排斥，以利于比较。

一个完整的企业经营战略方案，应包括如下内容。

（1）企业经营战略思想。即指导企业为实施经营战略目标的基本思路和观念，具有着眼于未来、开拓创新的思想。

（2）企业经营战略重点。指事关战略目标的重要的项目和部门。只有突出重点，才能保证战略目标的实现。

（3）企业经营战略步骤。即明确战略目标的实施阶段。战略具有长期性，需要划分为若干阶段，以便有计划、有步骤地实现总体目标。

（4）企业经营战略对策。即指保证战略目标实现的一整套方式、方法和措施，必须具有实际的可操作性。

5. 评价和比较战略方案

如何判断和评价一个战略方案的优劣，是理智地选定一个战略的关键。战略评价要回答：战略的合理性如何？战略是否利用了企业面临的机会，是否发挥了企业的优势，是否有力地抵消了恶劣环境因素的威胁和避免了企业的弱点？战略是否与产业环境和企业资源能力相适应？战略的可行性如何等。评价的另一项内容是战略的可接受性。即战略是否能为与决策有关的主要成员所接受，是否体现了大多数人的利益等。

6. 选择战略方案

一个战略的优点与缺点往往不是一清二楚的，优缺点会相伴而生，巨大的收益伴随着巨大的风险。因此，战略方案的选择与作业层决策的选择的最大差异就在于前者的选择往往不是一次的，而是谨慎、综合地考虑方案实施过程中的多种复杂因素之后，进行多方面的权衡，逐步加以确定的。如前所述，企业总体战略分为发展型战略、稳定型战略和紧缩型战略，而每种战略的适用范围是不同的，具体介绍如下。

（1）发展型战略适用范围。

①扩张能使企业获得更大的社会效益，如扩大企业的社会影响力、受到政府的重视等。

②希望获取规模经济效益，增强企业的市场竞争地位。

③当外部环境存在新的发展机会与企业的内部条件基本吻合时，企业一般会采取扩张战略。

④企业已在同行业经营领域处于优势地位。

⑤当企业所在行业发生剧烈变化，为了保证企业在变动中不致处于被动地位。

蒙牛乳业：传统乳制品公司的互联网创新

在"乌镇论道·数字中国"论坛上，本届大会唯一被推选的乳制品企业蒙牛乳业总裁孙伊萍发表了《快消品的互联网跨界创新》的演讲，分享了蒙牛的数字化管理和运营模式，以及新产品研发和链接消费者下的生态圈创新和发展战略创新。

孙伊萍介绍了蒙牛在产品、渠道、营销等多个领域的数字化实验。例如，消费者熟知的蒙牛精选牧场纯牛奶与百度合作的云端牧场、新养道与京东合作的一键购业务、M-PLUS与时云科技合作为健身族群定制精准的健身方案、嗨Milk在微信搭建的微商平台，还有"双11"期间引入进口品牌"鲜语牧场MouMilk"入驻天猫……踏着时代的节奏，蒙牛在近两年内组建的"互联网生态圈"伙伴不下十个。

在孙伊萍分享的案例中，蒙牛联合明星合伙人羽泉打造的互联网高品质牛奶品牌嗨

Milk，在品质、商业模式、消费者沟通等层面，与互联网的嵌入融合最为紧密、直接：专属牧场可视化，微商年度定期购，最快 48 小时从牧场直达餐桌等。通过颠覆传统的商业模式和数字化沟通体验，成功将消费者转化成忠实用户。

孙伊萍说，"互联网不仅仅是给互联网行业带来发展机遇，对传统的乳业来说有挑战，但创新的空间和机遇更大。蒙牛未来要做'最具中国活力的国际化公司'，将牢牢抓住国际化和数字化核心，以互联网的系统化的创新思维，推动品牌与技术创新路径向横向与纵深发展。"

（**资料来源**：中国网生活消费，2016 年 1 月 4 日）

（2）稳定型战略适用范围。

①企业所面临的外部环境较稳定，而企业感到自己是成功的。

②企业最高领导一时不愿冒风险，而对企业现行的战略进行重大修改。

③企业实力较弱，且满足于以往的经营业绩，希望继续保持与过去大体相同的业绩和目标。

④企业经营者感到对新产品或新市场缺乏足够的认识和必要的准备。

⑤不适于采用多元化或一体化扩张的企业。

（3）紧缩型战略适用范围。

①企业以前执行的战略失败，要立即采取新扩张战略又缺乏资金和其他资源，只有通过紧缩而重新积蓄力量。

②企业处境困难，市场占有率下降，利润在减少，但又缺乏足够的力量予以扭转。

③环境中存在较大的威胁因素，如普遍性的经济萧条、市场需求不足、银根紧缩，或遇到强大竞争对手，而企业内部条件又不足以克服这些威胁。

④本行业所处环境已无发展机会，而其他行业却能发挥自己的优势，通过紧缩现有业务，准备进入新的行业。

（二）农业企业经营战略的实施

农业企业经营战略的实施是企业通过一系列行政的和经济的手段，组织企业为实现企业的战略目标所采取的一切行动。在把制订的战略转化为实际行动的过程中，企业必须开展多方面的工作。

1. 建立适应战略实施要求的企业组织

企业战略实施的成功，主要取决于企业的组织是否适应战略实施的要求。组织结构必须服从战略，因此要根据新制订的战略来调整企业原有的组织机构，并配备适当的人员，明确其相应的责任和权力，建立各种规章制度。

2. 合理配置资源，制订预算和规划

企业必须搞好预算和规划，把相应的资源配置到下属单位，以便使其完成战略目标。

各下属单位要根据自己承担的战略任务，规划各项业务活动，制订战略实施规划等。一份详细的战略实施规划应包括详细的战略项目和行动技术、资金资源的筹措和市场开拓计划、预算实施计划等。

3. 调动群体力量，实现战略计划

通过激励机制如增加工资、奖金、津贴，分享股份，晋升、表扬等，必要时也可实施惩罚措施。应鼓励企业员工投身于实现战略目标的工作中去，并建立支持战略实施的企业文化。

4. 建立行政支持系统，实行有效的战略控制

在战略实施过程中，行政系统的主要任务是制订战略实施的政策和方法，及时获取有关的重要战略信息，保证组织按照战略规划要求行动。同时，对战略实施的状况进行全面的评价，及时发现偏差并纠正偏差。

❦ 动动脑

1. 发展型战略、稳定型战略和紧缩型战略分别适应的农业企业类型是什么？
2. 请举实例说明农业企业经营战略如何制订。

第三节　农业企业的经营决策

❦ 案例导入

蔬菜经营决策

彼得·莫斯是一名生产和经营蔬菜的企业家。他现在已有 50 000 平方米的蔬菜温室大棚和一座毗邻的办公大楼，并且聘请了一批农业专家顾问。

莫斯经营蔬菜业务是从一个偶然事件开始的。有一天，他在一家杂货店看到一种硬花球花椰菜与花椰菜的杂交品种，他突发奇想，决定自己建立温室培育杂交蔬菜。

莫斯用从他祖父那里继承下来的一部分钱，雇用了一班专门搞蔬菜杂交品种的农艺专家，这个专家小组负责开发类似于他在杂货店中看到的那些杂交品种蔬菜，并不断向莫斯提出新建议。如建议他开发菠生菜（菠菜与生菜杂交品种）、橡子萝卜瓜、橡子南瓜以及萝卜的杂交品种。特别是一种柠檬辣椒，是一种略带甜味和柠檬味的辣椒，他们的开发很受顾客欢迎。

同时，莫斯也用水戏法生产传统的蔬菜，销路很好。生意发展得如此之快，以致他前一个时期，很少有更多的时间考虑公司的长远规划与发展。最近，他觉得需要对一些问题着手进行决策，包括职工的职责范围、生活质量、市场与定价策略、公司的形象等。

　　莫斯热衷于使他的员工感到自身工作的价值，他希望通过让每个员工"参与管理"了解公司的现状，调动职工的积极性。他相信：这是维持员工兴趣和激励他们的最好办法。

　　他决定在本年度 12 月 1 号 9 时召开一次由每一个农艺学家参加的会议，其议程是：

　　（1）周末，我们需要有 1 个农艺师在蔬菜种植现场值班，能够随叫随到，并为他配备一台步话机，目的是一旦蔬菜突然脱水或者枯萎，可以找到这个专家处理紧急情况，要做的决策是：应该由谁来值班，他的责任是什么？

　　（2）我们公司的颜色是绿色的，要做的决策是新地毯、墙纸以及工作服等应该采取什么样的绿色色调？

　　（3）公司有一些独特的产品，还没有竞争对手，而另外一些产品在市场上竞争十分激烈。要做的决策是对不同的蔬菜产品应当如何定价。彼得·莫斯要求大家务必准时到会，积极参与发表意见，并期望得到最有效的决策结果。

（资料来源：百度文库，2015 年 7 月 12 日）

❦ **案例思考**

农业企业怎样才能做出正确的经营决策？

一、农业企业经营方向决策

制订正确的经营决策关键在于选择正确的经营方向。选择正确的经营方向应做好行业分析、可行性研究等方面的工作。

（一）行业分析

行业分析的目的就是要选择企业进入的行业，即在各行业中选择创办机会。

行业分析的内容主要有：

（1）该行业的地位和作用；

（2）该行业的结构、规模和增长率；

（3）该行业产品需求预测；

（4）可得到的原料来源；

（5）支持该行业发展的金融、财政、外贸和其他相关政策；

（6）着手进行生产能力、生产总投资，投入品所需要资源的供应条件、成本、收益、盈亏估计及分析。

（二）可行性研究

在选择企业经营方向时，还必须对企业准备经营的所有项目和主要影响因素进行分析、测算、综合评价。

1. 技术可行性

从生产、技术角度研究经营方向的可行性，主要包括：

（1）综合技术的利用。如实行纵向一体化的农业企业，从种植、运输、加工到销售，这一整个运作过程中，不同技术组合的成本、效益多大，所选用的设备是否配套、是否适用当地条件；

（2）规模是否经济。例如能否充分扩大生产规模，临界规模是多大等；

（3）资源等制约因素。如原料是否有保证，生产经营中的用水、用电的保障程度等，尤其是人力资源的保障程度等。

2. 财务可行性

财务是伴随企业的生产经营过程随时发生的。财务可行性分析的要点有：

（1）投资规模及其保证程度；

（2）总成本的估算，包括对所需原材料、燃料、动力、劳动力等成本方面的分析；

（3）全部投资的回收分析；

（4）盈利分析。

3. 社会可行性

社会是企业生存的空间。社会可行性分析应考虑的主要因素是：

（1）国家的政治体制；

（2）支持企业所在的行业的政策法令；

（3）该行业的投资结构、社会经济结构；

（4）传统习俗、消费习惯等。

农业企业应通过对各方面情况的综合分析研究，才能确定企业正确的经营方向。

二、农业企业经营规模决策

农业企业经营规模是指一个企业提供产品或服务的能力。不同行业、产品因其技术、市场容量等条件不同，对企业经营规模的要求也不同。农业企业要想在保持好的经济效益的前提下，开拓更大的市场，不断地扩大企业生产规模，就必须按投入要素最佳组合的要求，按比例增加所有生产要素的投入量，确保在增加企业规模的同时，生产要素组合仍处于最佳状态。

企业经营所要解决的问题就是如何确定规模即生产多少的问题。生产多少能使企业获取最大利润？这是生产经营所必须解决的问题。

（一）农业企业经营规模的内在经济与外在经济

企业经营规模的确定要考虑其内在经济性与外在经济性两个方面。

1. 内在经济

内在经济是指企业在生产规模扩大时从自身内部所引起的产量与收益的增加。产生内在经济的原因有以下几个方面。

（1）由于固定资本具有不可分性，只有规模较大的企业才有财力购置大型、先进的机器设备，并能在经营中得到充分利用。

（2）生产规模越大，越利于进行精细的分工，实行专业化劳动。专业化分工可以在劳动者人数不变的情况下，增加产品数量，改进产品质量，提高劳动生产率。而在规模不大的条件下，采用过细的劳动分工，则可能造成无法充分负荷的后果，带来生产要素的损失。

（3）规模较大企业的用户会比较多，而较多熟练用户的总体行为会更加趋于稳定，因此企业的存货不必与它的规模成比例增加。同时，大批量的采购和销售可以减少流通费用，从而减低成本。

（4）较大的企业便于实行科学管理，提高管理效率。各种规模的生产都需配备必要的管理人员，但生产规模扩大后，可以缩小和降低管理人员在全部员工中的比重，节约管理费用。同时，大企业的管理部门工作量大，有条件进行专业分工和分散决策，并能使用专门的管理设备，可以提高管理效率。

（5）企业规模越大，越容易对副产品进行综合利用。在小规模生产中，许多副产品往往被作为废物处理，但在大规模生产中，就可以对这些副产品进行再加工，做到"变废为宝"。

（6）实力雄厚的企业有能力聘请专家，从事生产技术和产品质量的改造。

总之，在一定的条件和限度内，企业规模越大（即全部生产要素都增加），生产量越大，各项开支越节省，单位产品的成本就越低，也就是成本递减，收益递增。

2. 外在经济

外在经济指整个行业规模扩大和产量增加后，给个别企业带来的产量与收益的增加。产生外在经济的原因有以下几个方面。

（1）整个行业规模扩大之后，有关该产业的知识量也会增加，这些知识表现在商业报刊或其他消息来源中，很容易为各个生产单位所采纳，这样可以减少企业收集经济、技术市场信息的成本。

（2）行业形成一定的规模之后，可以联合设置维修服务等方面的机构，节省相应的费用。实际上，即使没有有形的联合服务，消费者也可以预期消费品会有便利的维修等条件，从而增大对某种已经形成产业规模的产品的消费。

（3）行业的繁荣会使该行业的产品或服务更容易进入国际市场，使产品市场空间得到进一步扩展。

（4）当产业产出的增长集中在特定地区时，会创造出熟练劳工的市场，先进的附属企业或产生专门的服务性行业以及带来基础设施的改善等。这些经济效果的传播会改变接受效果的企业的产出和投入之间的技术关系。

（二）农业企业经营规模的内在不经济和外在不经济

企业经营规模的确定受制于其内在不经济性与外在不经济性。

1. 内在不经济

当一个企业由于本身经营规模过大，从自身内部引起产出和收益减少时，就称为内在不经济。内在不经济的情况有可能出现，是因为以下原因。

（1）当经营规模超过一定的资源约束限度时，资源的供给有可能发生困难，投入成本有可能增加，产品的销路也会受到市场的限制。

（2）当经营规模过大时，会出现机构庞大、层次过多、不易协调等问题。这一方面会使管理费用加大的速度超过产量上升的速度，另一方面也会因决策的复杂性增加，导致管理效率的下降。

（3）劳动的分工总是有一定限度的，生产效率的提高也是有限度的，超过了既定的技术条件下分工所带来的限度，将会导致生产效率下降。

（4）由于收益递减规律发生作用，在经营规模的扩大过程中，总会出现某一生产要素的功能发挥到极限的情况，从而也会导致规模收益递减。

（5）有证据表明，在大企业中，个人的努力程度、工作实绩和劳动报酬之间的联系不像在小企业中那样直接而明显，这使得大企业往往比小企业缺乏效率，从而使企业随着规模的增大而收益递减。

（6）产出的增加可能会带来销售上的困难，增加销售机构和人员的支出，导致产品成本增加。

2. 外在不经济

如果一个行业规模扩大使一些企业收益减少，这就是外在不经济。其原因有以下几个方面。

（1）行业生产规模扩大会引起竞争加剧，使销售变得困难，造成生产能力闲置，产品成本增大。

（2）行业规模达到一定限度，可能会使市场中某种必要的生产要素短缺，增大产品的生产成本。

（3）随着整个行业规模的扩大和产出的增加，可能会引起交通运输紧张、地价上涨等不利后果，从而增加经营成本。

（三）企业规模收益与成本

规模收益递增原理可以作为农业企业经营规模分析中的一个重要模型。

1. 规模收益的变动

所谓规模收益指的是企业采用一定的生产规模而能获得经济上的利益，即由于生产规模变动而引起的收益变动。随着经营规模的扩大，规模收益会发生变动。这一变动大致要经过三个阶段。

（1）规模收益递增。当规模扩大后，收益增加的幅度大于规模扩大的幅度。如生产要素投入量增加收入 20%，而获得的产出却增加了 30%。在这种情况下，企业所获利润呈递增趋势，表明企业可以继续增加投入，扩大生产规模，降低生产成本。同时也表明企业生产处于经济状态。

（2）规模收益不变。当规模扩大后，收益增加的幅度等于规模扩大的幅度，如生产要素投入增加 20%，产出也增加 20%，在这种情况下，企业所用的资本投入所构成的生产规模呈最佳状态。

（3）规模收益递减。规模扩大后，产出增加的幅度小于规模扩大的幅度，甚至收益绝对减少。如生产要素投入增加 20%，而产出增加不到 10%，这时企业生产处于不经济阶段。

上述规模收益的三种情况，也可以用代数式表示：

设生产函数 $Q=f(X_1, X_2, \cdots, X_n)$，并假定生产出特定产量 Q^* 所需要素是 X_1^*, $X_2^*, \cdots, X_n^*$，即 $Q^*=f(X_1^*, X_2^*, \cdots, X_n^*)$。

假设所有投入要素都增加到 K 倍，产量就增加到 HQ^*，那么 $HQ^*=f(KX_1^*, KX_2^*, \cdots, KX_n^*)$。这样，可能有三种情况：

（1）如果 $H > K$，即为规模收益递增；

（2）如果 $H=K$，即为规模收益不变；

（3）如果 $H < K$，即为规模收益递减。

假定技术条件不变，则规模收益递增、不变和递减三个阶段相应表现为平均成本递减、不变和递增三个阶段。如图 3-5 所示。

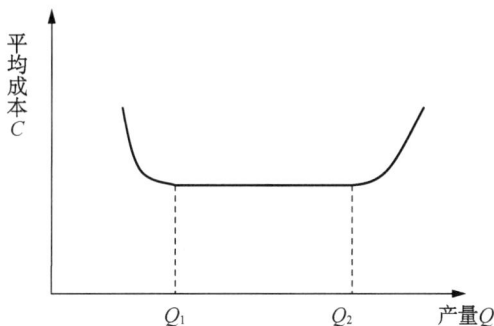

图 3-5 规模收益的变动

只有在产出量介于 Q_1 与 Q_2 间时，生产的投入才有利可图。

2. 规模收益与等产量曲线

可借助等产量曲线分析收益与规模之间的关系，如图 3-6 所示。假设在生产过程中，每投入 5 个单位时间的劳动必须投入 1 个单位时间的机器使用。图中 OC 射线描述了固定投入比例中进行生产的各种劳动和资产的组合。

在较低的产出水平上，企业的生产函数显示了递增的规模收益，如图 3-6 中从 O 到 A。在投入组合为 5 小时劳动与 1 小时机器使用时，产出为 10 个单位（图中最低的等产量线所示）。当所有的投入品都增加一倍时，产出由 10 个单位增至 30 个单位；当投入再增加一半（劳动时间由 10 小时增至 15 小时，机器使用时间由 2 小时变为 3 小时），产出增加了一倍，由 30 个单位增至 50 个单位。

在产量适中的情况下，生产函数显示了不变的规模收益，如从图 3-6 中 A 至 B 在投入组合为当投入增加 1/3，即劳动由 15 小时增至 20 小时，机器使用时间由 3 小时增至 4 小时，产出也增加了 1/3，即由 50 单位变为 80 单位。

在较高的产出水平上，生产函数又显示了递减的规模收益，如图 3-6 中 B 至 C，当投入增加 1/4，即劳动由 20 小时增至 25 小时，机器使用时间由 4 小时增至 5 小时，产出的增加不足 1/4。

从图 3-6 中可以看出，在规模报酬递增时，随着投入的等比例增加，等产量线之间的距离变得越来越近；当规模报酬不变时，等产量线之间是等距的；当规模报酬呈递减趋势变化时，需要越来越多的投入品，等产量线之间会离得越来越远。

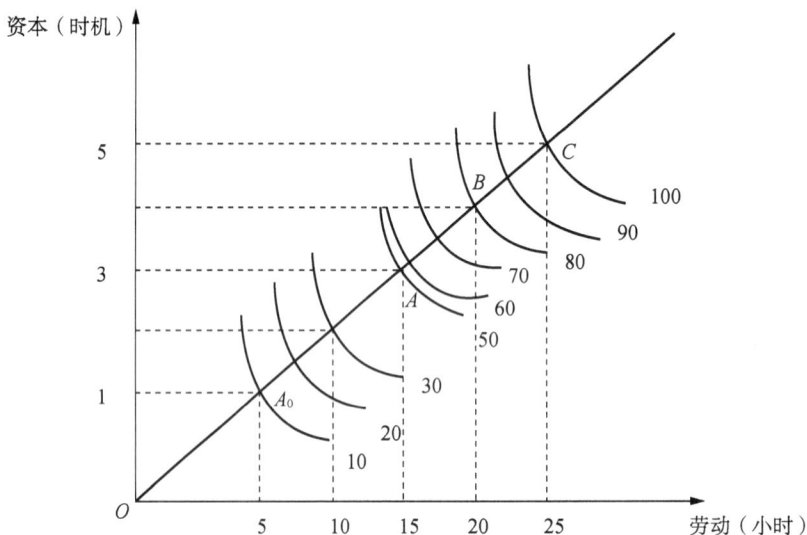

图 3-6　规模报酬图示

3. 规模经济与企业的短期成本和长期成本

规模经济是指在既定技术条件下，随着产出的增加，企业单一产品或一定量某种服务的平均成本，在某一区间内递减的现象。它通常是用成本—产出弹性（Ec）来计量的。Ec 表示单价产出变动百分率所引起的平均生产成本变动（其中 C 是总成本，Q 是产出量）：

$$Ec = (\Delta C/C) / (\Delta Q/Q).$$

成本—产出弹性小于 1 时，说明小于 1 倍的成本增加能够带来 1 倍产出增加，因而存在规模经济；成本—产出弹性大于 1 时，必须有大于 1 倍的成本增加才能带来 1 倍产出增加，因而存在规模不经济；成本—产出弹性等于 1 对应了有效规模产出点。

变换上式可以看出成本—产出弹性是边际成本与平均成本比率：

$$Ec = (\Delta C/C) / (\Delta Q/Q) = (\Delta C/\Delta Q) / (C/Q) = MC/AC$$

即：边际成本小于平均成本因而边际成本与平均成本比率小于 1 时，存在规模经济；边际成本大于平均成本因而边际成本与平均成本比率大于 1 时，存在规模不经济；边际成本等于平均成本因而边际成本与平均成本比率等于 1 时，对应的产出量为有效规模产出量。

（四）盈亏平衡分析

对生产经营进行盈亏分析，就是根据产品的销售量、成本和利润三者之间的关系，分析各种方案对企业盈亏的影响，从中选择出最佳的经营规模方案。其中，企业从事生产经营活动投入的人力、物力等的货币表现就是成本，将生产出的产品销售出去的所得就是销售收入。

设：Q 为产量；R 为销售收入；C 为总成本；F 为固定成本；V 为变动成本；P 为产品单价；Q_b 为盈亏平衡点产量。

当销售收入等于总成本时，即 $R=C$ 时，企业不盈利也不亏损，这时的产量称为盈亏平衡产量，也叫作临界产量 Q_b。表现在盈亏平衡图上就是收入 $R=PQ$ 和成本 $C=F+VQ$ 两直线的交点，见图 3-7。则 $Q_b = F/(P-V)$。由图可以看出，当产量 $Q > Q_b$ 时，企业可以盈利，当 $Q < Q_b$ 时企业亏损。所以企业要想获得盈利，就必须使产量大于盈亏平衡点 Q_b。但是，产量究竟应当多大才能保证企业达到目标利润？

设目标利润为 P_f，则

$$P_f = R - C = PQ - F - QV$$

解这个方程所得 Q 值，我们设其为 Q_f，则 $Q_f = (P_f + F) / (P - V)$，即当目标利润为 P_f 时，生产量应大于或等于 $(P_f + F) / (P - V)$。

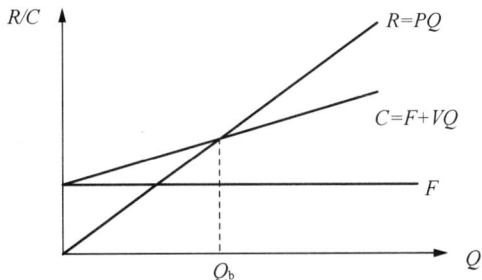

图 3-7　盈亏平衡图

例如，在某生产制造过程中，固定成本为 10 000 元，每件产品的可变成本为 0.6 元，售价为 0.8 元。试求：

（1）盈亏平衡点产量；

（2）若目标利润为 10 000 元，应生产多少？

解：已知：$F=10\ 000$ 元，$V=0.6$ 元 / 件，$P=0.8$ 元 / 件，$P_f=10\ 000$ 元

则：

$Q_b=F/(P-V)=10\ 000/(0.8-0.6)=50\ 000$（件）

$Q_f=(P_f+F)/(P-V)=(10\ 000+10\ 000)/(0.8-0.6)=100\ 000$（件）

❦ 动动脑

1. 企业规模收益与成本之间如何互动？

2. 盈亏平衡分析法的要点是什么？

❦ 链接案例

大北农的"智慧化"战略

"智慧化"是信息化发展到一定阶段的重要特征之一。伴随着互联网经济从单纯的 IT 行业开始走向传统企业，传统企业的经营也开始变得越来越"智能化"，当智能化的应用与企业的战略相结合，演变成超前的商业模式的时候，企业的智能化就可以说是"智慧化"了。2010 年成功上市后的大北农就在这一思潮的指引下，开始实施他们雄心勃勃的"智慧大北农"计划。

一、大北农的"智慧化"战略

"全面颠覆传统的竞争规则，利用信息化的力量在集团内外大规模普及信息化、智能化的商务模式，创造性地提高大北农在传统业务领域的非传统竞争力。"

这是 2007 年初制订的《大北农信息化战略》中对大北农信息化目标的描述，也是"智慧大北农"最初步的构想。

那时的大北农集团还未完全实现信息一体化，但这不妨碍其对信息化的高级阶段——智慧化提前做出合理构想。

2010 年，大北农在信息化建设第一阶段成果 ERP 基础之上，完成了集团级 OA 系统建设，在集团内部实现了各系统数据信息的标准化、统一化的同时，也开始在集团外部向上下游企业、合作伙伴普及和大北农相一致的信息化解决方案，取得信息化建设第二阶段的成功。自此开始，大北农正式启动智慧大北农工程，拉开了信息化建设第三阶段的序幕。根据规划，这一阶段要完成的目标亦即大北农信息化的最重要的目标：颠覆传统作业下的流程和习惯，在集团内外大规模普及信息化的流程和游戏规则，彻底提高大

北农在传统业务领域的非传统竞争力。

二、智慧大北农第一个蓝图的三大板块

智慧管理、智慧养猪和智慧金融是智慧大北农第一个蓝图的三大板块。

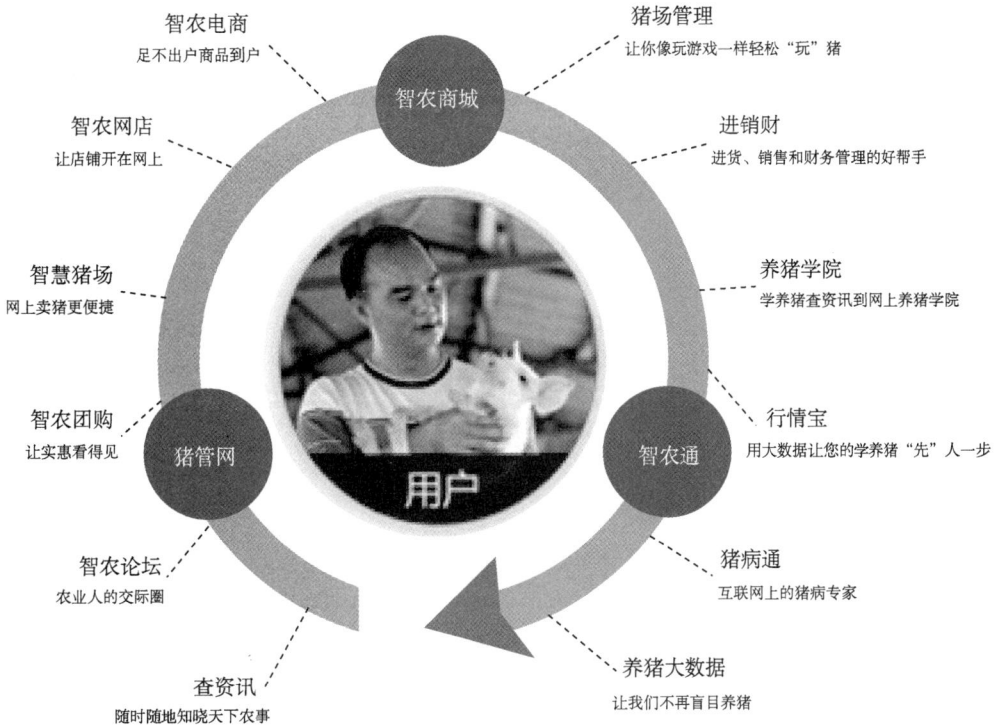

智农电商
足不出户商品到户

智农网店
让店铺开在网上

智农商城

猪场管理
让你像玩游戏一样轻松"玩"猪

进销财
进货、销售和财务管理的好帮手

智慧猪场
网上卖猪更便捷

养猪学院
学养猪查资讯到网上养猪学院

智农团购
让实惠看得见

猪管网

用户

智农通

行情宝
用大数据让您的学养猪"先"人一步

智农论坛
农业人的交际圈

猪病通
互联网上的猪病专家

查资讯
随时随地知晓天下农事

养猪大数据
让我们不再盲目养猪

图 3-8　智慧管理

智慧管理（图3-8）将利用大北农在管理与信息化方面的优势，全面导入标准化、专业化、职业化管理理念，应用信息化的力量颠覆性改变原来赖以存在的业务流程、工作程序、信息传导方式，直接改变与客户的关系，在传统的农牧企业中获得非传统竞争力，亦称不对称竞争力。

智慧大北农

图 3-9 智慧养猪

智慧养猪系统是大北农"智慧农业"的一个子计划，将提供围绕"猪"产业链，建立的集产品、服务、资讯、管理、财务、推广为一体的360°养猪综合服务平台。

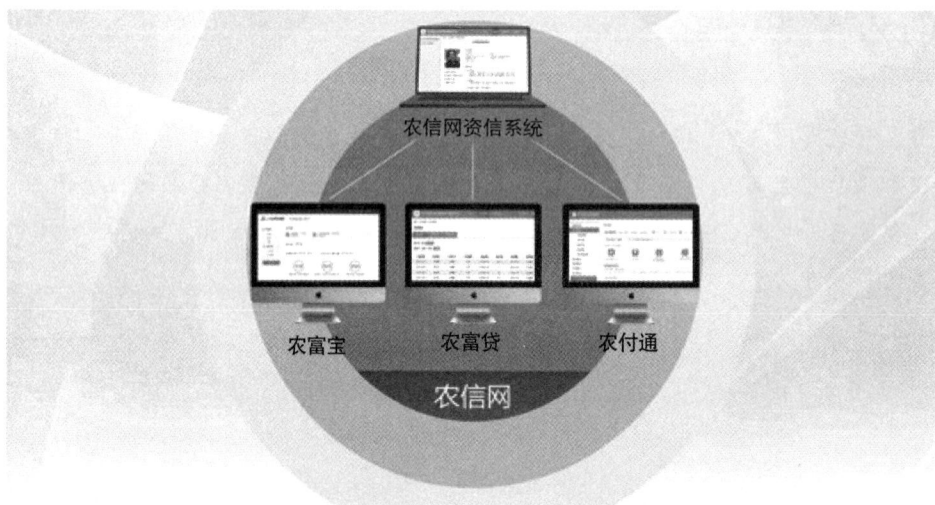

图 3-10 智慧金融

智慧金融系统是基于互联网，利用合作伙伴和养猪企业日益积累的信用数据形成一个既不同于商业银行，也不同于传统资本市场的第三种金融运行模式，建立行业内第一个可持续性的、普惠制的农村商务金融服务新体系。

三、文化土壤

在《农经》记者采访过程中，大北农副总裁薛素文一再强调，特殊的企业文化是大北农信息化建设之所以不断取得成功的关键因素。

结合在大北农的自身经历和整个信息化建设过程，薛素文说，基于大北农企业文化之上的充分授权体系，在整个大北农信息化建设过程中的作用至关重要。

相对于大多数企业实施信息化的"一把手工程"不同，大北农实施的是"一把手授权工程"，这是大北农以企业文化为核心的管理体制下的一个缩影，具体到大北农的信息化的建立和实施，无疑起到了至关重要的作用，集团董事长兼总裁邵根伙博士是农业企业里最早提出信息化战略的企业家之一，但他这个信息化的战略构想不是由他亲自推行的，而是给出了一个框架性的思维，剩余的就充分授权给公司的财务和信息部门去执行，这是大北农信息化能够走到现在的关键。

四、战略思维

在薛素文看来，做信息化一定不能从纯技术的角度出发，仅仅以信息化的技术去做，而要从跨行业的视角，以企业管理的思路、理念、方法去做。

"一名优秀企业家或者是管理层绝对不会是就事论事，沉溺在行业传统的竞争模式或自己的专业里头出不来，而必须具备一种跨行业、跨专业的复合型思维能力。比如我们饲料行业，现在看起来同质化的竞争很严重，大家更热衷于打产品价格战，这样对产品品质的提升和扩展产品的附加值是没有多大好处的，而邵博士的思维里头是尽量用做高科技产品的概念来做传统的饲料产品，也就是说把产品的性能、品质提高到极致，把饲料产品当成人吃的营养品来经营，并将现代服务业的先进理念引入到产品服务中来，这样可以把产品的附加值越做越高，同时行业的发展之路也越来越宽广。受这个启发，我们做财务工作的，也应该超越传统的账册思维，应用服务业、IT业和金融业的理念来做财务，通过服务客户的方式或以提高客户价值的方式来间接实现大北农价值最大化的目标，这种跨专业的思维模式才有大北农现在的智慧大北农框架"。

🍁 复习思考题

1. 如何理解农业企业经营战略？它有什么特点？

2. 农业企业经营环境分析包含哪些内容？

3. 简述农业企业经营环境分析的方法。

4. 农业企业在什么情况下会采取一体化战略？

5. 农业企业经营战略类型主要有哪些？

6. 农业企业在规模经营上有何特点？

第四章

农业企业要素管理

🍁 **学习目标**

1. 了解农业企业要素的构成与特点；

2. 理解企业有形要素和无形要素如何进行有效管理；

3. 掌握企业要素管理的相关理论和方法；

4. 理解农业企业要素管理的问题及其解决办法。

第一节　农业企业要素的构成及特点

案例导入

新时代下的首农集团

2009 年 4 月，经北京市政府批准，北京三元集团有限责任公司、北京华都集团有限责任公司、北京市大发畜产公司重组为北京首都农业集团有限公司。组建后的首都农业集团资产总额 300 亿元，员工 4 万人，国有全资及控股企业 64 家，中外合资合作企业 31 家，境外公司 3 家；其中北京三元食品股份有限公司为上市公司。

紧跟北京建设世界城市的步伐，主动融入首都经济发展圈，围绕主业建设一批高水准、有特色的项目，是首农集团拉动经济增长、推动转型升级采取的实实在在的行动。如果说项目是拉动经济的"发动机"，那么资金就是"加油站"。为了推动项目尽快落实，首农集团积极拓宽融资渠道，先后与北京银行、北京农村商业银行、北京工商银行、国家开发银行、中国农业银行、中国建设银行签订战略合作协议，利用债券、产权交易等多种方式，总融资授信额度近 500 亿元。

合资企业一直是首农集团经济中的重要力量，特别是光明饭店、麦当劳、荷美尔、北京丘比、艾莱发喜、百麦、辛普劳等优质骨干合资企业，对集团经济的贡献更加明显。通过增资扩股，首农实现对光明饭店 50% 的股权，对北京壳牌 51% 的绝对控股权，首农对外合作的步伐也一直没有停步，先后与台湾耐斯集团合作成立三元爱之味公司，与新华联集团联合重整湖南太子奶公司，与韩国希杰集团组建牛排店，与山东省政府、广东揭阳市政府、北京市保障性住房中心就农产品生产基地建设、保障房项目等多个领域深入合作。

"高端、高效、高辐射"的都市型现代农业是首农集团的发展方向，也是首农作为全国农业产业化龙头企业一直践行的标准。近年来，首农集团在奶牛、北京鸭、猪、肉鸡、蛋鸡等产业发挥龙头带动作用，每年带动京郊农户 3 万多户，户均增收超 2 万元。"保供给、保安全、稳物价"是北京市政府对首农集团提出的新要求。经过分析研讨，首农集团制订出了建设物流配送圈、制订首农标准、建设外埠种植基地、打造零售终端体系四大保障措施。到"十二五"末，首农集团将在北京周边省市区建设 100 个蔬菜标准化示范园区、总面积达 20 万亩的安全农产品生产基地。

（资料来源：首农集团官网，2015 年 11 月 7 日）

🍁 **案例思考**

通过以上案例试分析农业企业要素包括哪些?

一、农业企业要素及其构成

农业企业要素是指直接或间接为农业企业经济活动服务的生产力要素,它包括有形要素和无形要素两大类。

如图 4-1 所示,有形要素包括土地、物资、设备、劳动力和资金,无形要素包括技术、信息和企业文化。其中,土地是农业企业最基本的生产要素,物质和设备是农业企业生产经营活动的基础,人力是农业企业财富的创造者,资金是农业企业资产的货币表现(详见第八章),信息是农业企业生存之本,技术是农业企业获得竞争优势的有力手段,企业文化是推动企业发展的不竭动力。

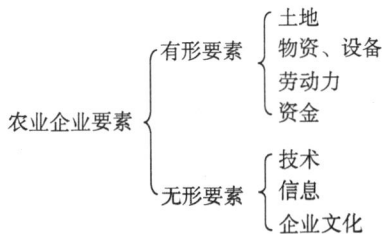

```
                              ┌ 土地
                  ┌ 有形要素 ┤ 物资、设备
                  │         ┤ 劳动力
                  │         └ 资金
  农业企业要素 ┤
                  │         ┌ 技术
                  └ 无形要素 ┤ 信息
                            └ 企业文化
```

图 4-1　农业企业要素结构

二、农业企业有形要素的构成及特点

(一)土地的概念及其特点

1. 土地的概念

作为农业生产要素的土地资源,是指在现在或可以预见的未来,能被人们所利用并能产生经济效益的那部分土地。土地对于农业生产具有特殊的意义和作用,是其他生产要素所无法取代的,主要表现在:为农业生产提供生产经营活动的场所;为作物制造、储存和输送生长、发育所需要的养分;充当劳动对象和劳动手段。

2. 土地的特点

包括自然特点和经济特点,其经济特点以自然特点为基础。

(1)土地资源的自然特点。

①位置的固定性。土地资源不像其他生产要素,可根据生产需要变换位置或搬迁,它一旦形成,位置就相对固定,不能移动,只能利用。而且不同位置的土地具有特定的气候、土壤、水文、地貌等自然条件和不同的社会经济条件,其开发利用的形式和效益必然不同。

②数量的有限性。土地资源是自然历史过程的产物,土地的面积受到地球表面积的

限定，在地球陆地大小不变的情况下，土地资源的数量是有限的。人类的生产活动和先进的科学技术只能影响土地的形态，而不能创造土地、消灭土地，或用其他生产资料来代替它。因此，农业企业在经营管理中必须使有限的土地得到充分利用，不断提高集约化水平，使有限的土地产出更多的农产品，以满足整个社会的需要。

③质量的差异性。土地资源是自然生成的，不同地块所处的地形、地貌不一样，气候、水文、土壤地质状况也有很大差异。由于土地自身条件及相应的气候条件的客观差异，造成土地质量的差异性。人们只有因地制宜地利用各类土地资源，才能取得土地利用的最佳效益。因此，农业企业的生产经营活动必须从企业自身条件出发，结合土地的自然经济条件，因地制宜地利用土地，宜农则农、宜林则林、宜牧则牧、宜渔则渔。

④功能的永久性。土地在被利用的过程中，土壤养分和水分虽然不断地被植物吸收、消耗，但通过施肥、灌溉、耕作、作物轮作等措施，可以不断地得到恢复和补充，从而使土壤肥力处于周而复始的动态平衡中。土地只要合理利用和保护，用养结合，地力不仅不会下降，反而会不断提高；相反，如果土地资源利用不科学，就会发生沙化、腌渍化，肥力衰退，生产率大大降低。这就为企业合理化利用和保护土地提出了客观要求。

（2）土地资源的经济特点。

①供给的稀缺性。土地数量的有限性决定了土地资源供给的稀缺性，其稀缺性不仅表现为土地资源总量的有限性，还体现为不同地区、不同用途的土地数量的有限性，从而反映在某特定土地市场上土地资源供不应求的矛盾，并引发一系列的经济问题。由于土地资源的稀缺性的存在，加上在土地上进行农业生产时投入一定的劳动量，使土地供给具有价值，并形成了土地价格。由于各地区土地稀缺程度的不同，以及农业生产中投入的劳动量的不同，使不同区位的土地价格存在明显差异，其中土地稀缺程度会对土地价格差异产生更大的影响。

②利用方式的相对分散性。由于土地位置的固定性，对于土地的利用，只能就地利用，因此土地利用的方式是相对分散的。这一特性，要求人们利用土地时，要进行区位选择，并注意搞好地区间的交通运输联系，以提高土地利用的综合治理效益。

③利用方向变更的困难性。土地有多种用途，当土地一经投入某项用途后，想改变其利用方向，一般是比较困难的。这一特性，要求人们在确定土地利用方向时一定要详细勘察，做好周密的规划。

④报酬递减的可能性。由于土地报酬递减规律的存在，在既定条件下，土地的使用超过一定的限度，便产生报酬递减的现象。这一特性，要求人们在对土地增加投入时，必须寻找投入的适合度。

⑤利用后果的社会性。由于土地是一个自然综合治理整体，其利用的结果，不仅影响本地区内的自然生态环境和经济效益，而且可能影响邻近区域甚至整个国家和社会的生态环境和经济效益，产生巨大的社会效果。这一特性要求企业都要以社会身份来管理、利用土地资源。

蟹岛绿色生态度假村

蟹岛度假村，位于北京市朝阳区首都机场辅路南侧，消费特色：四季采摘、钓螃蟹、吃农家饭。度假村以产销"绿色食品"为最大特色，以餐饮、娱乐、健身为载体，让客人享受清新自然、远离污染的高品质生活为经营宗旨。

作为都市郊区农业旅游的先行者，蟹岛以市场为导向不断推陈出新，努力完善生态农业和农业旅游产业链，为国内都市农业的产业化摸索出了一条可资借鉴的成熟发展模式，为北京的市民朋友们提供了一个休闲、娱乐及商务、会议的绝佳选择。

走环保事业产业化路径，促生态循环"零排放"效应

在公众意识中，诸如污水处理、垃圾处理等环保事业历来被认为是政府部门专项资金、专项治理的市政工作。然而蟹岛在经过大量翔实的考察、分析、比较之后得出结论：投资环保事业不仅仅是利国利民的丰功伟业，更有其潜在的经济效益可挖。

蟹岛于2003年先后改建、增建了日产沼气及附属物510立方米、日处理污水2000立方米的沼气处理池和污水处理厂。建立起了以沼气技术为核心的废弃物处理、有机肥生产系统以及以污水处理技术为核心的水环境保护和水资源循环高效利用系统。从而构成了蟹岛环保事业产业化的运作模式。

建立科学、完善的封闭循环链，按需截取自然生态循环、社会规律循环环节，创建蟹岛独有的小循环体系

大自然的物质循环是世界万物得以延续生存的先决条件，宏观世界发展的充要条件在蟹岛这样一个企业也是同样适用的。蟹岛遵循科学原理，建立起了产业、物质、能源共生共存的相互依赖、相互促进体系，构筑成蟹岛独有的自我补充、自我优化、自我循环封闭体系。

蟹岛在物质生产中的立体封闭循环。蟹岛一方面在展示传统农业耕作方法的同时，也将生产工作带入现代立体农业领域，通过研究、交流、推广农业新技术，形成了蟹岛可持续发展的重要一环。以稻田为例：蟹岛在种植水稻过程中采用"稻蟹混养"技术，在每亩稻田里投放600只螃蟹苗。螃蟹在稻田内驱除害虫、吃杂草、松土，做到水稻生长过程中不使用农药、化肥；而水稻则为螃蟹的生长提供一定的生物庇护环境。最终，水稻和螃蟹相互营造了一个良性的生产空间。

同时，通过"稻蟹混养"技术产出大米的质量得到了保障，而成型的螃蟹既可供游人四季垂钓又可直接成为宾客餐桌上的美食。水稻收割后，稻草制作成蔬菜大棚保温防寒的草被，生产出的大米供给餐厅使用，稻壳、稻糠加工酿成酒，酒糟喂猪，猪肉供给餐厅使用，猪的粪便运到沼气池作肥源，所产生的有机肥料又运至稻田，形成了一条完整的立体生态循环链。

（**资料来源**：北京市蟹岛绿色生态度假村生态农业旅游示范模式报告，付秀平）

（二）物资的概念及其特点

1. 物资的概念

物资，即物力资源，有广义和狭义之分。广义的物资，是指物质资料的总称，具体包括生产资料和生活资料。狭义的物资，是指企业在生产经营活动中所利用的生产资料，即在企业的生产经营活动中被当作劳动手段和劳动对象利用的一切物质资料，具体包括设备、原料、材料、辅助材料、燃料、小型工具、零配件和其他低值易耗品等。本教材中的物资是指狭义的物资。

2. 物资的分类

物资种类繁多，各具特点，在管理上也就有不同的要求。对物资进行适当的分类，利于对物资进行科学的管理。如图 4-2 所示，农业企业的物资一般可按以下标准进行分类。

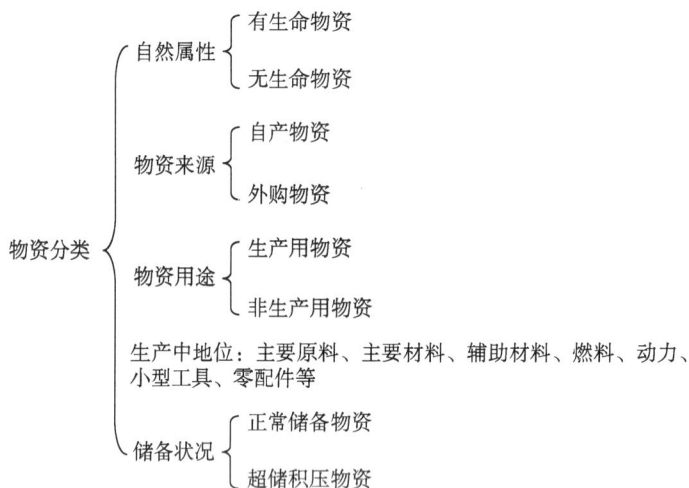

图 4-2　物资分类示意

（1）按物资的自然属性分为有生命物资和无生命物资。前者是指生物性的物资，如种子、种蛋、育肥畜禽等；后者是指非生物性物资，如机械、设备、化肥、农药等。这种分类突出了农业生产的特殊性，以便物资的利用管理。

（2）按物资的来源分为自产物资和外购物资。前者是指本企业自己生产留用的各种物资；后者是指企业用货币从市场上购买的物资。这种分类有利于编制物资供应计划，组织好物资的供应，满足企业生产的需要。

（3）按物资的用途分为生产用物资和非生产用物资。前者是指企业直接为生产产品进行作业活动而使用的物资；后者是指进行基建、管理、科研所使用的物资。这种分类便于对物资进行专项预算、控制和使用，避免相互占用。

（4）按物资在生产中的地位分为主要原料、主要材料、辅助材料、燃料、动力、小型工具、零配件等。其中，主要原料是指采掘业，农业所提供的用于生产、加工的初级产品；主要材料是指经过一定程度加工的原料；辅助材料是指在生产中不构成产品实体，有助于产品形成所必须消耗的材料；燃料是指用于生产、运输动力和调节温度等方面的油料、煤炭、液化气等；小型工具是指用于生产过程的小型农具、量具等；零配件是指机械设备和中小农具修理所需要的各种备品配件。这种分类有利于企业制定科学的物资消耗定额，计算各种物资的需要量和储备量，并为核定资金定额提供依据。

（5）按物资的储备状况分为正常储备物资和超储积压物资。这种分类便于根据物资的特点属性，区别管理。

超储积压物资形成的主观原因主要有：
①物资采购人员素质较低，盲目采购；
②物资计划质量不高，审核计划不仔细，申请与计划脱节；
③思想观念落伍，忽视市场的调节作用，储备观念陈旧僵化；
④忽视信息效益，对产品更新换代反应迟钝。

超储积压物资形成的客观原因主要有：
①申请计划在先，生产任务确定在后；
②设计变更，改变了原有的需要量；
③供应与生产产生矛盾，造成暂时性的超储。

3. 物资的特点

物资属于劳动对象的范畴，是劳动力和劳动工具作用的对象。其特点有以下几个方面。

（1）一次消耗。物资在使用过程中，其价值转移的特点体现为一次消耗，价值一次转移到新产品中去，是产品成本的主要构成部分。

（2）不断更新。物资需要不断地补充更新，以保证生产的顺利进行。

（3）储存管理。物资有一定的储存量，加强对库存周转量的管理，是提高要素利用率和资金周转率的重要措施。

（4）质量至上。物资的质量状况直接影响企业的生产效率和最终产品的质量，因此质量至上。

（三）设备的概念及其特点

1. 设备的概念

设备作为企业的有形要素，是企业可供长期使用的、单位价值较高的、使用中基本保持原有实物形态的劳动资料和其他物资资料的总称。设备是企业进行生产经营活动的物质基础，是固定资产的重要组成部分，如大型拖拉机、收割机、运输工具、饲料传送机等。设备是科学技术的物化，在一定程度上反映着生产力发展水平。因此，设备状况作为企业生产经营的物资条件，反映了企业的能力和生产水平。

2.设备的特点

（1）专用性。农业企业中机器设备的主要工作对象是动植物，机械作业必须符合动植物的生物学特征和生长发育规律，具有较强的专用性。

（2）价值高。设备的价值一般较高，购买设备需要较大的金额投入。

（3）损耗性。农业企业的机器设备多在露天旷野工作，而且使用还有很强的季节性，损耗较为严重，形成有形损耗。此外，由于技术进步，设备还会发生无形损耗。因此，应提高机器设备的使用率。

（4）更新性。机器设备的试用期较长，使用到一定时候需要更新，由于其价值较大，需要一次性投入，逐步补偿，所以需要逐年提取折旧费用，以备设备更新。

（四）人力资源的概念及其特点

1.人力资源的概念

农业企业的人力资源，又称劳动力资源，是指农业企业所拥有的劳动力数量和质量。劳动力的数量是指能参加劳动的人数。劳动力的质量是指劳动者的智力、体力、技术水平、劳动熟练程度、经营管理能力等。

2.人力资源的特点

（1）能动性。人力资源是农业企业生产经营活动的主体。企业生产，即人力资源支配和利用其他资源，进行创造性的生产活动。诸如土地资源、信息资源、物资资源等的开发利用程度，在很大程度上取决于人力资源的开发利用状况。

（2）潜力可开发性。是指劳动力可以通过不断的经验积累、自主学习和参加培训后，其潜在的能力将得到提高。

案例研究（Case Study）

有研究显示：

（1）一般情况下，按时计酬的职工每天一般只需发挥20%~30%的能力用于工作就足以保住饭碗；

（2）如果能充分调动其积极性，那么他们的潜力能发挥到80%~90%；

（3）两者的差额用于提高劳动生产率，效果极为可观，而这需依靠有效的激励！

（3）相对时效性。由于受生理条件的限制，人力资源的劳动力能力不能储存，而且劳动力超过一定的年龄，劳动能力就会衰退甚至丧失。但物质资源，如土地资源在未被利用时仍以物质形态存在于自然界中，可供未来生产利用。因此，要及时充分利用人力资源。

三、农业企业无形要素的构成及特点

无形要素包括技术、信息和企业文化：技术是农业企业获得竞争优势的有力手段，信息是农业企业生存之本，企业文化是企业的灵魂。

（一）技术的概念及其特点

1. 技术的概念

技术是人类为了实现某一目的共同协作而组成的各种工具和规则体系。它不仅包括劳动者的操作技巧，还包括相应的生产工具、生产工艺流程、作业程序、管理方法等；不仅包括以自然科学知识、原理和经验为基础的硬技术，还包括以管理技术、决策技术等自然科学和社会科学为基础的软技术。

2. 技术的特点

（1）地域性强。我国地跨热、温、寒三带，地形复杂，农田小气候也各不相同。一项农业技术不可能适用于所有地域，各地都有最适宜的农业技术。因此，农业技术的研制、开发和利用都必须遵循因地制宜的原则。

（2）保密性差。生物生产的重要特征在于可以自我繁殖。农业生产由于在大田进行，这种公开作业的条件使得科技成果的保密成本加大，即使已物化成种子、苗木、畜禽幼仔，也很难防止偷盗丢失。作为较易控制的杂交品种，其亲本丢失也屡见不鲜。

（3）成果更新成本低、周期短。由于农业生产是一项千家万户的生产，农业生产的技术更新主要是原材料（如种子、农药等）的更新，所需要花费的成本低、时间短。因此，要求农业技术能尽快地推广到其最适宜的地区，加快推广速度，扩大推广面积，降低技术推广成本，提高技术推广组织的自身生存能力。

（4）风险大。由于农业生产对气候的变化依赖性很强，我国又处于旱涝交替的季风气候带，灾害性天气发生频率高，技术采用除市场风险和技术风险外，还有较大的自然风险。加速农业技术推广要求有一套行之有效的技术推广风险防范制度和措施。

（二）信息的概念及其特点

1. 信息的概念

信息是指依据一定需要而收集到的，经过加工整理后具有使用价值的图形、文字、公式、方法、数据、图表等知识元素的总称。信息可以是无形的，也可以表现为文字、图表等有形形式。信息是知识的原料。有价值的信息会给企业带来无限商机，甚至可以使企业起死回生。

2.信息的特点

（1）客观性。信息是事物变化和状态的客观反映，其实质内容具有客观性。信息的客观性特征是由信息源的客观性决定的，信息一旦形成，本身具有客观性。

（2）普遍性。信息无处不在，无时不有，信息和阳光、空气一样普遍存在于自然界的人类社会中。

（3）时效性。从信息利用的角度看，信息仅在特定的时刻才能发挥效用，即信息生成后，它提供的时间越短，使用价值就越大；反之，它提供的时间越长，使用价值越小。一条及时的信息可能会使濒临破产的企业扭亏为盈，成为行业巨头。

（4）共享性。由于信息在利用中不被消耗不会消失，不会因交易、利用而失去或减少，在一定程度与范围内，可以分享，提供给众多的用户利用。并且由于信息的传递、反馈、利用，信息的内容会不断丰富。

（5）相对性。由于人们的观察能力、认识能力和目的不同，即使是从同一事物所获得的信息，其信息的价值量和信息量也不同。

（三）企业文化的概念和特点

1.企业文化的概念

企业文化是指农业企业在长期的实践活动中所形成的，并且为组织成员普遍认可和遵循的，具有本组织特色的价值观念、团体意识、行为规范和思维模式的总和。

2.企业文化的特点

成功的企业文化对外具有一定的引力作用，对内要具有一定凝聚力，总体而言，优秀的企业文化应具备以下六大特点。

（1）广泛认同。员工认同企业文化才是真正的文化。在实际企业管理工作中，首先本公司的企业文化要由本公司的相关负责人首先认同和执行，然后扩散到各级员工当中获得认同。

（2）始终践行。企业所树立的价值观要以时间为检验依据并严格按照所制订的企业文化践行；不能将所树立的企业文化形同虚设，例如在企业中树立的是"质量是第一道关，客户的利益至上"，但在企业生产环节中却频频出现产品质量瑕疵，出现多起客户退货投诉现象，显然这样的企业就与自己所设立的企业文化背道而驰。

（3）激励员工。优秀的企业文化不仅能使员工产生使命感和责任感，而且能激励员工积极地工作，使员工对未来充满憧憬，反之，会使员工产生消极和悲观。

（4）心悦诚服。企业文化的核心主张一定要简洁明了。国内外著名的企业文化，都可以精简成一句话或一个词，如海尔的诚信文化——真诚到永远，飞利浦的进取文化——我们一直在努力。

（5）提高企业竞争力。企业文化实质上是一种具有不可复制的竞争文化。而现代企业的竞争，归根到底是企业文化的竞争，或者说是品牌文化的竞争。优秀的企业文化将是企业最有力的竞争武器。

（6）赋予强烈情感。企业文化不仅能提高员工主人翁意识和员工的高尚情操，而且能使员工对企业产生深厚感情。无论走到哪里员工对企业的一草一木总是充满怀念，听到或看到企业代表人物、标志、广告、产品等总是有一种亲切感。

中粮集团的企业文化

集团使命

我们奉献营养健康的食品和高品质的生活服务，建立行业领导地位，使客户、股东、员工价值最大化。

奉献：体现"先天下之忧而忧"的境界。

营养健康的食品，高品质的生活服务：是中粮需要奉献的具体内容，是各方对中粮的要求，是中粮必须要实现的经营任务。

建立行业领导地位：中粮的使命和企业地位，要求集团不是一般性地参与某一个行业，而是要在所进入的主营行业具有竞争力、影响力、控制力和市场占有率。

实现价值最大化：既体现了中粮运作的效率、目的性，也是中国社会主义市场经济对国有企业的必然要求。

创新驱动

创新是中粮集团的企业精神之一，它强调富有激情、创造力和进取心，并将其注入技术、产品研发，企业管理、文化，渠道发展等领域，不断提升中粮的核心竞争力，为全产业链商业模式价值的实现提供驱动力。

中粮践行"五步组合论"、6S 管理体系，并推进组织结构扁平化，解决战略与执行、过程与结果、管人与管事、目标制订与风险控制等多重问题，赋予业务板块更多经营自主权，实现集团对资源的有效配置和各项业务的有效管控，为全产业链战略及其价值的实现提供管理动力。

中粮倡导诚信、团队、专业、创新的企业精神和"高境界做人，专业化做事"的企业文化，为创新提供宽容的氛围，并从考核评价、企业文化上来引导和推动集团内部、上下游之间、品牌渠道、产业园之间的协同，形成高境界、"大中粮，无边界"的协同文化，为全产业链战略及其价值的实现提供文化动力。

中粮整合过去以产品线作为划分方式的渠道，变为以区域为划分方式的渠道，彰显"规模优势"，节约企业成本，为全产业链战略及其价值的实现提供渠道支持。

（**资料来源**：中粮集团有限公司官网，www.cofco.com/cn/index.html）

❧ **动动脑**

1. 农业企业要素与一般企业要素相比特殊性有哪些？
2. 在互联网时代下哪些农业企业要素显得尤为重要？

第二节　农业企业有形要素管理

案例导入

野三坡旅游区土地利用模式

农用地的新型开发形式——旅游区探索

旅游型村落是目前中国乡村转型发展的4种主要形式之一。旅游型村落不仅是许多旅游地的重要接待服务基地，还是旅游地重要核心旅游吸引物。关于传统村落演变有较多的研究积累。但从乡村转型发展看，近年来关注的焦点主要集中在"空心村"领域，这涉及村落"空心化"的概念、类型、空间模式、空间分布、形成因素、动力机制、阶段与过程以及潜力评估等诸多领域，关于旅游地村落问题研究，只有零星报道。尽管在旅游地空间演变层面，许多研究关注了旅游地演变生命周期理论及其对应的阶段特征、核心边缘结构、旅游地形态学研究，以及作为度假村和第二居所的演化等。但是上述研究基本上是从旅游地系统尺度关注演变现象和过程，对于旅游地乡村聚落空间演变较少引起重视，旅游地空间特征的研究缺乏理论基础。

野三坡的"核心—边缘"土地利用模式

野三坡风景区始于1984年，1986年正式被评为国家级风景名胜，2010年旅游区接待游客达到265万人次区，2011年被评为全国5A级旅游区。作为乡土文化的载体，旅游村落不仅是旅游吸引物系统的核心组成部分，同时也是重要的旅游接待服务基地，在旅游地系统发展中扮演着重要的角色，也成为中国新型城镇化过程的重要类型。

研究发现，因区位条件差异，旅游地村落土地利用演变模式呈现出"核心—边缘"的特征。距离核心旅游区越近的村落，土地利用集约度程度越高，旅游功能更为完善，景观风貌格局变化越大，"旅游化"的程度越高。在具体形态上，表现为"现代城镇"—"半传统村落"—"传统村落"的过渡特征。就苟各庄村、刘家河村、上庄3个村落而言，形成特有的"就地重建型""飞地开发型""原地利用型"空间扩展模式。与现实发展相比，这种空间演变模式在国内旅游地村落演变中具有一定的代表性。

村落的发展走向"空心化"or"实心化"

村落土地利用空间演变的异质性要求在保护传统村落"乡村性"的同时，重视新型旅游城镇"文化景观系统"的创意与建设。与目前传统村落人口大量流失，村落中心"空心化"的发展趋势不同，野三坡的村落"实心化"的倾向比较明显。

对处于不同演变形态阶段旅游村落，要采取差异化的调控手段与策略，并在土地政策中要予以充分体现。在旅游地转型升级过程中，应该根据旅游村落发展阶段，因地制宜，选择适当的调控模式。如果以乡村旅游业可持续发展为目标，应该采取"旅游城镇式发展模式"——要结合旅游市场需求，以功能"模块化"推进旅游产业集聚；"综合保护式发展模式"——要兼顾开发和保护的关系;"传统村落式开发模式"——要实施以保护性开发为主。这其中以旅游村落土地利用政策为基本切入点,综合采取乡村治理、制度建设以及文化重建"四位一体"的综合乡村调控模式,是推进旅游聚落可持续发展重要保障。

（**资料来源**：旅游地乡村聚落演变与土地利用模式——野三坡旅游区三个旅游村落案例研究，作者：席建超，王新歌，孔钦钦，张楠）

❧ 案例思考

通过以上案例试分析土地资源的合理利用对农业企业经营的作用?

企业有形要素管理包括土地资源管理、物资管理、设备管理和人力资源管理。

一、土地资源管理

土地资源管理,从宏观而言,是指国家为了维护土地所有制,调整土地关系,保护和开发土地资源,合理利用土地而采取的行政的、经济的、法律的、工程技术的综合性手段和措施。它是一项政策性、综合性、专业性、技术性和实践性很强的管理工作。从微观而言,是指企业为了开发、利用土地而采取的行政的、经济的、法律的、工程技术的综合性手段和措施,其目的是提高土地资源的利用效率和生产率。

（一）土地资源管理的原则

1.维护社会主义土地公有制

我国土地是公有的,国家为了社会公共利益的需要,可以依法对农民集体所有土地实行征用,但必须依照法律规定的程序和条件行使,并对被征地单位进行适当补偿。被征地单位不得妨碍和阻挠土地征用。国家建设使用国有荒山、荒地以及其他单位使用国有土地的,应按国家建设征用土地的程序和审批权限,经批准后才能划拨。土地使用权有偿出让和转让,也应按有关法规办理。

2.坚持农业用地优先

企业各生产部门分配和调整土地时,必须把质量最好的土地优先用于农业,优先保证农业生产所需要的土地。

3.坚持节约用地

由于我国耕地面积有限,人地矛盾突出,节约用地显得尤为重要。国家建设与城乡建设必须节约用地,严格按照国家规定的审批权限和程序履行征地审批手续,严防多征、早征,以免浪费土地。农村居民住宅建设,乡村企业建设等也都应严格执行审批手续,严格控制用地面积。

4.坚持合理用地

国家要对土地加强统一规划管理,严禁盲目毁林毁草和陡坡开荒。同时,要调整工业的不合理布局，综合利用"三废"，进行化害为利的技术治理，做到经济效益、社会效益和生态效益的统一。农业生产单位要采取有效措施，调动农民合理利用、保护、改良土地的积极性，增加土地投入，加强土地的经营管理，避免掠夺式经营，防止土地资源退化。

（二）土地资源管理的内容

1. 土地权属管理

（1）土地经营权的获得。在社会主义制度下，实行土地公有制，不许任何单位或个人以任何方式买卖土地。在我国农村，农业生产经营者可以通过承包、租赁、股份经营或转包等形式，获得对土地资源的经营权，从而实现土地使用权与经营权的分离。

①土地承包经营。农村土地承包经营权，是指农村土地承包人对其依法承包的土地享有占有、使用、收益和一定处分的权利。

2015 年 7 月 30 日出台的《国务院办公厅关于加快转变农业发展方式的意见》明确指出，在农村改革试验区稳妥开展农户承包地有偿退出试点，引导有稳定非农就业收入、长期在城镇居住生活的农户自愿退出土地承包经营权。

"两田制"，是在坚持土地集体所有和家庭承包经营的前提下，将农户承包的土地划分为口粮田（按人口平均分配，只负担农业税）和责任田（按劳承包或按人承包，承担农业税和农产品定购任务和各项提留）两部分。

投标承包，即把竞争机制引进承包，先由集体定出底标，再公开招标、投标，由中标者承包经营，一般分为现金投标承包和实物投标承包两种形式。

双向承包，在家庭承包经营的基础上，实行双向承包责任制，围绕农业生产各个环节，在县、乡、村、户之间，层层明确目标责任，签订合同，自上而下承包农业生产资料供应和技术、资金服务，自下而上承包农业产量、订购任务和其他经济指标的完成，并制订奖惩制度，按时兑现。

②土地租赁经营。土地租赁经营是指某一土地的所有者与土地使用者在一定时期内相分离，土地使用者在使用土地期间向土地所有者支付租金，期满后，土地使用者归还土地的一种经济活动。

其具体形式包括：招标出租，即集体经济组织将一定规模的土地，实行公开租赁招标，用竞争的方式分配土地资源。"四荒"地租赁经营，主要是荒山、荒地、荒滩、荒水的租赁经营，通过评估作价、组织投标、签订合同、依法公证、加强服务的程序来运作"四荒"地的租赁经营。

③土地股份经营。土地股份经营是指以土地入股方式组成由入股者（股东）参加的土地股份有限公司，在不改变土地公有制的前提下，把承包户的土地使用权作为股东，由公司委任给善于经营的种田能手，由其担任公司经理，负责土地经营事宜。

土地股份经营可以广泛吸收离土农民和无力或不愿经营土地的农户入股，使他们按入股土地分红，由善于经营者经营使用。这样，既能实行按股分配，又能实现按劳分配，同时实现利益共享，风险共担。此外，通过土地集中，有利于合理利用农业资源，提高土地规模效益，促进农村产业结构调整和农业经营企业化。

工商资本下乡与土地流转

一、工商资本下乡应选择适合企业化经营的种养业

所谓适合企业化经营的种养业是指产品产业链比较长，价值链比较宽，能够通过产业化经营延长产业链、扩充价值链，实现企业增产、增值、增效的产业。比如，同样是粮食，但是小麦、水稻的企业化经营少，而大豆、玉米的企业化经营比较多、产业化程度高。"小麦，脱了粒就是麦子，制成面粉，加工成面食，这个产业就很难再延伸扩展了；而玉米，既是主粮还能做成饲料，它还可以提炼加工成糖，可以提炼纤维，可以用于能源开发，它的产业链就很长。"

二、土地流转五原则

（一）平等协商、自愿、有偿，任何组织和个人不得强迫或者阻碍承包方进行土地承包经营权流转；

（二）不得改变土地所有权的性质和土地的农业用途；

（三）流转的期限不得超过承包期的剩余期限；

（四）受让方须有农业经营能力；

（五）在同等条件下，本集体经济组织成员享有优先权。

三、相关土地政策链接（图4-3）

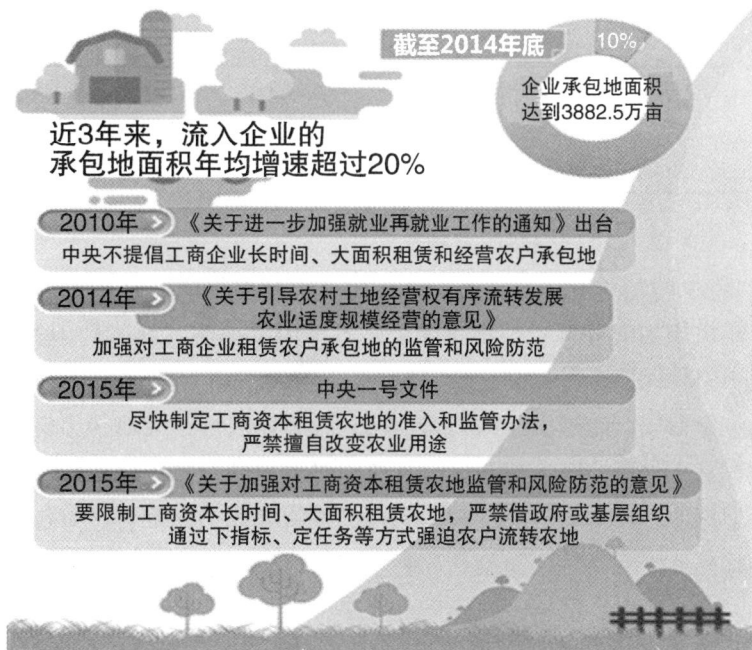

截至2014年底 10%

企业承包地面积达到3882.5万亩

近3年来，流入企业的承包地面积年均增速超过20%

2010年 《关于进一步加强就业再就业工作的通知》出台
中央不提倡工商企业长时间、大面积租赁和经营农户承包地

2014年 《关于引导农村土地经营权有序流转发展农业适度规模经营的意见》
加强对工商企业租赁农户承包地的监管和风险防范

2015年 中央一号文件
尽快制定工商资本租赁农地的准入和监管办法，严禁擅自改变农业用途

2015年 《关于加强对工商资本租赁农地监管和风险防范的意见》
要限制工商资本长时间、大面积租赁农地，严禁借政府或基层组织通过下指标、定任务等方式强迫农户流转农地

图4-3 相关土地政策

（资料来源：《工商资本下乡有说法》，作者：施维，见《农产品市场周刊》2013年第18期；中华人民共和国《农村土地承包法》第三十三条；凤凰财经网 http://finance.ifeng.com/a/20150513/13702093_0.shtml2015/8/19）

（2）土地经营权的变更。依据《中国土地承包法》，土地承包经营权采取转包、出租、互换、转让或者其他方式流转，当事人双方应当签订书面合同。采取转让方式流转的，应当经发包方同意；采取转包、出租、互换或者其他方式流转的，应当报发包方备案，详见表4-1。

表4-1　土地承包权变更方式对比

变更方式	含　义
转让	指承包方有稳定的非农职业或者有稳定的收入来源，经承包方申请和发包方同意，将部分或全部土地承包经营权让渡给其他从事农业生产经营的农户，由其履行相应土地承包合同的权利和义务。转让后原土地承包关系自行终止，原承包方承包期内的土地承包经营权部分或全部灭失
转包	指承包方将部分或全部土地承包经营权以一定期限转给同一集体经济组织的其他农户从事农业生产经营。转包后原土地承包关系不变，原承包方继续履行原土地承包合同规定的权利和义务。接包方按转包时约定的条件对转包方负责。承包方将土地交他人代耕不足一年的除外
互换	指承包方之间为方便耕作或者各自需要，对属于同一集体经济组织的承包地块进行交换，同时交换相应的土地承包经营权
入股	指实行家庭承包方式的承包方之间为发展农业经济，将土地承包经营权作为股权，自愿联合从事农业合作生产经营；其他承包方式的承包方将土地承包经营权量化为股权，入股组成股份或者合作社等，从事农业生产经营
出租	指承包方将部分或全部土地承包经营权以一定期限租赁给他人从事农业生产经营。出租后原土地承包关系不变，原承包方继续履行原土地承包合同规定的权利和义务。承租方按出租时约定的条件对承包方负责

2. 土地资源的利用管理

（1）主要内容与步骤。土地资源的利用管理主要包括：农用地的开发、利用与保护；建设用地的开发、利用与保护；未利用土地的开发、利用与保护；对各类土地的开发、利用和保护进行管理。

首先，通过编制和实施土地利用总体规划、土地利用中期和年度计划，合理确定和调整土地利用结构和布局；其次，对土地利用总体规划和实施过程进行监督，以保障土地资源能按规划进行开发、利用、整治和保护；最后，对各类土地的开发、利用与保护状况开展经常性的检测、调查和调控，以保证土地利用的科学性和可持续性。农业企业应对其所拥有的土地进行全面清查、测量，对土地及其利用情况进行分类逐块登记归档，并把土地登记和土地归档中间断的零散的资料系统化、条理化，建立完整的土地台账，为土地资源的利用和管理提供依据。

（2）主要方式。主要包括粗放经营与集约经营两种方式。其中，粗放经营，是指在一定土地面积上，投入较少的生产资料和劳力，实行浅耕粗作、广种薄收的经营方式。这种经营方式造成土地重用轻养，地力下降，生产率低下。集约经营，是指在一定土地面积上投入较多的生产资料和劳动力，对土地精耕细作、科学种植的经营方式。这种经营方式可以不断提高地力，进而提高土地单位面积产量，增加农产品总量；同时，土地集约经营，方便投入现金的农用机械和农用工业品，提高农业生产抵抗自然灾害的能力。

土地集约经营的类型主要有：劳动集约型，是指在单位面积的土地上投入更多的活劳动，从而获得较高的产量和收入的集约经营形式；技术集约型，即通过采用较多的先进技术，在单位面积土地上获得较高的产量和收入的集约形式；资金集约型，是指通过在单位面积土地上投入更多的资金，使用更多的能量、动力、化肥、农药等物化劳动来提高土地生产率的集约经营方式。

二、物资管理

农业企业的物资管理，是指对农业企业生产经营活动所需各种物资的采购、供应、保管、合理使用等各项管理工作的总称，主要包括物资消耗定额的制订、物资储备定额的制订、物资采购、仓库管理等工作。

（一）物资消耗定额管理

1. 物资消耗定额的概念

物资消耗定额，是指在一定的生产技术和组织条件下，生产单位产品或者完成单位工作量的物资消耗数量标准。它是编制物资供应计划、组织物资采购、合理使用物资的依据。

科学的物资消耗定额，应具有技术上的先进性和经济上的合理性。其中，技术上的先进性，是指应符合先进技术措施的要求，能提高单位面积产品的数量和质量或提高单位时间作业的数量和质量；经济上的合理性，是指应能提高物资的利用率和经济效益。

2. 影响物资消耗定额的因素

影响物资消耗定额的因素很多，即使是同一产品、同种设备，在不同的企业和地区，其消耗定额也往往不同。一般有以下几方面。

（1）企业员工素质。指员工的业务技术水平、劳动熟练程度和劳动态度等。

（2）生产技术条件。指生产装备和技术水平等。

（3）自然环境条件。指气候、季节等条件对物资消耗定额的影响等。

（4）物资质量状况。指物资的质量、规格、型号是否与其生产需要相适应等。

（5）企业管理水平。指企业管理人员素质、生产工艺流程的划分、作业质量的监控手段等，对物资消耗定额的影响。

3. 物资消耗定额的制订方法

（1）经验估计法。根据长期的生产经验，确定出合理的物资消耗定额。

（2）统计分析法。根据以往某种物资实际消耗量的记载资料，计算出平均水平，并按照变化的情况，确定物资消耗定额。其计算公式为：

$$物资消耗定额 = 实际平均消耗量 \times （1-降低率）$$

（3）技术计算法。在一定的生产技术和组织条件下，按照农艺、工艺的要求，通过分析、设计、测定和计算，来确定物资消耗定额。

以上方法，各有其优缺点，在实际工作中应根据具体情况来选用。农业企业的物资消耗定额，通常按主要材料、辅助材料、燃料、动力、工具和零配件等分类制订。

（二）物资储备定额管理

1. 物资储备定额的概念

物资储备定额，是指在一定的条件下，为保证生产顺利进行所必需的、经济合理的物资储备数量标准。

合理的物资储备定额，是正确组织物资供应、合理控制物资库存量的基础，也是核定流动资金、仓库面积、储存设备数量和仓库管理人员的重要依据。

2. 物资储备定额的制订

（1）经常储备定额的制订。经常储备定额是指在两批物资供应间隔期内，为满足正常生产需要而确定的物资储备量。计算公式为：

$$经常储备定额 = 平均日耗量 \times 供应间隔日数$$

$$供应间隔日数 = 供应或采购日数 + 在途日数 + 整理与准备日数$$

（2）保险储备定额的制订。保险储备定额是为了预防物资供应误期、品种规格不符合要求和发生严重的自然灾害等原因，影响正常生产而确定的物资储备量。计算公式为：

$$保险储备定额 = 保险储备日数 \times 平均日耗量$$

由于保险储备是在供应过程出现意外时才使用的，事先很难准确核定保险储备日数，因此，一般是通过统计资料，求得平均误期日数和临时订货所需日数等方法，确定保险储备日数。

（3）季节性储备定额的制订。季节性储备定额是适应物资消耗和供应的季节性而确定的物资储备量。计算公式为：

$$季节性储备定额 = 季节性储备日数 \times 平均日耗量$$

根据农业生产特点，在以下三种情况下应建立季节性储备：由于生产的季节性影响，供应间隔期延长的物资；日平均消耗量增加的物资；全年一次性供应和消耗的物资。

3. 物资储备量的控制

每种物资储备定额都有其最高储备量和最低储备量。以上三种储备定额之和即为物资最高储备量，超过最高储备量的部分就是超储物资，应立即处理，减少积压，避免浪费。

保险储备定额是物资储备的最低限额，当物资储备低于此限额时，企业应立即组织采购，以免缺料停产。正常情况下，经常性消耗物资的储备量总是在最高限额和最低限额之间变动。物资储备量控制的目的是掌握物资储备量的变化动态，适时适量地采购物资，既能保证生产的需要，又不产生超储积压。

如果是批量进货，陆续消耗的物资，库存量则显锯齿形变化：当该物资第一批入库时，储备量达到最高限度，随着生产的耗用，储备量逐渐下降到最低限度，此时，正该第二批货入库，如此不断循环。

储备量控制的基本方法有两种：一是定量库存控制法；二是定期库存控制法。详见图 4-4。

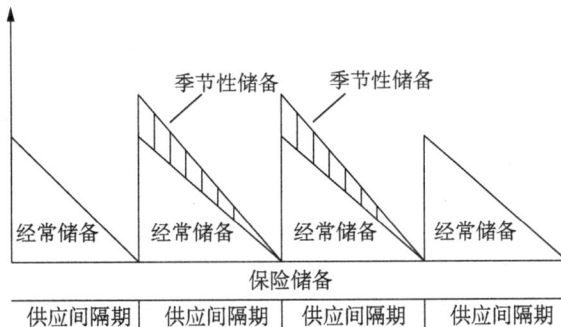

图 4-4　物资储备分类控制

（三）物资供应管理

1. 物资供应计划

物资供应计划，是计划期内企业对各种物资所需数量和供应量，及其平衡的一种安排。通常用"物资平衡表"和"物资采购供应计划表"来反映。具体内容详见表 4-2 和表 4-3。

表 4-2　物资平衡表

序号	物资种类	规格	计量单位	需 要 量				供 应 量				平 衡 量		备注
				生产	基建	期末库存	合计	期初库存	自产	采购	合计	余（+）	缺（-）	

表 4-3　物资采购供应计划表

序号	物资名称	规格质量	计量单位	数量	单价	金额	各季度需要量				备 注
							1	2	3	4	

在物资供应计划所列的各项指标中，最重要的是"需求量"的测算。物资需求量的测算可用两种方式。

（1）直接计算法。也称定额计算法，它是直接根据物资消耗定额和生产任务，计算物质需求量的一种方法。计算公式为：

某种物质需求量 = 计划产量 × 物资消耗定额 × （1+ 物资损耗率）

（2）间接计算法。以企业历史的实际物资消耗水平为依据，考虑计划期物资消耗的变动影响因素，利用一定的比例或者系数，对上期物资实际消耗进行修正，以确定计划期物资需要量的一种方法。计算公式为：

某种物资需求量 = 上期物资实际耗用量 × 计划期产品产量 / 上期产品产量 × （1– 计划期物资消耗降低率）

2. 物资采购

物资采购是指为取得企业生产经营所需的物资而进行的购买行为。采购活动应根据物资供应计划，以最低的成本，定时购进一定数量、质量的物资。

（1）物资采购的内容。首先，寻找物资供应来源，分析市场供求态势；其次，搜集采购价格及运输费用；再次，决定购货点，到什么地方的某供货厂家签订供货合同；最后，组织物资运输、验收入库、货款结算等。

（2）经济采购批量的确定。采购批量是指每次采购的数量。物资订购批量大，可以减少订购次数，从而节省订购费用，但可能会造成库存物资的积压，占用过多的流动资金。物资订购批量过小，则会影响企业生产过程的顺利进行。因此，必须合理地确定经济采购批量。所谓经济采购批量，就是采购费用与库存费用之和最小时的采购批量。

影响经济定购批量的主要因素包括以下几点。

①采购费用。即在采购、订货过程中发生的除物资价款以外的全部费用，包括采购人员的差旅费、通讯费、物资的搬运、验收入库及有关跟踪订单系统的成本费用等。采购费用与采购次数成正比，与每次采购数量成反比。

②库存费用。即物资在仓库保管期间所发生的全部费用，包括物资占用资金的机会成本、存储设施的成本、搬运费、保险费、折旧费、仓库管理费、物资储备中的损耗费等。库存费用与每次采购数量成正比，与采购次数成反比。

③总费用。即物资的采购费用与保管费用之和。三者的关系如图 4-5 所示。

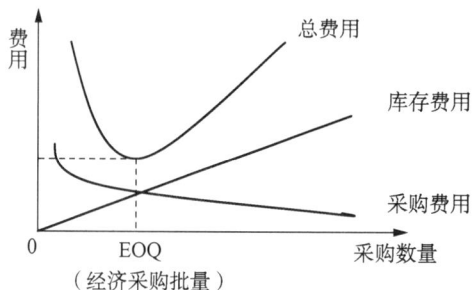

图 4-5 经济采购批量

从图 4-5 中可以看出，采购费用和库存费用，是随采购批量的变化呈反方向变化，采购费用曲线与库存费用曲线的交点，使购储总费用最小，这个交点对应的采购批量就是经济采购批量（EOQ）。

（3）经济采购批量模式。

①理想的经济定购批量。即不考虑缺货、数量折扣等问题的经济定购批量。其库存物资的年总费用（TC）= 采购成本 + 订货成本 + 仓库保管费用，即：

$$TC=DP+\frac{DC}{Q}+\frac{QK}{2}$$

若使 TC 最小，将上式对 Q 求导并令其等于 0，得到经济定购批量 EOQ，即：

$$\text{EOQ}=\sqrt{\frac{2CD}{K}} \text{ 或 } \sqrt{\frac{2CD}{PF}}$$

式中：

D——某物品的年需求量（件 / 年）；

P——单位采购成本（元 / 件）；

C——单位订货成本（元 / 次）；

Q——每次订货批量（件）；

K——单件库存平均年保管费用（元 / 件·年）；

F——单件库存保管费用与单件库存采购成本之比。

例 1：某食品加工厂年需物资 1200 单位，其销价为本 10 元 / 单位，年保管费率 20%，每次订货成本为 300 元。试计算经济采购批量 EOQ。

$$\text{EOQ}=\sqrt{\frac{2\times1200\times300}{10\times20\%}}=600 \text{ 单位}$$

$$\text{总库存费用}=1200\times10+\frac{600\times10\times20\%}{2}+\frac{1200\times300}{600}=13\,200 \text{（元）}$$

即每次订购数量为 600 单位时，总库存费用最小，为 13 200 元。

②允许缺货的经济定购批量。在实际生产经营活动中，订货达到时间或物资日耗量不可能稳定不变，因此有时会出现缺货现象。允许缺货的经济批量即指订购费、保管费和缺货费最小时总费用最小的批量，计算公式如下：

$$\text{EOQ}=\sqrt{\frac{2C_3D}{C_1}}\cdot\sqrt{\frac{C_1+C_2}{C_2}}$$

式中：

C_1——保管费用；

C_2——缺货费用；

C_3——订购费；

D——需求量。

例2：如例1中其他条件不变，允许缺货，且年缺货损失费 0.3 元。允许缺货的经济批量是多少？

依据上述公式可知：

$$EOQ = \sqrt{\frac{2 \times 300 \times 1200}{10 \times 20\%}} \times \sqrt{\frac{10 \times 20\% + 0.3}{0.3}} = 1661 （单位）$$

③有数量折扣的经济定购批量。除了考虑缺货费用以外，还应考虑由于批量不同而带来的采购价格、运输价格等的差异。考虑采购数量折扣的经济批量，为鼓励买方大批量购买，供应商在订购数量超过一定量时便提供优惠的价格。在这种情况下。买方就要进行比较，以确定是否要增加订货量去获得折扣。

例3：如例1中，供应商给出的数量折扣条件是：若物资订购量小于 650 单位时，每单位为 10 元，若订购量大于或等于 650 单位时，每单位为 9 元。如果其他条件不变，最佳采购批量是多少？

分析如下：

按享受折扣价格时的批量（650 单位）采购，其总成本：

$$TC = DP + \frac{DC}{Q} + \frac{QK}{2} = 1200 \times 9 + \frac{1200 \times 300}{950} + \frac{650 \times 9 \times 20\%}{2} = 11\ 938 \ 元$$

按折扣单价计算的经济批量：

$$EOQ = \sqrt{\frac{2 \times 1200 \times 300}{9 \times 20\%}} = 632 \ 单位$$

按折扣单价（9 元／单位）计算的经济批量为 632 单位，小于可享受批量折扣的 650 单位，不可能享受 9 元的优惠单价。也即 632 单位的批量但按 650 单位采购的总成本要低于按每单位 10 元采购时的经济批量 600 单位的总成本（13 200 元），因此经济批量计算无效。因此应以 650 单位作为最佳批量采购。如按折扣单位计算的经济批量大于可以享受批量折扣的 650 单位，则应按经济批量采购。如折扣单价为 8 元时，经济批量为 670 单位，大于可以享受批量折扣的 650 单位，故应按 670 单位的批量采购。

（4）采购方式的确定。物资采购有定期采购和定量采购两种方式，各有利弊，企业应根据实际情况加以选用。

①定量采购。即批量固定、日期不同的订货方法。订货点是从提出订货到入库这一期间，所需要的最低限度物资库存量。订货点库存量的计算公式为：

订货点库存量 = 保险储备量 + 平均日需要量 × 平均订货所需日数

其中订货所需日数，包括办理订购、发运、验收、入库等所需的全部时间。

②定期采购。也称定期盘点法，即每隔一段固定的时间即进行订货。订货时间固定，每次订货批量不定。采用定期订货法，关键在于要预先掌握每个时期内订货点的库存量。其计算公式为：

定期订货量 = 经常储备定额 + 保险储备定额 – 实际库存量

（四）物资库存管理

1. 物质库存管理的概念

库存管理，是指对企业的物资储备量和采购量所作的决定和选择。从这两方面来权衡比较，从中选择最优的库存方案。农业企业所需要的物资品种繁多，各种物资的资金占用比例差异很大，库存管理尤显重要。

2. 物质库存管理的方法

库存管理一般采用 ABC 分类法。该方法是意大利经济学家帕雷托（Pareto）提出的"关键的少数和次要的多数"原理，即根据单价高低、用量大小、资金占用、采购难易等条件，将库存物资划分为 A、B、C 三类，分别采取不同的管理方式，并以 A 类物资为管理重点。

（1）A 类物资。品种虽不多（约占 10%），但占用资金很多（约占 75%），是企业的重点物资，应按品种实施管理，严格控制库存量。一般采用定期订货方式，使库存量尽可能地低，在库时间尽可能地短，以提高资金周转率。

（2）C 类物资。品种多（约占 60%），资金占用量小（约占 10%），属于价值比较低的一般物资，宜采用定量订货或者金额控制方式。即订购量固定不变，而订货的周期长短是变化的，当库存量下降到一定的数量时，就按最优订购批量订货，以保证生产需要。

（3）B 类物资。介于上述两类物资之间，品种较多（约占 30%），资金占用量不多（约占 15%），属于次要物资，可按类别进行适当控制，采用定期订货和定量订货相结合的方式，定期检查库存量，按订货点的要求订货。

各类物资的管理程度如表 4-4 所示。

表 4-4　各类物资的管理程度表

管理程度	A	B	C
制订储备定额的对象	按品种	按小类	按综合定额
制订消耗定额的对象	技术测定法	统计分析法	经验估计法
预计库存周期的方法	回归预测法等	加权平均法	经验统计法
库存检查情况	经常进行	定期进行	按年或季度进行
统计工作对象	按品种统计	按小类分别统计	按大类定额统计
库存控制情况	按品种严格控制	按小类一般掌握	控制总金额
保险库存量的确定	按低限	按中限	按高限

然而，ABC 分类法也有不足，主要是 ABC 各类之间界限的数量标准不一，一旦划分标准发生变化就要进行调整，尤其是在市场竞争激烈、市场变幻莫测的情况下，如不经常检查和适当调整，ABC 分类法就失去了意义。

（五）物资利用经济效果评价

物资利用经济效果考核，是以物资利用经济效果理论分析为基础，以指标形式表述其效果和评价。物资利用经济效果考核指标具体有以下几个。

1. 物资利用率

在正常情况下，物资利用率的高低，表明了计划供应与生产实际相结合的紧密程度。计算公式为：

$$物资利用率 = \frac{实际消耗的物资}{实际采购的物资} \times 100\%$$

2. 物资（资金）周转速度

物资（资金）在一年内周转的次数越多，每周转一次所需要的时间越少，表明物资利用比较充分，经济效益可能良好。计算公式为：

$$物资（年周转次数） = \frac{全年物资消耗量（金额）}{年平均库存物资（金额）}$$

$$物资（资金）周转期（天数） = \frac{365}{物资（资金）年周转次数}$$

3. 物资损耗率

物资损耗率是反映运输和保管质量的指标。计算公式为：

$$物资运输损耗率 = \frac{托运数量 - 实收数量}{托运数量} \times 100\%$$

$$物资库存损耗率 = \frac{期初库存量 + 入库量 - 出库量 - 期末库存量}{期初库存量 + 入库量} \times 100\%$$

对库存损耗的物资要作具体分析，有些存在自然损耗的物资，其损耗不得超过国家规定的标准。

4. 主要原材料占用产量或产值率

是用物资利用形成的最终产品成果来表示物资利用的综合经济效果指标。计算公式为：

$$主要原材料占用产量或产值率 = \frac{某产品产量（或产值）}{某原材料库存平均占用额} \times 100\%$$

三、设备管理

农业设备管理是指从设备的调查研究开始，经过计划、设计、制造、选择、评价、安装、调试、使用、维护、润滑和修理，直到报废为止的全过程，最大限度地发挥设备的效能，以提高生产效率和生产力水平为内容的各种管理活动的总称。

（一）农业设备的购置

1.农业设备购置要求

农业设备购置是指新设备经过选购、运输、安装、调试等一系列活动的总称。选购农业设备的总体要求是：生产适用、技术先进、经济合理、安全可靠、保证提高经济效益并实现企业技术进步。因此，农业设备购置应满足以下具体要求：选择生产效率高的设备；选择精密度高、能满足先进工艺要求的设备；选择成套供应的设备；选择组合性好的设备；选择安全可靠的设备；选择节能性好的设备；选择使用寿命长的设备；选择有利于环保的设备。

2.农业设备购置经济评价

具体评价方法主要有：投资回收期法、临界值分析法、年费法、净现值法等。

（1）投资回收期法。

设备投资回收期（年）＝设备投资费（元）/采用设备后的年节约额（元/年）

设备投资费：包括设备的价格、安装运输费。

采用设备后的年节约额：指使用新设备后由于提高劳动生产率和产品质量，降低能源消耗和原材料消耗以及减少停工损失的节约额。

一般应优先选择投资回收期短的设备。

（2）临界值分析法。指根据不同型号机械设备的作业费用与生产量，或作业量之间的数量关系，确定一个临界值，然后按照生产量或作业量的大小来选择机械设备。

性能相同而型号不同的机械设备，其生产效率和日常作业费用是不同的。一般而言，生产效率比较高的机械设备，单位工作量所需的燃料、人工等可变费用较少，但每年所需的维修、折旧和管理等固定费用较多。生产效率较低的机械设备则正好相反。

C：机械设备的年总费用；F：年固定费用；V：单位变动费用；Q：工作量或者作业量。

则机械设备的年总费用（C）与单位变动费用（V）和作业量（Q）呈线性相关关系如下：

$$C = F + VQ$$

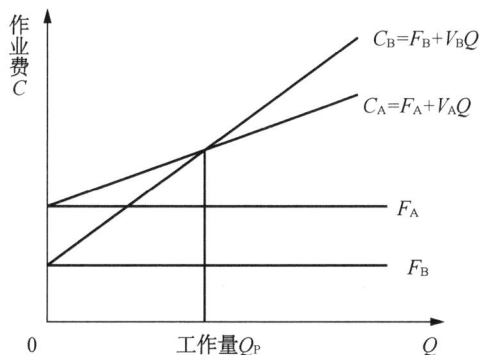

图 4-6　费用与工作量关系图

假定有 A、B 两种性能大致相同的机械设备。从图 4-6 可以看出：A、B 两种机械设备的作业费用相交于 P 点，对应的作业量为 Q_P，则在这个作业量时，A、B 两种机械设备的年总作业费相等，作业量 Q_P 就是判断机械设备经济性的作业量的临界值。

当作业量大于 Q_P 时，A 型机械的年总作业费用较少，选 A 型机械较为有利；当作业量小于 Q_P 时，则 B 型机械的年总作业费用较少，选 B 型机械较为有利。

$$Q_P = \frac{F_A - F_B}{V_B - V_A}$$

故：$F_A + V_A \cdot Q_P = F_B + V_B \cdot Q_P$

（3）年费法。指把购置设备一次性支出的投资，依据设备的寿命周期，按复利利率计算，换算成相当于每年费用的支出，然后加上每年的使用费用，得出不同设备每年的总费用，据此进行设备的评价和选择。其计算公式为：

$$A = K_0 \frac{i(1+i)^n}{(1+i)^n - 1} + C_t$$

式中：

A——设备每年的总费用；

K_0——设备的初始投资；

i——基准利率；

n——设备的估计寿命周期；

$\dfrac{i(1+i)^n}{(1+i)^n - 1}$——资本回收系数；

C_t——设备每年的使用费用。

一般情况下，通过代入相关变量数值计算并比较，选择更有利于节省费用开支的设备。

（4）净现值法。净现值法要求将设备每年的使用费用，通过复利年金现值系数换算成相当于最初投资的数额，而最初投资不变，据此进行总值的比较，选用设备现值总额低的比较有利。

其计算公式为：

$$NV = K_0 + C_t \times \frac{(1+i)^n - 1}{i(1+i)^n}$$

式中：

NV——使用设备的现值总额；

$\dfrac{(1+i)^n - 1}{i(1+i)^n}$——复利年金现值系数。

（二）农业设备的合理使用与维护

1. 农业设备的合理使用

合理使用机械设备的基本要求，就是要做到"安全、优质、高效、低耗"地完成各项生产任务。合理使用农业设备的途径主要有以下几个。

（1）建立机械设备使用的相关制度。如责、权、利相结合的责任制度；技术操作规程、作业质量标准、安全生产规程、预防性维修等一系列规章制度，并严格执行。

（2）正确地配备操作人员。企业应注重操作人员的培训，使其充分掌握相关的技术和技能，从而能有效地操作机械设备。

（3）创造良好的设备工作环境。保证设备整洁的工作环境和正常的工作秩序，合理地安排设备负荷，以保持设备的正常运转。

（4）提高机械设备的完好率。机械设备的完好率，是指一定时期内技术状态完好的机械设备，占机械设备总量中的比重。提高机械设备完好率的关键在于做好日常的保管、保养和维护工作，严格执行操作规程。

（5）提高机械设备的工作效率。机械设备的工作效率，通常是指机械设备的班次工作效率，即每个工作班次完成的工作量。为此，应进行机械设备的合理配套，尽量消除停歇时间，缩短辅助工作时间、准备工作时间，尽量增加工作班次内的基本工作时间。

2. 农业设备的合理维护

为了预防农业机械设备及零件的早期磨损和发生故障，使设备经常保持良好的技术状态，延长使用寿命，节约维护费用，应加强对农业设备的维护。即定期对农业设备的各个部分进行系统地检查、清洗、润滑、防腐、调整和更换某些易损零件的维护措施。

（三）农业设备的更新与改造

农业设备更新，是指用新的农业设备替换使用寿命完结的旧的农业设备；农业设备改造，则是对现有的农业设备的某些结构和性能加以完善、提高。

1. 农业设备的更新

由于科学技术进步和社会劳动生产率的提高，机器设备的无形损耗更加突出，因此，要求企业正确判断，科学决策，对农业设备进行及时更新。

（1）农业设备更新条件的分析。

①农业设备的损耗经济界限

其计算公式为：$\alpha = \dfrac{R}{K_1}$

式中：

α——设备损耗的经济界限系数；

R——恢复设备性能的全部维修费用；

K_1——设备的再生产价值（或现时设备的市场价格）。

若 $\alpha > 1$，即说明恢复设备性能的维修费用超过了现时该设备的购买费用，此时应进行机械设备的更新。

②农业设备的使用经济界限

判别公式为：$D - (C_1 - C_2) < 0$

式中：

D——使用旧设备生产单位产品的经营收入；

C_1——旧设备生产单位产品成本；

C_2——新设备生产单位产品成本。

当 $D - (C_1 - C_2) < 0$ 时，说明使用旧设备已无经济效益，必须予以更新。

（2）最佳更新期的确定标准。确定农业设备更新期主要有三种标准：

①自然寿命，是指设备从投入使用到不能修复而报废为止所经历的时间；

②技术寿命，是指机器设备从投入使用到由于科学技术进步而被淘汰所经历的时间；

③经济寿命，是指机器设备从投入使用到年总费用（机器设备的年折旧费和年维修费之和）最低时所经历的时间，即在经济上合理的使用年限。

总体而言，机器设备更新期的下限（最长期限）是自然寿命，其上限（最短期限）是技术寿命，经济寿命则介于上限和下限之间。也就是说，机器设备的最佳更新期应根据技术寿命或经济寿命来确定。

（3）最佳更新期的确定方法。从经济效益的角度上讲，机械设备的最佳更新期是由设备的经济寿命所决定的。当经济寿命终结时，机器设备就应该及时进行更新。

机器设备使用的时间越长，其磨损就会加快，技术性能下降，维修费、能耗随之增加，这种现象称为机器设备的低劣化。

低劣化数值，就是指由于使用年限增加而不断增加的费用值，包括维修保养费、动力能耗费、停工损失费等，一般也称经营费或者维持费。

年维持费与年折旧费之和就是机器设备使用的年总费用。

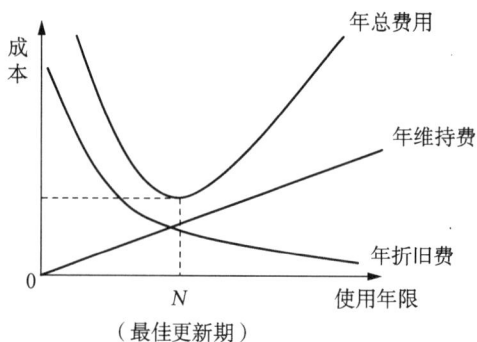

图4-7 年总费用示意

从图4-7中可看出，年维持费同使用年限正相关，年折旧费同使用年限负相关，这两种费用曲线变动的相互作用，使得年总费用曲线随着使用年限的增加呈由高到低、再由低到高的变化。因此，机器设备的经济寿命就是年总费用最小值相对应的年份。其计算公式如下：

$$T_{\lambda} = \sqrt{\frac{2(K_0 - W)}{\lambda}}$$

式中：

λ——每年增加的维持费（低劣化值）；

K_0——设备的原始投资；

W——设备的净残值；

T_{λ}——设备的最佳更新期。

（4）农业设备的更新方式。主要有简单更新和技术更新两种方式。

①简单更新。也叫形式更新，指以新的同类型的农业设备更换已损坏的、老旧的农业设备。这种方式可以不增加机械设备的机型，并能保证原有的产品或作业质量。但它不具备技术更新的性质，不利于企业的技术进步和生产能力的提高。

②技术更新。以技术更先进、结构更完善、效率更高、能耗更少、性能更好的农业设备，替代原有的、落后的、陈旧的农业设备，促进企业技术进步，提高生产能力。

2.农业设备的改造

农业设备的改造，是指应用科学技术新成果，对原有的农业设备进行技术改造，以改善和提高机械设备的性能与生产效率。农业设备的改造必须坚持科学态度，一切从实际出发，保证生产经营的需要，做到技术上具有先进性和可能性，经济上具有合理性。改造的内容和途径主要有两个。

（1）对原有机械设备的改造。主要是对大型机器设备进行现代化改造，通过改造设备结构、功能，使其达到或局部达到现代新设备的技术水平。

（2）对一般通用设备的改造。可采用数控技术、数显技术、自动化技术等进行改造，以提高设备的生产自动化水平；有的可改造为高效专用设备，以提高专业化生产水平。

四、人力资源管理

人力资源管理，是指通过一定的手段，调动人的积极性，发挥人的创造力，将人力资源的潜能转变为财富的活动总称。具体包括企业人力规划与配置、激励、教育和培训等。随着知识经济的到来，许多农业企业管理者已经意识到人力资源管理日益成为企业管理的核心，并将管理的重点从物本管理转向人本管理。

（一）人力资源规划

企业人力资源规划，是企业为实现其组织目标，对未来人员的需求和供给做出的估计，或企业依照有关人力资源政策、程序和惯例，所进行的确保有适当数量的合格人才，在适当时候担任适当职务的计划活动。它主要通过科学的预测与分析，确保在环境变化的情况下，组织能够获得必须数量、质量与结构的职工，并配合相应的政策措施，以期实现人力供给与需求的平衡。

1. 企业人力资源规划的内容

（1）岗位职务规划。主要解决企业定员定编问题，也就是明确组织机构、岗位职级与职数、岗位的具体职责、岗位人员相应的权利。

（2）员工补充规划。就是企业为使在中长期内的岗位职务空缺能从质量上和数量上得到合理的补充，所作的相应规划。

（3）教育培训规划。依据企业发展的目标预期，兼顾员工个人的发展需要，制订各种形式的教育与培训计划。

（4）职业发展规划。主要是规划个体职业生涯，将个人发展与企业发展有机结合，让员工在企业发展过程中充分施展才华、体现自我。

中粮集团：新国企，新人力资源管理

员工发展

员工基本情况

截至 2012 年 12 月 31 日，中粮员工总人数为 92 516 人，员工流失率为 17.6%。

指标	2012年	比例（%）
员工总人数	92 516	
女性员工雇用人数	30 545	33.02
男性员工雇用人数	61 971	66.98
少数民族员工雇用人数	4273	4.62
高管数量	12	
女性高管数量	3	
少数民族高管数量	0	
员工流失总数	16 138	17.6
新聘员工数量	21 859	23.63
吸纳应届毕业生就业人数	4324	4.70
劳动合同签订率	100%	
社会职险覆盖率	100%	

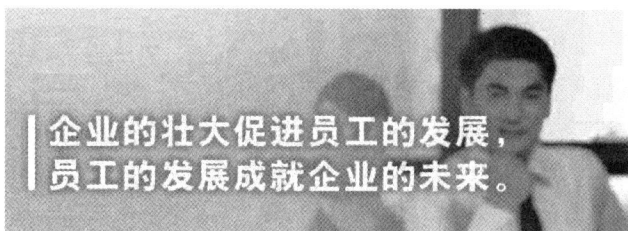

企业的壮大促进员工的发展，
员工的发展成就企业的未来。

中粮 COFCO

员工成长

中粮始终把促进员工成长与推动企业发展有机地结合起来，不仅把员工的成长作为业务发展的基础，更把追求员工的成长列入企业的使命。没有满意的员工，就没有满意的客户。中粮以团队学习为主要培训方式，建立了覆盖所有经理人和员工的培训体系。2012年，中粮集团的年度培训主题是研发和标杆管理。

研发课程培训：全面引入国内外最先进的集成产品开发理论IPD，学习国内外优秀企业研发案例，逐级全面培训产品研发流程，提升经理人和员工创新意识和研发管理能力。

标杆管理培训：借鉴国内外标杆管理优秀实践，结合企业实际，中粮开发了系统的标杆管理培训课程，对各级经理人和员工逐级进行培训，掌握标杆管理的工具和方法，拓展视野，提升经理人和员工分析与解决问题的能力。

领导力培训：中粮基于由"高境界、重市场、强合力"三个维度九个要素组成的领导力模型，总结提炼中粮内部优秀实践，设计开发了由理论、工具、案例构成的中粮领导力课程，对经理人进行培训，全面提升经理人现代领导意识和领导技能。针对后备人才，以中粮"五步组合论"为框架，以角色、战略、组织、运营、价值五个逻辑关系模块为课程核心，由相关领域顶尖教授专家授课，提升经理人综合管理能力，培养业务发展急需的行业领军人才。

（**资料来源**：中粮集团有限公司官网 www.cofco.com/cn/index.html）

2. 人力资源需求预测

人力资源需求预测即企业人员的需求预测，是按照企业发展的要求，对将来某个时期内企业所需人员的数量和质量进行的预测。它是企业确定人员补充计划、实施教育培训方案的依据。其预测的基础是企业发展规划和年度预算。

人力资源需求的影响因素，大体可分为三类：企业外部环境、企业内部因素及人力资源自身的情况（表4-5）。

表4-5　人力资源需求影响因素

企业外部	企业内部	人力资源
经济	战略计划	退休
社会、政治法律	预算	辞职
技术	生产、销售预测	合同终止解聘
竞争者	新建部门或企业扩张	死亡
	工作设计	休假

人力资源需求预测方法包括经验判断法、统计预测法（包括比例趋势法、回归分析法、经济计量模型法等），以及电脑分析法等。

3. 人力资源供给预测

企业人力资源供给预测，就是为满足企业对人员的需求，而对将来某时期内，企业从其内部和外部所能得到的人员的数量及质量进行的预测。

（1）企业内部人力资源供给预测。首先，鉴定企业人力资源的存量。即摸清企业人力资源现有数量、质量、结构与分布情况，并做出鉴定。鉴定方法主要有以下内容。

①员工方法。包括建立"人事档案库""人才信息库"和绘制"人力置换图"（图4-8）。

人事档案：即一个人经历和德才表现的历史记录。

"人才信息库"，即专门详细记载具有特殊才能的现职人员资料。

绘制"人力置换图"：指绘制企业管理岗位结构图，依据人事资料确定各岗位的可能人选，并将可能入选者的姓名填写到"企业管理岗位结构图"的相应岗位上，分别标明候选人的年龄、绩效表现和晋升可能性。这样就能直观地显示出重要岗位的内部人力供给状况，以此确定哪些候选人现在可以上岗，哪些须经过培训后才能上岗。

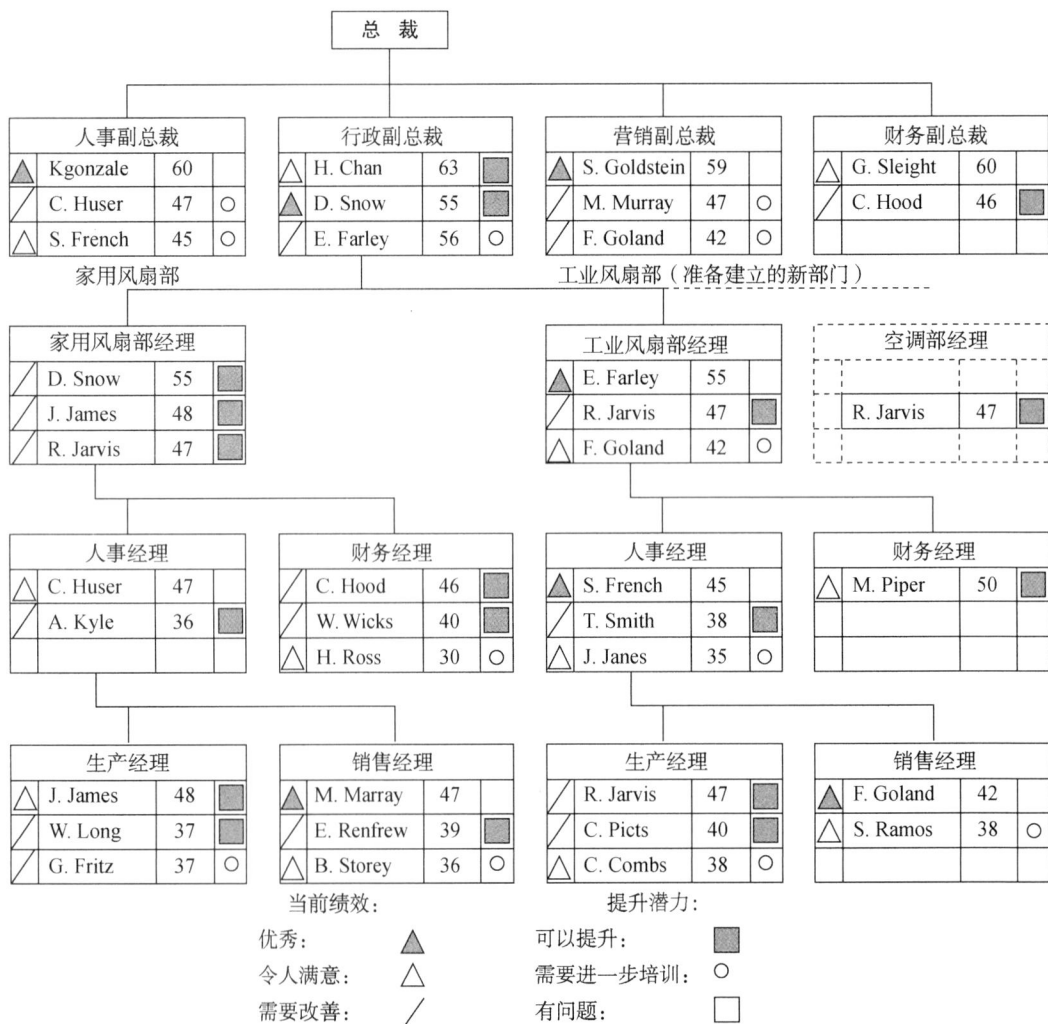

图 4-8 人力置换图

　　编辑一种阶层组织的图形设计。可以根据在职者的年龄、阶层、工作表现、升迁机会、个人潜能、健康状况、候补人选等资料，预先整理妥当。当企业员工特别是高层管理人员，突然辞职或离开时，企业内的职位空缺，能适时地有恰当的人选递补。

　　②电脑软件法。发达国家的大公司广泛运用电子计算机技术。如 IBM 公司推出一套"IBM 招募资讯系统"（IRIS）。其做法是：首先，让每个员工填写回答一份资料（描述背景与经验）问卷；然后，将这些问卷资料输入电脑。如果经理需要一名人员，他就依据该空缺岗位的工作规范所规定的任职者资格条件来描述岗位，并将这一资料输入计算机，计算机便对人事资料进行搜索，IRIS 就会找印一份合格者名单。通过电脑系统，可随时查询企业内部人力资源供给状况。

　　其次，分析人力流失或损耗情况。常用的指标有离职率和留用率，其计算公式如下：

$$人力损耗指数（离职率）= \frac{在同一年内离职的人数}{某一年内的平均用工人数} \times 100\%$$

$$留用率 = \frac{一定时期期末在职人数}{期初在职人数} \times 100\%$$

　　再次，考查现有人力资源利用情况。主要指标是缺勤率。一般说来，缺勤包括有薪或无薪假期，如婚假、产假、丧假、事假、探亲假，怠工、旷工、迟到、早退，此外出勤不出力、士气低落、工作不负责、服务态度差等都视为缺勤，企业应当考虑替补"队员"。

　　其计算公式如下：

$$缺勤率 = \frac{因各类缺勤原因而损失的工作日数}{损失的工作日数+工作的日数} \times 100\%$$

　　（2）企业外部人力资源供给预测。

　　①一般性经济状况。如社会经济繁荣、生产发展、市场扩大等对劳动力需求增加，企业外部劳动力供给则相对紧张；反之亦然。

　　②当地劳动力市场状况。可以从国家政府部门，如劳动部门、人事部门、教育部门及统计局，获得人力供给的预测资料；也可从人才市场、劳动力市场、职业中介机构等获得有关人力供给的信息。依据上述信息资料，可进行预测。

　　企业外部人力供给预测方法，可采用人力需求预测和人力供给预测的方法，如管理人员判断法、德尔菲法、马尔柯夫链方法等。

（二）企业员工培训

　　企业员工培训是指由企业人力资源主管部门负责规划、组织，通过教学或经验的方式在知识、技术、态度、道德、观念等方面改进职工的行为方式，以达到期望的标准或水平。

1. 培训内容

一般而言，员工培训的内容包括技术能力培训、人际关系能力培训、创新决策能力培训三个方面（表 4-6）。

表 4-6　企业员工培训的内容

技术能力培训	人际关系能力培训	创新决策能力培训
专业技术 辅助技术 优化工作方法 安全生产 质量控制	工作态度 团队精神 组织发展 工作关系 冲突处理 激励与压力 法律政策	职业生涯 管理知识技能 调查力 战略决策与管理 解决问题的能力 技术创新与制度创新 资源开发

就管理人员而言，如表 4-7 所示，对高层管理人员而言，特别重视创新能力，对基层管理人员，特别重视技术能力，而人际关系能力对每个层次的管理人员都相对很重要。

表 4-7　管理人员培训内容结构

结　构	内 容 构 成 /%		
	技术能力	人际关系能力	创新能力
高层管理人员	18	43	39
中层管理人员	35	42	23
基层管理人员	50	38	12

2. 培训方法

企业员工培训的方法主要有以下两种。

（1）直接传授式。包括专题讲座和个别指导。前者是向众多培训对象同时讲授一个专题。后者类似于"师傅带徒弟"，在"师傅"指导下，清楚地知道培训内容，较快地适应工作。

（2）员工参与式。即参加者亲身参与培训活动，从中获得知识、技能的一种培训方法。

①模拟训练：将参加者置身于仿真模拟的现实工作环境之中，让其反复操作、思考和解决实际工作中可能出现的各种问题，侧重于操作技能的培训。

②角色扮演：即将参加者置身于现实工作环境当中，按其在实际工作中应有的权责来担当与其实际工作类似的角色，模拟地处理工作事务。

③工作轮换，即受训人员通过不同岗位的轮换，承担不同的工作，了解不同的业务

技能。

④参观访问，即企业有组织地、有计划地安排员工到外单位进行参观访问，以拓展员工视野，激发其工作兴趣和创新意识。

此外，还可以采用函授、业余进修、远程教育、程序化教学等培训方法。

中国电信工作轮换

中国电信是从计划经济模式和政企不分的体制下脱胎而出的国有大型企业，其在管理及人员等方面都存在着与现代企业不相适应的弊病，最主要的是劳动生产率低、成本高、利润低。中国电信提出九大战略措施中强化机制创新，把创新作为发展的核心动力，走人才兴起之路，创建学习型企业，增强中国电信的凝聚力和战斗力。

岗位轮换是提高劳动生产率，降低成本的方法之一。

在目前竞争激烈的形势下，放下工作来学习在现实中意义不大，推行学习型企业就必须结合岗位工作来学习，"工作学习化，学习工作化"，只有在工作中提高业务技术及管理能力，才能达到学习、工作的目标。流程重组中前端、后端、管控人员结构真正达到 6∶3∶1 比例，就更要实行岗位练兵，使员工从岗位轮换中获得更广阔的知识与技能，成为复合型人才。要提高劳动生产率一是要提高总产值，二是要降低用工人数。在市场竞争白热化的今天，在通信高速发展的 21 世纪，中国电信要捍卫固定电话这一块蛋糕，寻求增收的空间及深度受到极大的限制，降低用工人数就推到了眼前。2001 年中国电信经历了主辅分离，经过三年的运作，2004 年实业又回归，要提高劳动生产率、保持增长的势头，要求我们不得不从人员上下功夫，从管理中降低成本，减少人员。这样就必须推行一种制度，在减少人员前，将业务进行整合，提高员工综合业务能力，挖掘员工的潜力。这时，在合适的范围内进行岗位轮换是解决问题的办法之一。

（**资料来源**：中培网 www.chinacpx.com/zixun/30168.html，关于岗位轮换的思考）

（三）企业员工的激励

企业员工激励，是指企业领导者运用激励理论与方法，对员工需求予以满足或限制，以引起其心理状况变化，达到激发动机、引起行为的目的，使员工朝着所期望的组织目标做出持久努力等一系列活动过程。

1. 员工激励的原则

（1）个人目标与企业目标相统一。企业员工激励目标既要体现企业总体目标的要求，又要满足员工个人的需求。因此，企业员工激励机制，一定要建立在充分尊重员工个人利益的基础上，即员工激励目标应是企业目标和个人目标的统一，使企业成为员工心目中真正认可的"利益共同体"，否则达不到满意的激励强度，效果也不会理想。

（2）物质激励与精神激励相匹配。物质激励是基础，精神激励是根本。这就要求企业在设计价值分配形式时，必须以满足员工多元化个人心理需求为基础，逐渐将支付薪金、授权、提供个人发展机会、员工持股分红、保险福利、参与培训等多种激励因素纳入企业激励机制，使物质激励与精神激励相互补充，科学分配，让持有不同心理需求的各类员工都能获得满足。

（3）正强化激励与负强化激励相结合。正强化激励，主要是对员工符合组织目标的期望行为予以肯定和奖励，使这种行为更多地出现，提高员工积极性；负强化激励，主要是对员工违背组织目标的非期望行为予以否定和惩罚，使这种行为不再发生，使员工积极性向组织期望方向转移。负强化具有一定的消极作用，因此对员工实施激励，应以正强化激励为主，以负强化激励为辅。

（4）按需激励与人才考核市场化相协调。既要根据员工需求层次及需求结构的变化趋势开展有针对性的激励，又要通过外部化市场标准来考核员工，使企业利益和市场经济需要一致，更有助于员工和经理人员的使用和成长。

2. 员工激励的方法

（1）劳动报酬激励。劳动报酬是员工为企业提供劳动而获得的物质利益，包括工资、奖金、津贴、保险及福利待遇等。劳动报酬决定了员工的物质生活条件、社会地位及其他投资，因此，劳动报酬是企业最基本的激励手段。公平合理的报酬对调动员工积极性影响很大。

（2）制度激励。制度是目标实现的保障。一套稳定的制度可以减少不必要的内耗，使组织成员都以最佳效率为实现组织目标多做贡献。对员工激励作用较明显的制度包括职工守则、用工制度、责任制度及考勤制度等。制度既为职工提供行为规范，又能约束职工的消极行为。

激励制度

1. 行为导向制度

它是组织对其成员所期望的努力方向、行为方式和应遵循的价值观的规定。在组织中，由诱导因素诱发的个体行为可能会朝向各个方向，即不一定都是指向组织目标的。同时，个人的价值观也不一定与组织的价值观相一致，这就要求组织在员工中间培养统驭性的主导价值观。行为导向一般强调全局观念、长远观念和集体观念，这些观念都是为实现组织的各种目标服务的。勒波夫（M. Leboeuf）博士在《怎样激励员工》一书中指出，世界上最伟大的原则是奖励；受到奖励的事会做得更好，在有利可图的情况下，每个人都会干得更漂亮。

2. 行为幅度制度

它是指对由诱导因素所激发的行为在强度方面的控制规则。根据弗鲁姆的期望理论公式（$M = V*E$），对个人行为幅度的控制是通过改变一定的奖酬与一定的绩效之间的关联性以及奖酬本身的价值来实现的。根据斯金纳的强化理论，按固定的比率和变化的比率来确定奖酬与绩效之间的关联性，会对员工行为带来不同的影响。前者会带来迅速地、非常高而且稳定的绩效，并呈现中等速度的行为消退趋势；后者将带来非常高的绩效，并呈现非常慢的行为消退趋势。通过行为幅度制度，可以将个人的努力水平调整在一定范围之内，以防止一定奖酬对员工的激励效率的快速下降。

（**资料来源**：中培网 www.chinacpx.com/zixun/30168.html，关于岗位轮换的思考）

（3）目标激励。是指通过设置振奋人心、经过努力才能实现的奋斗目标，来激励员工的积极性。目标激励就要把组织目标和个人目标有机结合，使员工认识到自己的价值，而努力达成目标获得满足感，同时有利于员工之间的沟通，减少目标实现的阻力。

（4）榜样激励。利用榜样的号召力，说服力强，易于引起员工们感情上的共鸣，从而激发他们的积极性。利用榜样激励，应使榜样来源于群众，且榜样的先进事迹应真实可靠。

（5）感情激励。企业领导者要注重对员工进行感情投资，在工作上和生活上给予员工关怀，增强领导和员工之间感情上的联系，不断密切融合度，从而激发员工积极性，并能有效地产生持续效应。

管理者行为的"垂范激励"

3 万多人的特大型国有企业——邯郸钢铁集团经理刘汉章以及他的战友党委书记王兴国，舍不得花 2 亿元盖几经规划过的办公大楼，仍然厮守着 12 平方米的小屋办公。然而大笔一挥投资 3 亿多元建造了 150 栋家属住宅楼，让许多 20 来岁的小青年搬进 80 平方米的新居；而年近花甲的刘总和王书记却依旧挤在 47 平方米的小平房里生活；由于某些客观原因，住宅楼竣工时，水、电、气未能同步开通，刘总觉得这违背了公司对职工的许诺，自动否决了自己半年的岗位工资……

著名企业家万向集团总经理鲁冠球到任后，把离厂仅仅 4 公里的家搬到厂里，一住就是 15 年，使这个全国 56 家万向节生产厂中唯一的乡镇企业从末流跃居榜首，连年持续名列全国 200 强……

不难想见，在这样的经营管理者的带领下，还有办不好的企业吗！

（**资料来源**：MBA 智库百科 wiki.mbalib.com，如何开展情感激励）

（6）员工持股计划。也称股票期权计划，是指企业以股票作为支付员工部分劳动报酬的方式，或利用信贷手段将股票转让给企业员工。企业主动吸收员工作为股东，筹集部分长期运用的股权资本；员工以提供劳动为享受股权的依据，获得长期的资本收入。这种激励方法，使员工和企业之间真正形成利害关系的共同体，从而对员工发挥着持久的激励作用。

员工持股：激励与约束之间

星巴克咖啡公司高级副总裁兼星巴克亚太区总裁王金龙揭秘星巴克的成功秘诀在于，"在进入门槛其实很低的咖啡连锁业，星巴克构建了以员工持股的DNA独特的竞争门槛，最终实现了超越顾客期待的满意度。"

这让"员工持股"的概念再次引发关注，事实上，在此以前，无论是国美的控制权之争，还是双汇的管理层收购，无论是建行的全员持股计划，还是华为100%员工持股的公司治理结构，包括金融危机前后国际金融业所实施的不同的股权激励计划，在所有这些案例背后，如何有效发挥员工持股的激励与约束作用一直都是公司管理的一项重要课题。不难想见，在这样的经营管理者的带领下，还有办不好的企业吗？！

（**资料来源**：网易财经频道money.163.com，员工持股：激励与约束之间）

🍁 动动脑

1. 试分析如果想要进入农业企业从业需要具备哪些条件？
2. 试分析与其他企业相比，农业企业需要在哪些方面独具特色地吸引人才？

第三节　农业企业无形要素管理

🍁 案例导入

日本农产品的身份证制度

日本对进口农产品、畜产品以及食品类的检疫防疫制度非常严格，对于入境农产品，首先由农林水产省下属的动物检疫所和植物防疫所从动植物病虫害角度进行检疫。同时，由于农产品中很大部分用作食品，在接受动植物检疫之后，还要由日本厚生劳动省下属的检疫所对具有食品性质的农产品从食品角度进行卫生防疫检查等。

日本推广身份证制度，至少有三个目的：一是为了食品安全。农产品有了身份证，消费者一看便知是不是本国蔬菜，是不是绿色食品，有没有农药残留，新鲜不新鲜。二是突出特点，在激烈的农产品竞争中以质取胜。由于气候和土壤的不同，日本各地在蔬菜水果方面都有自己的特产，如岐阜县的甜瓜，加贺市的蔬菜等，只要身份证上标明产地，立刻就会出现品牌效应。即使价钱高一些人们也会接受。三是利用身份证保护本国农产品。由于日本农产品价格太贵，日本人基本上已经接受来自外国的农产品，特别是中国蔬菜，日本农产品在一定程度上受到了冲击。

（**资料来源**：百度文库，日本农产品的身份证制度）

案例思考

通过以上案例试分析日本农产品能实行身份证制度，要求农业企业具备哪些要素条件？

一、技术管理

农业企业技术管理是指农业企业在生产经营过程中，对生产技术活动进行计划、组织和控制等活动的过程。技术管理是农业企业成功和可持续发展的关键。其内容主要包括：技术开发、技术引进、技术改造、技术创新等方面。

（一）技术开发

1. 技术开发的含义

技术开发就是将科学研究的成果转化为新的设备、工具、工艺等应用于生产实践的过程，把科学发明转变为现实的生产力。其内容主要包括生产设备和工具的开发、生产工艺和操作技术的创新、新能源和新材料的开发、科技信息开发和改善生产环境和劳动保护。

2. 技术开发的方式

（1）自主型技术开发。指农业企业根据现有产品在市场上的销售状况及消费者的需求，依靠其自身的技术力量，独立完成技术开发项目，研制出新产品。农业企业可获得技术开发成果的专利，享有自主的垄断性的技术成果。然而，这种方式仅适用于具备较强的科研能力和技术力量、资金实力雄厚的农业企业，由于开发周期长，须承担较大的开发风险。

（2）引进型技术开发。指在引进技术的基础上进行技术的改进。即农业企业亟须开发某种产品，但自身技术力量和技术资料缺乏或完全没有，部分或全部依靠向国外或外地同类企业引进技术和装备来开发新产品。这种方式风险较小，见效快，但企业在引进时需付出一定的经济代价，而且难以掌握其核心技术，一般适用于开发能力弱而有一定经济实力的农业企业。

（3）委托型技术开发。指农业企业提供技术开发费用，借助外部科研院所、大专院校的科研资源和技术力量，进行技术开发并取得技术开发成果，借此弥补农业企业技术开发资金的不足。

（4）共同研究开发。指农业企业在自力更生的方针指导下，与其他企业或研究机构，共同或合作进行技术开发。一般是农业企业具有一定的技术力量，但不能独立完成技术开发项目，需要借助合作者比较成熟的新技术，通过实现技术开发目标。合作双方建立长期交易关系，共同承担风险。

（二）技术引进

1. 技术引进的含义及内容

技术引进，是指农业企业为了较快地解决生产中存在的技术问题，通过贸易、合同、交流等各种途径，从企业外部（主要是从国外）引进先进的技术知识、管理知识、管理经验以及生产设备的活动。

从具体内容来看，目前我国技术引进的内容包括：

引进设备或配件、部件；引进新型材料或优质材料；

引进先进的产品设计、制造工艺、测试方法、技术规范、技术资料等；

引进专有技术原理、数据、设计图纸和配方等；

引进先进的质量控制和经营管理方法；

培训新技术人员，如派人到技术输出方学习或者请输出方专家来我国进行指导；

委托外国咨询公司和外国企业提供技术咨询、技术服务等。

2. 技术引进的原则

技术引进工作涉及政治、经济、技术、生产、贸易、外交和法律等各个方面。因此，做好技术引进工作，必须坚持以下原则。

（1）实事求是原则。目前我国农业企业生产力水平还不发达，科学技术水平较低，资金实力有限，因此，在技术引进时，必须从农业企业实际出发，量力而行。引进的技术要同我国的资源情况、技术水平和管理食品相适应，尽量引进花钱少、质量高、技术先进、效益明显的适用技术，以取得最佳的技术引进效果。

（2）学习创新原则。学习和创新相结合。对引进的先进技术，采取边学习、边利用、边改造、边创新的方针，坚持引进技术为我所用。在引进关键设备时，一定要引进制造技术，在消化、吸收的基础上，做到既不损害引进技术的专利权，又能做好仿制、创新，逐步形成自己的技术体系。

（3）平等互利原则。在引进技术时，坚持维护国家主权，平等互利，使合作双方在经济上都能得到合理的利益。

（4）讲求效益原则。提高农业企业经济效益是技术引进的根本目的。因此，引进的技术和设备要与我国产品的系列化、标准版相结合，注意技术的连续性、先进性、配套性，逐步形成自己的产品系列。

3. 技术引进的方式

（1）引进设备。通过购买设备引进技术，只是引进生产能力，时间短，见效快，能迅速形成生产能力，但它只解决了生产手段问题，未能解决设备的制造技术问题。一旦农业企业的吸收、创新工作跟不上，则难以摆脱对国外技术设备的长期依赖，且要花费更多的外汇。

（2）许可证贸易。它是指技术的输出方将制造技术和工业产权的使用权许可证作为商品，出售给输入方的一种交易方式。其具体内容如下。

①购买专利使用权。专利是对发明人的发明、创造的一种法律保护，属于工业产权。通过购买专利，企业便有权使用某项发明、创造的原理、结构和技术。

②购买专有技术使用权。专有技术是指不申请专利、不公开的专有知识。主要包括设计图纸资料、制造工艺、材料配方，以及相应的经营、管理、销售方法等。引进专有技术是技术引进的实质内容。

③购买商标使用权。通过购买商标使用权，企业可以按外国技术生产产品，打上外国厂家的品牌和商标，并可以利用该产品的销售网络、技术服务网络，从而提高产品的市场占有率。

（3）租赁贸易。一般由租赁公司购买机器设备并出租给引进方，收取租金。租期结束，承租方可承购该设备。

（4）学术交流。通过从国外聘请专家、引进人才，或派出人员学习深造、技术咨询和服务等方式，引进先进的科学技术，促进科学技术的转移。

（5）其他贸易形式。具体包括："三来一补"，即补偿贸易，来样加工、来料加工、来件装配。

合作研究，是一种技贸结合的引进方式，通常是引进方与输出方分工合作，共同生产一套设备或研究一个课题。

合资经营，即双方按照统一的协议，共同投资，共同经营，共负盈亏，共担风险，一般由国外提供先进技术和关键设备，中国企业提供土地、劳动力和一般设备。

（三）技术改造

技术改造是采用先进的技术成果，改造企业现有的产品、原材料、能源、技术装备、劳动条件以及厂房等，使企业产品在性能上、质量上保持先进水平。

1. 技术改造的内容

技术改造不同于新建项目，它主要是通过补偿基金，对企业原有的生产技术条件、生产设施和产品品种进行更新、改造，从而实现以内涵为主的扩大再生产。其具体内容有以下几个方面。

（1）改造产品品质，促进产品更新换代。农业企业生产的目的，就是不断地生产出社会需要的各种农产品及其加工制品。企业通过技术改造，可以提高产品品质、质量和性能，实现高产、优质和高效。同时，有利于产品的更新换代，增强市场竞争力。

（2）改进工艺流程，推广先进的操作技术。工艺过程是直接消耗物化劳动和活劳动的过程。生产工艺的先进与落后，对于产品质量、性能、消耗、成本等起着决定性的作用。农业企业要不断改进工艺流程，推行先进的操作方法。如优化耕作制度，采用地膜覆盖和抛秧技术等。

（3）创新工具设备，改善劳动条件。改进原有的工具设备，制造新的工具设备，不断提高农业企业的生产技术装备水平。即对手工操作的简易工具设备，改造成机械化的工具设备，并向生产过程自动化、智能化方向发展，以改善企业劳动条件，提高生产效率。

（4）降低能源和原材料的消耗。这是企业的一项多环节的技术改造，已成为企业技术改造的重点。企业要采取各种节能措施，积极采用代用材料、新材料、新能源，以节约单位产品的物资消耗。

（5）改造企业生产环境。农业企业特别要注重环境污染问题，应采用相应的技术措施，改造陈旧落后的、高污染的生产环节和作业方式，降低对环境的污染，如降低和消除化肥、农药、废气、废水对环境的污染等，以不断改善生产环境。

2. 技术改造的原则

（1）技术互补原则。现代农业企业技术改造的手段多种多样，如机械技术与工程技术、有机技术与生物技术等。机械技术与工程技术，在改善农业企业生产条件、推进规模经营、提高劳动生产率和实现农业现代化方面有着巨大的作用，是农业企业技术改造的重要手段。但是，它所需资金量大，资源消耗多，生产成本较高，且容易导致生态环境恶化。生物技术和有机技术则可有效地提高土地生产率，减少物质耗费，维护生态良性循环，有利于发展绿色食品生产。因此，在农业企业技术改造过程中，应区别情况，正确选择，使各种技术相互补充，有机结合。

（2）技术兼顾原则。技术兼顾原则，主要是指实行提高劳动生产率技术和提高土地生产率技术相结合。不断提高劳动生产率，是农业企业技术改造的一项基本要求。只有劳动生产率极大提高，才能改善农业企业的经济结构，提高农业企业的规模经济效益。但是我国人地矛盾十分尖锐，农业劳动力资源丰富，耕地资源严重不足。因此，在技术改造过程中，必须重视提高土地生产率，应把那些既能提高劳动生产率，又能提高土地生产率的技术措施，作为技术改造的基本手段。

（3）技术提升原则。随着传统农业向现代农业的转变、粗放经营向集约经营的转变，农业企业的技术改造也应以劳动密集型技术为主，逐步向以资金密集性技术为主转变，加大科技投入，提升产品的科技含量。也就是说，农业企业的技术改造应该注重技术密集和技术提升。

（4）技术可行原则。农业企业的技术改造，更强调应用型技术，注重技术的先进性和技术实用性相结合。应用型技术突出的特点，在于技术的先进性、生产的可行性、经济的合理性。因此，农业企业在技术改造过程中，应重视应用那些有明显的增产增收效果，在当地又切实可行的适用技术，并在此基础上创造条件，充分发挥现代科技的优势，以取得良好的经济效益。

（四）技术创新

技术创新是指企业应用创新的知识和新技术、新工艺，采用新的生产方式和经营管理模式，提高产品质量，开发生产新的产品、提供新的服务，占据市场并实现市场价值。技术创新是企业科研成果的商业化应用，是一个有别于企业常规生产经营活动的行为过程。其中，企业是技术创新的主体，技术创新是现代企业生存与发展的基础。

二、信息管理

（一）信息管理的含义

1. 狭义的信息管理

狭义的信息管理认为信息管理就是对信息本身的管理，即以信息科学理论为基础，以信息生命周期为主线，研究信息的"采集、整理、存储、加工（变换）、检索、传输和利用"的过程。其目标就是要掌握信息的运动规律，并充分利用信息进行管理决策。

2. 广义的信息管理

广义的信息管理认为信息管理不单单是对信息的管理，还包括对涉及信息活动的各种要素，如信息、技术、人员、组织进行合理组织和有效控制。在广义的信息管理概念中，信息被当作一种资源，信息管理则包括信息资源的管理和信息活动的管理。在比较信息资源管理和信息活动管理之前，有必要先明确信息资源和信息活动的概念。

本教材中的信息管理采用广义的信息管理概念，是农业企业中，信息人员围绕信息资源的形成与开发利用，以信息技术为手段，对信息资源实施计划、组织、指挥、协调和控制的社会活动。

（二）农业企业信息与信息管理

1. 农业企业信息的内涵

农业企业信息主要包括内部信息和外部信息（图 4-9）。

2. 农业企业信息管理的内涵

农业企业信息管理是指利用现代信息技术，对农业企业生产经营过程中各环节涉及的信息进行收集、整理、分析和提供可利用信息的过程，其目的是为了改进企业经营管理提供咨询服务，为企业经营管理提供决策依据。

加强农业企业信息管理，有利于企业充分开发和有效利用信息资源做出正确的发展决策，增进农业企业运行效率，降低其生产成本，提高其服务水平，最终提高其竞争力，促进农业企业稳定持续发展。

3. 农业企业信息管理的原则

（1）必须把信息看作企业的战略性资源，看作组织赖以生存和发展的智力财产。

（2）必须把业务活动和信息管理活动结合起来，组织中的业务活动必须与信息处理、交流、分析研究结合起来，才能进行有效的信息管理，为企业带来效率和效益。

（3）必须体现信息增值的活动目标，信息增值体现为信息内容能帮助人们提高他们的行为和决策效率，因此必须把提高信息质量奖、促进信息交流和实现信息效用作为信息管理的根本宗旨。

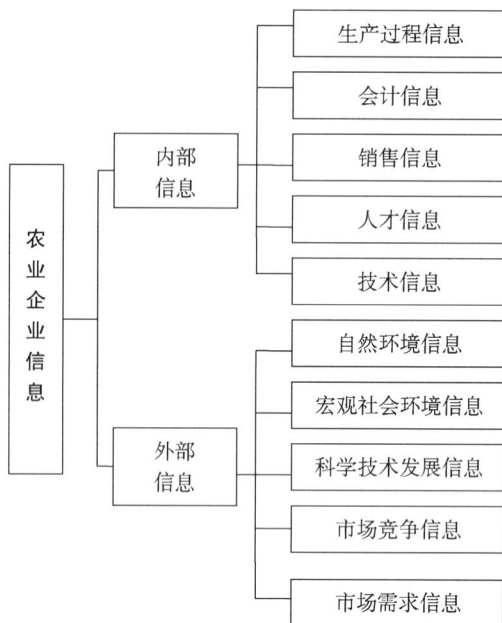

图 4-9　农业企业信息构成

4. 农业企业信息管理的程序

农业企业信息管理工作程序，分为规划信息、收集信息、分析处理信息和提供信息产品四个阶段（图 4-10）。

第一阶段，规划信息。主要是规划信息收集的过程或界定信息方向，也就是明确企业需要何种信息、收集信息的范围和目的等。包括了解企业各部门需要和使用信息的目的、制订收集信息的行动计划和让用户了解工作进展等。

第二阶段，收集信息。根据规划信息的要求，收集原始信息。信息主要来源于一级信息和二级信息。前者来源于年度报告、政府文件、领导讲话、电台采访直播等获得的公开性的、未经过加工的事实；后者来源于报纸、杂志、书籍、电视和广播节目、评论员的报道等景观加工过的信息。

第三阶段，分析处理信息。主要是把企业收集到的大量的、无序的信息经过集中、分类和筛选后，将基本信息转换成商业情报的过程。这是信息管理中最关键的一个环节。分析处理信息的方法包括比较分析法、推理分析法、专家调查法、文献计量法、层次分析法、回归分析法、时间序列法、模糊数学法等。

第四阶段，提供信息产品。以口头汇报或书面报告的形式提供信息，作为农业企业科学决策、R & D 和市场开拓的重要依据，以便企业管理者迅速做出反应并抓住市场先机。

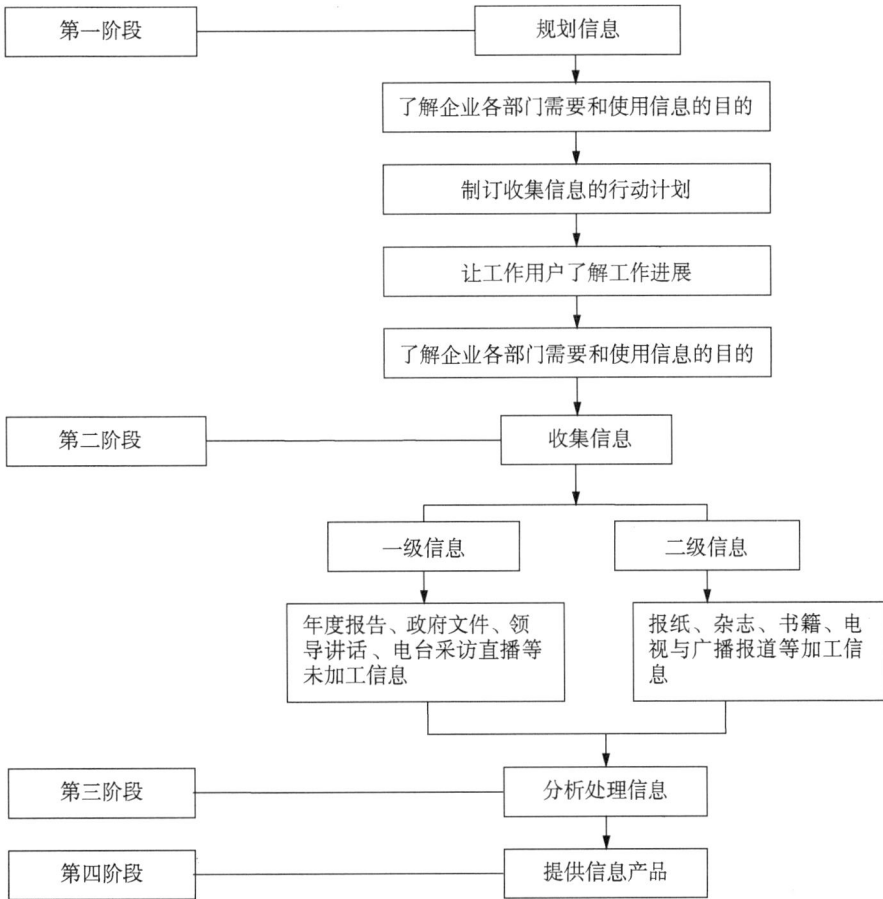

图 4-10　农业企业信息管理的工作程序

5. 农业企业信息管理的组织

农业企业信息管理由其信息管理组织来承担。

信息管理要顺利进行，必须建立相应的信息管理系统。现代企业信息管理系统一般由计算机网络系统、数据库及相应的数据信息、信息管理人员、信息管理软件以及系统运行的各类文件和规范等，利用计算机的巨大优势，迅速准确地处理大量数据和信息。

八个典型大数据应用案例

（1）梅西百货的实时定价机制。根据需求和库存的情况，该公司基于 SAS 的系统对多达 7300 万种货品进行实时调价。

（2）Tipp24 AG 针对欧洲博彩业构建的下注和预测平台。该公司用 KXEN 软件来分析数十亿计的交易以及客户的特性，然后通过预测模型对特定用户进行动态的营销活动。这项举措减少了 90% 的预测模型构建时间。SAP 公司正在试图收购 KXEN。

（3）沃尔玛的搜索。这家零售业寡头为其网站 Walmart.com 自行设计了最新的搜索引擎 Polaris，利用语义数据进行文本分析、机器学习和同义词挖掘等。根据沃尔玛的说法，语义搜索技术的运用使得在线购物的完成率提升了 10% ~15%。"对沃尔玛来说，这就意味着数十亿美元的金额，" Laney 说。

（4）快餐业的视频分析。该公司通过视频分析等候队列的长度，然后自动变化电子菜单显示的内容。如果队列较长，则显示可以快速供给的食物；如果队列较短，则显示那些利润较高但准备时间相对长的食品。

（5）Morton 牛排店的品牌认知。当一位顾客开玩笑地通过推特向这家位于芝加哥的牛排连锁店订餐送到纽约 Newark 机场（他将在一天工作之后抵达该处）时，Morton 就开始了自己的社交秀。首先，分析推特数据，发现该顾客是本店的常客，也是推特的常用者。根据客户以往的订单，推测出其所乘的航班，然后派出一位身着燕尾服的侍者为客户提供晚餐。

（6）PredPol Inc.。PredPol 公司通过与洛杉矶和圣克鲁斯的警方以及一群研究人员合作，基于地震预测算法的变体和犯罪数据来预测犯罪发生的概率，可以精确到 500 平方英尺的范围内。在洛杉矶运用该算法的地区，盗窃罪和暴力犯罪分布下降了 33% 和 21%。

（7）Tesco PLC（特易购）和运营效率。这家超市连锁在其数据仓库中收集了 700 万部冰箱的数据。通过对这些数据的分析，进行更全面的监控并进行主动的维修以降低整体能耗。

（8）American Express（美国运通，AmEx）和商业智能。以往 AmEx 只能实现事后诸葛式的报告和滞后的预测。"传统的 BI 已经无法满足业务发展的需要。" Laney 认为。于是，AmEx 开始构建真正能够预测忠诚度的模型，基于历史交易数据，用 115 个变量来进行分析预测。该公司表示，对于澳大利亚将于之后 4 个月中流失的客户，已经能够识别出其中的 24%。

（**资料来源**：搜狐科技 it.sohu.com，八个典型大数据应用案例）

三、企业文化管理

农业企业文化管理是指在企业文化的引领下，匹配公司战略、人力资源、生产、经营、营销等管理条线、管理模块，它是农业企业文化的梳理、凝练、深植和提升的过程。优秀的企业文化，能够带动员工树立与组织一致的目标，并在个人奋斗的过程中与企业目标保持步调一致，能为员工营造一种积极的工作氛围、共享的价值观念和管理机制，从而产生鼓励积极创造的工作环境，也会对企业的绩效产生强大的推动作用。

企业文化的核心要素（图 4-11）

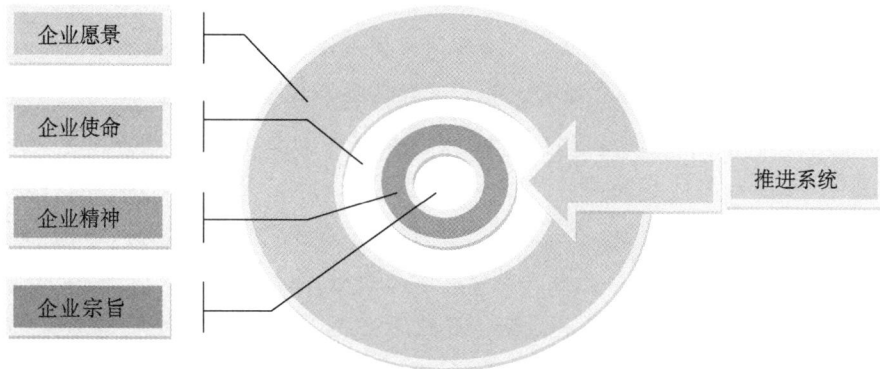

图 4-11 企业文化要素

1. 企业愿景

企业愿景是企业成员共同希望创造出的未来景象与企业蓝图。

2. 企业使命

企业使命是企业存在的理由和它对于企业成员的价值与意义。其中，企业价值观是在实现愿景和完成使命过程中成员的一切思想和行为的依据和准则。

3. 企业精神

企业精神是在实现愿景和完成使命过程中成员的精神特征。

4. 企业宗旨

企业宗旨是企业存在的目的或对社会发展等做出的贡献。

德鲁克认为企业要思考三个问题：

第一，我们的企业是什么？

第二，我们的企业将是什么？

第三，我们的企业应该是什么？

企业文化的核心五要素就必须回答以上问题，告诉人们：企业要到哪里去，未来是什么样的，目标是什么？将企业自己的本质、为什么从事这个行业，以及未来何去何从，写进自己的企业使命、愿景和价值观及宗旨和精神之中。只有当企业努力为消费者、社会及内部员工做出正面贡献时，毫无疑问，消费者、员工以及社会力量才会支持你，一个企业才能得到最大的认同，获得最快的发展。

老字号的魅力——北京六必居食品有限公司（企业加强企业文化要素管理）

北京六必居食品有限公司隶属于北京二商集团有限责任公司，是全国同行业中规模最大、生产设备一流、技术力量强大、管理科学的生产经营酱腌菜、酱类、酱油、食醋及调味品的专业公司，旗下拥有"六必居"（据传始建于明嘉靖年间，公元1530年以前）、"天源酱园"（据传始建于1736年）、"金狮"（据传始创于1938年）、"龙门"（据传始创于清嘉庆二十六年，公元1820年）五大中华老字号品牌。在中国调味品著名品牌企业100强排行榜中，酱类、酱腌菜产量、销售收入名列同行业前列。

京城著名的老字号——六必居，据传开业于公元1530年，以生产酱腌菜、酱类为主。其产品制作精细，工艺考究、配料严格、风味独特，驰名中外，"八宝菜"酱香浓郁；"酱黄瓜"鲜甜脆嫩；"白糖蒜"洁白如玉；"酱甘露"形似宝塔。这些传统产品一直是明、清宫廷和达官贵族的宴上佳肴，深受人们的喜爱。

六必居公司在传承"六必"祖训的同时，以"心必正、料必纯、器必洁、工必精、易必诚、礼毕恭"为经营理念，遵从"谋事必远、执事必敬"的管理理念，坚持以科技为先导，走品牌发展之路，充分利用品牌资源，以创新求发展，以才智创财富，努力打造国际一流酱腌菜、酱类、酱油、食醋的调味品企业！

为进一步提升企业的管理水平，严格产品质量控制，公司在生产管理中通过了GB/T 19001质量管理体系、GB/T 22000食品安全管理体系认证。公司始终坚持"质量第一、安全第一、顾客至上、诚信服务、遵守法规、持续发展"的经营原则，秉承"黍稻必齐，陶瓷必良，曲蘖必实、火候必得，湛炽必洁，水泉必香"的"六必"祖训，坚持"点滴之间 卓越无限"的企业精神，以"提升民生品质 引领健康生活"为企业使命，努力为社会提供放心、安全、健康的酱腌菜及调味产品。2008年"六必居酱菜制作技艺"入围国家级非物质文化遗产保护名录。

（**资料来源：北京六必居企业宣传手册**）

🍁 **动动脑**

　　1.试分析农业企业的企业文化对消费者行为会有怎样的影响？

　　2.试想什么样的企业文化会将农业企业的特色凸显出来？

🍁 **链接案例**

有一种科学可以养育世界——杜邦农业

历史悠久的全球贸易辐射集团

成立于1802年的杜邦公司是一家科学企业，凭借创新的产品、材料和服务，为全球市场提供世界级的科学和工程能力，协助应对各种全球性挑战，包括为全球各地的人们提供充足健康的食物、减少对化石燃料的依赖，以及保护生命与环境，让全球各地的人们生活得更美好、更安全和更健康。杜邦公司的业务遍及全球90多个国家和地区，以广泛的创新产品和服务涉及农业与食品、楼宇与建筑、通讯和交通、能源与生物应用科技等众多领域。

杜邦公司与中国的生意往来可追溯到清朝（1863年）。跟随中国改革开放的步伐，杜邦公司于1984年在北京设立办事处，并于1988年在深圳注册成立"杜邦中国集团有限公司"，成为最早开展对华投资的跨国企业之一。经过30年的努力，杜邦已在中国建立了40余家独资及合资企业，拥有员工约6000人，并将众多地区业务总部移至中国大陆。

"三头马车式"的体制

杜邦公司的战略是：运用独特的技术情报，选取最佳销路的商品，强力开拓国际市场；发展传统特长商品，开发新的产品品种，稳住国内势力范围，争取巨额利润。并且企业内部分出三个大方向的领导，杜邦家族成员也不再一直占据着头等位置，由于环境越来越复杂，管理者知识需求越来越丰富，这样可以使主要决策者能够有足够的知识储备来面对公司运营的大风大浪。优势在于更好地适应了市场发展变化，使得决策科学化。打破了原有家族式经营管理模式，缺点是三个主要管理人员意见能否统一比较困难，最好要做好沟通工作；也有可能导致家族财产外溢，引发家族内部矛盾。

供应商整合策略

杜邦的全球物流运作集中后外包给少数几个物流整合商：将全球进出口业务包给美国的BDP国际公司和欧洲的Kuehne & Nagel公司。之前这项业务分散给许多货物代理商和报关行处理。在两年的时间里，杜邦同一些物流公司试验了九个项目，根据服务商的业务全球化程度和信息技术能力将服务商范围逐渐缩小，最终选择了BDP和K&N。BDP同时还负责杜邦在世界各地的设施建设项目物流支持。BDP的服务包括依照同杜邦的合同为所有货物订舱并实现货运量目标，维护杜邦的费率数据库，提供审计后费率报告，准备和填写各类发货单据，跟踪货物等，所有工作都实现电子化。K&N主要在欧洲地区为杜邦提供服务，包括为杜邦的一些战略业务部门进行专业化仓储设施建设和运营管理。K&N保证99%的供应率以满足杜邦的高标准物流要求，如准时服务和设备可及度。

全球食物保障的四大支柱

杜邦公司将到2050年协助实现全球食物保障和安全作为一项使命，并承诺在以下四个方面做出切实的努力。

以普适科学寻求本土方案：虽然科学具有普遍适用的应用价值，但由于各地气候、土壤、虫害等环境因素，以及文化传统、运输或分配渠道等基础设施条件存在差异化，因此，解决方案必须本土化。

以协力创新寻找科学答案：解决方案必须具有协作性，与农户、社区、当地企业、政府以及非政府组织（因为他们了解当地情况）以及全球商业实体（因为其精深的专业技能能够协助解决独特的问题）一起协同努力。

让科学成为本土智慧：专业知识和技能必须去到最需要的地方、带给最需要的人，与从事教育和推广工作的人们并肩协作，给当地社区带去知识，让当地民众确保其自身的未来。

让解决方案具有最广泛的可持续性：必须不断扩大粮食供给，并同时考虑基础设施、仓储、减少浪费以及改善和保护水质等社会、经济和生态因素。

集中管理战略业务物流

在1995和1996年两年中，杜邦的物流支持为公司节省了约一亿六千万美元。其中三千万美元纯粹出自费率下降，其他则来自一次性节约和供应链效率提高，如减少关税、使用免税区和供应链流程改进。杜邦的供应链操作能力实际上间接影响到其利用运输量进行物流业务谈判的能力。杜邦在物流领域的优势来自对全球18个战略业务部门的整合。

杜邦为此建立了一套相应整合机制，由杜邦成立的独立的物流领导委员会负责。这个物流领导委员会由来自各战略业务部门的负责物流操作和成本控制的物流经理组成，在杜邦处理主要的外包项目时这个委员会作为采购委员会介入，负责决定外包业务并监控执行结果和听取汇报。由于各业务部门都有代表参与物流领导委员会合作，杜邦可以获得所有业务部门在决策执行上的高度一致。这种整合多元化业务物流加以集中管理有利于统一行动并聚合优势。当然，要在这种模式下顺利运行也需要大量协作。杜邦已将多数日常运营外包，内部保留安全管理、经营生产计划、优势管理和同所有承运人谈判等核心功能。

杜邦在美国国内的货物运输原先由各工厂独立负责，后集中于北卡罗来纳州的查落蒂（Charlotte）归由美国总统班轮的分支APDLS管理。所有杜邦业务部门通过这个中心订舱运货。杜邦公司同各货运公司谈判得出一个附有费率和服务项目的可选择承运人清单。每个业务部门据此预先选择好一系列承运人。运输管理中心的分析员主要业务是对约39 000对起点终点间的货物运输进行优化，并遵循战略业务部门（SBU）的选择指派货物并向承运人订舱。在查落蒂中心的这套操作流程80%实现了自动化，最终目标是要实现一个系统，能让一个来自业务部门的订单无须纸张和电话联系就能自动激发发货通知和订舱操作。

（资料来源：百度文库，杜邦公司案例分析，2016年1月7日）

🍁 **复习思考题**

1. 农业企业要素构成包括哪些？分别有何特征？
2. 简述农业企业技术管理的内容。

3. 简述农业企业信息管理的重要意义和程序。

4. 什么是物资消耗定额、物资储备定额？

5. 论述物资管理的内容与方法。

6. 论述设备管理的内容与方法。

7. 简述物资 ABC 分类管理方法及其运用。

8. 结合具体案例分析农业企业如何进行人力资源管理。

第五章

农业企业产品质量及环境管理

🍁 **学习目标**

1. 理解食品安全和食品安全的政府监管的内涵与方法；

2. 掌握农业企业产品质量管理的含义、特点以及方法；

3. 理解和掌握环境管理的含义与方法。

第一节 食品安全与政府监管

❧ 案例导入

微生物污染居食品安全关注首位

在过去的 2015 年，提及食品安全，你最关注的是什么？1 月 12 日，在 2015 年全年食品安全热点问题解读报告会上，专家表示，微生物污染于 2014 年首次成为食品安全关注的头号焦点，2015 年仍然居第一位。

从 2015 年中国食品科学技术学会与国家食品药品监督管理总局全年跟踪解析的 27 个食品安全热点的整体趋势来看，微生物、乳制品、肉制品等成为关注度较高的领域。

专家表示，微生物污染于 2014 年首次成为食品安全关注的头号焦点，2015 年仍然居第一位。另外乳品安全仍心牵天下，27 个热点中涉及乳及乳制品的热点问题 5 个，占 27 个热点的 18.5%，是第二大被关注点，但均不属于食品安全问题。关于"常温乳酸菌饮料""生鲜奶"等热点均为乳品相关问题。

与会专家指出，有些老问题又穿上"新马甲"，如"烹炸油安全""毒草莓""方便面 32 小时不消化"等，仍然被反复炒作，只是换上了不同的标题，由此预示着科普的力度仍需加大。

（资料来源：中国日报，2016 年 1 月 14 日）

❧ 案例思考

从上面的案例中，你怎么理解食品安全和食品安全的意义？

一、食品安全的内涵及食品安全的意义

（一）食品安全的内涵

在美国，食品安全这一概念反映在《食品、药品、化妆品法》中的 Delaney 条款，原文如下："that no additive shall be deemed to be safe。"日本学者在使用食品安全性时，也是基于损害（Hazard）危险性的反义词而使用的。

1996 年，世界卫生组织（WHO）在其发表的《加强国家食品安全性计划指南》中，把食品安全解释为"食品按期原定用途进行制作和（或）食用时不会使消费者受到危害

的一种担保"。

在世界卫生组织文件的基础上，很多研究人员认为食品安全即食品中不应含有一切威胁人体健康的有毒有害因素。这一观点将食品安全绝对化，实际上，饮食中不可能存在零风险，并且食品安全具有相对性，即每个人的体质和饮食习惯不同。关键在于消费者能接受什么样的风险，如何在可能的风险和收益之间取得平衡。

由于不能确定什么样的食品绝对安全，所以食品安全的定义应当从不安全性方面入手。按照联合国粮食与农业组织（FAO）和世界卫生组织（WHO）颁布的《保障食品的安全和质量：强化国家食品控制体系指南》（*Assuring Food Safety and Quality：Guidelines for Strengthening National Food Control Systems*）的定义，不安全的食品包含那些会使人患急性或慢性病的风险，这些风险中值得政策制订者关注的有：微生物病原、人畜共患病、寄生虫、掺假、抗生素残留、杀虫剂残留、重金属残留、转基因技术。

（二）食品安全与食品质量安全的关系

国际标准组织（ISO）提出的关于产品质量的定义是指某一产品或服务所具有的能够满足既定需要的全部特征。

食品质量和食品安全存在着明显的区别。食品质量是指影响食品价值的所有品质的总和，包括食品安全属性、营养属性、价值属性、包装属性；而食品安全仅仅指食品中可能对人体健康造成损害的属性，是食品质量的一个组成部分（表5-1）。

表5-1　食品品质属性的分类

食品安全属性	食品营养属性	食品价值属性	食品包装属性
食品自身的病原菌	热量	纯正度	包装材料
重金属	脂肪和胆固醇	完整性	质量标签
残留农药	钠	大小	其他方面信息
食品添加物	碳水化合物和纤维	外观	
自然毒	蛋白质	味道	
残留兽药	维生素	调理的简便性	
	矿物质		

二、食品安全的政府监管

（一）含义

食品安全政府监管是指食品安全监管主体，即政府有关部门根据国家的食品安全法律法规和食品安全技术标准，对各环节的食品进行检验和监督，有效控制食品安全，以保护消费者、生产者和社会公共利益。

食品安全的政府监管是政府对国家经济和社会发展进行宏观调控和微观管理的措施和手段。政府监管作为一种政策工具，是政府治理的手段之一，是为实现政策目标而经常采用的具体治理方式。

（二）食品安全的政府监管的重要性

1. 维护食品生产者和消费者的合法权益

一直以来，有些食品生产者由于认识、管理、技术以及市场供求关系等原因，在利益的驱使下完全忽略食品安全，使劣质食品进入市场。甚至有些不法商贩制造和倾销大量不安全食品，在侵犯合法生产者正当权益的同时，严重危害了人们的生命安全和身心健康。加强食品安全政府监管，有利于提高我国食品安全水平和政府公信力，是社会稳定和谐的重要保障。

北京市食品药品安全委员会办公室介绍，北京将开展为期一年的无照无证餐饮单位监管综合整治。2016年年底，由各区政府负总责，全市现有的上万家无照无证餐饮单位将基本纳入规范化经营或被取缔淘汰。

北京市食品药品安全委员会办公室相关负责人表示，对于三类无证餐饮要坚决取缔，第一类是利用违法建筑从事经营的，第二类是位于待拆迁区域内的无证餐饮，第三类就是百姓反映比较强烈的住宅楼底商。当然，此次整治行动要采用疏堵结合方式，尽量通过规划满足民众生活需求。

（资料来源：中国日报，2016年1月14日）

2. 有利于贯彻落实有关食品安全法律法规和食品技术标准

食品安全监管体系的基本特征是以法律这种典型的正式制度安排为基础，因此其能否得到有效的落实就成为监管工作是否有效的关键所在。食品技术标准是衡量食品安全最重要的依据。只有严格按照食品技术标准进行生产，才能保证食品安全。由于我国一些企业重产量、轻质量，重经济效益、轻社会效益的思想长期存在，使食品技术标准难以真正贯彻。因此，必须加强监管才能使食品法律法规和技术标准得以顺利贯彻执行。

2015年4月24日，《中华人民共和国食品安全法》在第十二届全国人大常务委员会第十四次会议上修订通过并公布，自10月1日起正式施行。这一被称为"史上最严厉的食品安全法"，给予公众诸多期待，新法的正式实施，将为守护老百姓舌尖上的安全筑起更加牢固的一道防线。新《食品安全法》反映了消费者最关注的问题，如高毒农药问题，国家对农药的使用实行严格的管理制度，加快淘汰剧毒、高毒、高残留农药，推动替代产品的研发和应用，鼓励使用高效低毒低残留农药。禁止将剧毒、高毒农药用于蔬菜、瓜果、茶叶和中草药材等国家规定的农作物。

（**资料来源**：中国经济网，2016 年 1 月 12 日）

3. 有利于促进技术进步，维护我国的经济利益

当今发达国家为了占据国际市场的有利地位，都非常重视商品质量工作。我国越来越多的产品进入国际市场参与竞争，而食品行业也是参与国际竞争的重要力量，但目前我国食品行业在国际市场中的地位大幅下降。因此，我国食品要增强其国际竞争力，必须加强食品安全政府监管，采用国际标准和国外先进技术标准，提高食品质量安全水平和食品企业素质。

（三）我国食品安全政府监管体系改革历程

1. 大部制改革前我国的食品安全监管体系

（1）大部制改革前我国食品安全监管相关规定

2004 年国务院做出《国务院关于进一步加强食品安全工作的决定》（国发〔2004〕23 号），明确提出了我国食品安全监管的模式是"分段监管为主、品种监管为辅"，并细化了各个监管部门的监管环节。2009 年颁布的《食品安全法》，随后成立国务院食品安全委员会，我国食品安全监管领域出现了新的综合，这是在分段管理基础上的综合。

（2）食品安全法中对我国食品安全监管体系的规定

《食品安全法》第四条中国务院设立食品安全委员会，其工作职责由国务院规定。国务院卫生行政部门承担食品安全综合协调职责，负责食品安全风险评估、食品安全标准制订、食品安全信息公布、食品检验机构的资质认定条件和检验规范的制订，组织查处食品安全重大事故。国务院质量监督、工商行政管理和国家食品药品监督管理部门依照本法和国务院规定的职责，分别对食品生产、食品流通、餐饮服务活动实施监督管理。

从生产加工到流通销售，每个部门各司其职，对每一环节进行监管。国内食品安全方面，初级农产品生产环节由农业部门负责，食品生产加工环节由质检部门负责，食品流通销售环节由工商部门负责，餐饮食堂消费环节由食品药品监管局负责；食品国际贸易方面，质检部门对进出口动植物检疫及食品进出口负责。国务院卫生行政部门承担食品安全综合协调职责，并且对以上职能部门以及环保、商务、交通等其他环节进行监管。此外，国务院食品安全委员会 2010 年 2 月 6 日正式设立，主要职责：分析食品安全形势，研究部署、统筹指导食品安全工作；提出食品安全监管的重大政策措施；督促落实食品安全监管责任（图 5-1）。

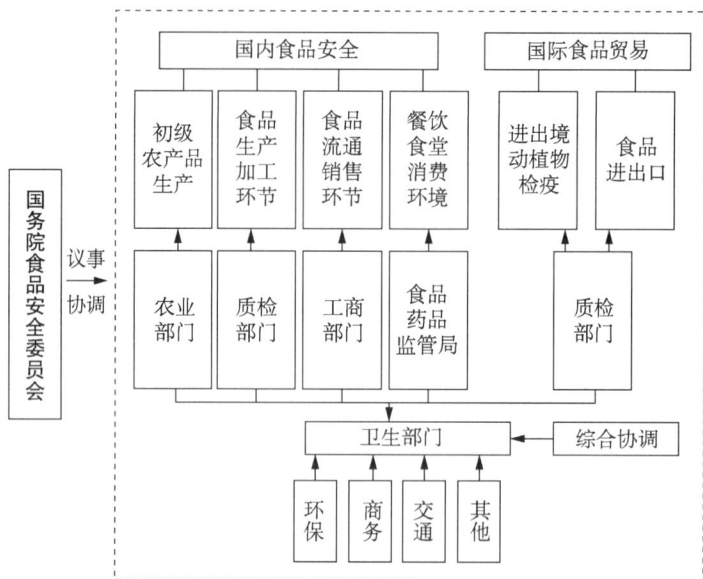

图5-1　我国食品安全管理机构（分段监管为主，品种监管为辅）

2. 大部制改革后我国的食品安全监管体系

（1）我国食品安全监管体系大部制改革的原因。2013年3月10日，国务院公布机构改革和职能转变方案，将组建国家食品药品监督管理总局。大部制改革前，食品安全监管思路是以"分段监管为主、品种监管为辅"，涉及食品安全的政府部门超过14个，具有行政执法管理职责的政府部门有5个，这种多头监管方式容易出现食品安全监管的交叉或者空白，难以做到安全监管的无缝衔接。实行大部制改革后，涉及食品安全监管的部门有3个，具体监管的部门只有食品药品监督管理总局和农业部，因此未来食品安全监管职责将会相对清晰，职责交叉和空白的区域将会大幅减少。

（2）我国食品安全体系大部制改革的内容。本次国内大部制改革实行食品安全由食品药品监管总局负责，农产品（包括肉制品）由农业部负责，食品安全风险评估和食品安全标准制订由新组建的国家卫生和计划生育委员会负责。这种管理方式类似于"两段"管理模式，由于农产品是食品上游，因此未来食品实现从"源头到餐桌"全程监管以及建立溯源和召回系统能否顺利建立还有待部门间的协调。

大部制改革的内容包括改革国务院机构和转变职能，重新设立了国家食品药品监督管理总局。原有的国务院食品安全委员会得以保留，具体职能归国家食品药品监督管理总局承担。国家食品药品监督管理总局的主要职责是对食品的安全性、药品的安全性和有效性进行统一监管，对生产环节、流通环节、消费环节进行系统分工、统筹安排。将有关食品安全检验检测部门、监督管理队伍如质量技术监督部门、工商行政管理归入食品药品监督管理部门。为了弥补食品安全监管的漏洞，做好衔接工作，这次改革组建了新的国家卫生和计划生育委员会专门承担风险评估、食品安全标准制订。农产品质量安全的监督管理归农业部来负责，且将商务部的生猪定点屠宰监督管理职责划入农业部（图5-2）。

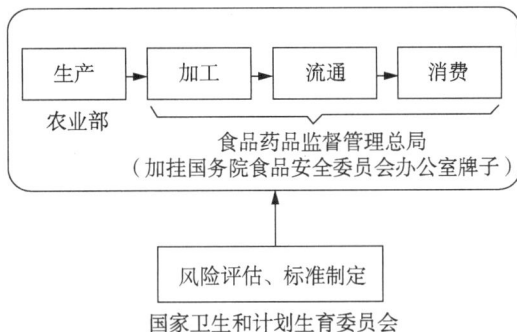

图5-2　中国目前食品安全监管体制模式

食品安全监管再也容不得"懒猫"

3月17日新华报业网讯，江苏特大"地沟油"事件中，东海质量技术监督局原食品生产监管科科长刘某和原稽查大队副大队长陈某，身为食品生产监管和食品执法人员，工作中严重不负责任，不正确履行食品生产监管、执法职责，未能对食品生产企业实施有效监管和违法查处，给人民群众的食品安全带来了严重的危害，造成了恶劣的社会影响。

这些年，我国食品安全的"耗子"为何总是肆无忌惮？其原因之一就是食品安全监管的"懒猫"不少。而且每次出了大事后，"懒猫"大都逃脱了处罚。我们中许多人竟也懒得去谴责和追究管理之责，相关管理部门和人员每次总能以非常正面的形象轻松过关。有如此"懒猫"，又没法律和群众当真计较，"耗子"岂能不肆无忌惮？产生这一现象的重要原因就是监管体制不健全，监管责任划分不明确，监管力度不够大。

食品安全关系人民的生命健康，没有比这再大的事了，民以食为天。所以，我们更希望进一步增强打击危害食品安全渎职犯罪的力度和效果。

建议有三：一是，要设法做到"事前预防"，如江苏特大"地沟油"案渎职犯罪宣判则是"事后补救"，对消费者的实际危害已产生了，判了两名政府监管人员也只能起到威慑来者的作用。我们要建立对食品安全监管者的监管制度和网络，时常深入食品生产、销售和消费领域走访调查，主动及时查办食品安全渎职犯罪案件，不能都搞到"特大"了才动手。

二是，监管失职不能只针对个人，也要考虑面对管理单位。以前，我国食品安全监管涉及生产、流通、经营等多个环节，行政主体包括卫生行政、质量监督、工商行政管理、食品药品监督管理等多部门，权责交叉重叠，一些重大食品安全事故背后都有部门之间互相推诿扯皮、谎报、不报食品安全隐情、消极不作为或玩忽职守等渎职犯罪，但因司法难以认定食品监管渎职犯罪，导致大量食品监管渎职犯罪被放纵或逃脱，这无疑是我国食品安全事故频发的一种重要原因。可现在各地已将或正将原工商、质监、卫生、食品安全部门整合成新的"食药监"，这下没法推了。如果司法解释明确将单位列入食品监管渎职罪的犯罪主体，对食品监管单位犯此罪的，追究单位直接责任人员的刑事责任，将更利于打击食品监管渎职犯罪，有效实现刑法预防犯罪的功能。

三是，面对食品安全保护中相关部门监管不力、监管人员失职渎职问题，检察机关要充分发挥职能作用，食品监管领域渎职犯罪危害后果严重，影响恶劣，当前重要的是注意抓好案件办理的跨区协调，因为目前不少食品安全监管渎职犯罪背后有地方政府权力干预的影子，有一些渎职是"不敢管"，一些地方经济支柱的食品成为食品安全的高危区，没有检察机关对食品安全监管领域渎职犯罪监督和侦查的"全国一盘棋"，"工作失误"很容易就成了监管渎职者脱罪的挡箭牌。

（资料来源：新华报业网，2015 年 3 月 17 日）

❋ **动动脑**

  1. 食品安全的政府监管的重要性有哪些？
  2. 我国食品安全监管体制改革措施有哪些？

第二节　农业企业产品质量管理的含义与方法

❋ **案例导入**

农药残留超标——4 家农产品企业上黑榜

近日，金华市农业局官网对 2014 年度金华全市的农产品质量安全监督抽查情况进行通报。通报显示，整个 2014 年全年，金华市农业部门共对 898 批次的农产品样品进行了抽样检测，发现其中 4 个批次的农产品存在不合格情况，检测整体合格率为 99.55%。

金华市农业局质监处工作人员金康书告诉《钱江晚报》记者，这是金华第一次将检测结果和"红黑"名单挂钩起来。其中，"红榜"上对应的是检测合格的生产经营主体，共 391 家，包含金华全市的生产基地、农业龙头企业、专业合作社、家庭农场、专业种养大户、生猪定点屠宰场、生鲜乳收购站等。

至于不光彩的"黑榜"，是指抽查中存在不合格产品生产经营的主体，分别是兰溪市今夏农业有限公司（西红柿）、浙江天下正方农业发展有限公司（稻谷）、东阳市绿茵蔬菜专业合作社（小白菜）、东阳市绿茵蔬菜专业合作社（空心菜）。

金康书说，检测还是相当权威的，因为样品有的还送到浙江省里，检测的指标则有数十项，主要是农药残留，根据无公害、绿色、有机食品等不同的标准，检测的标准也不一样。

以这 4 家不合格的批次为例，检测发现主要的问题就是农药残留超标，如有的蔬菜打了农药之后是要间隔 10 天才能降解，10 天之后再上市这样对人体就没有危害了，但有的生产主体在打过农药还不到 10 天，就拿来卖了。金康书说，幸好使用的这些农药都不是违禁农药，药性不强。

金华市农业局副局长王培涨说，"红黑榜"对生产经营单位的压力还是很大的，因为一旦上"黑榜"，除了知名度大受影响之外，政府部门还将取消对其的财政支农方面的支持，一些项目也不予其立项，此外，安全监管部门会将其列入重点监管对象，加大检查的频率和力度，追踪其整改情况，直至整改达到要求，"如果检查发现使用了禁用农药，还将直接立案查处。"

总而言之，金华的农产品质量安全状况，还是令大家放心的。

（资料来源：钱江晚报，2015 年 3 月 4 日）

❀ 案例思考

从上面的案例中，你认为应该如何进行农产品质量管理？

一、农业企业产品质量管理的含义

（一）农业企业产品质量管理的含义

农业企业产品质量管理是指农业企业通过一系列作业技术和活动对产品质量形成的各个过程实施控制，包括原材料的采购、生产过程的控制、储运过程控制、包装控制等，使之符合企业生产的质量要求并达到相应的标准，排除会使质量受到损害而不能满足质量及安全要求的各项因素。

（二）农业企业产品质量管理的作用

（1）产品质量管理的目的是产品的固有特性达到规定的要求，满足顾客、法律、法规等方面的质量要求（特别是安全要求）。

（2）产品质量管理是使产品达到规定的质量要求，预防不合格品产生的重要手段和措施。

（3）产品质量管理贯穿于产品形成的全过程，通过对各个环节的有效控制，使得对产品质量有影响的各个过程处于受控状态，持续提供符合规定要求的产品才能得到保障。

二、农业企业产品质量管理的方法

（一）分层法

1. 分层法的定义

分层法也叫分类法或分组法，就是把搜集到的质量数据按照与质量有关的各种因素加以分类，把性质相同、条件相同的数据归在一个组。把划分的组叫作层，然后绘制分层排列图、分层直方图、分层控制图、分层散布图等。分层的目的是把错综复杂的影响因素分析清楚，以便数据能更加明确突出地反映客观实际。

2. 分层的原则

分层的基本要求是应使同一层内的数据波动幅度尽可能小，而层与层之间的差别尽可能大。为了达到要求，一般按照以下原则分层：

（1）按不同操作者、年龄、性别、技术水平、班次等分层；

（2）按设备类型、新旧程度、不同生产线、生产方式分层；

（3）按产地、制造厂、成分、规格、批号、到货日期分层；

（4）按不同操作条件、工艺要求、生产速度以及操作环境等分层；

（5）按测量者、测量位置、测量仪器、取样方法和条件等分层；

（6）按不同的日期、班次进行分层；

（7）按不同的检测手段分层。

分层法是分析处理质量问题成败的关键，应用时需要拥有一定的经验和技巧，且不能简单地按照单一因素各自分层，还应该考虑到各因素之间的相互影响。下面以一家水果罐头厂为例，说明分层法的应用。例如 100 000 听水果罐头是由一台灌装机装灌，然后由甲、乙两名工人在两台真空封口机上封口，甲、乙各封 50 000 听，最后由丙、丁在两台杀菌锅里杀菌。为了便于查找质量事故，就必须把甲、乙两人封装的罐头分别放置，并分别由丙、丁两人杀菌，杀菌后再分别送到恒温室分四处存放，等待验收（图 5-3）。

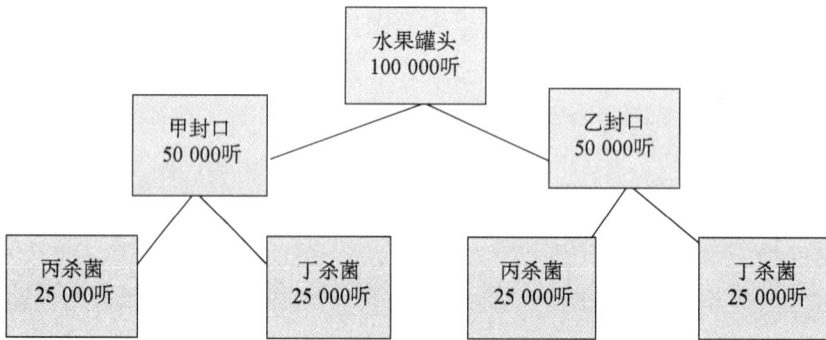

图 5-3　分层排列图

（二）因果图分析法

1. 因果图分析法含义

因果分析图又称特性因素图，因其形状像树枝和鱼刺，也叫树枝图或鱼刺图（图 5-4），它是分析质量问题产生原因的一种方法。为了寻找产生某种质量问题的原因，在广泛听取众人意见的基础上，将众人的意见反映在一张图上。探讨一个质量问题的产生原因，要从大到小，从粗到细，寻根究底，直到能采取具体措施为止。

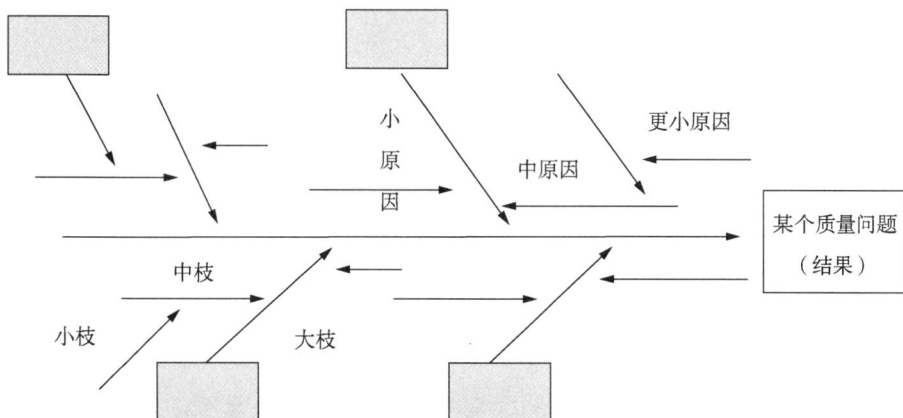

图 5-4　因果图分析法

2. 因果分析法作图步骤

（1）明确要分析的质量问题或确定需要解决的质量特性，如产品的质量成本、工作质量等，并用数据说明。

（2）运用头脑风暴法，列出所有可能影响质量的因素并进行分类，主要按照五大方面原因（人、设备、加工方法、原辅材料、环境）分类，然后再依次细分，并用箭头表示。

（3）深入分析，明确各原因间的因果关系。探讨影响质量问题的一般是按 4M1E（4M: manpower——人力、machine——机器、material——材料、method——方法、技术；1E: environments——环境）分类、设置项目的，逐级分层分析影响质量问题的大、中、小原因，即分析到能采取直接措施解决的原因为止。将这些原因间的关系用箭头表示出来，并将主要原因用方框标出。

（4）对于重要的起决定作用的因素，用红线勾画出来，使之醒目。

（5）注明绘图日期、参加人员及根据 5W1H（5W: what——对象、why——目的、where——地点、when——时间、who——操作人员；1H: how——方法）制订对策表，落实改进措施。

3. 作因果图的注意事项

（1）确定的质量问题，应具体问题具体分析。

（2）查阅有关直方图或控制图，对发生的质量问题作某些补充说明。

（3）将因果图中小箭头所指的原因与现场的实际情况相比较，查看现场是否有明确的技术标准和规定，有无遗漏条件和错误。

（4）分析各原因之间的关系，并研究各种原因有误定量测定的可能，其准确程度如何。

（5）通过研究分析，确定管理点，并提出各管理点上解决质量问题所应采取的措施；对策表制订的措施实施后，应与排列图结合，检查效果。

嘉峪关：实现主要农产品质量可追溯

嘉峪关市于今年年初启动了全市范围建设农产品质量安全全程追溯与综合监管智能平台的试点工作，目前已实现全市主要农产品质量可追溯。

据悉，农产品质量安全追溯管理系统，对播种信息、施肥信息、打药信息、灌溉信息、农残检测信息等生产过程信息进行全程记录。产品销售时，由农户加贴农产品质量安全检验测试部门监制的农产品质量安全追溯标签。消费者可以通过扫描农产品外包装上的识别码，对农产品的产地环境、生产过程等历史信息进行查询。

（**资料来源**：甘肃法制报，2015 年 11 月 10 日）

三、农业企业产品质量管理体系

（一）HACCP 认证体系

1. HACCP 认证的概况

HACCP 是英文 Hazard Analysis Critical Control Point "危害分析关键控制点" 的缩写，它是一个保证食品安全的预防性管理体系，强调的是在生产过程中通过预防措施将可能发生的食品安全危害降到最低限度，而不是靠事后检验来保证产品的安全性。HACCP 管理体系运用食品工艺学、微生物学、化学、物理学、质量控制和危险性评估等方面的原理和方法，对整个食品生产过程中可能发生的生物、化学、物理因素进行危害分析（HA），并针对其中的显著危害在食品生产加工的适当步骤建立关键控制点（CCP），采取相应的控制措施，有效地防止和消除食品安全危害或将其降到可接受的水平。

美国食品微生物标准顾问委员会（NACMCF）在 1992 年正式明确了食品生产 HACCP 体系的七个基本要素：一是进行危害分析；二是确定关键控制点；三是设立临界值；四是确立监控程序；五是建立纠偏措施；六是制订核查程序；七是实施过程记录和保存归档。

2. HACCP 认证的发展态势

（1）国际发展态势。HACCP 体系最早是在 20 世纪 60 年代由美国承担开发宇航食品的 Pillsbury 公司开发应用，目的是保证宇航员在航天飞行中食品安全的绝对可靠。随后被美国食品药品监督管理局（FDA）、美国农业部（USDA）和一些食品加工企业所接受，陆续将 HACCP 原理引入低酸罐头食品、水产品、畜禽产品、果蔬汁加工行业。目前，美国食品零售业和乳品业 HACCP 规范正在进行制订和试点。

随着世界各国对食品安全问题关注度的日益提高，HACCP 体系由于能有效控制食品中的危害，保证食品安全，已成为世界各国普遍认可和接受的用于确保食品安全的体系。近 30 多年来，HACCP 体系在欧盟、加拿大、澳大利亚和国际食品法典委员会（CAC）也得到了广泛的认可和推行。

（2）国内发展态势。HACCP 在中国应用开始于 1990 年，从 1990 年至今，大体可分为三个阶段。

第一阶段：1990—1996 年，实践探索阶段。

第二阶段：1997—2000 年，出口水产品企业实施阶段。

第三阶段：2001 年开始，统一管理阶段。

2002 年国家认监委发布了《食品生产企业危害分析关键控制点（HACCP）管理体系认证管理规定》，要求有关机构和出口食品加工企业按照相应规定，建立、实施、认证和验证 HACCP 管理体系。同年，国家认监委又发布了《出口食品生产企业卫生要求》及《卫生注册需评审 HACCP 体系的产品目录》，要求出口程度较高的食品生产企业进行强制性认证和卫生注册相结合，规定强制要求卫生注册需评审 HACCP 体系的产品有 6 类，即罐头类、水产品、肉及肉制品、速冻蔬菜、果蔬汁、含肉或水产品的速冻方便食品。

经过近三十年的发展，中国 HACCP 的理论研究和应用推广都走在了世界前列。2015 年《中国 HACCP 应用发展报告》白皮书强调，中国应用 HACCP 体系已步入世界先进行列，为提高中国食品安全整体保障水平发挥了重要作用。

从国家法律层面上看，《食品安全法》明确鼓励企业积极采用 HACCP 体系提高食品安全管理水平。

从主管机构上看，认监委是国务院授权的统一管理 HACCP 认证、验证、监督管理和综合协调认证认可工作的主管机构。

从标准层面上看，中国 HACCP 的相关国家和行业标准累计达三十多个，涵盖了从食品生产、加工、流通到最终消费的各个环节。

从企业应用层面上看，我国现获得 HACCP 认证的食品企业 4000 余家，通过出入境检验检疫机构 HACCP 官方验证的出口食品生产企业 6000 家。

随着国内 HACCP 的全面推广，形成了以《食品安全法》为基础，以国家认监委为主导，以各项标准为依据，以企业有效实施为重点的 HACCP 应用和认证体系。

（二）GAP 认证体系

1. GAP 认证的概况

GAP 是英文 Good Agricultural Practice "良好农业规范" 的缩写，核心和实质是农产品标准化生产、规范化管理。主要针对初级农产品的生产，分别制订和执行各自的操作规范，鼓励减少农用化学品和药品的使用，关注动物福利，环境保护，工人的健康、安全和福利，保证初级农产品生产安全的一套规范体系。它是以危害预防、良好卫生规范、可持续发展农业和持续改良农场体系为基础，避免在农产品生产过程中受到外来物质的严重污染和危害。该体系主要涉及大田作物种植、水果和蔬菜种植、牛羊养殖、奶牛养殖、生猪养殖、家禽养殖、畜禽公路运输等农业产业。

2. GAP认证的发展态势

（1）国际发展态势。由于GAP涉及食品保障、安全、质量、生产效率和中长期环境收益等相关方面内容，因而越来越受到各国政府、食品加工界、食品零售界、种养殖业者和消费者的重视，并在各国以政府和行业规范的形式及建立与发展。比较有代表性的GAP体系有：美国加州草莓委员会的"质量保证计划"、英国的"放心食品计划"、澳大利亚的"鲜活农产品安全计划"等。其中在国际上最有影响的是EUREPGAP体系和FAOGAP指南。目前，GAP认证已经被世界范围的61个国家的24 000多家农产品生产者所接受，而且现在更多的生产商正在加入此行列。

（2）国内发展态势。GAP认证在我国刚刚起步，最早主要由国家药品监督管理局、国家中医药管理局组织在中药材生产过程中实施。2003年11月1日开始受理中药材GAP认证申请，所有申报基地都需要符合《中药材生产质量规范（试行）》，2003年起，农业部开展了GAP引进推广研究，并根据出口的要求，在某种植类农产品生产过程中开展相关的认证工作。2005年11月，国家标准委召开GAP良好农业规范系列国家标准审定会，通过专家审定，制订了中国良好农业规范（11项）

2006年1月，国家认监委制订了《良好农业规范》认证实施规则（试行）。2007年8月，为进一步完善中国良好农业规范（GAP）认证制度，推动良好农业规范国家标准的贯彻实施，充分发挥认证认可对促进我国综合农业生产能力和农业可持续发展的作用，国家认监委对2006年1月发布的《良好农业规范认证实施规则（试行）》（CNCA-N-004:2006）进行了修订，自2008年1月1日起施行。

（三）GMP认证体系

1. GMP认证的概况

GMP是英文Good Manufacturing Practices（良好生产规范）的缩写，对不同的行业可以加上不同的定语，如Food（食品）-GMP、Drugs（药品）-GMP等。GMP是一种政府制订并颁布的强制性食品生产、储存卫生法规，也是食品行业的作业规范，是建立和实施HACCP体系的基础。食品GMP详细规定了食品加工、储藏和流通等各个工序中所要求的操作、管理和控制规范，对食品生产、加工、包装、储运的人员卫生健康和建筑、设施、设备、生产、加工工艺等软件、硬件做出了详细的要求和规定。

2. GMP认证的发展态势

（1）国际发展态势。食品GMP于20世纪60年代诞生于美国。进入21世纪，GMP在食品加工行业受到广大消费者和生产者的欢迎。目前，美国已立法强制实施食品GMP，日本、加拿大、新加坡、德国、澳大利亚等我国政府也在积极推动。世界卫生组织（WHO）自1969年开始向各成员国推荐药品GMP，1975年正式提出了指导性文件。

1991—1992年，WHO又根据国际标准化组织（ISO）发布的ISO9000系列标准精神对药品GMP先后两次修改，使之纳入国际标准化轨道。目前世界上已有100多个国家和地区在制药行业已实施或正在实施GMP体系，并要求进行强制性认证或登记注册。

（2）国内发展态势。中国GMP体系的建设与发展起步比较晚，于20世纪80年代初才开始萌芽，最早的《药品生产质量管理规范》（试行稿）于1982年编制。经过几年试行，卫生部于1984年重新修订了《药品生产质量管理规范》，并于1988年3月颁布生效。直至1998年，由新成立国家药品监督管理局拟订并颁布的《药品生产质量管理规范》（1998年修订），形成了我国1998版的GMP指南，这也是我国GMP得到真正意义上实施的开始。时至今日，《药品生产质量管理规范（2010年修订）》（以下简称《规范》）也已颁布，并且为推动规范的实施，国家食品药品监督管理局组织对《药品生产质量管理规范认证管理办法》进行了修订，于2011年8月2日下发了《关于印发〈药品生产质量管理规范认证管理办法〉的通知》（国食药监安〔2011〕365号），规定现有企业血液制品、疫苗、注射剂等无菌药品的生产，应在2013年12月31日前通过规范，其他类别药品的生产应在2015年12月31日前通过规范。

（四）ISO22000认证体系

1. ISO22000认证的概况

国际标准化组织（ISO）于2005年9月1日正式发布了ISO22000标准，即《食品安全管理体系——对食物链中任何组织的要求》。这是一个新的国际标准，建立在HACCP原理之上，旨在保证全球的安全食品供应。ISO22000：2005的出台可以作为技术性标准对企业建立有效的食品安全管理体系进行指导。这一标准可以单独用于认证、内审或合同评审，也可与其他管理体系（如ISO9001:2000）组织实施。

2. ISO22000认证的发展态势

（1）国际发展态势。进入21世纪，世界范围内消费者都要求安全和健康的食品，食品加工企业因此不得不贯彻食品安全管理体系，以确保生产和销售安全食品。为了帮助这些食品加工企业去满足市场的需求，同时，也为了证实这些企业已经建立和实施了食品安全管理体系，从而有能力提供安全食品，开发一个可用于审核的标准成为一种强烈需求。另外，由于贸易的国际化和全球化，基于HACCP原理，开发一个国际标准也成为各国食品行业的强烈需求。ISO22000是一个新的国际标准，其目的旨在保证全球的安全食品供应，该标准适用于所有食品加工企业，它可以对整个食品供应链中组织建立有效的食品安全管理体系进行指导。ISO22000不仅仅是通常意义上的食品加工规则和法规要求，还是寻求一个更为集中、一致和整合的食品安全体系。它将HACCP体系的基本原则与应用步骤融合在一起，既是描述食品安全管理体系要求的使用指导标准，又是可供认证和注册的可审核标准，为我们带来了一个在食品安全领域将多个标准统一起来的机会，也成为在整个食品供应链中实施HACCP技术的一种工具。

（2）国内发展态势。我国从 2002 年起逐步推行 HACCP 管理体系认证工作，在我国的食品行业已得到普遍认识，并积极推广应用，为在我国实施 ISO22000 标准奠定了良好的基础。我国从 2002 年开始对 ISO22000 标准进行跟踪研究，2005 年 10 月已经转化为国家标准。该标准是以 HACCP 原理为基础，集法律法规、管理体系、产品安全性为一身的、全面的食品安全管理体系，在我国推广是完全可行的。但是，由于小型的食品企业现代化程度不高，又缺乏专业人员，在实际运行中会面临不少问题。同时还需看到目前推行时，还会遇到企业基本生产条件和能力的限制。

尽管 ISO22000 是一个自愿性标准，它将是与国际接轨的一个标志，从目前情况看，我国企业采用 ISO22000 可以获得加强计划性，减少过程后的检验，更加有效和动态地进行食品安全风险控制等诸多好处。

四、"三品一标"与农业标准化管理

（一）"三品一标"

"三品一标"是无公害农产品、绿色食品、有机农产品和农产品地理标志的统称，是政府主导的安全优质农产品公共品牌，是当前和今后一个时期农产品生产消费的主导产品。

1. "三品一标"的概念

（1）无公害食品的概念。2002 年 4 月，中国农业部出台了《无公害农产品管理办法》。其中，将无公害食品定义为，指产地环境、生产过程和产品质量符合国家有关标准和规范的要求，经认证合格获得认证证书，并允许使用无公害农产品标志的未经加工或者初加工的食用农产品。

无公害食品在注重产品安全质量的同时，标准要求不是很高，适合我国当前农业的生产发展水平和国内消费者的需求（图 5-5）。

图 5-5　无公害农产品标志

（2）绿色食品的概念。2000 年 3 月 2 日，中国农业部出台了《绿色食品　产地环境质量标准 NY/T 391-2000》。其中，将绿色食品定义为，指遵循可持续发展原则，按照特定的生产方式生产，经专门机构认定，许可使用绿色食品标志商标的无污染的安全、优质、营养类食品。绿色食品分为 A 级和 AA 两类。

①A 级绿色食品。A 级绿色食品是指生产地的环境质量符合 NY/T 391 的要求，生产过程中严格按照绿色食品生产资料使用准则和生产操作规程要求，限量使用限定的化学合成生产资料，产品质量符合绿色食品产品标准经专门机构认定，许可使用 A 级绿色食品标志的产品。

② AA 级绿色食品。AA 级绿色食品是指生产地的环境质量符合 NY/T 391 的要求，生产过程中不使用化学合成的肥料，农药、兽药、饲料添加剂、食品添加剂和其他有害于环境和身体健康的物质，按有机生产方式生产，产品质量符合绿色食品产品标准，经专门机构认定许可使用 AA 级绿色食品标志的产品（图 5-6）。

图 5-6　绿色食品标志

（3）有机食品的概念。按照中绿华夏有机食品认证中心的定义，有机食品是指来自于有机农业生产体系，根据有机食品生产标准生产加工，并通过合法的独立的有机食品认证机构认证的农副产品及其加工品。有机食品是通过不施用人工合成的化学物质为手段，利用一系列可持续发展的农业技术，减少生产过程对环境和产品的污染，并在生产中建立一套人与自然和谐的生态系统，以促进生物多样性和资源的可持续利用（图 5-7）。

图 5-7　有机食品标志

（4）农产品地理标志的概念。标示农产品来源于特定地域，产品品质和相关特征主要取决于自然生态环境和历史人文因素，并以地域名称冠名的特有农产品标志（图 5-8）。

图 5-8　农产品地理标志

2. "三品一标"之间的联系和区别

（1）"三品一标"认证体制比较。无公害食品、绿色食品和有机食品、农产品地理标志认证体制的比较如表 5-2 所示。

表 5-2　无公害食品、绿色食品、有机食品、农产品地理标志认证体制的比较

	无公害食品	绿色食品	有机食品	农产品地理标志
国家管理机构	农业部、国家认证认可监督管理委员会	农业部	国家认证认可监督管理委员会	农业部农产品质量安全中心
认证机构	农业部农产品质量安全中心（农业部直属机构）	中国绿色食品发展中心（农业部所属）	中绿华夏有机食品认证中心、南京国环有机产品认证中心等20家（经国家认证认可监督管理委员会许可）	农业行政主管部门
认证检测机构	产地认定检测机构：全国共191家 产品认证检测机构：全国共89家	产地认定检测机构：全国共71家 产品认证检测机构：全国共38家	有机食品检测机构：全国共120家（2006年1月和8月，以及2007年7月，国家认证认可监督管理委员会分别公布了第一批、第二批和第三批有机产品检测机构名单）	省级工作机构命定的3~5个专家组成品质鉴定组
商标管理机构	农业部农产品质量安全中心	中国绿色食品发展中心	国家认证认可监督管理委员会	农业部农产品质量安全中心
认证监督机构	农业部、国家认证认可监督管理委员会	农业部、国家认证认可监督管理委员会	国家认证认可监督管理委员会	农产品地理标志工作机构
认证有效期	3年	A级：3年 AA级：1年	1年	长期有效

资料来源：赵海燕. 中国における "三品" 認証制度の展开と现状，《フードシステム研究》（Journal of Food System Research），2009（9）

　　无公害食品的国家管理机构和认证监督机构均为农业部、国家认证认可监督管理委员会，认证机构和商标管理机构是农业部农产品质量安全中心。该中心是农业部的直属机构，负责全国无公害食品的认证。无公害食品认证检测机构包括产地认定检测机构和产品认证检测机构，且各检测机构均须取得国家的资质认证（绿色食品和有机食品的认证检测机构亦如此）。其中，产地认定检测机构经质检机构申报，省农业厅审查批准，并报农业部农产品质量安全中心备案同意。产品认证检测机构由农业部农产品质量安全中心确定、签订委托协议书并授权。到目前为止，无公害食品产地认定检测机构全国共191家，产品认证检测机构共89家。无公害食品的认证不收取手续费，其认证有效期限为3年。

　　绿色食品的国家管理机构是农业部。认证机构和商标管理机构都是中国绿色食品发展中心。该中心在全国设立了42家地方绿色食品办公室，其中省一级的35家，市一级的7家。绿色食品的认证检测机构也包括产地认定检测机构和产品认证检测机构，到目前为止，前者有71家，后者有38家。绿色食品的认证监督机构是农业部和国家认证认可监督管理委员会。绿色食品认证需收取手续费，其认证有效期，A级为3年，AA级为1年。

　　有机食品的国家管理机构、商标管理机构及认证监督机构都是国家认证认可监督管理委员会。目前，全国有机食品认证机构共20家。其中，中绿华夏有机食品认证中心（COFCC）是农业部为推动有机农业运动发展而设立的专门从事有机食品认证的机构。此外，有机食品发展中心（OFDC，后改名为"南京国环有机产品认证中心"）是中国成立最早、规模最大，并且是中国唯一获得国际有机农业运动联盟（IFOAM）认可的有机认证机构。目前，全国共有120家有机食品检测机构。有机食品的认证需收取手续费，其认证有效期为1年。

　　农产品地理标志食品的国家管理机构、商标管理机构均为农业部农产品质量安全中心，认证机构为农业行政主管部门，认证检测机构为省级工作机构命定的3~5个专家组成品质鉴定组，认证监督机构为农产品地理标志工作机构，认证有效期有别于"三品"为长期有效。

　　（2）"三品一标"认证标准比较。无公害食品和绿色食品的认证检测，主要是按照认证标准，检查产地环境和产品是否达标，它重视的是在生产过程中，化肥、农药等生产资料是否正确地使用。而有机食品的检查，侧重的是从生产到加工、仓储、运输和贸易全过程操作方法及管理的规范性与实地检查。农产品地理标志侧重的是特点地域所带来的农产品品质和相关特点，详见表5-3。

表 5-3 无公害食品、绿色食品、有机食品、农产品地理标志认证标准的比较

	无公害食品	绿色食品	有机食品	农产品地理标志
目标定位	规范农业生产，保障基本安全，满足大众消费	提高生产水平，满足高层次消费需求，带动农产品市场竞争力全面提升	保持良好生态环境，满足国际市场的需求	为规范农产品地理标志的使用，保证地理标志农产品的品质和特色，提升农产品市场竞争力
认证检查方法	产地环境：抽样检查 生产过程：现场检查 产品：抽样检查	产地环境：抽样检查 生产过程：现场检查 产品：抽样检查	从生产到贸易全过程的现场检查	产地环境：抽样检查 生产过程：现场检查 产品：抽样检查
技术标准	标准体系：a. 产品类标准：种植业产品、畜牧业产品、渔业产品；b. 通则类标准：产地环境准则、投入品的使用准则、生产管理技术规范、认证管理技术规范	A. 标准体系：a. 环境质量标准；b. 生产操作规程；c. 产品标准；d. 包装标准；e. 储藏和运输标准；f. 其他相关标准。 B. 分级标准：从环境质量标准、生产操作规程、产品标准以及包装标准四方面分别制订了 AA 级绿色食品标准和 A 级绿色食品标准	有机产品国家标准：a. 生产标准；b. 加工标准；c. 标识与销售标准；d. 管理体系标准	产地环境、产品质量符合国家强制性技术规范要求
产品质量水平	作为市场准入的基本条件，代表中国普通农产品质量水平，依据标准等同于国内普通食品标准	达到发达国家普通食品质量水平，参照欧洲 EECNO02092/91、国际有机农业运动联合会 (IFOAM) 有机产品的基本原则、联合国食品法典委员会 (CAC) 的标准等，结合我国实际情况而制订。AA 级的标准比 A 级的标准严格	达到美国有机食品标准（NOP）、日本的 JAS、欧洲的 EECNO02092/91 标准等水平，比绿色食品标准更加严格	产品品质和特色主要取决于独特的自然生态环境和人文历史因素
生产方式	通过在生产过程中执行国家有关农业标准和规范，在生产过程中限品种、限数量、限时间地使用安全的人工合成化学物质	通过在生产、加工过程中执行特定的生产操作规程，减少化学投入品的使用。其中，A 级绿色食品允许限量、限品种、限时间地使用安全的人工合成农药、兽药、鱼药、肥料、饲料及食品添加剂，AA 级绿色食品生产过程中不得使用任何人工合成的化学物质，且产品需要 3 年的过渡期	采用有机农业生产方式，有机食品在生产过程中不允许使用任何人工合成的化学物质，而且需要一定的转换期，转换期生产的产品为有机转换产品	产品有独特的品质特性或者特定的生产方式、产品有限定的生产区域范围

资料来源：赵海燕.中国における"三品"認証制度の展開と現状，《フードシステム研究》（Journal of Food System Research），2009（9）

（二）农业标准化管理

1. 农业标准化管理的概念

农业标准化，是指与农业（包括种植业、林业、牧业和渔业）有关的标准化活动，是运用标准化原理对农业生产的产前、产中和产后全过程，通过制订和实施标准，促进先进的农业科技成果和经验迅速推广，确保农产品的质量和安全的活动。农业标准化的主要对象是农业标准化的实施，必将起到指导生产、引导消费和规范市场的作用，也必将促进农产品质量的提高和人民生活水平的改善。

2. 农业标准化的特点

农业标准化所针对的领域是一个特殊的领域，它既有与其他行业相同的标准化的一般特性，又有与其他行业不同的农业标准化特性。

（1）统一性。标准是对具有同等功效的标准化对象或技术要素进行合理的归并、精选和规定，使之在重复运动中，达到通用互换或反复适用，成为共同遵循的依据。因此，标准可以避免人们因认识上的差异而导致的对产品质量高低评价的不一致。

（2）经济性。标准化的目的是为了求得最佳的全面的经济效果，最佳的秩序和社会效益。谋求取得最佳的经济效果，是标准化活动的主要出发点。标准化的经济效果应该是全面的，而不是局部的、片面的。在考虑标准化效果时，经济效果是主要的。

广东南澳县通过农业标准化示范区建设促进海洋生态融合发展

南澳岛面积 111.55 平方公里，人口 7 万多人，60% 以上为农业人口。10 年前，因为海洋资源衰竭以及近海过度捕捞，自然渔业资源严重衰退，渔业捕捞效益逐年下降，岛上大批渔民放弃捕捞业，"洗脚上岸"从事海洋养殖和山地种植业。然而，渔民捕不到鱼，耕地又不够种，上岸渔民成为一个谋求生活存在困难的特殊群体，转产转业成为他们生活的唯一出路。

随着渔民上岸，逐年扩大的海洋养殖和山地扩大种植，难免会带来生态建设与海洋和山地种植发展、生态建设与海洋和山地资源、生态建设与农户增收的矛盾，使得上岸渔民增收与保护海洋生态环境的矛盾日益突出。如何解决生态建设与海岛上生态功能脆弱的问题，成为南澳面临的重大现实问题。

为此，汕头市和南澳县两级质监部门为加强海岛养殖和种植生态系统保护与建设，将农业标准化示范区建设引入海岛生态保护，大力帮扶海岛广大种养户发展生态型农业，走精品农业、特色农业的标准化农业发展之路，从而促进海洋渔业和农业向高端、高质、高效可持续发展。

（**资料来源**：中国质量新闻网，2016 年 1 月 22 日）

（3）科学性。标准化活动是以生产实践和科学实验的经验总结为基础的，总结来自实践，又反过来指导实践，标准化既奠定了当前生产活动的基础，还促进了将来的发展，这说明了标准化活动具有严格的科学性和规律性。

（4）法规性。标准要求对一定的事物（标准对象）做出明确的统一的规定，不允许有任何含糊不清的解释。标准不仅有质的规定，还要有量的规定，不仅对内容要有规定，有时对形式和对其生效的范围也要做出规定。没有明确的规定，就不称其为标准。同时，标准一经颁布并要求强制实施，它就是一项技术法规。农业强制性标准，是政府农业行政执法必不可少的技术依据。

（5）生命性。农产品与工业产品的最大差异是生命性差异，同时，农产品露天生产环境的难控性与工业产品室内生产环境的可控性，决定了农业标准化的实施比工业标准化的实施在时间上滞后，管理上困难。

（6）区域性。我国地大物博，东西南北自然环境差异很大。因此，同一品种在不同地区的生长表现不尽相同，同一农业技术因地区不同，生产条件不同，其效果也不一样。所以，农业标准化具有很强的地域性，需因地制宜，根据不同的地区和不同的自然条件，制订不同的地方标准。地方标准中，也只有农业地方标准可以制订省、市、县三级地方标准，这是考虑了农业标准化区域性较强的特点。

3. 农业标准化管理的内容

农业标准化的内容十分广泛，主要有以下八项。

（1）农业基础标准。是指在一定范围内作为其他标准的基础并普遍使用的标准。主要是指在农业生产技术中所涉及的名词、术语、符号、定义、计量、包装、运输、储存、科技档案管理及分析测试标准等。

（2）种子、种苗标准。主要包括农林果蔬等种子、种苗、种畜、种禽、鱼苗等品种特性和种子质量分级标准，生产技术操作规范，包装，运输，储存，标志及检验方法等。

（3）产品标准。是指为保护产品的适用性，对产品必须达到的某些或全部要求制订的标准。主要包括农林牧渔等产品品种、规格、质量分级、试验方法、包装、运输、储存以及农机具标准、农资标准和农业用分析测试仪器标准等。

（4）方法标准。是指以试验、检查、分析、抽样、统计、计算、测定、作业等各种方法为对象而制订的标准。包括选育、栽培、饲养等技术操作规程、规范、试验设计以及病虫害测报、农药使用、动植物检疫等方法或条例。

（5）环境保护标准。是指为保护环境和有利于生态平衡，对大气、水质、土壤、噪声等环境质量、污染源的检测方法以及其他有关事项制订的标准。例如：水质、水土保持、农药安全使用、绿化等方面的标准。

（6）卫生标准。是指为了保护人体和其他动物身体健康，对食品饲料及其他方面的卫生要求而制订的农产品卫生标准。主要包括农产品中的农药残留及其他重金属等有害物残留允许量的标准。

（7）农业工程和工程构件标准。是指围绕农业基本建设中各类工程的勘察、规划、设计、施工、安装、验收，以及农业工程构件等方面需要协调统一的事项所制订的标准。如塑料大棚、种子库、沼气池、牧场、畜禽圈舍、鱼塘、人工气候室等。

（8）管理标准。是指对农业标准领域中需要协调统一的管理事项所制订的标准。如标准分级管理办法、农产品质量监督检验办法及各种审定办法等。

农业标准化管理是根据《中华人民共和国标准化法》和有关法律、法规规定，建立健全农产品质量标准体系、质量检测体系、执法监督体系，对农产品的生产、运输、储存、销售进行质量监督，加强农业标准化工作，促进农业技术进步，提高农产品质量，维护生产经营者和消费者的合法权益。

🍁 动动脑

1. 农业企业产品质量管理体系有哪些？
2. 什么是"三品一标"，它们的区别和联系是什么？

第三节　农业企业环境管理的含义与方法

🍁 案例导入

獐子岛海洋牧场生态环境持续优化

"钓大鱼，看鲸鱼"是獐子岛集团休闲渔业板块日常宣传的几个看点之一。在獐子岛上，经常出海的员工一般都笑谈，"看鲸鱼要看人品"，7月22日参与獐子岛2015年夏季海洋牧场资源外部调研的投资者、行业研究员、海洋专家等无疑是人品集中暴发，在调研虾夷扇贝拖网采捕的途中，在"船老大"的指引下，就亲见了獐子岛海洋牧场水域的鲸鱼。对此，随船参与调研的海洋专家苏延明教授表示，鲸鱼的出现也说明了獐子岛海域生态的持续恢复与改善。

獐子岛董事长秘书孙福君在接受记者采访时表示，公司一直秉持耕海养海，可持续发展的理念，不断加强海域生态的保护力度，通过建设海洋牧场，使得海域环境不断改善。岛上严禁养殖家禽和牲畜，岛上的垃圾实现了外运，公司还在海洋牧场开辟了1000亩人工鱼礁专属钓场，投放了万吨级人工鱼礁，在海洋牧场的利用上，除了正常的轮播轮捕，拖网采捕过的海域还会有一年的休整期以恢复生态，加上岛内居民多年对鱼类资源的保护，许多其他区域难以看到的黄条鲕、大头鳕鱼、鳀鳅鱼、海鲈鱼等都在这里栖息生活，斑海豹、鲸鱼等在这里出没也就不足为奇。

孙福君表示，此次夏季调研不同于春季的底播扇贝抽测，抽测主要侧重于了解和掌握底播扇贝的存量及生存状态，而此次调研主要是为了提升公司的透明度，让投资者实地看一看，更加直观地了解公司海洋牧场资源情况，以便投资者更加客观地评估公司投资价值。同时，在风险控制上，也可以借此机会，对夏季的扇贝长势有个粗略的掌握和判断，特别是参与此次调研的苏延明教授是有着丰富经验的海洋水产专家，可以帮助公司更好地监测海洋牧场情况，防控风险。

在调研活动中，公司海洋牧场业务群执行总裁梁峻与投资者交流时表示，公司将确权海域分为避让区和识别区，对外海的深海区域进行适当的避让，对适养海区进行甄别分类与筛选，并对生态容量进行评估。记者在公司的良种厂了解到，大西洋深水贝、厚壳贻贝、海鞘等新品种都在积极地研发和培育过程中，特别是更适合深水海域的大西洋深水贝已经进入到了中试阶段，并实现了小规模的试播，目前来看效果良好。实验成功后公司将审慎地逐步推广，把目前避让的深水海域逐步地利用起来。

孙福君向记者介绍，獐子岛海洋牧场采取的是一种接近于自然的、可循环、可持续的渔业生产模式，在利用海洋资源的同时，重点是要保护海洋生态系统，尊重海洋的自然规律。记者了解到，今年4月獐子岛虾夷扇贝渔场通过了MSC可持续渔业标准认证，成为我国首家通过此项认证的渔场。作为被普遍认为是世界上对野生捕捞和增殖渔场最严格和最科学的认证程序，通过MSC认证，也说明了对獐子岛集团在可持续发展、生态多样性以及良好的管理体系方面的认可与肯定。

除了从海里可以直接看得到的改变，其实从公司历年来的报表中也不难发现，海胆、海螺等野生单品的产量和收入近年来也一直在稳定地持续上升，这也印证了海洋牧场的生态优化和环境产出能力的不断提升。海洋专家苏延明教授表示，通过海洋牧场让海洋生态得以修复，生物链条得以延续，保持海洋的生物多样性，将可以提高养殖海域的产出能力。修复和优化受损生态环境和水产生物资源是保障近海渔业健康可持续发展的关键所在。

（资料来源：证券日报，2015年7月13日）

🌿 **案例思考**

结合上述案例说说实施农业企业环境管理的意义。

一、农业企业环境管理的含义

（一）环境管理的含义

环境管理是对损害环境质量的人的活动施加影响，以协调发展与环境的关系，达到既要发展经济满足人类的基本需要，又不超出地球的生物容许极限。其具体含义如下。

1.环境管理的实质是要限制人类损害环境质量的行为

环境保护工作主要是解决人为造成的环境问题，所以环境管理实质上是要限制人类损害环境质量的行为。至于要限制哪些行为，怎样去限制，不同的时期有着不同的内容。

2.环境管理的本意是运用新增资源来补偿环境资源的损失，以恢复和改善环境质量

从社会经济的角度看，污染消耗和降低了环境资源的质量。工农业生产的现代化一方面消耗环境资源、降低环境质量，另一方面又为社会创造新增资源。因此，环境管理的本意是如何运用这些新增资源来补偿环境资源的损失，以恢复和改善环境质量。

3.环境管理应与经济发展同步

在考虑经济发展计划时，首先要考虑资源和环境容量。这样才能做到既要发展，又不超出地球的生物容许极限。

（二）环境管理的内容

从性质方面来分，环境管理可分为三个方面。

1.环境质量管理

企业的环境质量管理是为了改善环境质量，对本企业污染物排放造成的环境影响加以控制而后防止的管理工作。

企业环境质量管理的主要任务有：

（1）组织环境评价（现状评价或影响评价），掌握企业的环境质量状况；

（2）进行环境监测，了解企业的环境质量动态，建立环境监测档案；

（3）编写《企业环境质量报告书》。

2.环境技术管理

环境技术管理是为了改善企业环境质量，对企业生产经营中危害环境的行为从技术上进行管理。为了使企业的各项技术活动既能发展生产，又不破坏环境，这就需要加强企业的环境技术管理。

企业环境技术管理的主要任务有：

（1）研究企业环境污染防治的技术对策，落实国家和地区的环境技术政策，贯彻执行国家和地区的环境标准；

（2）制订企业实现环境目标的技术方案；

（3）把各项环保技术要求纳入到企业各项技术规程中去；

（4）组织环境质量现状评价和环境影响评价；

（5）组织环境保护科学研究；

（6）规定产品标准和工艺标准的环保要求；

（7）改革工艺和产品结构，综合利用资源和废弃物质资源化、无害化；

（8）采用适合本企业的环境监测技术，做好环保技术档案和环保情报管理。

3.环境计划管理

为了适应国民经济的发展，国务院要求各级人民政府在制订国民经济和社会发展计

划规划时，必须把对保护环境和自然资源的要求和措施切实纳入计划和规划，加强计划管理。企业的环境计划即根据这个要求制订的，其内容可以分为较长时间的环保规划和较短时间内的环保计划。企业环境计划管理则是指通过编制环保计划、分工执行、督促检查，把环境管理工作组织起来。

企业环境计划管理的具体任务是：

（1）制订企业环境规划和年度计划，并纳入到企业的规划和计划中。

（2）检查环境计划执行情况以及协调环保计划在执行中各部门之间的工作关系，使发展生产和环境保护相适应。

二、农业企业环境管理的方法

要建立科学的环境管理必须以相应的方法为保障，农业企业环境管理的方法主要有以下几个。

（一）建立健全环境管理体系

近年来，我国一批企业因加强环境管理，注重企业环保形象而取得了成功。如长岭电冰箱、电冰柜因实现无氟利昂，产品很受国外欢迎；青岛海尔集团在国际环保浪潮中，抓住机遇，接受挑战，将环境保护作为公司基本发展战略，并视其为自身发展的内在要求，顺利通过了"欧盟"的环保认证，成为我国第一批"环境"标志产品。

环境管理是企业管理体系的一部分，是一套系统的规范、程序和运行机制，其职责是：环境方针的制订、实施、评审、纠正以及维护和实施环境目标所必需的组织结构、计划活动、职责分工、操作惯例、程序和过程等。ISO14001标准规范了环境管理体系的基本内容和要求，向各类企业提供了一个标准化的环境管理体系的模式。

实施有效的环境管理体系，可以为企业走向世界获得一张通行证，它所伴随的潜在效益是可兑现对顾客相应的环境管理承诺，拓展资金来源，提高企业形象和市场份额，改进成本控制，减少责任事故的发生，降低材料和能源的消耗，改善产业与政府机构之间的关系。企业应实施一个有效的环境管理体制，以保障人类健康及环境不受其产品活动和服务所带来的潜在危害，并为维护和改善环境质量提供帮助。

环境管理体系的健全是一个不断发展和具有交互作用的过程。体系策划与设计是企业建立环境管理体系进入实质性的起步阶段。它是在初始评审的基础上进行的，并应结合企业的财力、物力、现有技术水平及其人员素质来进行策划与设计，如内部绩效水准的评价，适应法律、法规与标准的确定，确定环境方针，制订环境目标与指标，制订环境管理方案等。

（二）加大环境保护的投入力度

20世纪70年代以来，工业发达国家总结并吸取了环保工作过去先生产后治理的经验教训，一方面政府拨出可观的经费进行治理，另一方面企业也不断加大环境保护的投资力度，创新保护生态环境的设施，研究新产品、新工艺以及治理污染的技术，这一切都需要高水平的财政支持和强大的经济实力作后盾。国际环境专家的研究表明：一个国家污染治理投入占国民生产总值的 1%~1.5% 时，可以基本控制环境污染；达到 2%~3%，经过几十年努力，才能逐步改善环境。资金投入是政府和企业建立、运行和维护环境管理体系必不可少的先决条件。为此，世界上很多国家和企业都不断加大环境保护的投资力度。

（三）加强环境管理，贯彻 ISO14000

ISO14000 环境管理系列标准的目标就是通过规范企业的环境行为，以便最大限度地节约资源、能源，改善环境质量，保持环境和经济发展相协调，促进经济持续发展。企业注重环境保护，加强环境管理，节约原料、能源，并采取废弃物资源化循环利用等措施，由此产生的经济效益是显著的。对环境负责，就是对消费者负责，必然会赢得顾客，赢得市场。

（四）采取措施向 ISO14000 靠拢

推行 ISO14000 有助于产品顺利通过绿色贸易壁垒而进入国际市场，有助于我国开发"绿色产品"和发展环保技术，建立可持续发展出口商品结构。同时必须看到，ISO14000 的实施将掀起新的绿色消费浪潮，可能形成更强的贸易壁垒。由于我国经济发展水平较低，环保技术较落后，企业及公众的环保意识相对较差，要获得 ISO14000 的认证难度很大。因此，环境审核对我国企业带来的挑战可能会多于机遇。

ISO14000 的实施是不可阻挡的国际潮流，任何逃避或抵制行为都是不明智的。在 ISO 讨论、制订 ISO9000 时，日本采取了不赞成态度，未做好实施准备。而当 ISO9000 在世界上形成了一股潮流，日本向欧洲、美国出口商品时则受到限制，遭受了巨大的损失。我国企业应该认清达不到 ISO14000 标准的严重后果，采取积极有效措施，向 ISO14000 标准靠拢。

（五）关注和参与 ISO14000 行动

鉴于 ISO14000 系列标准的重要性，该标准的起草、制订受到国际大型企业的普遍关注。我国企业特别是出口贸易比例较大的农业企业应格外关注 ISO14000 的国际动态，并力争通过有关组织、部门，将我国农业企业环境管理的一些思路反映到 ISO14000 标准中。对国家及地方政府举办的有关 ISO14000 的研讨会、培训等活动，农业企业应积极参与，以出口贸易为主的企业及其他有条件的企业应采取主动措施，力争尽早达到 ISO14000 标准，并获得 ISO 的认证。

（六）推行清洁生产

ISO14000 对企业环境管理、企业环境行为以及产品生命周期提出了一系列要求。我国企业应对照 ISO14000 的要求，根据自身经济、技术条件，采取有效措施，以最终达到要求并获得认证。ISO14000 要求企业从产品的开发设计、加工制造、流通、使用、报废处理到再利用的全过程，都要考虑和达到环境保护的要求。因此，在环境组织健全、体系完善的基础上全面推行"清洁生产"工艺是从根本上解决资源浪费和环境污染的关键。企业应着眼于生产过程中减少污染物的产生量，同时要求废弃物最大限度资源化，不仅考虑产品的生产工艺，而且对产品结构、原料和能源替代、生产运营和现场管理、技术操作、产品消费，直至产品报废后的资源循环等诸多环节进行统筹考虑，使产品从设计到报废都符合环境保护的要求。

将清洁生产的理念引入农业生产领域不仅是国际上的一种潮流，也是《清洁生产促进法》的具体要求，更是我国农业实现可持续发展的根本出路。《清洁生产促进法》中规定，农业生产者应当科学地使用化肥、农药、农用薄膜和饲料添加剂，改进种植和养殖技术，实现农产品的优质、无害和农业生产废物的资源化，防止农业环境污染。这是对农业清洁生产的基本要求。农业清洁生产的核心是采取综合措施，充分利用农业生物资源和生物技术，减少农药、化肥等农用化学品的使用，进而达到减少污染、产品优质无害以及提高农业生产效益的目的，达到这一目的的途径则是发展有机农业、生态农业。

（七）发展生态农业

发展生态农业可以采取以下措施。

1.加大无污染技术的开发力度

主要包括：生物肥料、控释肥、缓释肥等新型肥料技术，有机无机肥料、可降解农膜等新材料技术和精量施肥技术、污水降解技术、废弃物沼气处理技术、畜禽粪便处理技术、秸秆综合利用技术、农膜揭膜和回收等新技术，积极推行水、肥料、农药综合管理技术，提高利用效率，降低和控制污染。

2.推广以秸秆覆盖、保水保土为中心的保护性耕作技术

这是解决我国农业资源与环境恶化问题的重要举措。中国农业大学等科研力量在科技部、农业部等有关部门的支持下，借鉴国外的经验，在我国开展了保护性耕作试验研究，在山西、河北等省经过 10 年的连续试验，证明农田有了秸秆覆盖和根茬固土，土壤水蚀减少 80%、大风刮起的沙尘减少 60%。由于秸秆用作覆盖，彻底消除了焚烧秸秆现象。保护性耕作还使土壤肥力得到恢复，如山西临汾小麦试验区，10 年时间有机质含量从 0.89% 增加到 1.34%，蚯蚓从零发展到每平方米 10~15 根，土壤的团粒结构增加。农民采用保护性耕作技术还可以降低生产作业成本 15%~20%，增产 10%~15%，使收入增加 20% 左右。

3. 推行节约资源、对环境较好的农业生产方式

这些方式包括：如膜下滴灌节水模式、精确施肥防止面源污染模式，推广配方施肥、平衡施肥，使用缓释肥料，改进施肥方法，使肥料供给和作物生长发育需求相一致，达到高产、优质、节本、不造成面源污染的目的；免耕少耕保水保土、保持地力模式，利用残茬覆盖，保护土壤，防止水蚀和风蚀，减少水分蒸发；杜绝秸秆焚烧，促进秸秆还田，提高营养物质归还量，培肥地力；降低作业成本，提高农业效益。

4. 建立健全无公害农产品法律法规及检测体系

通过建立和完善农业生态环境检测、评价及预警系统，强化农产品生产基地及产品安全管理，创建具有环保特色的无公害农产品生产示范基地及品牌。此外，还需建立和完善农村农业环境综合整治定量考核制度、农用化学品环境安全管理制度、农村经济模式与农村自然资源利用方向评估制度等。

嘉博文：从技术创新者到生态服务商

在用科技创新推动生态建设的进程中，中关村示范区再次走在了前列。11 月 11 日，在由国家知识产权局和世界知识产权组织联合主办的第十五届中国专利奖颁奖大会上，中关村示范区企业北京嘉博文生物技术有限公司（以下简称"嘉博文"）凭借原创专利技术"采用餐厨废弃物制备生物腐植酸的技术与工艺"摘得中国专利金奖，为中关村专利再添一金，这也是我国垃圾资源化利用行业的第一个专利金奖。

凭借将这项专利对接行业内外进行产业化应用，嘉博文也从一个技术创新者变身成为一个土地生态解决方案服务商。一斑窥豹，中关村示范区的节能环保产业，已成为用科技创新助力首都生态文明建设的重要支撑。2013 年前三季度，中关村示范区企业共申请专利 23 351 件，同比增长 27.4%，占同期北京市专利申请量的 27.8%。同期，示范区企业获得授权专利 15 504 件，同比增长 38.4%（其中实用新型专利授权同比增 67.8%），占北京市专利授权量的 32.7%。 10 个小时变废为宝"我们生活中常见的餐厨废弃物放到这样的设备里，仅仅需要 10 个小时的处理，就能转化成可以改良土壤、使农业增产增收的'生物腐植酸'，而且比上万年形成的草炭腐植酸指标还要高。"在被喻为"绿色北京"新八景之一的北京朝阳循环产业园的高安屯餐厨废弃物资源化处理厂内，嘉博文首席执行官于家伊向北京商报记者介绍着他们获得中国专利金奖的核心技术——采用餐厨废弃物制备生化腐植酸的技术与工艺。大循环、全利用的思想成为这项专利的主线。据介绍，在十年的时间里，嘉博文持续研发通过生物装备工业技术进行精准生物降解，把有机废弃物快速地全部转化为工业化的高品质碳肥，作为有机土壤调理剂，为土壤补碳，以解决农业单纯依靠施用化肥带来的土壤退化等问题。

嘉博文生产的生物腐植酸肥料已经在全国十省市的 20 多种水果蔬菜中广泛应用，连续八年 100 多万亩，培育了昌平草莓、昌平苹果、安丘出口基地等一批优质农产品基地，

按亩增收 3000 元计，带动农民增收 30 亿元。

（资料来源：嘉博文：从技术创新者到生态服务商，作者：方彬楠，2013 年）

三、农业企业环境管理体系

（一）农业企业环境管理体系的含义

1. 环境管理体系含义

根据 ISO14001 定义，环境管理体系是一个组织内全面管理体系的组成部分，它包括为制订、实施、实现、评审和保持环境方针所需的组织机构、规划活动、机构职责、惯例、程序、过程和资源，还包括组织的环境方针、目标和指标等管理方面的内容。

2. 农业企业环境管理体系

农业企业环境管理体系是指农业企业以可持续发展及循环经济理论为基础，通过法律、经济、行政、技术、管理、教育等手段，控制对环境的影响，实现发展生产和环境保护双赢的管理体制。它既是国家和企业可持续发展战略实现循环经济的一项重要内容，也是传统企业管理模式的一场深刻变革。

（二）农业企业环境管理体系认证

认证制度是一项规范化、标准化的制度，它是通过一系列标准文件和规范化的程序对环境管理体系认证机构及人员进行监督和管理。近年来，随着 ISO14000 系列标准在全球范围内的实施，国家认可制度也扩展到环境管理体系认证领域。

1. ISO14001:2015 环境管理体系认证

（1）ISO14000 产生背景。从 20 世纪 80 年代起，美国和西欧一些公司为了响应持续发展的号召，减少污染，提高在公众中的形象以获得商品经营支持，开始建立各自的环境管理方式，这是环境管理体系的雏形。1985 年荷兰率先提出建立企业环境管理体系的概念，1988 年试行实施，1990 年进入环境圆桌会议上专门讨论了环境审核问题。英国也在质量体系标准（BS5750）基础上，制订 BS7750 环境管理体系。英国的 BS7750 和欧盟的环境审核实施后，欧洲的许多国家纷纷开展认证活动，由第三方予以证明企业的环境绩效。这些实践活动奠定了 ISO14000 系列标准产生的基础。

国际标准化组织（ISO）于 1993 年 6 月成立了第 207 技术委员会（TC207），正式开展环境管理系列标准的制订工作，以规划企业和社会团体等所有组织的活动、产品和服务的环境行为，支持全球的环境保护工作。

（2）ISO14000 的基本内容。ISO14000 是国际标准化组织第 207 技术委员会（TC207）从 1993 年开始制订的一个系列环境管理国际标准，它包括环境管理体系、环境审核、环境标志、生命周期评估等国际环境管理领域内的许多焦点问题，旨在向各国政府及各类组织提供统一的环境管理体系，产品的国际标准和严格、规范的审核认证办法。ISO

14000 的标准共分 7 个系列，有 100 个编号，其编号为 ISO14001~14100（表 5-4）。

表 5-4　ISO14000 系列标准及标准号分配表

	名　　称	标　准　号
SC1	环境管理体系（EMS）	14001~14009
SC2	环境审核（EA）	14010~14019
SC3	环境标志（EL）	14020~14029
SC4	环境行为评价（EPE）	14030~14039
SC5	生命周期评估（LCA）	14040~14049
SC6	术语和定义（T&D）	14050~14059
WG1	产品标准中的环境指标	14060
	备用	14061~14100

（3）实施 ISO14000 的意义。ISO14000 以可持续发展为原则和以支持环境保护和污染预防、协调它们与社会需要和经济需要的关系为总目标，通过建立符合各国的环境保护法律、法规要求的国际标准，在全球范围内推广 ISO14000 系列标准，以改善全球环境质量，促进世界贸易，消除贸易壁垒。实施 ISO14000 将有助于国际环境原则的统一和协调，促进国际贸易公平竞争，帮助企业获取国际贸易的"绿色通行证"；增强企业市场竞争力，扩大市场份额，改善企业形象，增加社会对企业的信任感和亲和力；使企业改进产品性能，制造"绿色产品"，改革工艺设备，实现节能降耗节约成本，减少污染；在污染预防、环境保护方面也有明显的效果，使企业能避免因环境问题所造成的经济损失；提高员工环保素质和企业内部管理水平，减少环境风险，实现企业可持续经营。

2. 环境管理体系认证制度

我国已建立起一套完整的、科学的、与世界同步的环境管理体系认证制度。

1995 年 10 月成立了全国环境管理标准化委员会，迅速对 ISO14000 系列标准中已颁布的前 5 个标准进行了等同转换，因而环境管理体系及环境审核也就构成了今天意义上的 ISO14000 的主要内容。这 5 个标准是：

GB/T 24001/ISO14001—《环境管理体系——规范及使用指南》；

GB/T 24004/ISO14004—《环境管理体系——原则、体系和支持技术通用指南》；

GB/T 24010/ISO14010—《环境审核指南——通用原则》；

GB/T 24011/ISO14011—《环境管理审核——审核程序——环境管理体系审核》；

GB/T 24012/ISO14012—《环境管理审核指南——环境管理审核员资格要求》。

为了统一领导我国的 ISO14000 认证工作，国务院 1997 年 4 月成立了中国环境管理体系认证指导委员会（简称指导委员会）。指导委员会下设环境管理体系认证机构的认可和认证人员注册机构，从体制上和制度上为我国的 ISO14000 认证工作提供了保证，也为

认证 / 注册的国际互认奠定了基础。从 1997 年起，我国就开始实施国家认证制度，全面开展对人员、机构的认可工作，并在实施国家认可制度之初，就确立了与国际接轨的原则，严格地把国际通行的认可机制与我国的国家认可制度相结合，建立起一套完整的中国环境管理体系国家认可制度，为 ISO14000 系列标准在我国的推广奠定了基础。

我国的环境管理体系认证国家认可制度自 1997 年建立以来，在规范管理我国的环境管理体系认证方面取得了很大的成效并努力实现国际互认。到 2001 年 11 月我国已有 17 家认证机构通过中国环境管理体系认证委员会的认可，有 417 家企事业单位获得了由上述机构颁发的 ISO14000 环境管理体系认证证书。环境管理体系认证工作的开展是对我国先行环境管理制度的有益补充，对于促进环境保护、提高企业环境意识、改善环境质量起到了积极的作用。认证企业涉及范围广泛，有电子、通信设备、制造业、化工、机械、服务、农业等行业。

3. 农业企业环境管理认证程序

（1）环境管理体系审核。在 ISO14011 环境管理体系审核程序的标准中，规定了环境管理体系审核的定义，即"环境管理体系审核是客观地获取审核证据并予以评价，以判断一个组织的环境管理体现是否符合环境管理体系审核准则的一个系统化和文件化的验证过程，包括将这一过程的结果呈报委托方"。环境管理体系审核是判定一个组织的环境管理体系是否符合环境管理体系审核准则，进而决定是否给予该组织认证注册的一个重要步骤。

所以环境管理体系审核首先应以客观事实为依据，审核证据必须真实可靠；其次审核工作要遵循严格的程序，审核内容应覆盖环境管理体系标准的 17 个要素；最后审核各个步骤的工作内容都需形成文件，以保持可追溯性。例如，文件审核要有审核报告、现场审核要有检查清单及详细的记录等。

（2）实施环境管理体系审核的程序和要求。

①启动审核阶段。在接受委托方的审核申请后，如认证机构确认受审核方符合实施审核的基本条件，即可安排人员去受审核方进行初访，以了解受审核方的规模、性质、特点及环境状况等基本情况，并共同确定审核范围，进而双方签订审核合同。启动审核阶段的主要工作是文件预审，包括对环境管理手册、程序文件以及必要的环境背景资料文件的审核。

②审核准备阶段。主要工作内容是在认证机构内部完成的，其中包括：制订审核计划、组成审核组并对审核组成员的工作进行分工，编制现场审核用的工作文件等。这里工作量最大的是编制现场检查清单，审核人员要在仔细阅读受审核方的环境管理手册及程序文件的基础上，列出现场审核中对各部门的检查内容。

③实施现场审核阶段。根据 ISO14011 标准，这一阶段的工作程序又可分为四部分。

一是首次会议。审核组长要向受审核方的管理层人员介绍审核组成员，要共同确认审核范围、审核准则和审核进度等。

二是收集审核证据。审核组成员须到企业的各有关部门和生产现场去，通过交谈、现场观察和查阅文件、记录等方式收集审核证据以便判定受审核方的环境管理体系是否符合审核准则。现场审核原则上采用抽样方式进行，但为了保证审核工作的质量，审核组在现场审核中至少包括以下四项内容：①现场审核应覆盖 ISO14001 标准内的 17 个要素，包括与最高管理层座谈环境方针及管理评审的贯彻、实施情况，检查目标、指标和环境管理方案的具体执行情况。②要对与重要环境因素有关的作业点进行审核（包括显在的和潜在的重要环境因素作业点），在这些作业点要与负责人和操作工人交谈，以了解他们是否具备了这些岗位所要求的知识与技能，这些作业点是否执行了环境管理体系文件中规定的要求。③要检查各种重要的环境管理记录，包括：各种主要污染物的监测记录、法律法规的收集记录、环境管理体系内审记录、管理评审记录、培训记录等。通过这些记录判定体系的运行状况和效果。④现场观察，审核员要对生产现场、动力设施现场、环保设施现场、危险品及化学品库房等进行现场检查，以判断是否有重要的环境因素被遗漏，检查环境管理体系的实施情况及员工的环境意识等，做到全面了解环境管理体系在本组织的运行状况。

三是审核方与受审核方共同评议。对审核中所发现的问题进行分析评审，以找出受审核方在体系上存在的问题。为了更加慎重起见，对于这些审核发现都要与受审核方的环境管理人员共同评议一次，以确认所有审核发现的事实依据。

四是末次会议。审核组长向受审核方宣布审核中发现的不符合项以及现场审核结论。

④编制审核报告阶段。审核组在完成现场审核后，要编制审核报告。审核报告中应包括受审核方的基本情况、环境管理体系文件评审情况、现成审核情况及审核结论等。如果审核组认为受审核方的环境管理体系符合审核标准，则推荐注册，经认证机构技术委员会审议后即可批准注册。

🌱 链接案例

首农集团食品安全质量可追溯体系的构建与实施

北京首都农业集团有限公司（以下简称首农集团）成立于 2009 年。截至目前，首农集团资产总额 304 亿元，集团员工近 5 万人，京内外土地面积 220 万亩。首都农业集团在畜禽良种繁育、养殖、食品加工、生物制药、物产物流等方面具有行业明显优势，业已形成从田间到餐桌的完整产业链条，拥有 5 家国家级重点农业产业化龙头企业和"三元""八喜""峪口禽业""太子奶""丘比" 5 个中国驰名商标，"三元""华都""双大" 3 个"中国名牌"及一批著名商标，并与多家国际知名企业建立良好合作关系，具有较强的市场竞争力和影响力。

首农集团始终将农产品、食品生产经营作为主营业务。2012 年，首农集团农牧渔业总产值 85.65 亿元，奶牛存栏 4.34 万头、生猪 5.31 万头，粮食产量 8150 吨，蔬菜产量 2045 吨，禽肉制品产量 22 万吨，乳制品产量 239343 吨。经过长期的积累和发展，首农集团在农产品领域涵盖了蔬菜、水果、畜肉、禽肉、奶等主要农产品，同时一部分企业从事食用农产品、食品流通业务，食品质量安全管理行业跨度大、种类多、经营分散，质量管理难度日益加大。在长期的生产过程中，首农集团充分发挥组织优势、人才优势，充分履行国有企业社会责任，在食品质量安全管理方面加大投入，大力推进体系认证、质量认证，形成了较为健全的食品质量安全保障体系，经受住了一系列食品安全事件的考验，为保障首都食品安全、维护首都社会稳定做出了突出贡献。然而，随着市场化的发展，从农场到餐桌产业链条越来越长，从业者越来越多，保障食品、农产品质量安全难度也越来越大，任何一个环节的疏忽都可能导致食品安全隐患。面对现实情况，面对集团庞大的食品产业，首农集团感到单纯依靠传统方式来确保食品安全，困难较大，需要创新理念，积极借鉴国内外先进经验，在进一步加强体系认证、质量认证等传统质量管理措施的基础上，充分运行信息技术发展成果，建立首农集团食品安全质量可追溯体系，实行全程质量监控，以此进一步提高首农集团食品安全保障能力。建立运行良好的食品安全质量追溯体系具有以下优势。第一，政府丰富监管手段，提高监管效率，有利于对农产品质量安全实行动态监管，一旦出现质量问题，可迅速界定责任，维护消费者利益；第二，消费者能够通过包装标识，查找到从田间到市场任何环节的时空变化及责任主体，有利于消费者感受到来自生产者的责任与承诺，满足消费者对质量安全的心理期盼，提升消费者的消费信心；第三，企业将信息流与实物流紧密地联系起来，将质量安全落实到每个量化批次或者每个个体，提高企业信息化管理水平，降低问题产品召回风险。

北京三元食品股份有限公司 2013 年开始进行质量追溯系统建设工作，主要从以下三个方面开展工作：第一，开展原料乳生产过程微生物分布与污染控制研究，建立北京地区典型原料乳生产与储运过程中微生物分布图，确定关键控制环节；第二，针对乳品产业链质量安全在线监控技术进行研究，集成研发适合中小规模奶牛养殖的移动生奶收集系统及乳品加工过程质量安全关键控制点监控装置、产品追踪与追溯装置；第三，原料乳质量安全数据管理系统开发。三元食品拟通过以上工作的开展，建立从奶牛养殖、原料乳收集到储运、验收过程的原料乳质量安全数据管理系统，开发质量安全在线监控与产品追踪、追溯装置，建立乳品产业链质量安全在线管理系统，建设企业产业链质量信息的数据中心和追溯系统，实现奶粉、液奶等大宗乳品在二、三线终端相对小而分散市场的产品可追踪与可追溯，实现乳制品从原料乳生产、中间加工、物流到销售、销售后的全产业链的安全监控与数字化管理。

首农集团开展质量可追溯体系取得的经济效益和社会效益显著。经济效益通过追溯项目的运行实施，消费者对首农集团质量可追溯产品更加信赖，产品质量获得了消费者的一致认可。从 2008 年至今，首农集团旗下肉鸡公司、金星鸭业、黑六牧业、南口农场等公司增加利润 1600 多万元，在品牌知名度提升的同时，企业利润也得到提升，实现了企业品牌和利润的双丰收。社会效益通过建立质量追溯体系，首农集团实现向政府、社会、消费者提供的质量承诺，提高了企业自律责任，为集团带来丰厚经济效益的同时，也为集团发展带来多方面的社会效益。第一，有利于推进标准化生产。通过追溯系统的建立，对生产标准化的实施过程进行监督，对产品质量安全问题进行追踪，约束和规范企业生产经营者行为，实现产品全程质量控制，提升产品质量安全水平和国际竞争力。第二，有利于首农集团的公信力。通过追溯系统的建立，首农集团能够实时掌握食品生产、投入品使用、产品质量检测、市场流通及各环节的情况。如果追溯产品存在质量安全隐患，集团还可以通过追溯网络，迅速确定产品的市场流向、产品规模，在短时间内撤回不合格产品，提高集团危机处理能力。第三，有利于保障消费者的食品安全。通过追溯系统的建立，有效满足消费者知情权、监督权，解决消费者与食品、农产品生产企业之间信息不对称问题。增强消费信心，促进食品、农产品市场健康有序地发展，保障消费者的切身利益。第四，有利于全力打造优势品牌。通过追溯系统的建立，培育了优质安全食品农产品的品牌，提高了产品的社会认知度，形成了一批"质量硬、牌子响、销售旺"的可追溯产品，全面提升了首农集团品牌形象。

食品质量安全关系国计民生。我国的食品质量安全的管控模式，应该由食品安全事件发生后的被动追责转变为依靠质量可追溯体系进行全程可控的主动监管。食品生产加工信息的透明化是今后食品安全管理工作的必然发展方向。食品质量安全可追溯体系建设是一项长期的工作，工作中还存在大量的问题。但随着信息技术的发展，技术的普及将使得食品可追溯体系建设的应用成本不断降低，食品安全质量可追溯系统必将得以更大范围的推广与应用。

（资料来源：中国奶牛，2014 年 2 月）

❦ **复习思考题**

1. 什么是食品安全？食品安全的重要性是什么？
2. 什么是食品安全的政府监管？
3. 什么是三品一标？其区别是什么？
4. 农业企业质量管理体系有哪些？

第六章

农业企业物流管理

❧ 学习目标

1. 了解企业物流的概念、特征及功能；

2. 掌握农业企业物流管理的概念、特征；

3. 掌握农业企业物流管理的内容及重要性；

4. 掌握农业企业物流的发展趋势。

现代农业的基本特征是小农业、大服务，物流、商流、信息流被称为现代经济运行的三大支柱，随着生产力的快速发展，越来越多的人认识到物流是企业创造利润的重要源泉。经济全球化后，一方面，国外有竞争力的农产品会冲击我国相应的农产品生产者；另一方面，国外农业发展和经营模式也必将影响和带动国内农业及其相关产业的经营模式变化和发展。围绕农村、农业和农产品的物流也必将影响国内农业企业经营与发展。

第一节　企业物流概述

🍁 案例导入

第三方药品物流获批　顺丰恐抢药商饭碗

国务院发文规定取消从事第三方药品物流业务批准，同时 CFDA 发布《国务院决定取消从事第三方药品物流业务批准等 7 项中央指定地方实施的食品药品行政审批事项》的通知。在业内人士看来，这对于药品流通有着极大的利好。

什么是第三方药品物流？

根据国家通用定义，第三方物流是指为公司提供全部或部分物流服务的外部供应商。自 2006 年以后，国内部分省份的药监部门以"代储""代运"的名义为第三方药品物流打开了大门。

近年来，随着药品集中采购的不断完善，医药电商的不断发展，许多第三方快递公司也杀入了医药物流领域。很多人不理解，为什么传统的快递公司可以运输药品，他们有 GSP 认证吗？其实，第三方药品物流只是运输药品，只要有药品的资质，且运输过程符合 GSP 要求就行，他们并不是药品经营企业，主要是看与他们合作的药品经营企业是否通过 GSP 认证。

医药物流或将迎来全新发展

根据国务院要求，第三方药品物流审批被取消，也就是说，只要符合药品运输的要求，未来家喻户晓的快递公司，都有可能加入到全国 1.3 万家医药商业的第三方药品物流中来。

从 2014 年开始，业内就流传着顺丰要进入医药流通领域，包括中国邮政也在积极地布局。目前，包括顺丰在内的多家速运公司已活跃在第三方药品物流领域。尤其是顺丰，在 2014 年年初就正式成立专门事业部，专注于医药物流领域，为医药行业提供定制的物流服务。

对于第三方快递公司进入医药物流领域，是大势所趋。目前，我国的药品批发企业有 1.35 万家，这些企业 95% 以上是中小型医药企业，而中小规模医药企业建立强大的物流服务体系几乎是不可能的，需要有第三方物流企业做托管。

随着医药电商的崛起，自建物流成为药品经营企业的发展重点。据业内人士介绍，自建物流对医药电商来说，不仅前期需要烧钱，实际运营成本相对偏高也是一个问题。例如，自己配送要 8 元每单，但第三方配送则是 6 元。2 元钱看似不多，却直接影响企业盈亏。

所以，取消第三方药品物流审批，不仅节省药品经营企业的配送成本，扩大配送范围，而且对于医药电商来说也是一个大利好，增加了 B2C 网上药店选择物流企业的范围。

同时，有业内人士表示，取消第三方药品物流审批，是否在为网售开放处方药做准备呢？一旦网售处方药放开，由于减少中间环节，市场规模达 1 万亿元的处方药将有 30% 转投线上，而市场最终需要医药物流去实现，可想而知，第三方药品物流未来发展的蛋糕有多大。

（资料来源：慧聪制药工业网，2016 年 2 月 17 日）

❤ **案例思考**

物流就是快递吗？什么是物流？

一、物流的概念

物流是一个发展中的概念，在不同经济发展时期，随着物流管理理论和物流实践活动的飞速发展，为适应不同的经济活动，其内涵和外延也在不断地进化和完善。而在同一经济发展阶段，物流定义也因不同的团体组织和学派所占的角度和出发点及认识的不同而有所差别。

（一）中外物流概念对比

世界各国研究机构、行业协会等对物流有不同的定义，比较典型的有美国供应链管理专业协会（原美国物流管理协会）、日通综合研究所、欧洲物流协会等的定义，具体如表 6-1 所示。

表 6-1　国外具有代表性的物流定义

给出定义的组织	时间（年）	物　流　定　义
联合国物流委员会	2002	物流是为了满足消费者的需要而进行的从起点到终点间的原材料、中间过程库存产品、最终产品和相关信息的有效流动和储存的计划、实施和控制管理的过程
美国供应链管理专业协会	2000	物流是为满足客户需要，对商品、服务及相关信息在源头与消费点之间的高效正向及反向流动与储存进行的计划、实施与控制的过程
欧洲物流协会	1994	物流是在一个系统内对人员及（或）商品的运输、安排及与此相关的支持活动的计划、执行与控制，以达到特定的目的

给出定义的组织	时间（年）	物　流　定　义
日本日通综合研究所	1981	物流是将货物由供应者向需求者的物理性移动，是创造时间价值和场所价值的经济活动，包括包装、搬运、保管、库存管理、运输、配送等活动领域
加拿大物流管理协会	1985	物流是对原材料、在制品、产成品及相关信息从起源地向消费地的高效率、高效益的流动和储存进行计划、执行和控制，以满足顾客需求的过程。该过程包括进向、去向和内部流动

中国的"物流"一词是从国外引进的，主要通过两条途径：一是在 20 世纪 80 年代初随欧美"市场营销"理论的引入而传入中国；二是 20 世纪 80 年代从日文资料直接引用"物流"概念。国内不少专家学者、大辞典和行业协会对物流给予定义，具体如表 6-2 所示。

表 6-2　中国对物流定义汇总

给出定义的组织、学者	时间（年）	物　流　定　义
王之泰《现代物流学》	1995	物流是按用户要求，将物的实体从供给地向需求地转移的过程，这个过程涉及运输、储存、保管、搬运、装卸、货物处置和拣选、包装、流通加工、信息处理等许多相关活动
《经济与管理大辞典》	1985	物流指物资在卖方与买方之间实物形态上的流动过程
《最新企业大辞典》	1999	公司向供应商购买原料、供应品、零部件等，再经历加工过程，最终送达消费者手中，对此种流程的管理系统即企业后勤学
《中华人民共和国国家标准物流术语》（GB/T 18354-2001）	2006	物品从供应地到接收地的实体流动过程，根据实际需要，将运输、储存、装卸、搬运、包装、流通加工、配送、信息处理等基本功能实施有机结合
中国国家科委、国家技术监督局、中国物资流通协会	2001	物品在从供应地向接收地的实体流动中，根据实际需要，将运输、储存、装卸、搬运、包装、流通加工、配送、信息处理等功能有机地结合起来实现用户要求的过程
台湾物流管理协会（中国·台湾）	1996	物流是一种物的实体流通活动的行为，在流通过程中，通过管理程序有效地结合运输、仓储、装卸、包装、流通加工、资讯等相关的物流功能性活动，以创造价值，满足顾客及社会性需求

（二）物流概念的界定

通过对国内外关于物流术语的比较分析，我们将物流的概念与物流管理结合起来，即物流是为物品及其相关信息流动提供系统设计、协调运作和监控管理等的综合服务过程。

六项物流行业标准的主要内容

（1）《酒类商品物流信息追溯管理要求》规定了酒类商品物流信息追溯体系、信息采集、信息管理的基本要求。该标准适用于酒类商品物流过程中的信息追溯管理与信息共享，生产和销售过程的信息追溯可参照使用。该标准的实施将有利于各物流信息系统的互联互通，促进酒产品全流程的透明化，也能明显降低酒产品物流追溯系统建设成本。

（2）《餐饮冷链物流服务规范》规定了餐饮冷链物流服务的基本要求、包装、储存、分拣、装卸搬运、运输配送、交接、服务质量的主要评价指标。该标准适用于餐饮食材在流通过程中的冷链物流服务及管理。该标准实施对规范餐饮冷链物流服务行为、提高餐饮冷链物流服务质量具有重要的指导与促进作用。

（3）《物流从业人员职业能力要求　第1部分　仓储、配送作业与作业管理》规定了物流从业人员仓储、配送作业与作业管理的职业能力要求。该部分适用于各类物流企业在仓储、配送的作业和作业管理，生产、商贸流通等企业的物流相关部门亦可参照使用。该标准实施有利于提高物流人才的培养质量，从而促进物流行业的发展。

（4）《物流从业人员职业能力要求　第2部分　运输、运输作业与作业管理》规定了物流从业人员运输、运输代理作业与作业管理的职业能力要求。该部分适用于公路运输、铁路运输、航空运输、水路运输和运输代理等各类物流企业的运输、运输代理作业和作业管理，生产、商贸流通等企业的物流相关部门亦可参照使用。该标准实施有利于提高物流人才的培养质量，从而促进物流行业的发展。

（5）《商用车背车装载技术要求》规定了商用车在采用背车方式运输过程中的背车装载原则及装载技术要求。该标准适用于载货类商用车公路运输服务，其他类别商用车可参照执行。该标准实施有利于规范商用车背车作业，提升商品车运输安全，减少运输过程中商用车损坏，同时也能降低商用车运输成本。

（6）《汽车零部件物流器具分类及编码》规定了汽车零部件物流中物流器具的分类及编码。该标准适用于汽车零部件物流中可周转使用的物流器具。该标准实施有利于提高汽车零部件物流器具管理水平，对推动我国汽车物流行业资源共享，提升物流效率，降低物流成本具有积极意义。这6项行业标准于2016年2月1日正式实施。

（**资料来源**：中国物流与采购联合会网站，2015年11月13日）

二、企业物流的内涵

（一）企业物流的概念

按物流系统性质分类，可以分为社会物流和企业物流。其中，企业物流是指在企业生产经营过程中，物品从原材料供应或采购，经过生产、加工，到产成品的销售，以及废弃物的回收及再利用的完整循环活动，包括运输、储存、装卸、包装、流通加工、配送、信息处理等活动，主要由供应（采购）物流、生产物流、销售物流、退货物流、废弃物流组成（图 6-1）。

图 6-1　企业物流水平结构

（二）企业物流产生与发展

1962 年 4 月，美国 Peter Drucker 在 *Fortune* 杂志上发表《经济领域的黑暗大陆》的文章中提出"配送（Distribution）"一词，很快就引起了企业界的重大关注。企业物流理念迅速由产成品波及原材料领域，进而形成了集成物流管理思想，发展到 20 世纪 90 年代，人们正式提出了供应链管理理念。企业物流理念从提出到发展为相对较为成熟与完善，经历了近 40 年的时间。在近 40 年的时间里，几乎每经过 10 年企业物流理念就得到一次极大地更新与充实，其发展过程大致可以分为三个阶段（图 6-2）。

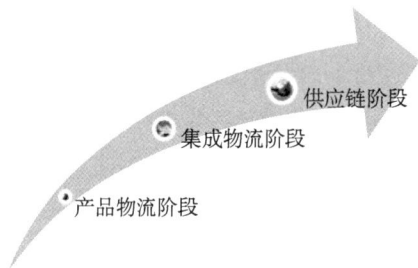

图 6-2　企业物流发展阶段

1. 产品物流阶段

产品物流阶段，又称产品配送阶段。这个阶段的起止时间为 20 世纪 60 年代初期至 70 年代后期，属于企业物流的早期发展阶段。在该阶段中，物流的主要功能大多围绕在对产品从企业工厂生产出来到到达消费者手中这一过程的运作上。

2. 集成物流阶段

这个阶段的起止时间为 20 世纪 70 年代中后期至 80 年代后期，在这个阶段中，企业物流集中表现为原材料物流和产成品物流的融合。实践证明，集成物流管理可以为企业带来更大的效益，因此，在这期间综合物流得到了迅速的发展。

3. 供应链阶段

这个阶段开始于 20 世纪 90 年代初期，在这个阶段中，企业对传统的物流管理有了更为深刻的认识，企业已经将单纯的个体企业之间的竞争上升到企业群、产品群或产业链上不同企业所形成的供应链之间的竞争的高度。

（三）企业物流的分类

1. 按企业性质不同分类

按企业性质不同分为七种不同的企业物流（表6-3）。

表 6-3　按企业性质的企业物流分类

类　型	概　念
工业生产企业物流	是对应工业生产经营活动的物流，包括供应物流、生产物流、销售物流及废弃物物流四个子系统
农业生产企业物流	包括农产品加工企业物流和农业种养业企业物流，前者与工业企业类似，后者可作为农业生产企业物流的代表，也包括供应物流、生产物流、销售物流及废弃物流四个子系统
批发企业物流	是指以批发据点为核心，由批发经营活动所派生的物流活动。这一物流活动中，批发的投入是组织大量物流活动对象的运进，产出是组织总量同量物流对象物的运出，但批量变小、批次变多。在批发点中的转换是包装形态及包装批量的转换。一般包括大型企业销售网络中的批发企业和独立批发企业
配送企业物流	是以配送中心为核心的、由配送活动组成的物流。这一物流的主要特点是：配送中心内部的分货、拣货、配货等物流活动，这是和生产物流非常不同的有特点的物流活动
仓储企业物流	仓储企业是以储存业务为盈利手段的企业。仓储企业的物流是以接运、入库、保管保养、发运或运输为流动过程的物流活动，其中储存保管是其主要的物流功能
"第三方物流"企业的物流	第三方物流通常被称为契约物流或物流联盟，是指从生产到销售的整个物流过程中进行服务的"第三方"，本身不拥有商品，而是通过签订合作协议或结成合作联盟，在特定的时间段内按照特定的价格向客户提供个性化的物流代理服务。具体的物流内容包括商品运输、储存、配送及附加的增值服务等
零售企业物流	零售企业物流是以零售商店或零售据点为核心的，以实现零售销售为主体的物流活动。不同零售企业伴随投入、转换、产出的物流活动有一定区别，主要包括多品种零售企业、连锁店型零售企业和直销企业

2. 按物流活动的主体分类

按照物流活动的主体进行分类，企业物流可分为企业自营物流、专业子公司和第三方物流。

（1）企业自营物流。是指企业自备车队、仓库、场地、人员，以自给自足的方式经营企业的物流业务。

（2）专业子公司。是指从企业传统物流运作功能中脱离出来，成为一个独立运作的专业化实体。它与母公司（或集团）之间的关系是服务与被服务的关系。它以专业化的工具、人员、管理流程和服务手段为母公司提供专业化的物流服务。

（3）第三方物流。由供方与需方以外的物流企业提供物流服务的业务模式。是指企业为了更好地提高物流运作效率、降低物流成本而将物流业务外包给第三方物流公司。

三、企业物流的特点与功能

（一）企业物流的特点

1. 主要目的的特点

企业物流是实现加工附加价值的经济活动。企业物流在一个小范围内完成，因此空间距离的变化不大，空间转移消耗也不大，其中含有的利润源不是大利润源；同样，在企业内部的储存是对生产的保证，而不是一种追求利润的独立功能，时间价值成为降低企业效益的因素。企业中物流伴随加工活动而发生、运动，实现加工附加价值，是实现企业主要目的的活动。所以，企业物流空间、时间价值潜力不高，但加工附加价值却很高。

2. 主要功能要素的特点

企业物流主要功能要素是搬运活动。许多生产企业的生产过程，实际上是物料不停的搬运过程，在不停搬运过程中，物料得到了加工，形态发生了改变，发生了各种各样的化学的、物理的、机械的变化，变化是在不断"搬"，不断"运"的流动过程中实现的。即使是配送企业和批发企业的企业内部物流，实际上也是不断搬运的过程。通过搬运，商品完成了分货、拣选、配货工作，完成了大改小、小集大的换装工作，从而使商品形成了可配送或可批发的形态。

3. 物流过程的特点

企业物流是一种工艺过程性物流。企业生产工艺、生产装备及生产流程一旦确定，企业物流也就成了一种稳定性的物流，物流便成了工艺流程的重要组成部分。由于这种稳定性，企业物流的可控性、计划性便很强，一旦进入这一物流过程，选择性及可变性便很小。对物流的改进只能通过对工艺流程的优化，这方面和随机性很强的社会物流也有很大的不同。

4. 物流运行的特点

大部分企业物流的运行具有极强的伴生性，往往是生产过程中的一个组成部分或一个伴生部分。这一点决定了企业物流很难与生产过程截然分开而形成独立的系统，尤其是生产企业内部的生产物流更是如此。

在总体伴生性的同时，企业物流中心也确有与生产工艺过程可分的局部物流活动，这些局部物流活动主要是仓库的储存活动、接货活动、车间或分厂之间的运输活动等。

海澜之家拟投建"智能化物流仓库" 总投资超 13 亿元

10 月 19 日晚间，海澜之家公告称，为了满足公司营销网络扩张需求，提高物流效率，使仓储管理成为公司的一项增值管理内容，全资子公司海澜之家服饰有限公司拟投建"智能化物流仓库建设项目"。项目拟在2年内完成建设投资投入，投产后3年内完成全部流动资金投入，总投资13.07亿元。其中，建设投资12.84亿元，流动资金2262万元。

据了解，智能化物流仓库建设项目将建于江阴市海澜之家华士工业园，项目利用企业已有土地11.8万平方米，约合177亩，计划建设6个智能化仓库，总建筑面积47.29万平方米，购置各类设备2318台套。项目满负荷运营后将具备15 000万件／年的物流周转能力。

海澜之家披露，财务上，该项目正常年可实现收益3.6亿元，税后内部收益率9.57%；企业管理上，项目实施能够有效地整合企业供应链，为企业发展提供重要的仓储物流保障，实现供应商、企业、门店的三方共赢。

截至2014年年底，"海澜之家"品牌（专题阅读）门店达3348家，比2013年增长15.97%。公司表示，未来随着门店数量的增加和企业规模的不断发展，仓储物流量将进一步增长。因此，子公司拟投资建设物流仓库，旨在为公司提供更完善的配套服务，保障公司的运营。

（**资料来源**：赢商网，2015年10月21日）

5. 生产物流的连续性

企业的生产物流活动不但充实、完善了企业生产过程中的作业活动，而且把整个生产企业的所有孤立的作业点、作业区域有机地联系在一起，构成了一个连续不断的企业内部生产物流。企业内部生产物流是由静态和动态相结合的节点连接在一起的网络结构。静态的"点"，表示物料处在空间位置不变的状态，如相关装卸、搬运、运输等企业的厂区配置、运输条件、生产布局等；而生产物流动态运动的方向、流量、流速等正是使企业生产处于有节奏、有次序地连续不断地运行的基础。

6. 物流成本的"二律背反"性

"二律背反"主要是指企业物流功能间或物流与服务水平之间的二重矛盾，即追求一方、必须舍弃另一方的一种状态，是两者之间的对立状态。这在构成企业物流的多种活动中是客观存在的。企业物流管理肩负着降低企业物流成本和提高服务水平两大任务，这是一对相互矛盾的对立关系。

（二）企业物流的功能

企业物流的功能包括运输、储存、包装、装卸搬运、配送、物流信息和流通加工。

1. 运输活动

运输活动是将物品进行空间的移动。物流部门依靠运输，克服生产地与需要地之间的空间距离，创造商品的空间效用。运输是物流的核心，以至在许多场合，运输基本上是整个物流的代名词。运输活动包括供应和销售过程中车、船、飞机等方式的输送，以及生产中管道、传送带等方式的输送。对运输活动的管理，要求选择技术经济效果最好的输送方式及联运方式，合理地确定输送路线，以实现运输的安全、迅速、准时、价廉的要求。

　　小型厢式车上门驳运、大型牵引车快捷化班车运营；运费由日结改为月结、货物意外损失照价赔偿……面对低迷的纺织市场行情，盛泽物流龙头企业——吴越物流有限公司依托人性化、规模化、便捷化服务，帮助盛泽纺企降低运输成本，抢夺市场份额。

　　每天傍晚，吴越物流有限公司的货运场站总是很热闹，装卸工人忙着将托运的货物装车后发往全国各地。如今，这里每天的货物出港量在 700 吨左右，基本满负荷运转。

　　盛泽是全国重要的纺织品生产基地和产品集散地，全镇 2500 多家企业年纺丝能力 325 万吨、年织造能力 120 亿米、染整能力 40 亿米。中国东方丝绸市场十大商区云集了 6500 多家纺织品公司和商行。前年以来，受宏观经济形势影响，盛泽纺织企业困难重重，直接对当地物流企业造成了不小的影响。如何扭转局势，尽最大努力为纺织行情回暖积蓄力量？吴越物流的答案是，创新服务模式，"像送快递一样做物流"，提质降本增效。

　　首先，他们从直接与客户面对的驳运司机和装卸工人入手，加强服务理念培训。同时，加强长途运输驾驶员的安全教育，对车辆实行快捷化班车运营。其次，在原有重型牵引车的基础上，购买了一批小型厢式货车，接单后提供门到门、点对点的一站式快递服务；并通过增设服务点，在打通北京、天津、广州、深圳等物流"大动脉"的基础上，进一步将物流的触角延伸至更多二三线城市。

　　"在激烈的市场竞争中，物流业的比拼更多的是速度和服务。"吴越物流副总经理夏炜算了一笔账：以盛泽到广州为例，他们的重型沃尔沃牵引车仅用 21 个小时就能抵达，再通过小货车的驳运，24 小时内就能"快递"送到客户手中。一个月，一辆沃尔沃最多可跑 10 趟，而普通大货车最多只能跑 4 趟。"快递"不仅加快了纺织品的流通速度，提高了运输周转能力，也为提升盛泽纺织业的整体竞争力提供了保证。

　　为方便客户，缓解纺企的资金压力，吴越物流还调整了"老客户"的运费结算方式，由原来的"到付"改为"月结"，而司机的工钱则坚持每趟结清。仅此一项，吴越物流每月垫付的资金就达上百万元。运输途中如出现意外，货物损失按市场价全额赔偿。

　　优质服务、合理配载、科学布线，在提升服务、保障、效率的基础上，吴越物流的运输成本不断下降，还吸引了盛泽周边嘉兴、湖州等地的货源主动上门，有效弥补了当地市场货运总量的滑坡。"目前，我们的利润虽大幅下降，但客户得到了实惠，这也是企业社会责任的体现。"夏炜说。

（**资料来源**：苏州日报，2015 年 2 月 14 日）

2. 储存活动

储存活动也称为保管活动，是为了克服生产和消费在时间上的距离而形成的。物品通过保管产生了商品的时间效用。保管活动是借助各种仓库，完成物品的堆码、保管、保养、维护等工作，以使商品使用价值的下降达到最小的程度。保管的管理，要求合理确定仓库的库存量，建立各种物资的保管制度，确定保管流程，改进保管设施和保管技术等。保管活动也是物流的核心，与运输活动具有同等重要的地位。

李宁公司与京东达成战略合作　优化物流供应链

12 月 29 日，京东与李宁签署战略合作协议，京东将为李宁提供产品到门店的整体物流解决方案。此次双方的强强联合，将让李宁在库存配置、运营效率等方面得到全面优化，同时为李宁实施 O2O 战略提供了物流供应链保障。京东集团高级副总裁李永和，京东集团副总裁服饰家居事业部总裁辛利军，李宁副总裁兼首席销售官杨海威出席了本次活动。

此次战略合作，京东与李宁将共同发挥资源整合优势，打通线上线下，提高总体库存利用率，降低整体运营费率。根据京东与李宁的合作计划，双方将搭建项目团队，实施仓配方案的规划设计，并对李宁现有系统做系统评估，完成与京东物流的对接，从容应对备货高峰。

京东集团高级副总裁李永和表示："当前，随着电商的快速发展，服装行业整个产业链条正在发生变化，企业需要在物流供应链体系上进行重构，而京东与李宁此次在仓储物流上展开的合作，正是实现重构的成功案例"。

李宁此次与京东的强强合作，将进一步打通李宁的线上线下渠道，实时动态满足门店货品需求，帮助品牌实现线上与线下的库存打通、销售打通、服务打通和用户打通，打造更高效的供应链体系，进一步拓展零售渠道，为李宁公司正在实施的 O2O 战略提供坚实的供应链基础。

李宁副总裁兼首席销售官杨海威表示："京东有着强大的自建物流网络和丰富的供应链运营经验，李宁公司此次在仓储物流上与京东展开合作，共同探索和优化未来服装和体育用品行业的供应链运营模式，将开启体育用品行业供应链整合的新时代！"

截至 2015 年 9 月 30 日，京东在全国范围内拥有 7 大物流中心，在 46 座城市运营了 196 个大型仓库，拥有 4760 个配送站和自提点，覆盖全国范围内的 2266 个区县。同时，京东物流也在服务中持续优化用户体验，为用户带来更加愉悦的购物感受。

（**资料来源**：中国经济网，2015 年 12 月 30 日）

3. 包装活动

包装包括产品的出厂包装，生产过程中制品、半成品的包装及在物流过程中换装、分装、再包装等活动。包装大体可分为商品包装与工业包装。工业包装纯属物流的范围，是为了便于物资的运输、保管，提高装卸效率、装载率而进行的；商业包装是指把商品分装成方便顾客购买和易于消费的商品单位，其目的是向消费者显示出商品的内容，这属于市场营销学研究的内容。包装与物流的其他职能有着密切的关系，对于推动物流合理化有着重要作用。

4. 装卸搬运活动

装卸活动包括物资的运输、保管、包装、流通加工等物流活动中进行衔接的各种机械或人工装卸活动。在全部物流活动中只有装卸活动伴随物流活动的始终。运输和保管活动的两端作业是离不开装卸的，其内容包括物品的装上卸下、移送、拣选、分类等。对装卸活动的管理包括选择适当的装卸方式、合理配置和使用装卸机具、减少装卸事故和损失等内容。

自从"互联网＋"的概念被提出以后，呈现火爆的局面，一时之间，家居行业内都在谈论着互联网渠道。在互联网时代，家居企业都在寻找发展的契机，在产品设计、物流、体验度方面进行了大胆的尝试和创新，以适应这个日趋重要的渠道。

家居行业历来有"三分产品，七分送货安装"之说，产品送到家的那一刻，才是消费者与产品的第一次真实见面。所以，这"最后一公里"的服务看似产品销售的最后环节，却实实在在是产品整个服务体系的开始。而这当中涉及的产品包装、运输与安装，也正是阻碍橱柜等家居品牌互联网化发展的重要原因。在"互联网＋"时代，企业可以通过对家居产品结构、空间、功能的优化整合，研发可平板包装的拆装式产品。这种以拆装式结构为基础的家居产品，更适应现代物流需要的平板化包装，能够节省包装材料、高效利用空间、适应集装箱化运输以及大大降低运输成本，然后对接互联网物流的特点，让橱柜产品以最快的速度、最低的价格去到用户手里。

（**资料来源**：中国品质橱柜网，2015 年 8 月 5 日）

5. 配送活动

配送是按用户的订货要求，在物流据点进行分货、配货工作，并将配好的货物送交收货人的物流活动。配送活动以配送中心为始点，而配送中心本身具备储存的功能。分货和配货工作是为满足用户要求而进行的，因而必要的情况下要对货物进行流通加工。配送的最终实现离不开运输，这也是人们把面向城市内和区域范围内的运输称之为"配送"的原因。

2016 年 2 月 19 日，东莞市政府与沃尔玛签署了战略合作备忘录。沃尔玛将在东莞建设生鲜食品配送中心，这将是沃尔玛在中国建设的最大生鲜食品配送中心，该中心建成后将服务沃尔玛华南地区的门店。此外，在未来 5 年里，沃尔玛将在东莞建设 8 家购物广场和 1 家山姆会员商店，预计能够创造 3000 多个新就业岗位。

东莞市委书记、市人大常委会主任徐建华表示，去年东莞实际利用外资 53 亿美元，增长 17% 以上。"在这 53 亿美元里，有近 70% 是东莞现有外资企业增资的。"

根据备忘录，双方将在商业投资、本地采购、食品安全、节能环保等多方面开展紧密合作，沃尔玛希望未来5年在东莞开设更多门店，包括大卖场和山姆会员商店，加大物流配送和绿色供应链建设，预计创造3000多个新的就业岗位。

值得关注的是，沃尔玛中国总裁兼首席执行官柯俊贤透露，沃尔玛将在东莞建设一个大型的生鲜食品的交易中心，该中心建成后将服务沃尔玛整个华南地区的门店。据介绍，目前东莞市政府相关部门正在与沃尔玛沟通选址事宜。

（资料来源：广州日报，2016年2月20日）

6. 物流信息活动

在物流活动中大量信息的产生、传送、处理活动为合理地组织物流活动提供了可能性。物流信息对上述各种物流活动的相互联系起着协调作用。物流信息包括上述各种活动的有关计划、预测、动态信息及相关联的费用情况、生产信息、市场信息等。对物流信息的管理，要求建立信息系统和信息渠道，正确选定信息科目和信息收集、汇总、统计、使用方法以保证指导物流活动的可靠性和及时性。现代信息采用电子计算机处理手段，为达到物流的系统化、合理化、高效率化提供了技术条件。

2014年12月19日，秀洲区水产站审查浙江省水产养殖主体和水产流通加工企业调查信息平台，核对各镇对30亩以上规模化水产生产养殖主体以及苗种、加工企业的基本调查数据录入情况，截至19日秀洲区350多户已完成全区的90%左右，据各镇反馈，预计12月20日能完成全部录入工作。

秀洲区为落实全省水产养殖主体和水产流通加工企业调查工作，渔业局于2014年9月22日召集各乡镇（街道）渔技员对此项工作进行培训布置，要求各乡镇（街道）在12月20日对30亩以上规模化水产养殖主体以及苗种、加工企业的基本情况进行调查摸底，并按照要求及时录入信息平台。10月14日，区渔业局又给各镇（街道）按规模户数量下达了工作经费，用以GPS等调查设备购置及调查人员经费，推动此项工作更好地开展。12月17日区水产站又逐个乡镇联系掌握各镇开展工作进度，确保此次调查工作能够赶在市局规定完成100亩上主体调查的基础上完成30亩上规模户调查，并且赶在时间节点内完成，超标完成任务。

水产养殖主体和水产流通加工企业调查工作为进一步摸清我区规模化水产养殖和流通加工主体的分布、生产及经营情况，全面掌握我区渔业生产和加工销售的基本情况，建立了我区规模化水产养殖和流通加工主体经营主体等渔业基础信息管理系统，为渔业管理提供了基础数据。

（资料来源：中国水产养殖网，2014年12月24日）

7. 流通加工活动

流通加工活动又称为流通过程的辅助加工活动，是指物品在从生产地到使用地的过程中，根据需要实施包装、分割、计量、分拣、刷标签、组装等简单作业的总称。流通加工的原则是，以市场的需要和顾客的偏好为目的。

四、企业物流的作业目标

在设计和运行企业物流时，必须实现以下作业目标。

（一）快速反应

快速反应是关系一个企业能否及时满足顾客服务需求的能力。信息技术的提高为企业创造了在最短的时间内完成物流作业并尽快交付的条件。快速反应的能力把作业的重点从预测转移到以装运方式对顾客的要求做出反应上来。例如：使用电话、传真、电子商务订货以减少订单处理的时间；使用信息系统快速制订配车计划，从而及时完成配送作业等。

（二）最小变异

变异是指破坏物流系统表现的任何意想不到的事件，它可以产生于任何一个领域的物流作业，如顾客收到订货的期望时间延迟、运输中发生意想不到的损坏及货物到达顾客所在地时发现受损或者把货物交付到不正确的地点等，所有这一切都使物流作业时间遭到破坏。物流系统的所有作业领域都可能遭到潜在的变异，减少变异的可能性直接关系到企业的内部物流作业和外部物流作业的顺利完成。在充分发挥信息作用的前提下，采取积极的物流控制手段可以把这些风险减少到最低限度，就可以提高物流的生产率。因此，整个物流的基本目标是使变异减少到最低限度。

（三）最低库存

最低库存的目标涉及企业资金负担和物资周转速度问题。在企业物流系统中，存货所占用的资金是企业物流作业最大的经济负担。在保证供应的前提下提高周转率，意味着库存占用的资金得到了有效的利用。因此，保持最低库存的目标是把库存减少到和顾客服务目标相一致的最低水平，以实现最低的物流总成本。"零库存"是企业物流的理想目标，伴随着"零库存"目标的接近与实现，物流作业的其他缺陷也会显露出来，所以企业物流设计必须把资金占用和库存周转速度当成重点来控制和管理。

"我们要求零库存，今天给数量，明天要送到，能不能行？"上月10日，永安电机负责人收到客户电话后，信心满满地说，"肯定行，没问题！"

大订单就这么成了。

给予永安电机这份底气的，是常州政成物流有限公司。合作15年，永安电机给出评价：空运的速度，汽运的价格。

业内人士都知道"零库存"配套，货物量每日变更，准时性要求又苛刻，不满载也得跑，成本很高。政成物流是如何做到的呢？

线上物流平台升级到"7.0版"

"主要是我们建立了线上线下融合发展的物流联盟平台，成本、时效和服务优势可以充分满足大客户的个性化需求。"政成物流总经理陈建清说。

这个联盟平台，线上由TMS物流管理系统、微信平台、财务管理、供应链管理、货物跟踪、数据监测与分析等系统提供实时调度、管理与监控。线下，有货运专线分公司、三方物流、分拨中心和基础配套功能实现专业化的物流操作。

其中，政成物流自主研发的TMS物流平台从2004年启动至今已升级到"7.0版"，能实现下单、运输、转运、发车、定损等多种功能，一键搞定，流程清晰，方便易用。

"平台还和网站、微信、短信连接，仓库管理、下单、货物跟踪、成本核算等，在手机上都可以实时查询。"

专线甩挂运输使效率提升50%

甩挂运输是政成的一大特色，2014年在江苏省甩挂运输试点企业评比中获得第一名。

"甩挂式运输就是一个车头多个车厢，车头一直跑不停，车头将货物运到目的地后，挂上另一个满载货物的车厢接着跑下一趟。"

陈建清说，目前已经有50多个车头，80多个车厢，这有效解决了装卸耗时巨大的问题。

"建立地区专线，采取甩挂式运输，我们的车辆配置成本降低40%，效率提升50%。"

正因为这个"秘密武器"，截至今年4月，政成物流发展形成了以长三角、珠三角、西南（成都、重庆）为核心的甩挂运输网络，自有专线20多条。

抱团发展实现精细化管理

"我们主动把物流线上平台免费提供给加盟企业使用，实现信息互通和共同发展。"陈建清说。目前，已有6家企业加盟，并列入常州市发改委现代服务业的重点项目。

"用起来真方便！"加盟企业——东莞今朝物流公司供应链管理部门的员工感叹，"通过平台，我们还能接到来自联盟企业的转运单子，业务量上去了。"

联盟后，政成物流还建立了北京、天津等90多条合作配载专线。

在陈建清看来，要想联盟做强做大，统一服务品质势在必行。于是，政成物流拿出做物流30年的经验，帮助其他联盟企业提升管理水平，降低成本。

"从拿单、点数，到如何摆货入车厢，政成建立的标准化的流程，现在也是我们的质量标准。"另一家联盟企业华纳物流的管理人员说。

2014年，面对经济形势不景气、行业利润压缩，政成物流却仍逆市而上，年营业收入增长30%，年货运量达到5.2亿吨·公里，服务纺织服装、电机电缆等各类企业2000多家。

"我们的目标是一加十加百，建立一个线上线下融合互动的物流园区，建成 30 个直营网点，200 个加盟网点。这个物流园区，不是招商型园区，也不是物业型园区，而是能够把我们网上平台优势、管理经验优势充分发挥出来，实现线上线下联动、虚实结合的园区。"

看到远方的美好，在路上却依然艰难。"两大难题解决不了，缺人才，缺标准。"陈建清坦言，既懂物流又懂互联网的复合人才稀缺，谁掌握了科技就掌握了原动力；物流行业服务标准不统一，造成部分同质化恶性竞争，损害了行业健康发展。

（资料来源：常州日报，2015 年 5 月 9 日）

（四）物流质量

企业物流目标是要持续、不断地提高物流质量。全面质量管理要求企业物流无论是对产品质量，还是对物流服务质量，都要求做得更好。如果一个产品有缺陷，或者对各种服务承诺没有履行，那么物流费用就会增加，因为物流费用一旦支出，便无法收回，甚至还要重新支出。物流本身必须执行所需要的质量标准，包括流转质量和业务质量标准，如对物流数量、质量、时间、地点的正确性评价。随着物流全球化、信息技术化、物流自动化水平的提高，物流管理所面临的是"零缺陷"的高要求，这种企业物流在质量上的挑战强化了物流的作业目标。

卫浴企业发展先过物流关　物流联盟提升售后质量

由于卫浴产品属于比较笨重的产品，与大批量的运输与网络快捷的信息传递形成鲜明对比，因此对于物流要求很高。对卫浴企业来说，怎样解决物流仓储问题，减小物流成本，成为提升售后服务一个关键因素。当很多卫浴电商热潮大张旗鼓地进行时，物流硬伤成为卫浴企业发展的拦路虎，也成为卫浴企业亟待解决的问题。

卫浴物流成发展门槛

卫浴产品在物流行业中属于大件产品，而物流产生的费用是直接和产品的重量挂钩的。卫浴产品的销售不是单一销售，如果消费者选购了某一家的产品，必定是整个房间的统一订购，所以物流费用对企业来说是一笔不小的开支。

卫浴产品是需要有品质保障的，送到消费者手中的时候必须是完好无损的。而卫浴产品本身在运途中易损坏，货物到达以后，运送上楼，安装都需要企业承担一定的保险金和费用。这对处于激烈竞争市场中的卫浴企业来说无疑又加大了成本，而成本的增加会使得企业陷入更大的压力中。

物流联盟提升售后质量

物流体系的完善，将有助于卫浴企业在售后服务上的提升、节约物流成本等。物流联盟是卫浴企业和经销商以及物流提供商之间达成的一种共通利益关系的有效发展模式。

通过合作，卫浴企业能够在物流方得到更低的运输费用，而物流提供商通过与卫浴企业长期契约合作也能保证公司的正常收入；在卫浴企业和物流提供商市场定位相通的前提下，卫浴制造商可以为物流公司提供更多的卫浴经销商客户，而物流公司也能够在运输过程中规避卫浴产品损坏和时间延误的问题。

在卫浴市场竞争白热化的今天，卫浴企业想要在电商发展之路上顺风顺水，获取更大的利润空间，就要针对"物流"这一硬伤实行物流联盟。这种方式，不仅对卫浴企业自身的电商发展是一剂良药，对整个卫浴行业来说，也会指明电商之路的前进方向。

（**资料来源**：中华卫浴网，2015 年 11 月 26 日）

（五）整合运输与配送

运输费用是物流成本中最重要的组成部分。日本通产省对六大类物流成本的调查结果显示，其中运输成本占 40% 左右。多品种、少批量的生产方式（精益生产方式）要求高速度、小批量的运输，这样因运输距离长、运输数量不足必然导致运输成本的提高。要想降低运输成本，就必须对运输进行重新组合，这就需要有创新的规划，把小批量的装运集合成集中的、具有较大批量的运输。大型的物流配送中心多采用规模大、专业性强、品种多的配送方式。而对于大多数小企业而言，多采用分工合作形式的共同配送方式。配送的中心工作是运输，不断整合配送方式对于运输的合理性有重大影响。

第二节　农业企业物流管理内涵

🍁 案例导入

成都希望食品当选"食品冷链物流管理"国标试点企业

2015 年 3 月 26 日，第二批《食品冷链物流追溯管理要求》国标试点企业授牌仪式在武汉举行。据悉，此标准由中物联冷链委、上海市标准化研究院等单位共同组织起草，由国标委 2012 年 12 月 1 日发布实施。成都希望食品有限公司（以下简称"希望食品"）、天津狮桥国际物流有限公司等 18 家企业入选。其中，成都希望食品作为食品行业中的佼佼者，当之无愧地被选为第二批试点的企业。

据了解，冷链物流泛指冷藏冷冻类食品在生产、储藏运输、销售到消费前的各个环节中始终处于规定的低温环境下，以保证食品质量，减少食品损耗的一项系统工程。冷链物流的要求比较高，相应的管理和资金方面的投入也比普通的常温物流要大。

《食品冷链物流追溯管理要求》旨在推广国家标准的实施应用，进一步了解标准的科学性和实用性，树立行业服务标杆，促进冷链物流行业的健康发展。试点企业的选取较为严苛，从企业从业人员、管理制度、设施设备、实施过程中的温度控制、信息记录和记录的可追溯等几个方面提出了多项重要技术指标。

近年来，新希望集团对物流运输管理系统全面升级，而成都希望食品打造的冷链管理体系，在行业中得到广泛认可。从工厂到销售终端，运输过程中确保全程温度可控。对产品仓储、运输等各环节过程实时监控，确保食品的新鲜和安全，实现了管理过程透明化。

冷链作为提升和保证食品品质的重要环节，不仅是促进产品销量提升的主要驱动因素，也是体现食品企业实力的一道新的高门槛。成都希望食品的相关负责人表示，在接下来一年的国标试点过程中，将对整个冷链物流进行更严格的监控和把关，力争在明年试点结束后，能升级为国标示范企业。

（资料来源：四川新闻网天府新区频道综合，2015 年 4 月 9 日）

❧ 案例思考

在希望食品中物流有哪些特点？

一、农业企业物流管理的概念

农业企业物流管理是指农业企业以满足顾客需求为目标，对农业生产资料与产出物及其相关服务和信息，从起源地到消费地有效率、有效益地流动和储存进行计划、执行和控制的全过程。它是由农业生产资料和农产品的采购、生产、流通加工、包装、运输、储存、装卸、配送、分销、信息沟通等一系列运作环节组成，并在整个过程中实现了农业生产资料和农产品保值、增值和组织目标。

华英农业 9 月 28 日晚间发布对外投资公告，公司拟投资设立独资子公司上海华禽网络科技有限公司（暂定名，以工商登记的名称为准，以下简称"华禽网"），注册资本为2000 万元，将以公司自有资金出资。

公司表示，华禽网将构建"生产者农户—农村销售合作组织—商务电子批发市场—（网上）零售商—消费者"新型的电子商务流通链，减少农产品流通环节，加速商品和信息的流动，能有效缩短华英内部供应链的速度。本项目为华英农业互联网应用项目，以信息化带动工业化为突破口，借助"互联网+"，改造提升传统产业，符合国家产业政策。通过实施华禽网平台，为农产品交易各方提供农产品供求信息发布、交易撮合、采购支付等功能，通过个性化的用户界面和用户权限设置，为在地域上广泛分布的龙头企业、专业合作社、农民各方提供一个安全、高效的信息沟通和协同作业环境，有利于提高农产品物流效率和保障农产品物流安全。

（资料来源：中证网，2015 年 9 月 28 日）

二、农业企业物流管理的特征

农业企业包括农产品加工企业和农业种养业企业。

（一）农业加工企业物流管理特征

农业加工企业与工业加工企业类似，但由于农产品的诸多特性，农业企业物流管理有其特殊性，主要体现在以下几个方面。

1. 供应物流复杂多变

农业企业一般是以某地区的某类农产品为主要原料，生产加工一系列的产品，原料供应源集中在某地区。但在地区内，主要提供产品的生产基地和农户分布不均，尤其农户单位供应量小而分散，企业组织供应物流时需要结合距离远近、供应量、运输车辆和经济性等因素综合考虑。

农产品是季节性生产，尤其是植物性产品。因此原材料是季节性供应，供应期短，物流量大。在供应期内，企业需要集中投入大量的人力、物力和财力在农产品的采购上，而仓储与运输资源有限，企业在资金、调度等方面统筹难度较大。且农产品的产量和质量受到自然条件、农户生产标准化、信息不对称等因素的制约，影响供应的稳定性。

2. 生产物流要求严格

"鲜活"是农产品的生命和价值所在，由于鲜活农产品的含水量高，保鲜期短，极易腐烂变质，这就对农产品物流系统及储运条件、技术手段、流通加工和包装方式有很高的技术要求，需采取低温、防潮、烘干、防虫害等一系列技术措施。在生产过程中要求必须有配套的硬件设施，包括专门设立的仓库、输送设备、专用码头、专用运输工具、装卸设备等，这就大大提高了仓储、包装、运输等环节的技术要求。

3. 销售物流面广样多

农产品基本是地域性生产、普遍性消费，农业企业的销售网络业遍布全国，覆盖面非常广。企业为适应市场需要，一般要开发多种系列的产品，每种产品的大小、包装、保质期、储存、运输、搬运要求、客户需求都不相同，因此需要采取不同的销售物流管理方法。

（二）农业种养业企业物流管理特征

农业种养业企业的供应物流以组织农业生产资料（化肥、种子、农药、农业机具等）的物流为主要内容，除此之外，与农业加工物流类似，没有大的特殊性。与农业加工企业相比，主要不同在于生产物流、销售物流和废弃物物流，以种植业为例。

1. 生产物流的特征

种植业生产对象在种植时不发生生产过程位移，而加工企业生产对象要不断位移，因此，农业种植业生产物流的对象不需要反复搬运、装放、暂存，而进行上述物流活动的是劳动手段，如化肥、水、农药等；种植业是一个周期的生产物流活动，停滞时间长而运动时间短，而工业企业生产物流几乎是不停滞的；生产物流周期长且具有季节性。

2. 销售物流的特征

以组织农药产品的物流为主要内容，销售物流的一个很大的特点是：在诸功能要素中，储存功能的需求较高，储存量较大，且储存时间长，"蓄水池"功能要求较高。

3. 废弃物物流的特征

种植生产的废弃物物流也是具有不同于一般工业企业废弃物物流的特殊性，主要表现在以重量计。废弃物物流重量远高于销售物流。

衢企风采："顺康"牧业向农业废弃物要效益

青青的山，绿绿的田，远处数栋房屋在绿树掩映下若隐若现，这里可不是陶渊明笔下的桃花源，而是一家年产 4.5 万多头生猪和 5 万羽鹅的养殖基地。"田里是沼液、有机肥种出来的萝卜、莴笋和青菜，既给猪、鹅吃，也给我们自己吃。"11 月 30 日，开化县桐村镇裴源村的衢州市顺康牧业有限公司现代养殖基地里，副总经理仇老三指向山坳里二三十亩蔬菜说："猪粪被加工成有机肥种植蔬菜，尿液和废水进到沼气池产生沼气和沼液，养殖过程中产生的废弃物经过循环链条得到了利用，几乎没有污染。"

"顺康"创建于 1989 年，建场时只有 8 头母猪、370 平方米建筑物，随着养殖规模的扩大，一度为大量的生猪排泄物所困扰。仇老三说："养殖场每天产生 100 多吨猪粪、猪尿和废水，如果直排到农田，就会影响庄稼生长，如果不外排，350 亩的基地容纳不了那么多的废弃物。"为解决生猪排泄物带来的问题，20 世纪 90 年代，"顺康"建起沼气池，迈出了发展生态循环农业的第一步，随后，有机肥工厂、沼气发电机相继投入使用，如今已形成"养殖＋沼气＋种植＋有机肥"四位一体的生态农业发展模式。

"沼"字做文章，沼液肥田地，沼气助增收

鹅场里，上千只用于提取鹅肝的朗德鹅生活在这里，有的在水槽里嬉水，水槽的一头接着白色的管子，通向旁边的沼气设施，4 个蓝色的储气罐高高耸立，分外鲜艳、显眼。

"养殖场内实行雨污分流，还配备了 2100 立方米的沼气池和 1000 立方米的沼液沉淀池，猪尿、污水全部引进池里生产沼气，沼液排入沼液沉淀池。"仇老三说，沼气一般供给公司食堂烧饭，也通过管道按每 1.3 元 / 立方米的价格卖给农户，全镇有 800 多户农户用上了基地的沼气。为增加效益，2014 年公司安装了一台 120 千瓦的沼气发电机，燃烧沼气发出的电全额上网，一年产电 60 多万千瓦时，接下来还将再装一台 120 千瓦的发电机。

基地的沼液也是宝贝。大部分沼液进入田间积液池用于施肥，这里的田不仅包括基地里二三十亩菜地，还覆盖了基地外 200 多亩农田，农户只要打开阀门，就能免费使用

沼液灌溉自家农田。同时，基地的滴灌设备还铺到山上，周围四五百亩山地得到了浇灌，树木长得郁郁葱葱。

猪粪有了好去处，万吨猪粪产出 4000 多吨有机肥

目前，"顺康"是开化最大的养猪场，但在基地里却没看到猪粪。猪粪去哪里了？仇老三带记者参观了距离基地 10 多分钟车程的有机肥厂，这里集纳了全县各大养猪场的猪粪，有机肥厂出资把各地猪粪运到这儿，倒入集粪池，拌入辅料，经过翻搅、发酵等程序，最终加工成有机肥。

仇老三说，有机肥厂面积有 3500 平方米，去年收进 1 万多吨猪粪，产出 4000 多吨有机肥，年产值 200 多万元。生产过程中，拌入猪粪的辅料主要是生产食用菌产生的菌渣、生产家具产生的木屑、生产茶多酚产生的茶叶渣等废料，每年有机肥厂要吃掉 1 万多吨此类废弃物。生态循环农业为"顺康"带来了丰厚的经济效益，如今，"顺康"也计划通过循环，为环境带来更好的生态效益。仇老三说："我们正在继续延伸循环产业链条，将来要浓缩沼液生产叶面肥，稀释的沼液通过人工湿地等手段净化水质，用这些水种植莲藕，然后再净化一道，最后实现用排出的水养殖清水鱼，为开化增添一道清水。"

（**资料来源**：衢州日报，2015 年 12 月 24 日）

三、农业企业物流管理的内容

（一）农业企业运输管理

1. 农业企业运输管理的概念

农业企业运输管理是指对农业企业产出物从生产者手中到中间商手中再至消费者手中的运送过程的管理。它包括运输方式选择、时间与路线的确定及费用的节约。其实质是对铁路、公路、水运、空运、管道五种运输方式的运行、发展和变化，进行有目的、有意识地控制与协调，实现运输目标的过程。组织物流运输工作，应贯彻执行"及时、准确、经济、安全"的原则。

2. 农业企业运输管理策略

（1）合理选择农产品运输方式、运输路线和运输工具。合理选择农产品运输方式、运输路线和运输工具，就是在组织农产品运输时，按照农产品运输的特点、要求及合理化原则，对所采用的运输路线和运输工具，就其运输的时间、里程、环节、费用等方面进行综合对比计算，消除增大运输时间、里程、环节、费用等各种不合理因素和现象，选择最经济、最合理的运输方式、运输路线和运输工具。

现阶段，我国交通运输的主要方式有铁路运输、公路运输、水路运输、航空运输、管道运输等，与这些运输方式相适应的运输工具是火车、汽车、轮船、飞机和管道。农产品运输除了现代化交通运输方式及其运输工具外，大量使用一些民间运输工具，如拖拉机、帆船、驳船、畜力车、牲畜等，是我国农产品运输不可忽视的重要力量。这些运输方式和运输工具各有特点，各自适应一定的自然地理条件或自然属性和产销状况不同的农产品的运输需要，只有区别情况，因地制宜，才能合理选择。

表6-4　主要运输工具选择

运输产品	运输工具	特　点
远程大宗农产品	火车	运量大、运费低、运行快、比较安全、准确性和连续性较高
短途农产品	汽车	装卸便利、机动灵活、可直达仓库，对自然地理条件和性质不同的农产品适应性强等特
大宗耐储运农产品	轮船	运输运量大、运费低，但速度慢一些
特殊性急需的农产品	飞机	速度快、运费太高
液体农产品	管道	一次性投资大、长期受益，综合效益高，自动化程度高，安全可靠，运输损耗少，免受污染等
短途零星分散的小宗农产品	民间运输工具	数量多、分布广、使用灵活方便

（2）采用直达、直线、直拨运输。

直达运输是指将农产品从产地或供应地，直接运送到消费地区、销售单位或主要用户，中间不经过其他经营环节和转换运输工具的一种运输方式。采用这种运输方式运送农产品，能大大缩短商品待运和在途时间，减少在途损耗，节约运输费用。农产品，尤其是易腐易损农产品的运输，应尽可能采用直达运输方式。有些农产品，如粮食、棉花、麻、皮、烟叶等，虽然耐储运，但由于供销关系比较固定，而且一般购销数量多、运量大、品种单一，采用直达运输方式也很适宜。在组织农产品直达运输中，应当和"四就直拨"（就地、就厂、就站、就库直接调拨）的发运形式结合起来，灵活运用，其经济效益会更好。

直线运输是指在农产品运输过程中，从起运地至到达地有两条以上的运输路线时，应选择里程最短、运费最少的运输路线，以避免或减少迂回、绕道等不合理运输现象。直线运输和直达运输的主要区别在于：直线运输解决的主要是缩短运输里程问题，直达运输解决的主要是减少运输中间环节问题。在实际工作中，把二者结合在一起考虑，会收到双重效果。所以，通常合称直达直线运输。

直拨运输是指调出农产品直接在产地组织分拨各地，调进农产品直接在调进地组织分拨调运。直拨运输一般适用于品种规格箱比较简单、挑选不大的大宗农产品运输。

鲜活农产品运输绿色通道，最初于1995年组织实施，主要内容为：在收费站设立专用通道口，对整车合法运输鲜活农产品车辆给予"不扣车、不卸载、不罚款"和减免通行费的优惠政策。2010 年 12 月 1 日起，绿色通道扩大到全国所有收费公路，而且减免品种进一步增加，主要包括新鲜蔬菜、水果、鲜活水产品，活的畜禽，新鲜的肉、蛋、奶等。

（3）中转运输。通常是指农产品集散地的批发机构，将农产品集中收购起来，然后再分运出去。中转运输也是组织农产品运输的一种必要方式，有许多功能：可以把分散收购的农产品集中起来，再根据市场需要转运各地，有利于农产品经营单位按计划组织调拨；可以根据农产品的收购、储存情况和市场需求的缓急程度，正确编制运输计划，提高农产品运输的计划性；便于选择合理的运输方式、运输路线和运输工具，开展直达、直线、直拨运输，使农产品运输更加合理化。

（4）大力开展联运。联运是指运用两种以上的运输工具的换装衔接，联合完成农产品从发运地到收货地的运输全过程。联运的最大特点是，农产品经营部门只办理一次手续即可完成全过程的托运。现阶段我国的联运主要是水陆、水水（江、河、湖、海）、陆陆（铁路、公路）联运和航空、铁路、公路三联运。

开展农产品联运，既适应我国交通运输的客观条件和运输能力，也综合农产品产销遍布全国、点多面广的特点。只要联运衔接合理，就可缩短待运时间，加速运输过程。组织联运是一项复杂工作。在组织农产品联运时，购销双方要和交通运输部门密切配合，加强协作，提高联运的计划性、合理性。要通过签订联运合同，落实保证联运顺利进行的措施和责任，以提高联运效果。

（5）大力发展集装箱运输。集装箱是交通运输部门根据其运输工具的特点和要求，特制的装载商品的货箱。我国铁路运输集装箱有 1~30 吨的几种不同规格。选用时，要根据农产品的重量和用以装载的车型来确定，以求装满载足，减少亏吨。

集装箱运输过程机械化、自动化操作程度高，是现代高效运输形式。采用集装箱运输，有利于保证商品安全，简化节约包装，节约装载、搬运费，加快运输速度，便于开展直运和联运。集装箱运输适应农产品易腐易变的特点和运输要求，应大力发展这种运输方式。

（6）提高运输工具的使用效率和装载技术（图 6-3）。运输工具的使用效率，是指实际装运重量与标记载重的比率。提高运输工具使用效率的要求是，既要装足吨位，又要装满容积，这就要求必须提高装载技术。提高运输工具使用效率和装载技术可以挖掘运输工具潜力，运送更多的商品。降低运输成本，节约运费开支。

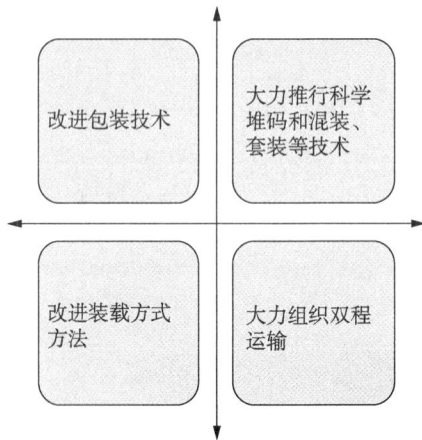

图6-3 提高运输工具使用效率和装载技术的主要途径

（7）推广"冷藏链"运输。"冷藏链"运输是指对鲜活农产品从始发地运送到接收地，每一环节的转运或换装都保持在规定的低温条件下进行。比如鲜鱼的运输，就应用冷藏船运到冷藏汽车，再运到冷藏火车，下站后再用冷藏汽车运到冷库。

"冷藏链"运输能抑制微生物繁殖和菌的活动，防止农产品腐变和减少在途损耗。如长距离运输蔬菜，采用一般运输，损耗率大于20%，有的高达50%，而采用"冷藏链"运输，损耗率可控制在3%~5%。同时，还能延长其储存期，有利于调节其市场供求。可见，"冷藏链"运输对于保证农产品质量，减少农产品运输损耗，改进农产品经营很有好处，应该积极推广。特别是对易腐变的鲜活农产品运输，更应该创造条件采用。

顺丰优选冷链配送城市增三倍 挺进三线城市

三农直通车综合报道：8月11日起，顺丰优选冷链配送城市从11个拓展到了48个，新增城市将瞄准三线城市。一向稳扎稳打的顺丰优选在苦练冷链内功后开始倍速扩张。

此前顺丰优选产地直供的荔枝、樱桃等生鲜单品已经可以覆盖全国主要城市，而此次新开通的37城，是在现有冷库辐射范围内进行的扩张，目的是让更多消费者品尝到肉类、海鲜等冷冻商品。

顺丰优选相关负责人表示，冷链一直被视为生鲜电商的核心竞争力，在如今生鲜电商进入精细化运营阶段后，冷链的后发优势也越发显著。顺丰优选依托顺丰速运的物流网络，采用"全部自建的一段式全程冷链"，通过速度与不间断冷链最大限度确保新鲜。

尼尔森《中国消费者信心指数报告》指出："由于三线城市的线下渠道对于中高端食品，尤其是进口食品的覆盖十分有限，使得当地拥有一定消费能力、对优质美食有追求的消费者网购需求十分强烈。"目前三线城市的消费者潜力已经爆发，却还是一片尚未被开垦的生鲜网购处女地。

顺丰优选在经历了去年的 7 次扩张后，其常温商品已覆盖全国，生鲜商品如今已能覆盖河北、江苏、浙江、广东省等主要城市。据透露，顺丰优选今年还将在冷链方面有大动作，不久将有新的冷库投入使用。顺丰优选总裁崔晓琦表示，顺丰优选将借助顺丰的配送优势将冷链配送覆盖至全国。

（资料来源：三农财经网）

（二）农业企业储存管理

1. 农业企业储存管理的基本概念

农业企业储存管理是指根据农业企业原材料、半成品及成品的不同物理特性，暂时对不用的物品进行收存、保管、交付使用的活动过程，是储藏和保管的简称。对生鲜物流而言又常称作储藏管理。

2. 储存方法与管理

农业企业生产资料及产成品多属于易腐性生鲜物流，由于农产品很多都是鲜活的，因此储存过程中容易发生霉变、鼠害虫害、溶化或结块、氧化、破碎、渗漏，目前主要采用常温储藏、低温储藏、气调储藏等方法，根据生鲜物流的生理特性和其他具体条件，可以选择不同的储藏方法，以最大限度地延缓生鲜物流的生命活动，达到保鲜的目的（表 6-5）。

表 6-5　主要储藏方式

储 藏 方 法	种 类
常温储藏	① 简易储藏 ② 通风库储藏
低温储藏	① 机械冷库储藏 ② 微型冷库储藏
气调储藏	① 气调冷藏库储藏 ② 塑料薄膜袋（帐）气调储藏 ③ 硅窗气调储藏
辐射储藏	① 电磁处理 ② 辐射处理

（三）农业企业流通加工管理

1. 农业企业流通加工管理的基本概念

流通加工是指物品在生产地到使用地的过程中，根据需要施加包装、分割、计量、分拣、刷标志、拴标签、组装等简单作业的总称。流通加工是商品在从生产者向消费者流通过程中，为了增加附加价值，满足客户需求，促进销售而进行简单的组装、剪切、套裁、贴标签、刷标志、分类、检量、弯管、打孔等加工作业。

流通加工管理则是指农业企业以提高物流速度和物品的利用率为目标，为了促进销售、维护商品质量和提高物流效率，在物品从生产者向消费者流动的过程中，对物品进行一定程度的加工活动的管理。从其本质来说，农业企业流通加工管理和生产领域的生产管理一样，是在流通领域中的生产加工作业管理。所不同的是，流通加工管理既要重视生产的一面，更要着眼销售的一面。

2. 流通加工合理化组织与管理

（1）流通加工合理化的概念。流通加工合理化是指实现流通加工的最优配置，在满足社会需求这一前提的同时，合理组织流通加工生产，并综合考虑运输与加工、加工与配送、加工与商流的有机结合，以达到最佳的加工效益。它有效地补充和完善了生产产品的使用价值，但是设计不当，会对生产加工和流通加工产生负效应，所以应尽量避免不合理的流通加工。

不合理的流通加工主要表现在：流通加工地点设置不合理；流通加工作用不大，形成多余环节；流通加工方式选择不当；流通加工成本过高，效益不好。其中，流通加工布局是否合理是流通加工能否有效的根本性因素。

（2）实现流通加工合理化的途径（图6-4）。

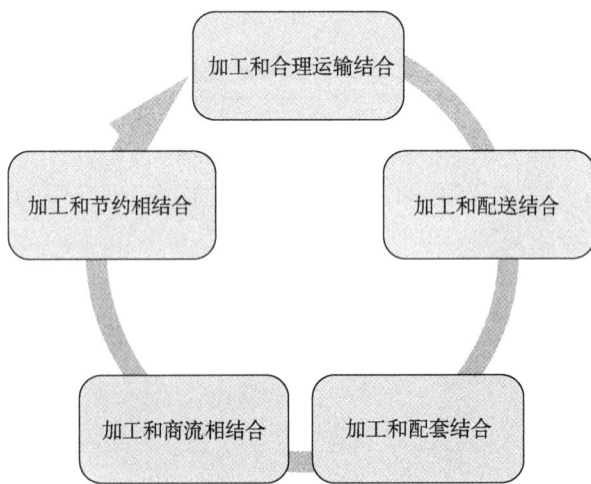

图6-4 实现流通加工合理化的途径

对于流通加工合理化的最终判断，是看其是否能实现社会和企业本身的效益，而且是否取得了最优效益。对流通加工企业而言，与一般生产企业一个重要不同之处是，流通加工企业更应树立以社会效益为第一的观念，只有这样才有生存价值和发展空间。

（四）农业企业装卸搬运管理

1. 农业企业装卸搬运管理的概念

装卸是物品在指定地点以人力或机械装入运输设备或卸下的活动；搬运是在同一场所内，对物品进行以水平移动为主的物流作业。装卸搬运管理是指在农业企业实际运作中，为了提高物流效率，所进行的装卸和搬运活动，二者全称为装卸搬运。装卸搬运作业主要包括装卸、搬运、堆码、取出、分类、理货六个方面。

2. 农业企业装卸搬运管理的主要策略

（1）防止和消除无效作业。尽量减少装卸次数，努力提高被装卸物品的纯度，选择最短的作业路线等都可以防止和消除无效作业。

（2）提高物品的装卸搬运活性指数。企业在堆码物品时事先应考虑装卸搬运作业的方便性，把分类好的物品集中放在托盘上，以托盘为单元进行存放，既方便装卸搬运，又能妥善保管好物品。

（3）实现装卸作业的省力化。装卸搬运使物品发生垂直和水平位移，必须通过做功才能完成。由于我国目前装卸机械化水平还不高，许多尚需人工作业，劳动强度大，因此必须在有条件的情况下利用重力进行装卸，将设有动力的小型运输带（板）斜放在货车、卡车上进行装卸，使物品在倾斜的输送带（板）上移动，这样就能减轻劳动强度和能量的消耗。

（4）进行正确的设施布置。采用"L"形和"U"形布局，以保证物品单一的流向，既避免了物品的迂回和倒流，又减少了搬运环节。

（5）减少装卸的消耗。在装卸时考虑重力因素，可以利用货物本身的重量进行有一定落差的装卸，以减少装卸动力或根本不消耗动力，这是装卸合理化的重要方式。

上海物流标准化建设以托盘为突破口

2015 年，上海物流标准化试点的目标是：第一，基本形成标准化托盘循环共用体系；第二，探索建立农产品全流程物流包装标准化体系；第三，逐步完善城市配送物流服务体系；第四，积极构建上海城市物流标准体系。从"一块板""一辆车""一个筐""一个平台"等四方面入手，积极推动物流标准化建设。

自 2014 年年底开展物流标准化试点以来，24 家企业计划投资共 6.83 亿元，目前已经合计投入 5.15 亿元。在一年的项目开展过程中，试点取得了一定的成效。

上海标准托盘循环共用体系初步形成集保已新签客户 60 多家，托盘使用需求量超过 15 万个，并与可口可乐、雀巢水等知名客户协助开展带托运输项目，新开展的托盘化运输线路超过 40 条，预计 2015 年托盘流转量超过 50 万托盘次。路凯新增标准托盘 30 万板，在上海区域标准托盘池规模已达到 150 万个，试点项目的推行大大加强了上海地区的标准化托盘普及率，提升了上海地区的营运中心服务能力。

供应链效率提升。城市超市升级改造 3000 平方米配套冷链包装车间及购置标准化托盘、笼车、物流车辆等，在蔬菜菜筐和库笼上增加 RFID 芯片，通过手持设备的扫描，使整个过程实行无纸化操作，并将追溯工作贯彻整个流程。京东已推动 3 家供应商实施上下游商品带板运输、托盘共用，大幅降低了货车在收货月台停留的时间，提高了运输车辆的周转率，同时实现了整托盘商品从供应商货车到库内存储货架的一步完成，极大提高了收货及上架效率。苏宁干线带托运输比例明显提升，不良品产生率下降到 0.3% 以下、车辆装载率提升了 10%。同时通过推动合作商户采用带托运输，客户产品破损率下降近 5 成，装卸效率提升近 4 成。

物流成本降低。顺丰速运已完成总面积约为 7300 平方米的顺丰全网第一座 B2C "申鲜壹号"冷库，通过"申鲜壹号"的投入使用，有效缩短了生鲜供应链，年新增利润 300 万元。大润发在肉类标准化技术方面，直接与产品源头提供者对接品控，冷链车实行全程记录，实时监控，确保冷链不间断。果蔬产品采用统一周转箱装箱配送，降低了成本和耗损。

（资料来源：国际商报，2016 年 1 月 13 日 ）

（五）农业企业包装管理

1. 农业企业的包装管理的概念

包装是对即将进入或已经进入流通领域的农产品或农产品加工品采用一定的容器或材料加以保护和装饰。农业企业的包装管理，是指对产品的包装进行计划、组织、指挥、监督和协调工作，它是企业管理的重要组成部分。包装管理必须根据企业的具体情况，用最经济的方法来保证产品的包装质量。降低包装成本，促进产品销售、产品包装与企业内部和外部的许多部门有关。纵向和横向的联系很多，因此，企业的包装管理是一项综合性的工作，企业的全体职工都要提高对包装管理重要性的认识，加强企业的包装管理工作。企业的包装管理工作的好坏，对企业的经济效益有重要的影响。

为规范农产品生产经营行为，加强农产品包装和标识管理，建立健全农产品可追溯制度，保障农产品质量安全，依据《中华人民共和国农产品质量安全法》，制订《农产品包装和标识管理办法》（本办法自 2006 年 11 月 1 日起施行）。《农产品包装和标识管理办法》第 2 条规定："农产品的包装和标识活动应当符合本办法规定。"主要内容包括：

（1）农产品生产企业、农民专业合作经济组织以及从事农产品收购的单位或者个人，应当依法履行包装或者标识义务。对一家一户、农民自产自销的农产品，没有提出包装和标识要求。

（2）按照农业部规定需包装或者附加标识的农产品，只有经过包装或者附加标识后才可以上市销售；未经包装或者未附加标识的，不允许上市销售。

（3）销售的产品在包装物或者标识上必须标注品名、产地、生产者、生产日期、保质期、产品质量等级等内容。

（4）农产品在包装、保鲜、储藏、运输过程中使用过添加剂的，必须标明使用。

2. 包装标准化管理

（1）包装标准化的内涵。包装标准化工作就是制订、贯彻实施包装标准的全过程活动。为保障物品在储藏、运输和销售中的安全和科学管理的需要，以包装的有关事项为对象所制订的标准称之为包装标准。包装标准包括在生产技术活动中，对所有制作的运输包装和销售包装的品种、规格、尺寸、参数、工艺、成分、性能等所做的统一规定，称为产品包装标准。产品包装标准是包装设计、生产、制造和检验包装产品质量的技术依据。包装标准管理的内容如表6-6所示。

表6-6 包装标准管理的内容

包装标准管理分类	主 要 内 容
包装基础标准管理	主要包括包装术语、包装尺寸、包装标志、包装基本试验、包装管理标准等
包装材料标准管理	包括各类包装材料，如纸、纸板、塑料薄膜、木材、各类包装带等的标准和包装材料试验方法
包装容器标准管理	包括各类容器，如瓶、桶、袋、纸箱、木箱等的标准和容器试验方法
包装技术标准管理	包括包装专用技术、包装专用机械、防毒包装技术方法、防锈包装等标准
产品包装标准管理	产品包装标准是按行业进行划分的，诸如机电、电工、仪器仪表、邮电、纺织、轻工、食品、农产品、医药等行业均有相应的包装标准
其他相关标准管理	主要指与包装关系密切的标准，诸如集装箱技术条件、尺寸；托盘技术条件、尺寸；叉车规格等

（2）包装合理化的管理。包装合理化主要表现在包装的轻薄化、机械化和单纯化上。合理包装是一个系统工程，因此设计合理包装不仅要考虑包装设计本身，更重要的是应着眼于商品流通的全局，兼顾物流系统的相互关系，按照合理包装的两个方面进行设计。第一，符合集装单元化和标准化的要求，包装以物流模数（400×600）和物流基础模数（1200×1000）为参考；第二，掌握流通实况，发挥最经济的保护功能；实行包装标准化；协调与生产的关系；注意装卸及开启的方便性。

瓦楞包装标准箱（CCF箱）已投入农产品的使用中

【中国包装网讯】 为了实现农产品从田间到食品超市的流水线操作，瓦楞包装行业开发出了农产品纸箱（简称CCF）标准——一种全新的、标准化设计的瓦楞纸箱。标准箱可消除运输中不同规格包装混合堆码容易倾斜倒塌的问题。从配送中心发出时可装载在卡板上运输，有助于提升效率。降低物流成本历来是零售商提高利润空间的主要目标，而它的模块化特点对降低物流成本大有裨益。

此类标准由硬纸板盒协会（FBA）制订，由美国林纸协会（AF&PA）协助。并获得了纸箱制造商、种植者、包装运输人员、配送中心、零售商、货运公司和政府职能机构的鼎力协助。

CCF 的特点如下。

1. 方便进行堆码

这些新型纸箱均固定在相同的锁合结构里，堆叠后非常稳定。因此在运输及装卸过程中不会倾倒。

2. 运输成本低廉

纸箱的低克重高强度特性及容积的高利用率降低了运输成本，且不产生运输后费用。实际上，食品超市常常可以在纸箱回收使用的过程中赚一些钱。

3. 保护性能良好

由于其瓦楞结构及缓冲性能，CCF 能为内装货物提供最大限度的保护商品，减少磨损。可根据客户要求增加附加加强设计、通风孔、隔热或防潮功能，从而更好地保护内装物。

4. 兼容性

CCF 可被任一家瓦楞纸箱厂生产，因此农产品生产者及运输商可以选择他们认识和信任的包装厂家来供应此类纸箱。在卡板上混合堆码时也是很稳固且兼容的，即使纸箱由不同的厂家生产。

5. 可定制

零售商可根据实际需求对 CCF 提出某些特定功能设计的要求。

6. 展示和销售方面的优势

CCF 本身具备展示功能，从产地运出，经仓库中转，直到摆放在零售货架上，均不需要重新包装。而且包装箱本身就是一个印有产品品牌标识的广告载体。纸箱可贴上一些可产生强烈视觉冲击力的图案标签，或直接在上面印刷从而最大限度地提高其展示效果。

7. 可回收 / 可再利用

瓦楞包装其回收利用率高达 85% 以上，是地球上所有包装材料中回收率最高的。食品超市的回收率更高，而且通过回收变卖还可增加一些额外收入。

（**资料来源**：中国包装网，2015 年 5 月 15 日）

（六）农业企业配送管理

1. 农业企业物流配送管理的概念

农业企业物流配送管理是指按照农产品消费者的需求，对企业产品进行加工、整理、分类、配货、配装和末端运输等一系列活动，最后将农产品交给消费者的过程。

2. 农产品配送模式

根据农产品供应链中不同环节的成员所占的主导地位不同，国内农产品配送主要有直销型配送模式、契约型配送模式、联盟型配送模式、第三方物流配送模式、共同配送模式（协同配送模式）、集团配送模式（综合配送模式）（表6-7）。

表 6-7　农产品配送模式

配送模式	优　势	劣　势
直销型配送模式	（1）反应快速、灵活 （2）农户或农产品基地拥有对物流系统运作过程的有效控制权	（1）一次性投资大 （2）成本较高 （3）抗风险能力低
契约型配送模式	（1）稳定企业原料来源，改善成本结构，降低经营风险 （2）稳定农户销售产品稳定的渠道 （3）提高产品质量控制力度	（1）农民的利益容易受到侵害 （2）市场交易费用高 （3）企业与农户之间的利益连接关系松散
联盟型配送模式	（1）能够连接生产者、批发商、零售商、运输商和加工保鲜企业等各方 （2）降低龙头企业直接面对农民的交易成本 （3）建立公共交易平台，使交易双方有了更多的可选择性	（1）随着交易量的扩大，管理效率比较低 （2）中间批发商对直接生产者和消费者进行信息封锁
第三方物流配送模式	（1）配送渠道短、环节较少 （2）能够灵活运用新技术，实现以信息换库存，降低成本 （3）提供灵活多样的顾客服务，为顾客创造更多的价值	（1）农户与市场脱节 （2）农户、农产品基地对农产品的配送控制能力降低 （3）易出现连带经营风险
共同配送模式	可以提高配送效率	管理难度加大
集团配送模式	（1）提高农产品的附加值 （2）优化农产品结构	需要强大的经济实力支撑

北京：优质蔬菜搭上"互联网＋"快车

一大早，家住天通苑社区的王莉华打开手机，点开微信公众号时下单的网页中将娃娃菜、胡萝卜、团生菜放进购物车。中午，北菜园的配送人员敲响了她的家门，将一箱清洗和包装好的有机蔬菜交到了她的手中。

早在 2009 年，北菜园合作社就承包了 300 亩地种植有机蔬菜。当时，人们对有机蔬菜的认识还不够，苦于没有销路的合作社理事长赵玉忠，在大学生村干部谢萌萌的帮助下，尝试利用互联网销售蔬菜。从起初简单的订购网站，逐渐发展到利用网站、微信、微博、电商等多平台销售。赵玉忠还根据他之前多年的企业管理经验，在合作社实行企业化管理，成立销售部和客服部为拓宽销售渠道，合作社还与顺丰、京东等快递公司联手，推出有机农产品快递专线；与市区 200 家便利店合作，只要消费者在"北菜园"微信公众号上下单，需求信息就会推送至便利店，每 5 秒刷新一次，由最先抢到的便利店负责 1 小时内把菜送到。在一次有机农产品展销会上，从事农业智能化服务的奥克美公司带着他们新推出的"智能柜"找到赵玉忠。作为"农宅对接"的首次试验，北菜园合作社与奥克美公司达成了合作，将"智能柜"安进了居民小区。消费者通过北菜园网站下单购买有机蔬菜，合作社根据订单从田间采摘后，再送至安装在小区里的智能柜中。消费者接到短信通知，随时可以从柜中取走产品。在北菜园合作社的大棚里，社员正按照网络订单采摘蔬菜；车间里，大家有的在对蔬菜清洗和码放，有的包装，有的在贴二维码、有机认证标识。"农宅对接"模式减少了中间流通环节，使有机蔬菜的价格比超市便宜 30%。合作社还为每份有机蔬菜贴上了二维码，消费者通过手机扫描，就能追溯产地、自然成熟度、环境健康指数等信息。

（资料来源：北京日报，2015 年 11 月 25 日）

（七）农业企业物流信息管理

农业企业物流信息管理是指运用计划、组织、指挥、协调、控制等基本职能，对物流信息的收集、加工、存储、检索、传递和应用的全过程进行合理控制，从而使物流供应链各环节协调一致，实现信息共享和互动，减少信息冗余和错误，辅助决策支持，改善客户关系，最终实现信息流、资金流、商流、物流的高度统一，达到提高物流供应链竞争力的目的。

在农业企业中主要利用农业企业物流信息管理系统对物流信息进行管理，实际上是物流管理软件和信息网络结合的产物，小到一个具体的物流管理软件，大到利用覆盖全球的互联网将所有相关的合作伙伴、供应链成员连接在一起提供物流信息服务的系统，都叫作物流信息系统。

农业企业物流信息管理系统主要包括采购管理系统、客户管理系统、库存管理系统、财务管理系统、结算管理系统、运输配送管理系统、物流分析系统及物流决策支持系统。

四、农业企业物流管理的重要性

（一）保障再生产过程的正常运行

物流是生产过程的基本保障。无论在传统的贸易方式下，还是在新的贸易（例如电子商务）条件下，生产都是商品流通之本，而生产的顺利进行需要物流活动的支持。生产的全过程从原材料的采购开始，便要求有相应的供应物流活动，使所采购的材料到位，否则，生产就难以进行；在生产的各工艺流程之间，也需要原材料、半成品的物流过程，即所谓的生产物流，以实现生产的流动性；对顾客的退货需要回收物流予以完成；废弃物的处理则需要废弃物物流。可见，整个生产过程实际上就是系列化的物流活动，同时，通过降低费用从而降低成本、优化库存结构、减少资金占压、缩短生产周期，保障了现代化生产的高效进行。

物流是实现从生产到消费的重要环节。合理化、现代化的物流，解决物的空间流动问题，使物的变化从原材料变为产品再变为消费品这一过程得以完成。通过物流，生产者得到所需的物料进行生产，经营者得到销售的商品，顾客得到他们想要的商品。这样，通过物流，将商品在适当的交货期内准确地向顾客配送；对顾客的订货尽量满足，不使商品脱销；适当的配置仓库和配送中心，维持商品适当的库存量；使运输、装卸、保管等作业自动化；维持适当的物流费用；使从订货到发货的信息流畅无阻；把销售信息迅速地反馈给采购部门、生产部门和营业部门。物流保证了生产到消费的循环过程，满足了社会的需要。

（二）降低企业成本，提高顾客服务质量

物流在实现高效管理方面起着重要作用，它可以通过下述几方面来减少成本和增加顾客价值：准确地按期将商品送交顾客，满足市场需求，及时产生价值；尽可能减少商品供应的断档，保持生产经营中资金流的连续性；适当安排物流节点，提高配送效率，保持合理库存水平以实现动态平衡；使生产、运输、保管、搬运、包装、流通加工等不同过程一体化、系统化，节约和合理利用资源；从接受订货到发货配送，信息通畅，使物流成本最小。

（三）提高效益，增加销售和盈利

企业的运营分别存在着采购、生产、销售等运营逻辑。物流的综合作用将超越所有这些逻辑，追求包含从采购到销售在内的"物的流动"的整体最佳状态。物流过程首先把满足顾客要求放在首位，然后设计企业内部"物的流动"的整体最佳状态。这是一种向顾客提供商品的活动，可以说是一种"需要满足功能"；同时也是搞好企业外部供应商以及分销商等到达最终顾客的各个渠道的整个"物的流动"，追求整体最佳，以提高效益。

第三节　农业企业物流的发展趋势

案例导入

打造现代农业与金融资本密切结合的价值典范

2016年1月17日，由山东寿光蔬菜产业集团（天津）商品交易市场主办的"互联网＋农业＋金融"携手果蔬新未来研讨会暨六周年庆典在天津召开。中国物流与采购联合会大宗商品交易市场流通分会常务副会长何辉、秘书长周旭、中国商业联合会副秘书长邓立、山东寿光蔬菜产业控股集团董事长杨明、山东寿光蔬菜产业集团（天津）商品交易市场总裁李铁、西安交通大学管理学院副院长冯耕中、北京工商大学证券期货研究所所长胡俞越、北京物资学院物流学院副院长姜旭等领导和专家及业内企业代表近300人出席了会议。

李铁在致辞中表示，山东寿光蔬菜产业集团是首批国家级重点农业龙头企业，是集"种业研发、基地种植、批发市场、加工出口、技术推广、电子商务"六大板块于一体的大型现代农业产业集团。在传统蔬菜产业化实践中，为有效配置产品供需资源、发挥市场定价机制，逐步探索了延伸蔬菜供给侧产业结构链条的即期、定期和现货仓单电子化交易。截至2015年12月，山东寿光蔬菜产业集团（天津）商品交易市场在全国设立授权服务机构达5000多家，交易商开户数超200万个，建立标准化交收仓库100多处，年度交易总额突破3万亿人民币。

"六年以来，我们将闻名遐迩的'寿光蔬菜'实体产业与新兴电子商务技术相结合，深入探索了订单种植、在线交易、农业金融等诸多产业创新领域，推动了蔬菜产业的转型升级，当之无愧地成为中国大宗农产品现货交易行业发展的旗舰，打造了现代农业与金融资本密切结合的价值典范。"李铁说。

李铁还介绍了下一步具体实施的几项工作：一是寿光交易市场将放眼全球合作，推进企业国际化进程，同时引入具备国有背景的企业集团进行战略投资，优化企业股权结构，提升市场综合竞争力；二是引爆政策利好，整合行业资源，加快布局大农业市场交易板块，实现从单纯的蔬菜交易平台向农产品综合交易平台的跨越式转变；三是充分发挥实体产业优势，改革创新商品交易标的和交易模式，加快农产品现货仓单发售交易、寿光蔬菜指数交易；四是加强市场服务体系建设与管理，根植寿光、立足天津、深挖潜力、辐射全国，实现交易市场与合作伙伴的携手共赢。

何辉表示，近年来，随着互联网的普及，我国农产品电子商务在改善农产品物流、加速农业信息流通、拓展农产品销售渠道、健全农产品市场机制和功能等方面的作用不断凸显、发展迅猛。农产品电子商务改变了我国农产品的传统流通方式，高效地将农业的产前、产中、产后诸环节有机地结合起来，促进农业增产、农民增收和农村社会全面进步，已成为转变我国农业发展方式、调整农业结构、增加农民收入、释放农村消费潜力的重要抓手，对于进一步深化农村改革、推进我国农业现代化具有重要意义。

何辉介绍，2015 年商务部最新披露的数据显示，预计社会消费品零售总额可达 30 万亿元。从这个体量来说，我国农产品市场拥抱互联网，"互联网＋农业"具有非常广阔的发展空间和发展前景。寿光蔬菜产业控股集团和山东寿光蔬菜产业集团（天津）商品交易市场作为我国农产品流通的龙头企业和农产品流通现代化的开拓者，多年来积极探索，勇于进取，积累了很多的成功经验，也取得非常好的成绩。

邓立就中国蔬菜产业电子商务转型升级发展做主题发言时表示，供给侧结构性改革给蔬菜产业带来了新的机遇。加快供给侧结构性改革，将有效改善农产品种植结构，释放农产品供给潜力，丰富农产品供给品种，提升农产品供给品质，更好地满足广大居民日益提高的生活需要，对提升农产品流通质量和水平意义重大。农产品流通领域，应积极引导和配合供给侧结构性改革，推动扩大有效供给，提高供给结构适应性和灵活性，提升农产品流通质量和效率。

他还表示，当前产业跨界融合发展已成为新潮流。从农产品流通领域看，一方面产、供、销协同发展，纵向一体化趋势进一步加强，另一方面"互联网＋农业＋金融"跨界融合发展、横向一体化也逐步深入。随着近年来国家及有关部门出台促进"互联网＋"发展的政策措施进一步落实，"互联网＋农业＋金融"跨界融合发展的潜力将逐步释放。

冯耕中、胡俞越、姜旭等分别就大宗农产品交易市场发展的战略思考，产业互联网是新经济的新常态的新引擎，日本冷链物流的启示与借鉴发表了主题演讲。

在高峰对话和平台沙龙环节，与会嘉宾还围绕国内大宗商品电子交易平台如何响应国家政策，更好地为实体经济服务，以及如何提升产业链集成服务能力，创新发展展开讨论。

会议还进行了生意社、宁波大红鹰学院与山东寿光蔬菜产业集团（天津）商品交易市场的合作签约仪式，并对山东寿光蔬菜产业集团（天津）商品交易市场优秀营业部、优秀服务中心、优秀客户经理、优秀培训师、六周年感恩交易商等进行了颁奖。

据了解，山东寿光蔬菜产业集团（天津）商品交易市场有限公司位于天津市滨海新区经济技术开发区。交易市场秉承"公平、公开、公正、诚实、信用"的原则，以信用保障体系为核心，以覆盖全国的仓储物流体系和授权分支机构为支撑，凭借结算银行缜密快捷的结算体系，为参与交易的所有企业和农民经纪人提供全程信用保障，确保交易安全、可靠、规范。交易市场管理团队有着深厚的行业背景，在管理商品现货电子交易、异地电子结算和货物交收等方面具有非常丰富的实践经验。

（资料来源：期货日报网，2016 年 1 月 18 日）

🍁 **案例思考**

根据研讨会内容，我国未来农业物流的发展方向是什么？

一、信息化

现代社会已经步入了信息时代，物流的信息化是整个社会信息化的必然需求。物流信息化表现为物流信息的商品化、物流信息收集的数据库化和代码化、物流信息处理的电子化和计算机化、物流信息传递的标准化和实时化、物流信息存储的数字化等。因此，二维码技术、数据库技术、电子订货系统（Electronic Ordering System，ESO）、电子数据交换（Electronic Data Interchange，EDI）及快速回应（Quick Response，QR）、有效的顾客回应（Effective Customer Response，ECR）等技术与观念在未来的物流中将会在农业企业中得到普遍采用，有利于先进的技术装备的应用和推广。IT技术从辅助走向核心，成为农业企业物流最重要的软实力、发动机，而智能手机等移动客户端不仅仅能互联互通，其毛细血管属性、去中心化属性将颠覆传统的物流结构，对物流产生巨大的影响。

二、平台化

随着国内物流基础设施网络的建设和完善，平台思维改变了传统的经营模式，平台化将渗透到适合标准化、规范化的所有物流环节，平台整合充分发挥资源利用效率。园区基地平台、公路货运平台、电商物流平台、物流金融平台等风起云涌，各具特色的平台将依托自身的核心资源开枝散叶。通过平台化运作，农业企业可以将各类资源迅速集结，编织成区域性乃至全国性物流网络，提升物流运输的组织化、集约化、标准化水平，实现运输效率的提高和物流成本的下降，尤其为大件物流的发展带来革命性变化。

中粮集团携招商局集团粮食电子交易平台

11月23日上午，由中粮集团和招商局集团注资3亿元携手打造的粮食电子交易平台"粮达网"（http：//www.exgrain.com）发布全新品牌形象并正式上线启动，该交易平台以"粮达天下、惠泽四方"为使命，致力于成为我国农粮领域第一电商。广东省委副书记、深圳市委书记马兴瑞，深圳市市长许勤，中粮集团董事长宁高宁，招商局集团董事长李建红出席活动。

据悉，粮达网于2014年10月在前海深港现代服务业合作区注册成立，是中粮集团和招商局集团两大央企以"互联网＋农粮"重塑农粮贸易新模式、努力打造粮食电商生态圈的积极尝试。

受马兴瑞、许勤委托，副市长陈彪致辞。他说，深圳经济特区高度重视粮食安全，着力加强粮食流通能力建设，强化粮食产销合作。深圳市委市政府将进一步优化服务，为企业发展营造良好的环境，积极推动粮达网实现快速发展。

宁高宁、李建红高度评价深圳创新创业环境，他们表示，粮达网是创新的产物，希望粮达网提供最优的农产品解决方案，达到降低交易成本、提高效率的目的，让农民增收、消费者获益。

在上线仪式上，粮达网与合作银行、物流合作方代表以及首批会员、交易商代表签约，农粮互联网时代峰会随后举行。

（资料来源：中国农牧人才网，2015 年 11 月 25 日）

三、绿色化

现代社会环境保护的要求几乎融入社会经济的每一个领域，物流绿色化成为现代物流的发展趋势，是经济可持续发展的必然要求。在物流活动过程中，运输、保管、装卸和流通加工等许多活动都会破坏环境，浪费资源，造成污染，现代物流就是既要关注从生产到消费的流通过程，也重视消费到再生产的流通，即逆向物流，是一种包含产品退回、物料替代、物品再利用、废弃处理、维修与再利用等流程的物流活动。目的是研究如何通过物流活动减少资源消耗、控制有害废弃物的污染，物流将趋向绿色化。

骆沙鸣：促进快递业"绿色发展"

2016 年 1 月 21 日，全国政协召开双周协商座谈会，专门就此问题协商座谈。中国网中国政协特编载全国政协委员、泉州市政协副主席骆沙鸣的发言文章，全文如下。

就《快递条例》制订提出建议：

（1）在绿色发展理念下，《快递条例》应有利于推进我国绿色物流包装及回收利用。应吸纳固体废物污染环境防治法，推进固废减量化、无害化、再利用和资源化条款内容到《条例》中，明确国家鼓励快递包装的充分回收和重复利用，明确固废生产使用者的污染防治责任，防治过度包装，促进现代物流产品包装设计源头上的绿色化。建议《条例》增加"产品包装物的设计制造应当遵守国家有关清洁生产规定，促进包装的标准化、成本低廉化、技术多功能化、智能化、可降解化、材质单一化、生产易回收利用化""优先选择采用易回收、易拆解、易降解、无毒低害的材料和设计方案"。政府对快递物流新材料、新技术、新设计、新工艺的绿色包装和新型环保包装材料使用予以资金奖励和激励优惠政策。

（2）目前我国已有 80 万辆快递电动车营运，获"准生证"的城乡快递电动车并不多，各地应疏堵结合支持合规快递电动车的城乡物流配送。应参照大气污染防治法有关条款，鼓励公民采取低碳、节俭的生活方式，自觉履行大气环境保护义务。地方各级政府应制订规划、采取措施、控制或逐步削减大气污染物的排放量，使大气环境质量达到规定标准并逐步改善。建议《条例》增加"各级政府应制订政策鼓励快递企业使用新能源汽车"。

（3）《条例》应吸纳循环经济促进法"国家鼓励和引导公民使用快递包装再生产品，减少固废产生量和排放量""城乡规划应合理布局包装固废回收网点，完善分类收集资源化利用"。环保优先已成为绿色需求导向，应为绿色快递量身设计适配的绿色金融产品，以低融资成本促进绿色快递业做大做强。应以供给侧结构改革新思维，引领快递业发展新常态，推进去产能、降成本、补短板，通过科技创新和以政府采购、贴息、绿色产业基金等方式，支持快递包装循环固废综合利用和清洁新能源快递电动车发展，鼓励分质增值再生利用快递包装，促进绿色快递业循环发展。

（资料来源：人民政协报，2016 年 2 月 5 日）

四、综合化

各种形态的物流企业将殊途同归，从相对单一的功能性物流走向综合性物流，多元化是共同的选择，未来快递、配送、仓储、干线、多式联运、国际、电商、支付等要素将会融合，第三方物流将发挥巨大的作用。而复杂的、个性化的、需要定制的业务将进一步凸显供应链的价值，并率先在某些专业的垂直一体化的细分领域取得成功，资源整合、虚拟物流、依托方案顾问能力的第四方物流将走向前台。

苏宁物流将向社会开放　企业物流转变为物流企业

在侯恩龙看来，互联网零售的核心在物流，物流的核心在于提升效率、降低成本。根据侯恩龙的说法，物流倒逼了供应链效率的提升。"原来可能会 1 仓覆盖全国，但这样有两个短板：一是时效很难保证；二是在一些重大促销节点上会有瓶颈。后来我们推动了供应链的倒逼和提升，变成 8 仓覆盖全国。"

据了解，南京物流基地只是苏宁物流自动化版图的全国第一站，未来将辐射到 8 仓（北京、上海、南京、广州、郑州、武汉、成都、西安），进而覆盖全国。自动化物流的建设，将极大地提高苏宁供应链的效率，从而使供应链成为现金流。例如，全国 8 仓都实现自动化，仅 3C 品类的库存周转率就能提升 1 倍。

根据苏宁云商提供的信息显示，预计到 2015 年将建成 12 个自动化分拣中心、60 个区域物流中心、300 个城市分拨中心以及 5000 个社区配送站，并逐步向社会开放物流资源和能力。

在苏宁云商的战略规划里，物流是未来一个重要的收益来源。"不过，前期物流体系投入过大等，会导致企业利润受到影响。"申正远指出。

然而，苏宁云商物流要做到向社会化开放，体验优化亦刻不容缓。为求在短时间内让用户体验上到新台阶，实现效果提升的良性循环，侯恩龙于 2014 年 2 月被苏宁云商董事长张近东"钦点"至南京总部，任职苏宁云商物流公司总经理。

就在过去一年里，侯恩龙从"系统优化""效率和速度"，"推出苏宁物流品牌形象——火箭哥"以及"转变人员的思想观念"四个方面工作着手，使得苏宁云商物流能力迅速提升，并实现"半日达""急速达""一日三送"等特色化物流服务。

按照侯恩龙的说法，社会化开放将面向苏宁易购的平台商户、上游供应商、下游消费者等。他还透露，对于平台商户的试点开放已于本月 10 日开始。

（资料来源：每日经济新闻，2015 年 1 月 12 日）

五、国际化

随着我国农业企业走向国际，在跨境电商的驱动下，国际物流将蓬勃发展，各种相关物流要素进一步完善、丰满和沉淀，多样化的模式将满足多样化的国际物流需求。

🍁 链接案例

中粮集团：做面向全球的大粮商

当地时间 2015 年 5 月 20 日至 22 日，在巴西里约热内卢民港码头开幕的中国装备制造业展览上，中粮集团展厅前，交流和咨询的客户络绎不绝。"巴西是中粮集团目前在南美洲业务开展最广泛最深入的国家。中粮集团是巴西最大的糖及乙醇生产商之一；在巴西，有 1/3 的出口货物及 2/5 的进口货物经桑托斯港口中转，而中粮所有的转运设施都可与桑托斯港直接连接。"中粮集团董事长宁高宁在展会上向来宾介绍说。

凭借出众的粮源掌控及中转物流能力，中粮在巴西拥有 2 家大豆压榨厂、4 家糖厂、2 个码头、12 座筒仓；在巴西的谷物油籽经营量超过 800 万吨，粮源合计 740 万吨，仓储能力达 181 万吨。

宁高宁告诉《经济日报》记者，中粮目前在海外经营的业务量已经超过国内，成为真正的国际化企业，既可以"买全球"，也可以"卖全球"。比如，可以把南美的粮食卖到欧洲，把黑海地区的粮食卖到亚洲；可以将巴西的豆油销售到印度，将阿根廷的豆粕销售到印度尼西亚，把捷克的小麦销售到英国。作为中国首批央企改革的试点，中粮集团和中国投资责任有限公司日前签署协议，共同成立中粮国际控股有限公司，打造国际农业投资平台。

就在去年，中粮出资 30 多亿美元，成功并购荷兰粮商尼德拉集团和香港来宝农业，在全球核心粮食产区实际控制了 110 亿美元农业资产，并获得 26 个国家的业务。这两宗并购把尼德拉和来宝农业的国际生产采购平台与中粮现有的国内物流运输、加工中心和销售网络结合起来，将实现中粮供应链向全球的延伸，同时也改变了世界粮食市场的格局。

近 10 年来，受消费升级的影响，虽然中国农业连年增收，但是粮食进口也在屡创新高。中粮集团把握企业发展与世界粮食供需格局，加快国际化战略布局，在全球市场打造从田间到餐桌的全产业链，成为全球具有领导地位的国际大粮商。

作为中国最大的粮油食品进出口公司和食品生产企业，中粮集团致力于保证中国粮食安全，也一直坚守着食品安全的品质良心。中粮人深知，要从根本上保障中国人的饭碗里装着中国粮，就必须转变农业发展方式。

为此，集团早在 2009 年开始实施"全产业链"战略，提出打造覆盖原料进口端、生产加工过程、产品出口端的全产业链食品安全管理体系。如今，围绕相关方管理、可追溯体系、检验检测、绩效评估等，中粮建立了 17 个子系统，配套 800 多条相关管理规定和方法，覆盖了中粮集团米、面、油、糖、肉、奶、茶、酒等产业链的各个环节，同时制订了严格的检查和评价标准。

在连续 5 年的食品安全监管抽查中，中粮产品总体合格率均在 99% 以上。

中粮集团十分注重加强国际交流与合作，积极引入国际领先的食品安全管理理念与方法。2011 年中粮作为中国食品生产企业的代表，成为"全球食品安全倡议"国际组织的董事会成员，不仅学习到很多国际同行的先进管理经验，同时让世界了解到中国政府、企业在食品安全方面的措施与决心，增进了国际社会对中国食品安全的信心。

中粮集团总裁于旭波认为，消费结构升级是驱动需求增长的直接原因，水土资源约束对未来中国粮食增产形成很大挑战，同时受农业生产效率低制约，未来消费结构升级将继续给粮食安全带来较大压力。为此，在全产业链战略的推进过程中，中粮集团充分利用国内国外两个市场，致力构建"内外结合、南北流通"的粮食物流体系，以发展自由贸易来解决粮食安全问题。

自 1980 年中粮开始在海外设立分公司和办事处至今，中粮总资产已超过 700 亿美元，仓储能力达 1500 万吨，年加工能力达 8400 万吨，年港口中转能力达 4400 万吨；资产和机构覆盖 60 多个国家和地区，业务涉及 140 多个国家，在海外有 20 000 名员工。同时，他们还拥有包括种植、采购、仓储和港口在内的全球生产采购平台和贸易网络，并在全球最大的粮食产地南美、黑海等地区和拥有全球最大粮食需求增量的亚洲新兴市场间建立起稳定的粮食走廊，实现主粮品种之外的有效调剂，丰富了中国人的餐桌。

"现在，中粮已经有能力在世界粮食核心产区与农民形成更紧密的商业联系，加强低成本粮源掌控能力。粮食安全实际是国家战略和企业战略的结合，中粮希望用商业化、有效率、低成本的方式来完成。"宁高宁说。

随着中国企业"走出去"及"一带一路"建设的不断推进，中粮也在谋划新的布局。宁高宁告诉《经济日报》记者，"一带一路"周边国家的要素禀赋与中国农业有很强的互补性。比如，中亚是世界主要的粮食出口地区，俄罗斯、哈萨克斯坦、乌克兰的小麦、玉米都占国际市场 20% 以上；东南亚也是国际市场主要的商品基地，印尼和马来西亚的棕榈油加起来已经占了国际贸易的 90% 以上；老挝、柬埔寨、泰国的湄公河流域适合水稻种植，大米出口占国际贸易市场近 60%，引进这些具有比较优势的农产品，有利于中国建立一个稳固的农产品保障体系。

针对"一带一路"一些沿线国家的农业生产尚不发达现状，中粮也将与有关国家和地区在农业技术方面加强合作，以提高该地区的农业和粮食生产效率，增加对全球的供给。目前，中粮已在乌克兰、哈萨克斯坦、俄罗斯、泰国、澳大利亚等全球农产品资源非常有竞争力的地区布局，拥有粮食采购和销售业务，未来还将搭建米、面、油等产品的消费市场，让品牌和产品在当地生根。

成立于1949年的中粮集团，当年只是一家专门从事粮油食品贸易和加工的国有公司，如今已跻身世界5大粮商之一。今天的中粮，通过推进全产业链战略和国际化战略，将粮食生产和消费联系在一起，把全球质量最好、价格最低的粮食和农产品通过高效率物流和服务，供应到了包括中国在内有需求的国家。

❦ 复习思考题

1. 什么是企业物流？有哪些特征？

2. 什么是农业企业物流？有哪些特征？

3. 农业企业物流管理的概念、内容是什么？

4. 未来农业企业物流的发展方向是怎样的？

第七章

农业企业营销管理

❦ 学习目标

1. 掌握农业企业营销管理概念及发展阶段；

2. 理解农业企业战略管理内涵及战略管理意义；

3. 理解农业企业市场营销战略管理过程；

4. 掌握农业企业战略管理主要策略。

第一节　农业企业营销管理概述

案例导入

春光：廿载功夫烹出浓浓椰香

诞生于1996年的春光，从一开始就烙刻着"椰子故乡"的基因——来自文昌东郊椰林，生产的是最地道的海南味道；秉具椰乡人民"稳扎稳打"的性格，一步一脚印将产品卖到全国再卖到全世界。

经过20年的发展，如今已经是中国椰子类食品龙头企业的春光，带动起海南椰子产业发展，形成鲜明的特色农产品深加工模式，并将来自海南的logo摆上世界各地货架，产品出口至英国、美国等30多个国家和地区。她不仅拉近了"人与人的距离"，也在不断缩短海南传统食品加工企业与现代食品加工企业的差距。

守

地域特色 香香浓浓海南味

早上8点，晨光铺满椰林，文昌春光食品工厂早已溢出浓醇的香味。

走进工厂的无尘车间，戴着口罩、统一着装的工人正在不同的生产线前忙碌，一颗颗椰子糖、一块块糕点、一罐罐辣椒酱、胡椒粉新鲜出炉，春光牌的"海南味"将从这里出发，飘香各地。

在这块占地80多亩的现代化生产厂区，可以一一见证春光产品9大系列200多个产品的"出厂记"；可以参观年产量过万吨、产值超过几个亿的食品企业生产美味的各个环节。在春光出产的诸多产品名单中，仅椰子糖就占据岛内市场的大半江山。

受欢迎是有原因的。海南老饕们记忆中夹有椰丝、口感粗糙的"呀子哦"（椰子糖海南话）在春光可以找到，分切粉碎椰子肉、压榨原汁、高温熬煮椰奶、按配方配制糖浆、熬煮糖浆等传统工序在春光也可以找到。料好实在，原汁原味，才最易沁透人心，春光深谙其理："传统海南味"是她的生命力和最大竞争力。

而要做到这一点，选择本土纯正的原料、传统的加工配方和工序、对产品口味进行反复尝试等环节都是关键，春光将这些关键融入日常生产的细节之中。20年坚持始终如一，海南味道也始终如一。

其实，春光一直在寻找各种消失已久的海南风味食品。特别是一种20世纪60年代获得全国食品类银奖、但在市场上已消失多年的海南饼干，"我们通过技术找回了传统椰子糖的味道，但海南饼干还没做到，我们想在这方面有所突破，找回最传统最特色的海南味道。"春光食品有限公司董事长黄春光感慨地说。

这种执念源于对传统特色美味的坚守。为保留最地道的风味，春光可以把生产线搬至原料生产地。今年1月4日，春光食品位于白沙黎族自治县的生产线正式投入运作，专门采购吸收白沙特有生姜，用于加工生产姜糖、椰奶姜茶、姜粉等食品，为当地特色农产品施以美味魔法，并带动一方农户脱贫致富。

拓

求新求变 把产品卖到国外

春光在坚守传统海南味道的同时，也一直致力与时代接轨——申获国家专利技术、产品不断推陈出新、销售渠道和方式敢于突破等，春光守"旧"加创新，传统工艺加现代技术，本土范儿加国际范儿的例子一次次带给人们 1+1>2 的惊喜。

2003年，春光曾经做了两件大胆的事。

一件是研制"特制椰子糖"。起初，春光发现传统海南椰子糖因口感粗糙，有些顾客并不喜欢，春光就思考如何把传统椰子糖变得更加细腻醇厚。在不断尝试的过程中，春光选择将生产椰子糖的百年配方与现代工艺进行结合，自主研制出了"特制椰子糖"。这一大胆的尝试，使得传统椰子糖的味道保留下来，口感却更加细腻醇厚！这一改变打开的是一片新市场。

"现在，我们春光的产品谱中兼有传统椰子糖和特制椰子糖，任凭顾客根据喜好选购。"春光食品有限公司有关负责人潘斯雯说，春光椰子糖几乎占据海南70%以上的市场份额，广受欢迎。而且春光每年都会根据充分的市场调研，推出五六种新品，以持续的产品更新率来满足消费者需要，特制椰子糖、开心椰球、椰子脆片和椰奶酥卷的"套餐组合"等都是春光的标志性产品。

另一件大胆的事则是建设现代化工厂，谋划出口。2003年文昌东郊工厂一期准备建设，那时春光食品有限公司刚成立7年，企业逐步走入正轨，但与实力雄厚的大企业相比却还有一段距离。但就是在这个关键时期，董事长黄春光却计划建设"一个国际生产标准、自动化程度高的现代化工厂，计划把产品卖到国外去。"

当时，这一计划遭到了不少人的质疑，但春光坚持一笔笔描绘出口蓝图：建标准工厂、学国际贸易、研究外贸法规、规范生产技术、严把质量关……一步一脚印，春光在质疑中前进。终于，在2009年春光食品第一个集装箱发往了美国！现在，春光已获得HACCP食品安全管理体系、美国FDA以及英国BRC等多种体系认证，领到了出口国外的"身份证"；在美国、英国、新加坡、伊朗等地纷纷注册商标。

20年时光荏苒，春光食品不但成长为中国椰子类食品龙头企业，还以独特的农产品深加工产业模式、大胆的创新改造，产品出口网络覆盖了英国、加拿大等30多个国家和地区，热销中东地区，非洲和中、南美洲。2014年春光的进出口额达1亿元人民币。

诚

重诺守信 走得更远更长久

如果说守"旧"与创新是春光看似矛盾却互促发展的性格，那么"诚信"就是春光根深蒂固的优良品质。

2014 年 12 月的一天，在海口金盘工业开发区文昌春光食品有限公司的办公大楼内，一名下属敲开董事长黄春光办公室的门，向他呈报了一宗"突发事件"：文昌工厂检验员在对产品做出厂检测时，发现有一袋 350 克的椰香酥卷生产质量不合格，成品原料分布不均，烘焙质地和口感达不到最佳标准。本着对消费者高度负责、不让一包质量口感不合格产品流向市场的原则，黄春光要求把这批价值 200 多万元的产品当场销毁。

这种近乎苛刻的"零缺陷"精细化质量管理和诚信经营理念，已经注入春光日常原材料、生产、流通、销售的每一个环节。

在春光，采购原料时，不符合标准要求的企业，春光拒绝合作。生产时，技术、生产部门被明令要求"不能让一个不合格的椰子、一片不合格的椰肉、一滴不合格的椰奶混进车间"。出售时，不论消费者是在直营店还是在网上购买春光产品都能得到周到细致的服务。质量和诚信，为擦亮春光的招牌奠定了坚实的根基。

"公司的发展，靠的是过硬的产品质量和长久积累的诚信。"黄春光说，产品质量是企业的立命之本，诚信经营更是百年品牌的基石，企业要想走得长远，质量和诚信是最基本也是最重要的条件。

"重诺守信，人必近之；狡诈欺蒙，人必远之。"20 年，春光食品有限公司靠双手、靠改变、靠诚信一笔一画地书写属于海南本土企业的故事与未来。

荣誉里程

2001 年（至今）：博鳌亚洲论坛专用产品

2002 年：取得"出口产品卫生注册"证书

2003 年：荣获"海南省农业产业化重点龙头企业"称号

2004 年：春光商标被评为"海南省著名商标"

2005 年：通过国际标准"ISO9001 质量保证体系"认证，被评为"海南省名牌产品"

2006 年：被评为"诚信单位"

2008 年：被评为"农业产业化国家重点龙头企业"，取得 HACCP 食品安全管理体系认证

2009 年：荣获"AAA 级信用企业"

2010 年：荣获"消费者信赖的中国著名品牌""第四批全国农产品加工示范基地""中国驰名称号"

2011 年：荣获"海南省 2009—2010 年度纳税信用等级 A 级企业"

2012 年：荣获"2011 年度优秀龙头企业"

2013 年：荣获"全国五一劳动奖章"

2014 年：入选"出口先导指数样本企业"

（资料来源：海南日报，2016 年 1 月 13 日 ）

❦ **案例思考**

简述春光集团是如何利用营销管理取得成功的。

一、农业企业营销管理基本概念

农业企业营销管理是农产品生产企业对农产品从农户到消费者的流通过程中，为实现个人和社会需求目标的各种农产品及农产品加工食品创造和产品交易的一系列活动的计划、组织、决策、控制等活动的管理。农业企业营销管理的主体是从事农产品生产和经营的个人和群体。农业企业营销管理活动贯穿于农产品生产和流通、交易的全过程。

二、农业企业营销管理发展阶段

（一）农产品运销阶段

19 世纪末 20 世纪初，农产品营销的产生阶段，也是市场营销学产生的阶段。在该阶段，农产品营销渠道主要形式为生产者—消费者的直接销售渠道。由于在该时期美国农产品生产的规模化和机械化程度提高，加上发展需要大量劳动力，使大批剩余劳动力涌入城市，客观上造成了城市劳动力的相对过剩，使对农产品的购买能力下降，农产品市场价格相对提高。解决该问题的主要方法是如何选择便捷的运输方式，以降低运输成本和销售价格。因此，许多学者将这个时期的农产品营销学表达为" Marketing of Farm Products"，即译为"农产品运销学"。

（二）农产品推销阶段

20 世纪 20 年代至 40 年代，由于美国农产品机械化和规模化水平的进一步提高，农产品出现了过剩，形成了农产品买方市场。农产品营销已不是如何降低渠道成本和提高营销效率问题，主要问题是如何使过剩的农产品实现市场交换。而以前的农产品运销方式显然带有生产主导性，生产者缺乏市场驾驭能力，这样出现了对中间商的选择和培养，通过中间商的市场能力优势把农产品推向市场，完成农产品在流通领域中的所有权转移。因此，在该时期许多人把农产品营销等同于农产品推销学。

（三）市场营销阶段

市场营销阶段亦称市场观念时期、以消费者为中心阶段。由于第三次科技革命兴起，研发受到重视，加上第二次世界大战后许多军工转为民用，使得社会产品增加，供大于求，市场竞争开始激化。消费者虽选择面广，但并不清楚自己真正所需。企业开始有计划、有策略地制订营销方案，希望能正确且快捷地满足目标市场的欲望与需求，以达到打压竞争对手、实现企业效益的双重目的。

（四）社会营销阶段

社会营销阶段亦称社会营销观念时期、以社会长远利益为中心阶段。由于企业运营所带来的全球环境破坏，资源短缺，通胀，忽视社会服务，加上人口爆炸等问题日趋严重，企业开始以消费者满意以及消费者和社会公众的长期福利作为企业的根本目的和责任，提倡企业社会责任（SCR）。这是对市场营销观念的补充和修正，同时也说明，理想的市场营销应该同时考虑：消费者的需求与欲望，消费者和社会的长远利益以及企业的营销效应。社会市场营销观念强调兼顾消费者、企业、社会三方面的利益，要求企业在追求经济利益的同时，兼顾社会效益，是符合社会可持续性发展的营销观念。

（五）农业企业营销管理新观念

1. 农产品绿色营销

绿色营销是指以促进可持续发展为目标，为实现经济利益、消费者需求和环境利益的统一，市场主体通过制造和发现市场机遇，采取相应的市场营销方式以满足市场需求的一种管理过程。特点是观念是"绿色"的、环境是"绿色"的；环节是"绿色"的、产品是"绿色"的。

2. 关系营销

所谓关系营销，是把营销活动看成是一个企业与消费者、供应商、分销商、竞争者、政府机构及其他公众发生互动作用的过程，关系营销的核心是留住顾客，提供产品和服务，在与顾客保持长期的关系基础上开展营销活动，实现企业的营销目标。实施关系营销并不以损害企业利益为代价，关系营销提倡的是企业与顾客策略。

3. 文化营销

利用文化力进行营销，是指企业营销人员及相关人员在企业核心价值观念的影响下，所形成的营销理念，以及所塑造出的营销形象，两者在具体的市场运作过程中所形成的一种营销模式。

4. 整体营销（Total Marketing）

1992 年，市场营销学界的权威菲利普·科特勒提出了跨世纪的营销新观念——整体营销理念。所谓"整体营销"，就是公司营销活动应该囊括内外部环境的所有重要行为者，其中包括供应商、分销商、最终顾客、职员、财务公司、政府、同盟者、竞争者、传媒和一般大众。

5. 服务营销

服务营销是一种通过关注顾客，进而提供服务，最终实现有利的交换的营销手段。实施服务营销首先必须明确服务对象，即"谁是顾客"。像饮料行业的顾客分为两个层次：分销商和消费者。对于企业来说，应该把所有分销商和消费者看作上帝，提供优质的服务。通过服务，提高顾客满意度和建立顾客忠诚。

6. 体验营销

体验营销是通过看（See）、听（Hear）、用（Use）、参与（Participate）的手段，充分刺激和调动消费者的感官（Sense）、情感（Feel）、思考（Think）、行动（Act）、联想（Relate）等感性因素和理性因素，重新定义、设计的一种思考方式的营销方法。

特种野猪养殖的绿色营销观念

创建于 2006 年的恩施市小寨特种牧业有限责任公司位于海拔 1200 平方米的恩施市沙地乡，主要从事特种野猪的培育养殖以及特种野猪产品深加工。目前公司总投资 150 万元，每年可向社会提供优质商品特种野猪 500 头。公司拥有猪舍及附属建筑设施 3000 多平方米，圈围山林近 100 亩，对其进行野化驯养（筹建中）。特种野猪在完全真山真水的环境中以纯天然谷物喂养，饲养周围无污染、疫病传染源，完全避开了农药、化肥、重金属及有害物质对人体的危害。也因此使得特种野猪深加工产品成为优质、安全的绿色无公害保健食品。公司自成立以来得到了各级政府部门和社会各界的大力支持，包括中央七套、恩施电视台在内的多家新闻媒体对公司进行了广泛全面深入的宣传报道。公司将继续秉承"满足社会需要、生产优质产品"的理念，加大资金和技术投入，努力打造地方特色品牌，带动一方经济的发展。几年来，企业本着不求产业最大，只求种群最优、技术最新、产品最佳的办场宗旨，严格按照《绿色食品技术规程》标准实施，在 2000 多亩的放养面积完全真山真水的环境中喂养，饲养周围无污染、疫病传染源。野猪以天然青绿饲料为主，少量补充一些谷物类饲料。完全避开了农药、化肥、重金属及有害物质对人体的危害。总之，它的养殖环境是生态的，野猪饲料是无公害的，因此野猪肉产品必然是优质、安全的绿色食品。

产品介绍：公司根据市场发展的需要，将纯天然喂养的特种野猪，采用土家土炕香薰方法加工成特种野猪腊香肠、火腿、排骨、五花肉等系列腊制品。特种野猪系列腊制品，均用真空包装，高温杀菌等现代化生产设备精制而成。是具有当地特色的山珍野味产品，是优质、安全、纯天然的绿色无公害保健肉食品。同时公司在原有的特种野猪和肉制品深加工的基础上，长期提供鲜肉、种猪供应。特种野猪是以优良的纯种野猪作父本，与优良的纯种母猪交配而培育出的新品种，它经过长期的人工驯化改良，基因稳定，公母猪都可长期做种繁殖而基因不变。它不同于家猪，形似野猪，故取名为特种野猪。特种野猪集优良种猪、野猪之长于一体，保持了野猪瘦肉率高、生仔适应性强、肉质野味浓厚的优点，野猪肉质鲜嫩，具有"野味"的特色，营养丰富，瘦肉率高、脂肪含量低，含有 17 种氨基酸，亚油酸（C18-2）含量是家猪的 2.5 倍，明朝李时珍在《本草纲目》中称，经常食野猪肉，能增强女性肌肤润色，并有催奶的作用，由于野猪肉内亚油酸含量高，又对于动脉硬化而导致的冠心病和脑血管类疾病也有很好防治作用。特种野猪在完全真山真水的环境中以纯天然谷物喂养，饲养周围无污染、疫病传染源，完全避开了农药、化肥、重金属及有害物质对人体的危害，也因此使得特种野猪深加工产品成为优质、安全的绿色无公害保健食品。

（资料来源：恩施市小寨特种牧业有限责任公司宣传资料）

🍁 **动动脑**

未来农业企业应树立什么样的营销管理观念？

第二节　农业企业营销战略管理

🍁 **案例导入**

北大才子卖猪肉成创富传奇　公司估值达 40 亿

2013 年 3 月 23 日，2012 年广东十大新闻人物举行颁奖典礼。壹号土猪创始人暨广东壹号食品股份有限公司董事长陈生获此殊荣。他以"研究生卖猪肉"打响了壹号土猪的名声，建立了国内首家"屠夫学校"，专营店增长速度处于全国领先地位，2012 年广东壹号土猪引入风投，估值达 40 亿元。

几天前，北京大学原校长许智宏曾邀请他和北大另一位著名的"卖肉才子"陆步轩一起参加今年 3 月在北大举办一场讲座，与学子们交流。

嫌丢人　岳父怕他上电视

陆步轩，2003 年因媒体报道"北大才子街头卖肉"而一炮走红。3 年后，北大师兄陈生也在广东悄悄盖起了猪舍。如今，陆步轩重回政府部门，陈生却将"卖肉"做成了事业。目前，在广东各个城市分散着 500 多家"壹号土猪"档口，2012 年销售量近 20 万头，销售额近 6 亿元；2013 年新年伊始，陈生迈开扩张步伐，强势挺进上海，计划跨过长江北上。

想当年，陈生从北京大学毕业，被分配到一个地方政府的秘书科当公务员。照常理，能够担任公职是很多人美慕的事情。然而陈生却毅然决然地放弃了那份令人美慕的工作，下海了。理由是"穷怕了""机关收入特别低"。下海后，他卖过菜，卖过白酒，卖过房子，卖过饮料、养过鸡。

陈生最终决定卖肉。

当时北大经济系高才生陈生以"劣币驱逐良币"的理论分析当时的猪肉市场格局。"自由市场竞争下，好猪肉都被劣质品替代，鱼龙混杂。"他说。2006 年他在广东做了大量实地调研，结果显示广州土猪猪肉仅占 1%，湛江市占 30%，县城占 50%，而乡镇一级则几乎是 100%。

他意识到机会来了。2005 年他开始涉足养殖业，准备卖猪肉。为了了解行情，戴着眼镜一副书生气的他曾操刀剁排骨、卖猪肉，引来不少顾客诧异的目光。当他决定步陆步轩后尘时，曾遭到母亲的激烈反对："我养了一辈子猪也没赚到钱，你一个读书人能养出什么猪来！"岳父甚至让女儿告诉陈生，接受电视采访时"不要让乡亲们看到"。连跟着他养过鸡、做过饮料的高管们也委婉地劝他做一点"城里人熟悉的事"。但这一切都无法改变这位理想主义青年。

他回到湛江老家，果断撤了鸡栏，开始投建猪舍，先期投入几百万元买了 2000 头猪。

做品牌　亲自卖肉办连锁

不幸的是，他的第一步被母亲言中。在与猪打交道的过程中，知识分子显得捉襟见肘。按照现代企业制度，陈生实施 8 小时工作制，导致猪种成活率只有 85%。"员工实行三班倒，交接时恰逢母猪生崽，稍不注意猪种就死了。"

陈生说，坐在城市写字楼里的人都觉得养猪是件简单的事，其实他们不懂。2011 年，网易创始人丁磊高调宣布"养猪计划"，有人高呼第二年就可以吃上丁磊的猪肉，陈生同样以"不懂"揶揄他们。

为提高成活率，陈生转向"公司＋农户"模式。公司租农民土地集中建猪舍，再以承包方式交给农民，成活率迅速达到 98%，当时土猪瘦肉 33.8 元／斤，依然火爆。

陈生与陆步轩的相识极具戏剧性。2008 年，在广州的一次北大校友聚会上，几位媒体界校友得知陈生做猪肉生意，便当场给陆步轩打电话，"广州也有一位北大才子在卖猪肉，赶快飞来一聚。"不久，北大毕业的两位"猪肉佬"在广州会面。

陈生第一次见到陆步轩时，陆步轩已经因"卖肉"的名声备受打击。陆步轩 1999 年开始卖猪肉，后获得北大校友投资，曾扩张至数家连锁店，但多数以关张告终，最终收缩至两三家。在陆步轩看来，卖猪肉只能以个体户业态存在。

"这样干不行。"陈生劝他。当时，他的壹号土猪在广州的连锁店已超过 100 家。

对壹号土猪搞连锁，大家都不怎么看好。一个有趣的插曲是，当年被收购的老板完成交易后留下一句话，"如果你做不下去了，告诉我一声。"一个同乡也举出自己的例子，劝他放弃，"开第一家时很赚钱，两家还行，第三家时还有得赚，第四家肯定赔本。"

但是，做零售品牌必须做连锁。为了找出失败的症结，他开始了一段艰苦的一线生活。每天亲自操刀卖肉，与员工同吃同住，"臭烘烘的，很血腥。"就这样，他一家一家地跟了最初的 23 家档口。

半年后，陈生针对店员私吞钱款等各种问题，创造出一整套规范化流程。为保证各个环节的顺利实施，他甚至成立了"秘密警察"制度，十几位成员只有陈生和总经理两人掌握，其他员工一概不知。一旦档口出现问题，调查程序将自动启动。

搞营销 据传给猪喂虫草

13个月后，陈生的数十家店终于首次实现1万元盈利。当连锁模式初见成效时，有员工说："我们的模式成功了，可以起飞了。"但此刻的陈生依然保持冷静，他当面泼了一盆冷水："三个月后，投诉肯定会汹涌而来，不信你看。"

三个月后，果然有顾客投诉"猪肉没有以前好吃了"，那位员工拍手称奇，"你太神了。"而这背后的逻辑，陈生早已了然于胸。"味觉适应是科学规律，什么东西吃三个月，都感觉和刚开始不同。"

陈生抓住了销售的第二个要害——营销。他告诉员工不要再宣传产品"有多好吃"，现在必须改变策略，集中推广壹号土猪的健康与安全。陈生说，卖猪肉这个行业，营销是最难的。"会养猪的不一定会销售，会销售的不一定会养猪，而要从两者间找到最佳结合点，我觉得我们公司两者兼具。"

陈生采取"定制"的方法来满足不同顾客的不同需求。针对学生、部队等不同人群，他选择不同的农户，提出不同的饲养要求。为部队定制的猪可肥一点，学生吃的可瘦一点，为精英人士定制的肉猪，据传每天吃中草药甚至冬虫夏草，使公司的生猪产品质量与普通猪肉"和而不同"。

他认为即使是卖猪肉也要卖得和别人不一样，要将"歪门邪道"进行到底。

蓄人才 企业创办屠夫学校

随着连锁店数量增加，陈生必须解决团队尤其是一线员工不足的问题。传统行业的现代化运作需要相对较高素质的人才，而受过高等教育的学生谁又能接受得了"卖猪肉"这份工作？

每家连锁店开始经营时，陈生只能依靠前老板留下的员工；等规模稍大一点后，他也尝试从高校招聘一批大学生。"大部分留不住啊，舆论压力太大，有人说种地的都比杀猪的容易娶媳妇。"他说。就这样，最早一批卖猪肉的研究生被家长强行拉了回去，有一名员工的舅舅甚至承诺，只要这名员工不再干这个事了，马上给他几十万元。

卖肉行业很缺乏优秀的"刀手"，一个优秀的"刀手"分割一头猪可以多卖100元钱。于是陈生开始从超市挖人。但好景不长，随着他的档口逐步进入超市，超市称如果再挖人，便封杀壹号土猪。

走投无路的陈生突发奇想：为什么不自己培养一批高素质的团队？2009年陈生在广州创立屠夫学校，邀请陆步轩担任名誉校长，并编写教材，为学员授课。

屠夫学校成立之后，陈生再次投入上千万元，成立研究院，用于研发新品种。至此，陈生构建了"生产＋终端＋团队培训＋研发"的一套完整的商业模式。凭借如此独一无二的运作方式，他率先在广东市场打响了壹号土猪的品牌。

在近两年的几次"瘦肉精"事件中，壹号土猪成为猪肉行业中的最大赢家。不仅每日的猪肉销售一空，而且每次曝光"瘦肉精"事件，壹号土猪的价格便会提升5%左右。

在陈生的规划中，未来的广东壹号食品股份有限公司将涵盖猪肉连锁、鸡肉连锁、牛肉连锁、蔬菜连锁、海鲜连锁，形成一个庞大的农产品连锁帝国。

"北大就出了我们两个卖猪肉的。"陈生对记者说，"你去告诉在校的学子们，实在不行，卖猪肉也可以干。"

正如北大老校长许智宏的赠言："我们北大学生卖猪肉也能卖到最好！"

陈生非常洒脱乐观。他说："我就是卖我自己的壹号土猪，让别人说去吧！而且我早晚要让世人知道，卖猪肉也能上福布斯！"

（资料来源：http://finance.sina.com.cn/leadership/crz/20130325/125714943173.shtml ）

❦ 案例思考

1. 壹号土猪的市场定位是什么？

2. 简述壹号土猪成功的营销战略管理过程？

一、农业企业营销战略管理的概念

营销战略是企业市场营销部门根据战略规划，在综合考虑外部市场机会及内部资源状况等因素的基础上，确定目标市场，选择相应的市场营销策略组合，并予以有效实施和控制的过程。现代企业营销战略一般包括战略思想、战略目标、战略行动、战略重点、战略阶段等。营销战略思想是指导企业制订与实施战略的观念和思维方式，是指导企业进行战略决策的行动准则。它应符合社会主义制度与市场经济对企业经营思想的要求，树立系统优化观念、资源的有限性观念、改革观念和着眼于未来观念。企业战略目标是企业营销战略和经营策略的基础，是关系企业发展方向的问题。战略行动则以战略目标为准则，选择适当的战略重点、战略阶段和战略模式。而战略重点是指事关战略目标能否实现的重大而又薄弱的项目和部门，是决定战略目标实现的关键因素。由于战略具有长期的相对稳定性，战略目标的实现需要经过若干个阶段，而每一个阶段又有其特定的战略任务，通过完成各个阶段的战略任务才能最终实现其总目标。

农业企业营销战略管理指农业企业从整体利益和长远利益出发，为适应环境变化，达成自身的目标，辨别、分析、选择和发掘市场营销机会，规划、执行和控制企业营销活动的动态管理过程。

二、农业企业营销战略管理过程

企业营销管理过程是市场营销管理的内容和程序的体现，是指企业为达成自身的目标辨别、分析、选择和发掘市场营销机会，规划、执行和控制企业营销活动的全过程。

企业市场营销管理过程包含下列相互紧密联系的步骤。

（一）分析市场机会

在竞争激烈的买方市场，有利可图的营销机会并不多。企业必须对市场结构、消费者、竞争者行为进行调查研究，识别、评价和选择市场机会。

企业市场机会就是对企业的营销具有吸引力的、拥有竞争优势的环境机会。企业应该善于通过发现消费者现实的和潜在的需求，寻找各种"环境机会"，即市场机会。而且应当通过对各种"环境机会"的评估，确定本企业最适当的"企业机会"的能力。

为了发掘市场营销机会，企业不仅要对自己的微观环境和宏观环境进行分析，还要具体分析各类市场的需求特征以及消费者行为。这就要求企业建立科学的营销管理信息系统，展开营销调研工作，掌握市场动态和供需状况，为生产经营者决策提供可靠的资料。对企业市场机会的分析、评估，首先是通过有关营销部门对市场结构的分析、消费者行为的认识和对市场营销环境的研究。还需要对企业自身能力、市场竞争地位、企业优势与弱点等进行全面、客观的评价。还要检查市场机会与企业的宗旨、目标与任务的一致性。

鉴别增长机会，选择既适合环境所提供的增长机会又能使企业获得更大盈利的产品和业务，制订企业经营战略及营销战略。鉴别增长机会的一个有效工具是产品—市场扩展方格分析模型（图7-1）。

现有市场	①市场渗透	②产品开发
新市场	③市场开发	④多元化经营

图7-1　产品—市场扩展方格分析模型

市场渗透——强化营销，增加销量。

产品开发——深度与广度的产品系列开发，增加产品种类、数量、颜色，增加销量。

市场开发——细分市场，从年龄、性别、收入、职业、社会阶层、区域分布寻找新的市场，增加销量。

多元化经营——发现现有业务与产品之外的市场机会，特别是选择与现有业务和产品相关的有吸引力的新行业，是规避风险、增强企业市场活力和竞争力的有效方式。

（二）选择目标市场

在分析市场机会之后，企业要对某行业或某农产品的市场容量和市场结构作进一步分析，找准本企业准备为之服务的目标市场。该过程包括：市场预测、市场细分、目标市场选择和市场定位等。

把一个整体农业市场划分为若干个细分市场后，受农业资源及内外部条件的限制，农业企业不可能把所有的细分市场都作为目标市场，而是要在综合考虑诸多因素的基础上，在众多的细分市场中选择一个或几个最具吸引力的细分市场作为农业目标市场，才能发挥农业资源优势，达到最佳或满意的经济效益。

（三）确定营销组合

这一步骤主要是研究和制订占领市场、开拓市场的策略，并加以组合实施。1960年杰罗姆·麦肯锡博士第一次提出了营销组合的4P战略，即产品（Product）、价格（Place）、渠道（Place）和促销（Promotion）。4P理论的提出是现代市场营销理论最具划时代意义的变革。企业要针对选定的目标市场对自己可以控制的营销因素进行优化组合和综合运用，并使之与不可控制的环境因素相适应，以达到企业营销目标。

1986年菲利普·科特勒提出了"大市场营销"概念，即在原来的4P组合的基础上，增加两个P："政治力量"（Political Power）、"公共关系"（Public Relations）。这一概念的提出是20世纪80年代市场营销战略思想的新发展。随着市场营销学研究的不断深入，市场营销组合的内容也在发生着变化，从"4Ps"发展为"6Ps"。又有人提出了"4Cs"为主要内容的市场营销组合。"4Cs"的主要内容包括研究消费者的需求和欲望（Customer Wants and Needs）、消费者满足其需求所愿意付出的成本（Cost），如何使消费者更方便地购得产品（Convenience）、有效的沟通（Communications）。"4Cs"强调将追求顾客满意放在第一位，产品必须满足顾客需求，同时降低顾客的购买成本，产品和服务在研发时就要充分考虑客户的购买力，然后要充分注意到顾客购买过程中的便利性，最后还应以消费者为中心实施有效的营销沟通。八十年代以来人们开始认识到以顾客忠诚度为标志的市场份额的质量比市场份额的规模对利润有更大的影响，企业营销重点放在如何保留顾客，如何使他们购买相关产品，如何让他们向亲友推荐公司的产品。3Rs即顾客保留（Retention）、相关销售（Related Sales）和顾客推荐（Referrals）。营销努力更侧重于为消费者提供服务，依靠人际传播媒介传播公司的信息，而减少巨额的促销与广告的投入。从4P、4C到3R，反映了营销观念在融合和碰撞中不断深入、不断整合的趋势。

（四）制订营销计划

市场营销计划是指在研究目前行业潜力、市场营销状况，分析企业所面临的主要机会（Opportunities）与威胁（Threats）、优势（Strengths）与劣势（Weaknesses）以及存在问题的基础上，对财务目标与市场营销目标、市场营销战略、市场营销行动方案以及预计损益表的确定和控制。营销计划是商业计划的一部分。营销计划是企业整体战略规划在营销领域的具体化。营销计划是在营销调研与分析的基础之上制订的，营销计划的制订只是营销管理的开始。营销计划主要解决两个基本问题：干什么和如何干。首先，营销管理人员应根据组织的宗旨、总体战略和环境提供的市场机会，确立目标市场和营销目标。在此基础上，还必须提出实现目标的行动方案，包括营销策略、营销政策、具体的程序、规则、预算等。

（五）建立营销组织

销售计划仅仅是一种设想、一种文字性的东西。要将这种设想和文字性的东西变成现实，需要做一系列艰苦细致的工作。其中，最重要的是营销组织工作。所谓营销组织工作，就是将企业所拥有的各种资源按最有利于实现营销目标的方式组合起来。巴纳德在《经理人员的职能》一书中，从最简单的人类协作入手，揭示了组织的本质及其最一般的规律。巴纳德将组织定义为"把两个以上的人的各种活动和力量有意识地加以协调的体系"。他进而又论证了组织存在的三个要素，即共同的目标、协作的意愿和良好的沟通，将组织的本质落脚于信息沟通问题上。用信息交流来揭示组织与管理的本质，这是一个时代的创举。具体来说，营销组织工作主要涉及四个方面的问题：为完成销售计划需要做哪些工作；如何对这些工作进行分类，并建立相应的部门和工作群体；确定完成各项工作的部门和人员，并明确其职责；把完成有关工作所需的相应权力授予有关部门和人员。

目前最普遍的销售组织方式是按地区划分销售区域。相邻销售区域的销售人员由同一个销售经理来领导，而销售经理向更高一级的销售主管负责。优点是决策反应迅速，在当地容易与客户以及渠道建立关系网络，区域集中，运营成本低；人员容易管理；市场开发、管理比较系统。缺点是销售人员从事的销售活动不能很专业；不能应对全国连锁零售企业的需求；分公司、区域经理权力过大。适用企业类型：企业经营产品广泛分销、产品相类似；产品性能不复杂；面对的顾客众多、地域广泛、分散，诸如快销品行业等。

还有一种则是产品型组织模式，是按一种产品或一组相关产品来划分组织的形式。一般来说，技术含量高的产品多采用这种销售组织形式。优点是销售人员与生产联系，便于熟悉与产品相关的技术和销售技巧，属于专家型销售。缺点是由于地域重叠，造成工作重复；成本高；出现人员与服务对象重叠的情况。适用企业：经营品种较多，产品性能差异很大，客户分属于不同行业，行业差异大。

（六）营销计划的实施和控制

销售计划虽然为整个组织的营销工作提供了一个蓝图，但在执行的过程中，由于受到突然变化的外部环境的影响，或原来在制订计划有的问题考虑不周，实际工作的情况与原计划可能发生种种偏离，因此，需要对销售计划执行的情况随时加以监控，及时发现偏差，并采取相应的纠偏措施。营销控制是销售管理中必不可少的职能，离开了营销控制就难以保证组织营销目标的实现。

第三节 农业企业营销策略

案例导入

百瑞源：开辟宁夏枸杞营销领域"新航线"

宁夏枸杞很有名，但长期以来就是低档、廉价为代名词。但自从有了全新的营销理念及战略新品后，宁夏枸杞便开辟了营销领域新航线。

过去三年间宁夏百瑞源枸杞从一斤 20 元卖到了 200 元，又从 200 元卖到了 2000 元。是什么力量助推枸杞发生了翻天覆地的变化？

2.0 时代到来　六月红头茬枸杞再现战略新品力量

宁夏枸杞很有名，但长期以来就是低档、廉价的代名词，百瑞源通过调查发现，宁夏地区几乎所有枸杞企业都卖一模一样的产品和包装，没有任何吸引力。为此百瑞源开会商议提出了小包装售卖的想法，既不大众化又方便携带。同时，为解决在旅途中等不方便清洗的问题，推出了高端"免洗枸杞贡果"概念。同时，百瑞源还发现，每到六月入夏时节，结出的第一茬果实比寻常枸杞更具丰富的营养价值，个大、肉厚、发育最充分，是药用养生价值是最高的枸杞。6 月红头茬枸杞一经推出，成功地将枸杞从 20 元提升到 296 元，当它在试销阶段时，15 天便售出 10 000 盒，超出了厂家和经销商的期望，造成了断货的局面。

枸杞奢侈品　一顶天红性感枸杞的高端逆袭之路

怎样在头茬枸杞的基础上，让一粒枸杞变得更加有价值，更加有魅力，形象变得更性感。在这方面百瑞源对产品做了深入的研究，并发现了天地滋养的珍稀小产区——贺兰山种植基地。百瑞源专家团队数年实地考察采样，"红果岭"的枸杞在纯净的自然环境中没有一丝污染，于是，百瑞源在此建立"贺兰山红果岭"种植基地，并且严格实施零农残防控体系，水肥一体化种植，755 项检测均无残留，成为最安全、最健康的枸杞原果。因此，将此产地原果命名为"一顶天红"。在当地政府的支持下，提出了一个叫小产区珍稀枸杞，完美诠释了一顶天红产品"珍稀、独有、高价值"的产品属性，从而全新的 2000 元的枸杞一顶天红诞生了。它的诞生刷新了宁夏枸杞有史以来最高零售价格的纪录，并在高端人群当中仍然供不应求。

百瑞源触电 O2O　"我的果果"抢占第一桶金

在网销大潮之下，如何成就百瑞源枸杞电商模式？通过讨论，百瑞源网销战略新品、轻养生枸杞"我的果果"应运而生。与百瑞源传统渠道产品相比，"我的果果"在品牌策略及产品名称、诉求、包装等都进行了全新的梳理与调整，使枸杞产品更加年轻化、时尚化，契合了网络消费群体的消费习惯，具有更高的转化率，这款具有独立个性的电商定制产品，成功开启了百瑞源枸杞产业的 O2O 全新模式！百瑞源在天猫旗舰店携手聚划算，启动为时两天的"我的果果"——为年轻人定制的轻养生枸杞主题促销活动。仅仅48小时产品狂销3万袋，100万的销售额雄踞天猫滋补类产品第一名。

（资料来源：http://news.wugu.com.cn/article/20140818/284059.html）

🍁 案例思考

百瑞源枸杞采取了哪些营销策略？

一、农业企业的目标市场策略

现代农业企业在选择目标市场时，一般采用以下三种基本战略。

（一）无差异营销策略

企业不对市场进行细分和选择，认定所有消费者对某种产品需求完全相同，把整个市场看成是一个无差异的整体。企业一般只向市场投放单一的商品，设计一套营销组合策略，开展无差异性的营销活动，来吸引所有的购买者。比如，美国的可口可乐公司，早期就只生产一种口味、一种瓶装的可口可乐，甚至连广告词都是统一的"请饮可口可乐"，来吸引所有的购买者。

无差异营销的好处是可以节省成本，并与制造方面的"标准化"和"大量生产"原则相符合。由于其品种单一，批量生产可以节约生产、存货及运输等成本。无差异营销的广告方案也可使公司享受较高的媒体折扣，而且它不必进行细分市场所需的营销研究及规划，所以也可以降低营销研究成本和管理费用。这一战略的缺点是由于经营方式单一，在激烈的市场竞争中适应领域狭窄，具有较大的经营风险。这一战略适用于少数优质农产品。

（二）差异营销策略

企业通过市场细分，从中选择两个或两个以上乃至全部细分市场作为自己的目标市场，并针对不同细分市场制定不同的市场营销组合，分别进行有针对性的营销环境，提供相应的商品，以满足不同细分市场的不同需求。比如，美国通用汽车公司曾尝试生产数种适合各种收入水平、目的及个性的汽车，借着产品和营销方法的差异，希望能深入每个细分市场，增加销售额。

毫无疑问，差异营销策略能更好地满足不同消费者群体的需要，特别是次要细分市场也能给以足够的重视，因此能增加企业总的销售额。这也正是如今越来越多的企业采用此战略的原因之所在。

但是，差异营销策略会使企业的资源分散于各细分市场上，这势必会增加许多营销成本，如产品研制成本、生产成本、管理成本、存货成本、促销成本等。

（三）集中营销策略

集中营销策略又称"密集型营销"，是指企业在市场细分基础上，选择一个或几个很相似的细分市场作为目标市场，制订营销组合方案，进行密集性开发，实现专业化的生产和经营。这种策略不是寻求在整个市场上占有多大比重，而是追求在目标市场上占有大量份额，甚至占有绝对优势。

这一战略的优点是，企业专注于某一细分生产，可以对其需求有较深入的了解，从而针对其特点实现专业化营销，往往会获得有利的地位及商业信誉。尤其当生产、配销及促销专业化之后，企业可享受许多专业性的经济利益。因此，如果能正确选择细分市场，企业定能得到较高的投资报酬率。

但是，企业采用集中营销策略所冒的风险远较其他战略大，因为把企业的前途命运全系于一个细分市场，若目标市场遭遇不景气或强大竞争对手的冲击，都有可能使企业陷入困境。所以，许多企业喜欢在多个细分市场中营销。

二、农产品企业产品策略

（一）农产品企业产品策略概论

1. 整体产品概念

市场营销学所研究的产品就是整体产品，整体产品的概念包括三个方面内容：实质产品（又称核心产品）、形式产品和延伸产品。

（1）实质产品（核心产品）。实质产品是指产品的基本需求效用和利益。从根本上讲，每个产品实质上都是为解决问题而提供的服务。

例如，消费者购买口红的目的不是为了得到某种颜色某种形状的实体，而是为了通过使用口红提高自身的形象和气质。

（2）形式产品。形式产品是指产品的实体外在形态，或核心产品借以实现的形式或目标市场对需求的特定满足形式。

形式产品一般由五个特征构成，即品质、式样、特征、商标及包装。核心产品必须通过形式产品才能实现。

（3）延伸产品。延伸产品是指针对产品本身的商品特性而产生的各种服务保证，或者是顾客购买形式产品和期望产品时，附带获得的各种利益的总和，包括说明书、保证、安装、维修、送货、技术培训等。

2. 农业企业产品营销策略

农业企业产品策略是农业企业为了在激烈的市场竞争中获得优势，在生产、销售产品时所运用的一系列措施和手段，包括产品定位、产品组合策略、产品差异化策略、新产品开发策略及产品的生命周期运用策略。

（二）产品生命周期理论及相应策略

产品生命周期（Product Life Cycle，PLC），是指产品的市场寿命。一种产品进入市场后，它的销售量和利润都会随时间推移而改变，呈现一个由少到多由多到少的过程，就如同人的生命一样，由诞生、成长到成熟，最终走向衰亡，这就是产品的生命周期现象。所谓产品生命周期，是指产品从进入市场开始，直到最终退出市场为止所经历的市场生命循环过程。产品只有经过研究开发、试销，然后进入市场，它的市场生命周期才算开始。产品退出市场，则标志着生命周期的结束。典型的产品生命周期一般可分为四个阶段，即导入期、成长期、成熟期和衰退期（图7-2）。

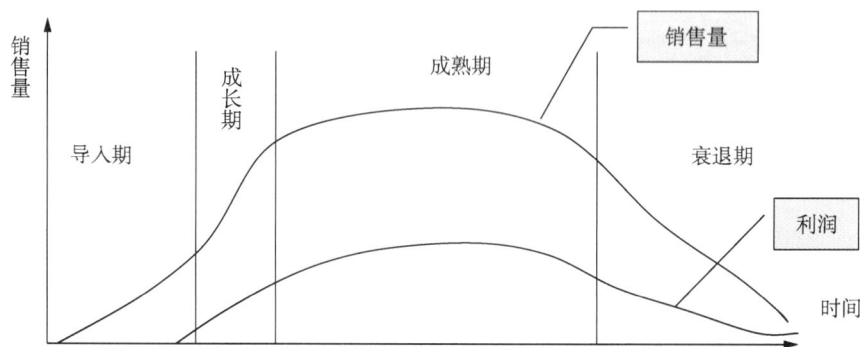

图7-2　产品生命周期

管理者要想使他的产品有一个较长的销售周期，以便赚取足够的利润来补偿在推出该产品时所做出的一切努力和经受的一切风险，就必须认真研究和运用产品的生命周期理论，此外，产品生命周期也是营销人员用来描述产品和市场运作方法的有力工具。

1. 导入期

导入期指产品从设计投产直到投入市场进入测试阶段。新产品投入市场，便进入了导入期。此时产品品种少，顾客对产品还不了解，除少数追求新奇的顾客外，几乎无人实际购买该产品。生产者为了扩大销路，不得不投入大量的促销费用对产品进行宣传推广。该阶段由于生产技术方面的限制，产品生产批量小，制造成本高，广告费用大，产品销售价格偏高，销售量极为有限，企业通常不能获利，反而可能亏损。

在导入期，企业营销的重点主要集中在促销和价格方面。一般有四种可供选择的市场战略。

（1）高价快速策略。这种策略的形式是：采取高价格的同时，配合大量的宣传推销活动，把新产品推入市场。其目的在于先声夺人，抢先占领市场，并希望在竞争还没有大量出现之前就能收回成本，获得利润。适合采用这种策略的市场环境为：

①必须有很大的潜在市场需求量；

②这种商品的品质特别高，功效又比较特殊，很少有其他商品可以替代。消费者一

旦了解这种商品，常常愿意出高价购买。

③企业面临着潜在的竞争对手，想快速地建立良好的品牌形象。

（2）选择渗透战略。这种战略的特点是：在采用高价格的同时，只用很少的促销努力。高价格的目的在于能够及时收回投资，获取利润；低促销的方法可以减少销售成本。这种策略主要适用于以下情况：

①商品的市场比较固定、明确；

②大部分潜在的消费者已经熟悉该产品，他们愿意出高价购买；

③商品的生产和经营必须有相当的难度和要求，普通企业无法参加竞争，或由于其他原因使潜在的竞争不迫切。

（3）低价快速策略。这种策略的方法是：在采用低价格的同时做出巨大的促销努力。其特点是可以使商品迅速进入市场，有效地限制竞争对手的出现，为企业带来巨大的市场占有率。该策略的适应性很广泛。适合该策略的市场环境是：

①商品有很大的市场容量，企业可望在大量销售的同时逐步降低成本；

②消费者对这种产品不太了解，对价格又十分敏感；

③潜在的竞争比较激烈。

（4）缓慢渗透策略。这种策略的方法是：在新产品进入市场时采取低价格，同时不做大的促销努力。低价格有助于市场快速地接受商品；低促销又能使企业减少费用开支，降低成本，以弥补低价格造成的低利润或者使亏损。适合这种策略的市场环境是：

①商品的市场容量大；

②消费者对商品有所了解，同时对价格又十分敏感；

③当前存在某种程度的竞争。

2. 成长期

商品的成长期是指新产品试销取得成功以后，转入成批生产和扩大市场销售额的阶段。在商品进入成长期以后，有越来越多的消费者开始接受并使用，企业的销售额直线上升，利润增加。在此情况下，竞争对手也会纷至沓来，威胁企业的市场地位。因此，在成长期，企业的营销重点应该放在保持并且扩大自己的市场份额、加速销售额的上升方面。另外，企业还必须注意成长速度的变化，一旦发现成长的速度由递增变为递减时，必须适时调整策略。这一阶段可以适用的具体策略有以下几种。

（1）积极筹措和集中必要的人力、物力和财力，进行基本建设或者技术改造，以利于迅速增加或者扩大生产批量。

（2）改进商品的质量，增加商品的新特色，在商标、包装、款式、规格和定价方面做出改进。

（3）进一步开展市场细分，积极开拓新的市场，创造新的用户，以利于扩大销售。

（4）努力疏通并增加新的流通渠道，扩大产品的销售面。

（5）改变企业的促销重点。例如，在广告宣传上，从介绍产品转为树立形象，以利于进一步提高企业产品在社会上的声誉。

（6）充分利用价格手段。在成长期，虽然市场需求量较大，但在适当时企业可以降低价格，以增加竞争力。当然，降价可能暂时减少企业的利润，但是随着市场份额的扩大，长期利润还可望增加。

3. 成熟期

商品的成熟期是指商品进入大批量生产，而在市场上处于竞争最激烈的阶段。通常这一阶段比前两个阶段持续的时间更长，大多数商品均处在该阶段，因此管理层也大多数是在处理成熟产品的问题。

在成熟期中，有的弱势产品应该放弃，以节省费用开发新产品；但是同时也要注意到原来的产品可能还有其发展潜力，有的产品就是由于开发了新用途或者新的功能而重新进入新的生命周期的。因此，企业不应该忽略或者仅仅是消极地防卫产品的衰退。一种优越的攻击往往是最佳的防卫。企业应该有系统的考虑市场、产品及营销组合的修正策略。

（1）市场修正策略。即通过努力开发新的市场，来保持和扩大自己的商品市场份额。

①通过努力寻找市场中未被开发的部分，例如，使非使用者转变为使用者。

②通过宣传推广，促使顾客更频繁地使用或每一次使用更多的量，以增加现有顾客的购买量。

③通过市场细分化，努力打入新的市场区划，例如地理、人口、用途的细分。

④赢得竞争者的顾客。

（2）产品改良策略。企业可以通过产品特征的改良来提高销售量。

①品质改良，即增加产品的功能性效果，如耐用性、可靠性、速度及口味等。

②特性改良，即增加产品的新的特性，如规格大小、重量、材料质量，添加物以及附属品等。

③式样改良，即增加产品美感上的需求。

（3）营销组合调整策略。即企业通过调整营销组合中的某一因素或者多个因素，以刺激销售，例如：

①通过降低售价来加强竞争力；

②改变广告方式以引起消费者的兴趣；

③采用多种促销方式如大型展销、附赠礼品等；

④扩展销售渠道、改进服务方式或者货款结算方式等。

4. 衰退期

衰退期是指商品逐渐老化，转入商品更新换代的时期。当商品进入衰退期时，企业不能简单地一弃了之，也不应该恋恋不舍，一味维持原有的生产和销售规模。企业必须研究商品在市场的真实地位，然后决定是继续经营下去，还是放弃经营。

（1）维持策略。即企业在目标市场、价格、销售渠道、促销等方面维持现状。由于这一阶段很多企业会先行退出市场，因此，对一些有条件的企业来说，并不一定会减少销售量和利润。使用这一策略的企业可配以商品延长寿命的策略，企业延长产品寿命周期的途径是多方面的，最主要的有以下几种：

①通过价值分析，降低产品成本，以利于进一步降低产品价格；

②通过科学研究，增加产品功能，开辟新的用途；

③加强市场调查研究，开拓新的市场，创造新的内容；

④改进产品设计，以提高产品性能、质量、包装、外观等，从而使产品寿命周期不断实现再循环。

（2）缩减策略。即企业仍然留在原来的目标上继续经营，但是根据市场变动的情况和行业退出障碍水平在规模上做出适当的收缩。如果把所有的营销力量集中到一个或者少数几个细分市场上，以加强这几个细分市场的营销力量，也可以大幅度地降低市场营销的费用，以增加当前的利润。

（3）撤退利润。即企业决定放弃经营某种商品以撤出该目标市场。在撤出目标市场时，企业应该主动考虑以下几个问题：

①将进入哪一个新区划，经营哪一种新产品，可以利用以前的哪些资源；

②品牌及生产设备等残余资源如何转让或者出卖；

③保留多少存货和服务以便在今后为过去的顾客服务。

三、农业企业的价格策略

美国著名营销专家托马斯·克尼尔曾指出"近年来迅速变化的市场营销环境，不断增强了价格决策的重要性，研究表明，许多人都觉得定价策略应居于市场营销最重要的位置。"这就要求农业企业经营者要运用制订的定价策略，才能促进农产品的销售。

（一）新产品的定价策略

一种新产品能否占领市场，定价因素起着重要作用。它不仅关系到商品能否进入市场，而且定价的高低将会直接引起竞争格局的变化。新产品的定价策略通常有三种。

1. 撇脂定价策略

这是一种很形象的说法，意思是把牛奶上面的那一层奶油撇取出来，即先取掉其精华部分。撇脂定价策略是指在新产品上市时把价格定得较高，以期获取超额利润，在短期内收回投资并取得较高收益的一种定价策略。这种策略有利于树立产品高品质形象，扩大销售；有利于企业掌握价格主动权，当高价引发了竞争或市场反映不佳时，可以主动降价；高价比低价获利更多，所实现的利润可作为扩大市场投资的来源。但是这种策略会损害消费者利益，不利于拓展市场，容易诱发竞争。这种策略一般适用于市场有足够的购买者、需求的价格弹性小的高档商品和奢侈品；产品寿命周期短，市场资源不足，供应紧张，短期内在一定范围的某些紧缺商品及企业生产能力不足，一时难以扩大的产品等；由于新技术未公开或有专利权，将能保护独家生产或经营的"奇货可居"的新产品。

2. 渗透定价策略

这是一种与撇脂定价策略相反的价格策略，是指产品上市初期，将产品价格定得低于预期价格，以市场占有率扩大为目标的定价策略。它是利用低价来进行市场渗透，从而达到扩大销售的目的。这种策略易为顾客接受，有利于迅速打开销路；可以有效地排斥竞争者介入，因而能在较长时期内占领市场；低价能带来销售额的迅速增长和市场占有率的扩大，从而保证企业经营长期稳定地发展。但是这种策略由于新产品刚上市就实行低价，影响同类产品的销路，造成同类产品寿命周期短；不利于其高质量形象的确立，往往会影响产品的声望；在因成本发生变化需要提高产品价格时，会引起顾客的反感，从而影响销路。这种策略一般适用于大批量生产、技术简单的产品，实行低价会带来销量的扩大；因销路扩大而导致企业生产与销售成本迅速下降的产品。

3. 满意价格策略

满意价格策略又称中间价格策略，它是指将新产品价格定在高价与低价之间，使各方面都满意的定价策略。用该方法制订出来的价格既能吸引广大消费者的购买，又能赢得各方的信任与尊敬，使各方均感到满意。但该定价缺乏鲜明的特色，对各方面兼顾太多。

（二）差价策略

差价策略也叫价格歧视，是指相同的产品以不同的价格出售的定价策略。差价策略主要有四种形式。

1. 顾客差价策略

顾客差价策略即指企业按照不同的价格把同一种产品或服务卖给不同的顾客。

2. 产品形式差价策略

产品形式差价策略即指企业对不同型号或形式的产品分别制订不同的价格，但是不同型号或形式产品的价格之间的差额和成本费用之间的差额并不成比例。

3. 产品部位差价策略

产品部位差价策略即指企业处于不同位置的产品或服务分别制订不同的价格，即使这些产品或服务的成本费用没有任何差异。例如，经过加工的鸡，整鸡肉、鸡腿肉、鸡翅肉、鸡爪肉等售价不同，它所采用的就是部位差价策略。

4. 时间差价策略

时间差价策略即指企业对于不同季节、不同时期甚至不同钟点的产品或服务分别制订不同的价格。

（三）折扣策略

企业为了鼓励消费者及早付清货款、大量购买、淡季购买，常常降低其基本价格，这种策略叫作价格折扣策略。这是一种减价技巧，是在原定价格的基础上减收一定比例的货款。主要的折扣策略有六种。

1. 现金折扣

现金折扣即对按约定日期付款的顾客给予一定的折扣，对提前付款的顾客给予更大的折扣。

2. 数量折扣

数量折扣即根据顾客购买货物数量或金额的多少，按其达到的标准，给予一定的折扣，购买数量越多，金额越大，给予的折扣越高。数量折扣可分为累计数量折扣与非累计数量折扣。

3. 交易折扣

交易折扣也称功能折扣，是由企业向中间商提供的一种折扣。

4. 季节性折扣

季节性折扣即生产季节性商品的企业向在季节前后购买非时令性商品或提前定购季节性商品的中间商提供的一种折扣。

5. 推广折扣

推广折扣即企业向为其产品进行广告宣传、橱窗布置、展销等促销活动的中间商提供的一定价格折扣或让价，作为给中间商开展促销工作的报酬，鼓励中间商积极为企业产品扩大宣传。

6. 运费折让

运费折让即企业对路途较远的顾客，减让部分商品价格作为对其部分或全部运费的补偿。

（四）心理定价策略

心理定价策略是指企业根据顾客的购买心理为产品定价，以诱导其购买。这种定价技巧主要运用于零售商业企业。心理定价策略主要有三种。

1. 数值定价策略

这是利用消费者对不同的价格数值产生的不同影响，进而调整、确定产品价格的一种技巧。通常有两种形式：①尾数定价。这是依据消费者有零数价格比整数价格便宜的消费心理，而采取的一种定价策略，又称奇数或非整数价格策略。如本应定价10元的某一农产品，定位9.9元，虽然只低0.1元，但可给买者价廉的感觉。②整数定价。这是把商品的价格定为一个整数，不带尾数，从而使消费者产生货真价实的感觉。一般适用于高档农产品或消费者不太了解的农产品和需求弹性较小的农产品。

2. 声望定价策略

这是一种利用企业和产品的声誉对产品定价的策略,其产品价格比一般商品价格为高。如果某个企业或某种农产品,在长期的经营过程中保持过硬的质量和完善的服务,从而在消费者心目中形成了较高的声望,消费者在购买此类农产品时就会有更大的信任感和享受感,即使多花钱也会觉得物有所值。因此,对于那些长期以来声望高的名牌企业、名牌农产品来说,价格可以定得比一般水平高一些。

3. 招揽定价策略

这是一种利用消费者求廉的心理,将少数几种商品暂时降低价格,吸引和招揽顾客购买的一种策略。

(五)组合定价策略

1. 主、副产品组合定价策略

这是指当企业在制订互有连带关系的产品价格时,可以选择不同的取值,达到促进销售、弥补损失的目的。大多数企业采用这种策略都将主要产品定价较低,而连带的附属产品定价较高,通过附属产品的获利,补偿主要产品因低价造成的损失。

2. 配套定价策略

企业将经营的农产品,按照不同标准组合成套,并分别制订单件农产品和成套农产品价格的做法。例如,农贸市场可将各种鸡、鱼、大葱等产品配套出售;某一厂商可将大米分别组成精美系列包装和普通系列包装进行销售。一般来说,配套农产品价格应略低于各单件农产品的价格之和。

(六)地区差价策略

这是根据买卖双方地理位置的差异,考虑买卖双方分担运输、装卸、仓储、保险等费用的一种价格策略。主要有如下几种策略。

1. 产地价格策略

卖方在产地将货物送到买方指定的运输工具上,卖方的商品价格中包含货物装到运输工具上之前的一切费用和风险。

2. 目的地交货价格

按照合同规定,卖方产地价格加上到达买方指定目的地的一切运输、保险等费用所形成的价格。

3. 统一交货价格

统一交货价格又称到岸价格或送货价格,即不分买方路途远近,一律由卖方将商品送到买方所在地,收取同样的价格,也就是运杂费、保险费等均由卖方承担。

4.分区运送价格

分区运送价格也称地域价格，是卖主将市场划分为几个大的区域，根据每个区域与卖方所在地距离远近分别定价，在各个区域内则实行统一价格。

5.津贴运费定价

主要为弥补产地价格策略的不足，减轻买方的运杂费、保险费等负担，由卖方补贴其一部分或全部运费。这种策略对扩大销售有利。

"黑六"猪肉　依托品质"走"高端

"不管猪肉市场价格如何变化，我们坚持走高端市场经营方针不动摇。"首农集团北郊农场北京世新华盛牧业科技公司总经理程利安说，今年以来，国内猪肉市场价格出现了下滑趋势，但北京"黑六"价格不仅没有变，而且还出现了供不应求的局面。面对紧俏的市场形势，他们正抓紧建设南口猪场，扩大养殖规模，提高产品质量，让更多的市民吃上北京黑猪肉。比普通猪肉高出好几倍的价格，缘何受到市场的推崇，成为抢手货？"黑六"品牌唯一原料是北京黑猪，这是古老的北京地方品种，以其胴体细腻、脂肪洁白、瘦肉鲜红、纹理细致而著称，特别是肌内脂肪高于普通类型猪肉的肌内脂肪含量，具有口感好、香味浓的特点，营养价值比较高。该公司副董事长谢蜀杨说，在今年北京市第十一次党代会前夕，他们的产品代表昌平区特色农产品，成为党代会特供产品，顺利入选党代会特供产品，极大地提高了"黑六"的社会知名度。大会期间，他们甄选出数千斤"黑六"生鲜食品，分8个单品，按要求送往会议地点。干净整洁的真空包装、醒目的追溯码、肉色鲜嫩的前后腿分割肉、肥瘦相间的五花肉、排骨等，受到了与会代表的普遍好评。"黑六"上市几年来，由于社会知名度的不断提升，多次出现脱销局面。"绝不能让居民失望，我们必须尽快扩大养殖规模，提高北京黑猪的总产量。"程利安说，他们决定在南口地区建设一个年出栏商品猪3万头、存栏母猪1800头的大型规模化养猪场，分别比现在增长1倍。该工程计划明年春季开工，年内建成并投产。他算了一笔账，按每头黑猪出肉90千克计算，3万头黑猪一年的猪肉产量就是270多万千克，同时生产猪头、猪蹄、猪下水等副产品60多万千克。按照门店和超市各供应50%的份额来计算，每年可以供应超市黑猪肉以及熟食制品130多万千克和30万千克，可以进一步满足市民对"黑六"产品的需求。不培育竞争对手，不给企业带来经营上的压力，是世新华盛公司取得成功的关键。按照该公司的总体经营思路，所培育出的优质北京黑猪种猪，除部分留给企业外，其余全部销往长江以南省份。同时，该公司还采取"不加盟，不开分店"战略，进入商超的"黑六"产品，一律由自有职工来负责销售，确保产品品质。今年以来，该公司不断拓展市场销售渠道，除满足原有的超市供应外，又拓展了几家大型连锁超市，使供应超市数量达到了15家，企业经营收入同比增长48%，取得了良好的经济效益和社会效益。今年，该公司的"黑六"冷却排酸肉，通过采用精细分割、分类包装、送货上门、优质服务的营销策略和"统一标识、统一价格、统一配送、统一服务、统一管理"的营销模式，开发出了黑六精品礼包、1 号礼品箱、2 号礼品箱、精品礼装、熟食礼包、香卤猪头脸、火腿、香卤猪肘等一系列产品，开发的黑六旺猪脸、黑六节节高、黑六养生血、黑六汆丸子、黑六蜜汁肋排、黑六烤梅肉等一系列用"黑六"命名的大菜，备受消费者欢迎，使北京黑猪独有的优势资源逐渐转化为产品优势。随着网上团购的兴起，"黑六"食品不仅通过专卖店、超市专柜和直销，还借助团购、网上商城等营销手段，让"黑六"进入了千家万户。"未来一段时间内，将围绕城区周边建设自己的专卖店，并不断加大产品研发力度，研发坛装红烧肉等产品，消费者在购买后，只要经过加热即可食用。"该公司党支部书记王红卫说，他们坚持不使用北京黑猪以外的猪肉，所有产品全部以北京黑猪为原料，让消费者放心食用。"黑六"还走进了亚运村餐餐乐锅贴王、上地韩国烧烤店、清华七彩云间、金融街一家餐饮公司、砂锅居等多家连锁店，这些高端餐饮企业均以北京黑猪肉为原料，烹制出若干道美味的"黑六"菜肴，生意非常火爆。同时，企业还在办公楼一层增开了"黑六福餐厅"，经营"黑六"全猪宴，大批游客纷纷慕名前来品尝，为企业增加收入 140 多万元。在坚持走商超、高端餐饮业的基础上，该公司又把经营的触角向幼儿园延伸，开辟直销市场，降低营销成本，提高整体经济效益。

（资料来源：首都建设报，2012 年 12 月 17 日）

四、农业企业营销渠道策略

（一）农业企业营销渠道的定义

"营销渠道"来源于"Channels of Marketing"，又称分销渠道（Channels of Distribution），有人又称之为"配销渠道""销售通路"和"流通渠道"。对其有三种不同的定义：①重点强调营销渠道的组织结构。1960 年美国 AMA（美国市场营销学会）定义为："公司内部单位以及公司外部代理商和经营销商（批发和零售商）的组织结构，通过这些组织，产品和劳务才得以上市营销。"②着重强调产品从生产者转移到消费者的分销过程。美国学者 Edwardw Cundiff 和 Richard.R.Still 认为营销渠道是指"当产品从生产者向最后消费者和产业用户转移时直接或间接转移所有权所经过的途径。"③重点强调营销渠道过程中涉及的各类主体。著名营销专家 Philip Kotler 认为营销渠道是指"某种货物或劳务从生产者向消费者移动时，取得这种货物或劳务所有权或帮助转移其所有权的所有组织或个人。"

本书认为农产品营销渠道是为一切促使农产品顺利地被使用或消费的一系列相互依存的组织或个人。它包括供应商、经销商（批发商、零售商等）、代理商（经纪人、销售代理等）、辅助商（运输公司、独立仓库、银行、广告代理、咨询机构等）等农产品产前、产中、产后的服务机构和加工机构。

（二）农业企业营销渠道的作用

1. 促进生产，引导消费

农产品只有通过市场交换，才能到达消费者手中，才能实现其价值和使用价值，企业才能盈利。营销渠道就是完成农产品从生产者到消费者的转移，起到桥梁作用。农产品营销渠道连接生产和消费，既是生产的排水渠，又是消费的引水渠。排水渠不通，农产品就不能及时销售出去，资金周转困难，农业再生产就无法顺利进行。引水渠不畅，农产品就不能及时顺利地到达消费者手中，消费需求就得不到满足。因此，对于生产者来说，不仅要生产满足消费者需要的农产品，还要正确地选择自己的营销渠道，做到货畅其流，发挥促进生产，引导消费的作用。

2. 吞吐商品，平衡供求

农产品营销渠道是由一系列商业中间人连接而成的。这些商业中间人类似于大大小小的蓄水池，在农产品供过于求的地区或季节，将农产品蓄积起来，在供不应求的地区或季节销售出去，起到吞吐商品、平衡供求的作用。由于农产品市场具有明显的地区性和季节性供求不平衡的矛盾，营销渠道上的商业中间人可以使这种矛盾得到缓和。

3. 加速商品流通，节省流通费用

一个生产企业依靠自己的力量出售自己的全部产品是不现实的。这要占用相当多的人力、物力、财力和时间，从长远观点和宏观经济分析是不合算的。选择合适的营销渠道，利用商业中间人的力量销售自己的产品，至少可以带来两方面的好处：一方面，可以缩短流通时间，相应地缩短再生产周期，直接促进生产的发展；另一方面，可以减少在流通领域中占压的商品和资金，加速资金周转，扩大商品流通，节省流通费用。

4. 扩大销售范围，提高产品竞争能力

农业企业仅仅依靠自己的力量直接向消费者出售产品，其销售范围和销售数量是非常有限的。如果选择合适的营销渠道，将产品交由商业中间人销售，则可以运输到很远的地方，从而扩大产品的销售范围。同时，一些商业中间人为了自身的利益也乐于为产品做广告，这样就有可能增加销售数量，从而提高产品的市场竞争能力。

（三）营销渠道的主要模式

1. 农产品代理商营销模式

企业营销主要依赖于代理商团队，企业在各个地区招聘区域代理或者独家代理，然后通过这些代理，再发展下线经销、分销、零售队伍；企业只需要负责对口联系这些代理商，其他工作都不需要介入。

农产品代理商营销模式通常在企业成立之初，或者是企业刚进入一个新的地区、新的领域时被选择。这样可以最大限度节约企业发展壮大的时间，抢占市场份额。现代社会的各种会议营销（农产品招商会议），基本上都属于代理商营销模式。这种模式尤其适用于新、小企业。

2. 经销商（农产品分销商）营销模式

在市场竞争很激烈的行业，或者是综合实力比较强大的企业，多会选择农产品分销商营销模式，这是代理商营销模式的一种进化。因为企业发展壮大了，同时市场竞争激烈导致企业利润空间大幅度压缩，为了更好地开拓市场，企业必然会选择"淘汰代理商、重点扶持经销商"的营销政策，这种营销模式更多适用于那些发展比较成熟、综合实力较强的企业。

3. 农产品直销模式

农产品直销就是农产品的生产者和最终的购买者以及使用者直接对接，省掉中间的流通环节。目前虽然直销占的比例很低，但是，随着高端农产品和休闲农业的迅猛发展，农产品直销这种模式将会越来越流行。

休闲采摘、农夫集市、宅配送、淘宝店……看上去农产品直接销售的花样多种多样，总结起来就三大类：订单式销售、田间地头式销售和零售式销售。

第一，订单式销售。

订单式销售指的是在农产品生产之前，农产品就已经卖出去了。

农产品的订单式销售和其他工业产品的订单不一样。一般工业产品是按购买的数量和质量下订单，而农产品的订单既可以按农产品的数量和质量，也可以视土地多少来订，土地上种什么由购买方决定，最后的农产品归购买方。

国外流行的一种 CSA（社区支持农业）模式在中国也开始兴起。CSA 模式将农产品消费者和生产者直接联系起来。CSA 模式有两种方式：一种是在种植季节之初，农产品生产者主动联系当地的消费者，然后在收获时，生产者将消费者预订的农产品运送到一定地点；另一种是消费者组成一个集体，然后联系相应的农场。

在美国，第一种方式更加常见。在这个过程中，消费者也能够更多地了解他们的食物是从何而来、怎样来的。他们不仅确保所购产品的安全，支持了本地的企业，同时也拉近了生产者和消费者之间的距离。

第二，田间地头式销售。

田间地头式销售是指消费者直接去田间购买所需的农产品，可以是休闲采摘，也可以在田间超市购买，还可以在田间的路边购买。

随着都市休闲农业的发展，田间地头式销售在快速发展，这种模式最大的问题是要吸引大量消费者，所以，只有在休闲农业发达的地方、旅游旺地和交通要道等人流量大的地方发展。

第三，零售式销售。

零售式销售是目前采用最多的直销方式，主要在产地的集贸市场或者城市的路边小摊，还有网上零售，这种方式主要是个体经营者的销售方式。

直接把产品送到购买者手上这种方式是目前农产品直销的主流方式，特别是名优特的农产品。

农产品企业直销模式所需条件如下。

田间地头式销售，最重要的是客流，而订单式和零售式销售理论上都可以操作，因为这两种方式都缩短了农产品的中间流通环节。在现实操作中，农产品企业要想做好直销，则有以下三个必要条件。

首先，产品必须要有特色。有特色才能和菜市场、超市里的大路货区别开来，才具备吸引直销客户的基本条件。

其次，销售队伍必须要有"狼性"。直销需要销售团队不断试错，不断地归纳总结，这样才能找到适合自己的直销方法。

最后，必须要有好的营销模式。虽然死缠烂打也能发展直销客户，但那既浪费企业的时间，还不一定能赚到钱。一个既能区别于竞争对手又能打动购买者的营销模式，是直销能否成功的关键。

重庆高端水果连锁店三年内开 50 家

美国的红蛇果、新奇士橙、车厘子，新西兰的奇异果，泰国的山竹、榴梿，越南的皇帝蕉……这些让人垂涎欲滴的进口优质水果，今后只要上网轻点鼠标下单，完成网上支付，24 小时内就会有专人专车送货上门，足不出户就可以吃到质优价廉的优质水果了。

"预计今年下半年，我们就可以开通网上水果销售系统，实现网上卖水果了。"重庆诚信干果公司总经理袁雪芹昨天向《重庆晚报》记者透露。今年是该公司成立十周年的日子。十年来，该公司从几个人的员工队伍发展到 200 多人，年销售果品由 5000 吨发展到 10 多万吨，销售额达到 3 亿多元，是成立之初的 20 多倍。

袁雪芹介绍说，下一步公司将继续拓展梅记水果专卖店和种植基地，扩大销售网络至西南片区乃至全国，实现销售额成倍增长，公司继续向产、供、销一条龙发展，从传统的经营模式转向集团化、物流化、电子商务的经营业态发展，打造企业核心竞争力，延长产业链，使公司取得更大的社会效益和经济效益。

1. 24 小时内送果上门

"现代社会，消费者对水果的需求已经向好吃、健康、优质、方便和快捷转变了。"袁雪芹说。实现网上销售水果后，借助网络可以缩短优质水果从果园传递到消费者手中的时间和空间，不仅可以通过采购、配送和检测环节的严格把关，把最优质、营养的水果送到消费者手中，而且还可以大幅减少流通环节，降低仓储、店铺、零售等成本，从而降低消费者购买优质水果的成本。"根据测算，与传统渠道相比，网上购买优质水果的价格可以降低 5%~10%。"

她说，水果是易腐烂、难保存的生鲜产品，传统渠道很难控制进货量和库存，而网上卖水果则可以发挥互联网的优势，实现按需下单采购，恰好解决了这个问题。消费者通过网络下单后，该公司在后台整合所有订单需求，冷库进行分拣和配送，24小时内就会有专人和专车把水果送到客户家中。

"俗话说眼见为实，网上买水果尽管不像在水果店和超市买水果那样，可以个挑个选，但是作为品牌企业推出的电子商务模式，主要销售的是高端精品水果，更能保证了水果品质。"

袁雪芹说，该公司推出的水果网店，除了价格优势以外，还有一大优势就是品质有保证，所有水果都有专人精心分拣、配送。送上门后，顾客如果不满意，可以拒收，甚至只要用手机或相机拍照，通过微博发给公司，也可以派人上门退换。

2. 三年内开50家连锁店

"诚信公司成立十年来，已经获得了100多种果品的总经销或总代理经营权。"袁雪芹介绍说，目前诚信公司已经先后成为广东廉江华鲜农业开发公司、广东高州云山果业、新疆库尔勒冠农公司、湛江嘉明果业、海南文昌天源公司、广东仙罗果业，包括四川蓬溪、重庆奉节以及泰国大地丰公司、越南兄弟果业等百余家果品企业的合作伙伴，销售品种包括香蕉、荔枝、桂圆、香梨、仙桃、杧果、苹果、砂糖橘、马水橘、脐橙等百余种水果。

"利用自身的这些优势，诚信公司开始进军水果连锁行业，今年就已经在北城天街开设了第一家梅记水果连锁店的旗舰店。"袁雪芹介绍说，利用市民对高端水果的喜爱和需求，这家旗舰店突出了精品化、高端化和专业化，开业两个多月就实现了盈利。

她透露说，下一步该公司还将选择主城各区的繁华路段和重要居民区，陆续开设精品水果连锁店，计划三年内在主城区开设50家连锁店。

3. 规划建万亩水果基地

"由于竞争加剧，零售和批发业利润微薄，必须向上游拓展。目前，诚信公司已经开始打造从餐桌到果园的完整产业链。"

袁雪芹介绍说，去年该公司投资1000多万元在渝北设立了2000多亩的有机葡萄基地和生态鱼养殖基地，在四川岳池设立了1000亩优质西瓜种植基地，同时把农业项目与旅游相结合，发展观光农业，已经开始产生效益。

"我们初步规划将发展万亩水果基地，除了在国内各大特色水果产区发展有机水果基地以外，还准备走出国门，在东南亚等国家设立热带水果基地，千方百计让重庆市民吃到最便宜、最优质的水果，丰富市民的果盘子。"

（资料来源：http://news.vlongbiz.com/agri/2012-06-08/1339123649d1979356.html）

五、农产品促销策略

促销，即促进销售的简称，指企业通过各种形式，向消费者宣传报道本企业及其商品或劳务的信息，来引起消费者的注意，激发消费者的购买欲望，促进和影响消费者采取购买行为，从而达到扩大产品销售目的的活动。促销的主要任务是传递商品和劳务的信息，实质上是一种沟通活动。

促销具有以下几种功能：告知功能；说明功能；影响功能。

促销组合策略就是有计划有目的地将各种促销方式结合起来，综合研究与运用，形成最佳的促销策略，以达到用较少的经营费用取得最好的销售效果。农产品促销组合包括四种方式：广告、人员销售、营业推广和公共关系。以下分别对四种方式的相关内容进行阐述。

（一）广告

1. 广告的含义

广告（Advertising）一词来源于拉丁语，含有"注意"和"诱导"的意思。广告有广义和狭义之分。广义的广告是指广告者通过各种形式公开向公众传播某种思想，澄清某种事实，制止某种不良行为，传播农产品或劳务的信息等的宣传手段，包括商业广告、公益广告等。狭义的广告即商业广告，也是本书所研究的广告，广告是广告主以付费方式利用大众传播媒介将产品或服务信息、企业形象或经营理念等向目标顾客进行传播的活动，最终达到营利的目的。这里有以下几个问题需要明确。

（1）广告的主体，包括制作者和传播者必须是独立的经济实体（企业），对发布的各种信息负有法律责任，其广告行为受《中华人民共和国广告法》和其他相关法律法规的约束。产生广告行为的企业被称为"广告主"，任何广告均有明确的广告主。

（2）广告内容分为两类形式：一是产品和劳务的信息；二是企业观念和形象的信息。

（3）广告是非人员的促销活动，通过大众传播媒体进行信息沟通，以目标群体作为传播对象。

（4）广告有计划性、目的性、针对性。广告的对象是目标顾客，其目的是提高企业知名度和美誉度，促进产品的销售，扩大市场份额，增加企业盈利。

2. 广告的功能

广告作为传播信息的一种基本形式和重要手段，是连接各种复杂经济关系的纽带，具有多方面的功能。

（1）广告的商业功能。这是广告的基本功能：一是广告介绍了农产品，并诱导顾客需求，刺激购买行为，促进试验性购买，开发新顾客，从而增进农产品销售，提高市场占有率。例如，咯咯哒鸡蛋的"好山好水好鸡蛋"，就在某种程度上促使消费者进行购买。二是广告为农产品流通的各环节的行为主体提供大量信息，减少了寻找成本和时间，有利于建立和改善生产商、批发商、零售商及顾客之间的关系，促进农产品流通更加顺畅，繁荣经济。三是广告宣传了农产品形象、企业形象，扩大了企业或品牌的知名度、美誉度，成为企业开发市场、巩固市场、扩大市场的重要手段。例如，知蜂堂蜂胶的广告，将蜂胶从蜂蜜采集到销售的过程展示给消费者，以增加企业的美誉度和消费者的信任度。

（2）广告的教育功能。广告广泛的题材和多种表现形式引导了人们消费观念和消费习惯的改进，渗透环保意识、民族精神、公民道德思想，在丰富人们物质文化生活的同时有利于提高人口素质。例如，阻止消费者购买鱼翅的公益广告中"没有买卖，就没有杀害"引起了消费者的共鸣，增强了消费者对稀有动物的保护意识。另外，农产品广告也有助于新知识、新技术的普及，对促进公平竞争、加强科学管理等有不可替代的作用。

（3）广告的美学功能。广告既是一门科学，又是一门艺术，通过语言、色彩、情节、视听效果等的创意策划，给人以美的享受，陶冶情操，愉悦身心。例如，某品牌的大米广告，蓝蓝的天空下，金灿灿的麦田，一幅和谐安逸的画面给人以美的享受。

3. 广告媒体选择

广告媒体主要有以下几种形式，对于农产品来说，需要根据农产品的特点选择适合的单一媒体或多种媒体的组合形式进行宣传。

（1）报纸广告。报纸是应用最广泛，也是最早发布广告的媒体。它有很多优点：①传播面广、覆盖率高；②传播速度快、及时；③信息量大，读者不受时间限制；④制作方便、费用低廉、刊出日程选择自由度大；⑤在一定程度上可以借助报纸本身的威信。它的局限性有：①时效短；②印刷不够精美，表现力有限；③接触时间相对较短，需多次刊登。报纸广告不适合多数农产品，只适合部分销售范围较小、产品面对最终消费者的农产品。

（2）杂志广告。杂志是仅次于报纸而较早出现的广告媒体，它分类明确，作为媒体的优点有：①读者稳定，可以存留翻阅，反复接触机会多；②信息量大，印刷精美；③可利用专业刊物的声望，尤其对行业内广告针对性强。它的局限性有：①发行周期长，时效性差；②专业杂志广告接触不广泛。因此，杂志广告不适合多数农产品的广告宣传，尤其是生鲜农产品。

（3）广播广告。广播作为广告媒体的优点有：①传播速度快；②听众广泛；③内容易变更；④可多次播出；⑤制作简单，费用低廉。它的局限性有：①有声无形，只刺激听觉，遗忘率高，难以记忆，无法存查；②难以把握收听率。因此，广播广告仅适宜有品牌、需要进行品牌宣传的农产品或农产品加工品。

（4）电视广告。电视是广告信息传播的理想工具，它的优点有：①集声、形、色于一体，形象生动，有极强的吸引力；②能综合利用各种艺术形式，表现力强；③覆盖面广，注目率高。它的局限性有：①制作复杂，费用高；②时效短，难以记忆。部分有品牌的农产品加工品适宜进行电视广告宣传，如食用油、汤圆、水饺等加工品。

（5）户外媒体广告。户外媒体是指在露天或针对户外行动中的人传播广告信息的工具，包括销售现场广告媒体（如橱窗、灯箱、现场演示）和非销售现场广告媒体（如路牌、计算机显示牌、气球、招贴画等）。这种媒体的优点有：①长期固定在一定场所，反复诉求效果好；②可以做到色彩鲜艳，图文醒目，媒体费用弹性大；③可根据传播对象的特点和风俗习惯设置。其局限性有：①宣传区域小；②变更成本高。部分面对终端消费者的农产品加工品适宜进行户外媒体广告。

从"励志牌"到"年轻牌"——褚橙的促销策略

昔日烟草大王褚时健事业跌入谷底，年逾八旬种橙子东山再起，再没有比这更传奇的故事，能够为跌宕起伏的人生做注脚了。

伴随着这一传奇故事的广泛流传，2012年，褚时健种植的橙子第一次进京便火遍京城。本来只是一个普通的橙子，因为被冠以褚橙的名字，意外地被贴上"励志橙"的标签，迅速引爆流行。"褚橙进京"事件背后的主要推动者——本来生活网，也得到了广泛的关注。虽然刚刚成立不久，但是作为褚橙网上销售的独家代理商，本来生活网靠着褚橙这一明星产品火速打开了知名度。

2013年11月16日，韩寒发了一条微博："我觉得，送礼的时候不需要那么精准的……"附图是一个大纸箱，上面仅摆着一个橙子，箱子上印着一句话："在复杂的世界里，一个就够了"（韩寒创办的"一个"App的口号）。微博一发出，便引来众多粉丝围观，甚至有网友调侃"韩少应该后悔当初怎么不把一个叫一车或者一吨"。看官们的各种会意打趣，加上韩寒故作无奈的语气，引来300多万人次阅读，4000多个转发评论。有精明一点的围观群众看到箱子右上角的"本来生活"标志，马上开始意识到：这是本来生活在卖褚橙的广告吧。

褚时健个人的经历对于改革开放的第一代企业家而言，是有着很大意义的。王石、冯仑、潘石屹、任志强等一批企业家，对于他的经历是有一点惺惺相惜的感觉的。"2012年褚橙的流行，很大程度上依赖于这些企业家们在微博等社交媒体平台的主动传播，'励志橙'的名字也正是由于这一批企业家的推广叫起来的。"蒋政文表示。

2013年本来生活网有了全新的目标——放眼全国性市场，而不仅仅是北京。"去年，褚橙在本来生活网销售了200吨，今年我们有十倍的销售目标，因此也需要有全新的推广和销售方案。"蒋政文说。

基于此，本来生活网2013年主抓的有以下两点：第一，让更多年轻人参与进来。"2012年褚橙事件，参与进来的更多是一些企业家。我们做了一些调查，发现很多80后对褚老的经历其实是有隔膜的，他们不了解当时的背景，即便了解也觉得是上一代的事情，跟他们关系不是特别大。"蒋政文说。第二，落脚到生活方式的传播。在本来生活网团队看来，2012年关于褚橙进京的话题，主要还是财经的角度来讲，而在食物本质或者是生活方式这种诉求上还有发掘空间。

跟韩寒以及"一个"App的合作，也正是从以上的两点出发考虑的。据蒋政文讲述，2012年"一个"App上线时，在北京开发布会，当时褚橙就是发布会现场的一个礼品。

也正是从那个时候开始，本来生活网跟韩寒"一个"团队结下了缘分。于是，当 2013 年褚橙的推广再次开始时，本来生活网在"一个"App 上投放了一些广告，并通过个性化的包装设计。

（二）人员销售

人员销售是企业运用推销人员直接向顾客推销农产品和劳务的一种促销活动。推销人员、推销对象和推销品是三个基本要素。通过推销人员与推销对象之间的接触、沟通，将农产品介绍给推销对象，进而实现交易，达到农产品销售和满足用户需求的双重目的。

1. 人员销售的概念和形式

人员销售是指企业通过派出销售人员与一个或一个以上可能成为购买者的人交谈，做口头陈述，以推销农产品，促进和扩大销售。可见，人员销售是销售人员通过与顾客或潜在顾客的人际接触来帮助和说服他们购买某种农产品或劳务的过程。而销售人员、销售对象、产品是这一过程的三个基本要素。其中，销售人员和销售对象是销售活动的主体，产品是人员推荐活动的客体，是被销售人员推销、为销售对象所接受的有形或无形的农产品。

企业可以采用多种形式开展人员销售活动。首先可以组织本企业的销售人员组建自己的销售队伍，销售队伍中的成员通常使用销售代表、业务经理、地区代表和销售顾问等名称。其次，企业可以使用合同销售人员，如制造商的代理商、销售代理商和经纪人等，根据合同和销售业绩支付佣金。

人员销售的具体方法主要有以下几种。

（1）上门推销。销售人员携带样品、说明书、订单等走访顾客，进行一对一的销售活动，这是一种最为古老而又往往容易被人们熟悉和接受的推销形式。其特点包括：一是销售人员主动寻找顾客，走访居民区、家庭住户或机关、学校等机构和组织，积极接近顾客。二是销售人员和顾客之间建立感情联系，以此作为纽带，激发顾客购买欲望，促成他们的购买行为，采用适宜的推销技巧给对方留下良好印象，可以促进销售，甚至建立长期固定的购销关系。例如，在一些节日、顾客的特殊纪念日送上贺卡或企业生产的特色农产品及农产品优惠券等。

（2）柜台推销。销售人员在销售点向顾客推销，可能面向单个顾客，也可以是顾客群体。这是非常普遍的推销形式，可以面对面进行直接接触、交谈，直接介绍农产品，解答顾客提问。柜台推销的特点包括：一是顾客接近销售人员，顾客上门寻找需求的农产品；二是顾客直接面对农产品，其摆放陈列会对顾客产生影响。

（3）农产品展销会。由一个或若干个单位举办，具有相应资格的若干经营者参加，在固定场所和一定期限内，用农产品展销的形式，以现货或者订货的方式销售农产品的集中交易活动。有关农产品展销会的相关知识在本章第二节有详细说明。

（4）体验式营销。企业以满足消费者的体验需求为中心所开展的营销活动。有关体验式营销的相关知识在本章第二节也有详细说明。

2. 人员销售的特点和适宜因素

人员销售是一种最古老的沟通促销方式，也是现代企业中最重要的促销手段之一，与广告等其他促销手段相比有以下优势。

（1）人员销售重视人际关系，利用双向的信息沟通推广农产品，并与顾客建立友谊。双向信息沟通是人员销售区别于其他促销手段的重要标志，销售人员在销售活动中为企业担当了情报收集的任务。一方面，销售人员向顾客介绍农产品和与农产品有关的信息，如农产品质量、价格、营养成分及市场行情等，从而招徕顾客；另一方面，销售人员通过与顾客沟通，了解到顾客对农产品的态度、对品牌的认知、需求变化动向等与农产品和企业的生产、设计、发展趋势等相关的信息。另外，在双方的广泛沟通和情感交流中，销售人员代表企业利益，同时也代表顾客利益，会帮助顾客排疑解难，在交谈中除谈论农产品之外，还会涉及顾客喜好、家庭、社交等其他问题，长久接触，有可能建立起友谊关系。

（2）人员销售针对性强，灵活机动。与广告相比，在人员销售中，顾客明确，销售人员可直达顾客，耗费无效劳动少。而且销售人员可以观察不同顾客的动机和特点，调整推销陈述和推销方法，以适应其情绪、心理的变化，帮助顾客明确需求，抓住机会，提出建议，最终完成交易。因此，人员销售在大多数情况下能实现潜在交换，造成实际销售，有效性很高。

（3）人员销售经常用于竞争激烈的场合，也适用于推销价格昂贵的高端农产品。对于以高质高价、安全营养为主要特点的农产品，如有机、绿色农产品，仅有广告宣传，顾客也很难实现购买。而派出专业知识丰富的销售人员为顾客讲解、展示农产品，解答其疑问，才有可能达成销售。

（4）人员销售能实际展示农产品。与广告等促销手段相比，销售人员能当面向顾客展示农产品，使顾客确信农产品的特征，提高推销成功率。

然而，由于人员销售的绝对费用较高，在发达国家大致是广告的2~3倍，加上对销售人员素质要求高，锻炼一支有战斗力的销售队伍很困难，因此，人员销售的运用受到一定的限制。

对于不同市场环境下的不同企业和企业的不同产品，人员销售的适用性不同，应用效果也有差异。什么样的企业和产品适宜用人员销售，企业在什么范围、什么时间、何种程度上采用人员销售，需要考虑以下因素。

①市场的集中度。由于人员销售活动中，销售人员与顾客要直接接触，其间存在着寻找成本。因此，在目标市场明确、目标顾客集中的地区，人员销售更容易开展，成本会更低，效果更好。而在分散的市场上，作用就很有限。

②目标市场容量的大小。人员销售的目的之一就是卖出农产品，提高销售量。而消费者需求量的大小直接约束了人员销售的业绩，决定了采取人员销售和展开程度的经济

可行性。

③销售对象的特点。在消费品市场上，顾客的社会文化背景等诸多因素都会影响购买决策，但是消费者数量众多，每个顾客的购买量不会太大，企业如果采用人员销售就需支付很大的成本。对生产企业来说，人员销售主要应用于中间商的推销会更有效。对专业性强、技术要求高的工业品，或购买量大的农产品更宜采用人员销售。

④亲身体验的必要性。有的农产品需要在进行品尝或亲身体验后，顾客才能了解农产品的性能及特点，产生购买欲望，这时，应用人员销售是有必要的。

⑤服务的必要性。部分农产品需要在售前、售中、售后提供相应服务，此类农产品适宜运用人员销售。例如，一般消费者很少了解海参产品的保存与食用方法，需要在销售前做好宣传和指导工作，适合现场人员销售的促销方式。

3. 人员销售的过程

人员销售的基本过程有以下四个阶段。

（1）收集和掌握所需的相关资料。在人员销售中，需要各种各样的信息资料，基础的信息资料应在销售人员培训过程中提供给他们。但针对某一次销售活动的个案资料，则要求销售人员事前收集。所需资料主要包括：①有关本企业的资料，包括企业历史、在农产品市场中的地位、营销策略、销售目标及策略、销售规章制度及优惠政策条款等。②有关企业农产品的知识，包括农产品的特点、主要功能、相对于其他农产品的优势等。③市场知识，包括竞争对手的农产品种类、功能、价格等。④人际交往知识，主要提高销售人员的推销技巧。

（2）确定推销计划。通过分析目标客户的购买可能程度和潜在购买量，把目标客户划分为不同等级，以明确重点销售对象。在正式接触前安排好与不同销售对象接触的时间先后、用时长短等问题，以便在有限的交流时间内获得尽可能大的成功率。最后，分析具体顾客的需要和兴趣点，拟定谈话内容。

（3）实施推销活动。人员推销主要是以销售人员登门拜访，或以柜台推销等形式与顾客正式接触。这要求销售人员能在初步接触时，给顾客留下良好的第一印象，要求销售人员举止得体、语言恰当、态度友好，能够引起消费者的重视，从而把销售活动引向深入。在推销过程中，销售人员要引发顾客的注意和兴趣，利用时机向他们介绍农产品，促进其购买欲望，最后达成交易。销售人员要善于观察分析，及时提出交易要求，减少顾客的犹豫，促成他们迅速购买。

（4）做好售后工作。销售人员应建立顾客档案，如实记录顾客姓名、地址、购货品种、数量、意见反馈及推销中的心得经验等，以备查阅和使用。

（三）营业推广

营业推广也称销售促进或促销。它是指企业运用各种短期诱因鼓励消费者或中间商购买的活动。可以将其细分为"消费者促销"和"中间商促销"。

在一定时期、一定任务目标的短期销售活动中，如果能够选择运用合理的促销手段，可以收到立竿见影的明显效果，商业广告、人员推销、公共关系都是常规的长期的促销方式，而大多数营业推广的方式都是非正规的和非正常性的，一般作为补充促销方式与其他方式相互配合使用。

1. 营业推广的常用方式

根据推广的对象，可以将营业推广分为以下三大类。

（1）对消费者的营业推广。这种方式的目的是鼓励老客户继续购买；诱导新用户试用；动员消费者购买新品种农产品；引导习惯购买其他同类农产品的顾客改变购买习惯，以培养消费者对自己农产品的偏爱；强化广告和营销活动。具体方式有以下几种。

①赠送样品。通过向顾客免费派送样品，既可鼓励消费者购买，又可获取消费者对农产品的反馈信息。这是介绍、推出新农产品的一种推广方式，赠送形式可以多种多样，既可以购买某一农产品免费获得相应的赠品，也可以当购买达到一定数量或金额时才能得到赠品。例如，在卖场销售的牛奶、香肠等农产品加工品，企业有时候会赠送同品牌不同种类的样品，以提高消费者对新产品的认知和购买。

②价格折扣。可以是在商品标价不变的情况下，实际收款时按一定打折比例少收一部分款额，也可以事先通过多种方式派送优惠券，使持有该券的消费者享受折扣价格，两者的区别是前者的优惠是对所有消费者，后者是只给予特定的消费人群。这种方式一般是在产品和市场成熟期用于吸引顾客、扩大销售量。例如，某些大型超市所出售的农产品在下午或夜市时就进行打折促销等活动。

③赠品印花。赠品印花是指当消费者购买某一农产品时，经销商赠送消费者交易印花，当购买者的印花积累到一定数量时，可以兑换现金或农产品。这种方式可以刺激消费者大量购买，但对小量购买者不具有吸引力。

④廉价包装。廉价包装又称折价包装，是指在农产品包装上标明价格折扣的数额或比例。廉价包装可以是一件农产品单独包装起来减价销售，也可以是组合廉价包装，即将若干农产品或几种用途相关的农产品并在一起减价销售。这种方式能诱发经济型消费者的需求，对刺激短期销售比较有效。

⑤展销会。通过展销会的形式，使消费者了解到大量农产品，增加销售的机会。常用的展销形式包括季节性农产品展销会、名优农产品展销会、新品展销会及各种博览会等。

此外，针对消费者的销售促进活动还有服务促销、消费者免费培训、讲座、邀请消费者参与的竞赛活动等。

（2）对中间商的营业推广。这种方式是生产企业对中间商，或上一级中间商对下一级中间商的，其目的是促使中间商更加努力地推销自己的农产品、改善与中间商的关系。主要采用的方式有以下几种。

①购买折扣。为刺激中间商购买并大批量地购买本企业农产品，对第一次购买的中

间商和达到一定购买数量的中间商给予价格折扣，购买数量越大，折扣越多。

②现金折扣。现金折扣是指在商业信用和消费信贷普遍使用的市场上，某企业为了鼓励客户用现金购货，给予的一种折扣。

③派送赠品。派送赠品是指对中间商购货达到一定数额，或对特定农产品进货齐全或达到一定数额时，给中间商派送赠品。

④资助。资助是指企业为中间商提供陈列商品、支付部分广告费用和部分运费等补贴或津贴，以鼓励中间商增加销售额。

此外，对中间商的营业推广活动还有召开业务会议和展览会、开展销售店之间的竞争、代培销售人员等。

（3）对推销人员的营业推广。这种方式的目的是明确销售重点，提高销售人员对农产品的认识，使他们了解推广计划，调动他们的销售热情，从而有效地开展推广活动。

2. 营业推广的过程

企业营业推广的过程包括明确营业推广活动的具体目标、制订营业推广方案、预试及实施推广方案、评价推广活动结果等内容。

（1）明确营业推广活动的具体目标。针对消费者的营业推广活动，通常要达到以下目的：①鼓励消费者大量购买；②争取未使用者使用；③吸引竞争品牌的使用者；④打击、排挤竞争对手；⑤增强其他推广方式的效力等。

针对中间商的推广活动，通常要达到以下目的：①吸引中间商进货，提高市场铺货率，使中间商维持较高存货水平；②促使中间商积极开展或配合制造商开展广告宣传或其他推广活动；③提高中间商的销售能力；④使中间商建立品牌忠诚度，抵制竞争品牌等。

针对推销人员而言，推广的目的是要使其更加重视新农产品或新式样、新型号，鼓励其推销。

营业推广的目标要与促销组合的其他方面结合起来考虑，相互协调配合，制订具体的测度指标。

（2）制订营业推广方案。一个完整的推广方案是营业推广活动开展的指导性文件，实施的各个细节及出现紧急问题时的处理意见等。

①诱因的大小。即根据销售反应函数来设计，能使企业推广活动达到最佳的效果。研究表明，销售反应函数一般呈 S 形。诱因很小时，反应小，随着诱因增大，销售反应上升速度很快；在超过拐点之后，反应会呈递减式增加。企业应通过考察销售额和成本比例的情况确定最适宜的诱因。

②参与者的必要条件。即明确推广活动针对的对象，一般必须是购买农产品的顾客。例如，参加抽奖的消费者一般是持购物发票抽奖，未购买农产品的人则不能参加，而数量折扣只给购货量达到一定限度的顾客。

③选择推广媒体。即确定以什么方式将推广方案向目标市场贯彻。例如，如何分发优惠券、如何宣传抽奖活动等。不同的媒体有效性不同，而且成本也不同。一般可以利用广告宣传、店内广播、随农产品包装附送等方式进行。

推广时机的选择。推广时机选择得恰当与否直接影响推广活动的开展效果。选择推广时机可以利用季节性、农产品导入期、成熟期的转折点及品牌成熟度来决定。销售部门要根据对整个市场的考察分析和与总体营销策略的配合来确定适宜的推广时机。

推广时间的长短。太短的推广时间可能会使顾客无法充分利用推广机会购买农产品。太长的推广时间，一方面会使推广手段鼓励顾客购买的效用减少，另一方面可能会影响企业的利润，甚至如果降价时间太长，会使农产品质量受到怀疑，反而影响品牌的忠诚度。

推广活动经费的总预算。这里要注意，安排预算一定要比较成本与效益，不能简单地主观判断，而且推广活动经费要与广告支出分开预算。推广预算一般包括销促活动的管理成本（包括人员经费、宣传材料费等）和销促诱因成本（如赠品、折扣等）。

（3）预试及实施推广方案。对制订的推广方案在小的市场范围内进行测试，或请消费者对几种不同的推广方案做出评价，选用最优者。预试的目的是确认所选的推广工具是否恰当，诱因大小是否最佳，实施的途径、效果如何。在预试通过的基础上，按照计划实施推广方案。

（4）评价推广活动结果。对推广活动结果的评价有多种方法：一是比较推广前后销售量的变化。这里分为推广前、推广期间和推广活动结束后三个阶段。通过三个阶段的比较可以得出推广活动的效果，另外，还可以用销售额与规划目标对比进行评估。二是观察消费者对推广活动的反应或抽样调查部分消费者来评估推广活动效果，可以是定性评估，也可以结合定量分析，如统计消费者对推广活动的记忆程度、消费者对农产品或服务的满意度、推广对消费者今后的购买行为的影响等。

（四）公共关系

1.公共关系的概念及其作用

公共关系简称 PR（Public Relations），是指企业为了使社会公众对本企业或自己的农产品建立好感，树立企业形象和品牌形象，而利用各种传播手段，向企业内部、外部公众展开的一系列有计划、有组织、有目的的活动。

（1）建立和维护良好企业形象。市场经济条件下，竞争日趋激烈，虽然优质农产品和优质服务是在竞争中取胜的基础，但企业要扩大知名度，宣传农产品形象，企业形象也至关重要。公共关系工作就是把企业的经营之道宣传出去，展现企业技术实力、经济实力、管理水平、人才资源及精神风貌，树立企业良好形象。

（2）建立企业与公共对象之间信息沟通的渠道。市场经济下信息是企业生存的关键，企业需要掌握各种各样的信息，作为其制订发展规划和战略的依据，包括：来自市场的信息，如价格、需求量、竞争对手情况等；来自公众的信息，如消费者的反馈信息，新闻媒体舆论导向，社区公众的意见、建议等。企业在向公众传递信息的同时，要有计划地、长期地收集公众的反馈信息，监测经营环境的变化，及时发现问题，把握机遇，增强市场竞争力，培养企业综合竞争实力。

（3）有利于传播正确信息，排除公众误解，争取谅解。公共关系活动一方面是使一些社会上传播的不真实的、容易引起公众误解、损害企业形象的信息，得以弱化、消除；另一方面是当企业与公众发生纠纷或矛盾激化时，危机公关活动能够使公众理解并谅解企业行为。

2. 危机公关

现代企业经营时面临环境的不确定性，随时可能陷入各种危机之中，甚至威胁到企业的生存。危机公关是指企业在遭遇各种突发事件或重大事故，其正常的生产经营活动受到影响，特别是原有良好的企业形象受到破坏时，应采取的应急公关策略，旨在最大限度地减少危机对企业的负面影响，转危为安。

我国食品安全问题关系到大众健康。近年来，地沟油事件、奶粉行业的三聚氰胺事件、毒韭菜毒豆芽事件、猪肉生产企业的"瘦肉精"事件等，让人们对食品安全日益担忧的同时，也让很多农产品生产加工企业面临着严峻的市场环境和前所未有的消费信任危机。如何在危机中及时、正确地采取措施，并将损失减少到最小，是现代农产品生产加工销售企业的必修课。从理论上讲，企业危机公关应采取以下措施。

（1）第一时间原则，也称"24小时"原则。企业在出现危机时，应在第一时间分析危机类型，启动相应危机预案；第一时间调查事件真相；第一时间按照最坏原则切断危机的扩散通道，采取积极的补救措施，尽量消除危机已经造成的不良影响；第一时间安抚直接受害者和潜在受害者；第一时间主动和媒体进行信息沟通，将掌握的资讯和采取的措施随时告知公众。

（2）面对危机事件，应当建立高效畅通的危机沟通渠道，其对象主要针对受害者、媒体、内部员工、上级部门和关联组织，使对象之间沟通畅通。

（3）要搞好内部公关。要本着负责的态度面对员工、股东，与之进行有效的沟通，本着诚信原则陈述事件真实情况，员工有知情权，争取得到他们的理解和支持。在危机面前，企业领导层要充分发挥其感召力，凝聚全体员工的力量，形成团队精神，同舟共济，共渡难关。

（4）切实做好与媒体的沟通工作。媒体是引导社会舆论的强有力的工具，在危机面前，企业更要以积极的态度与媒体沟通，争取媒体的理解与支持，并尽可能地通过媒体与消费者和社会公众进行沟通，力求转变对企业不利的舆论和态度，缓和矛盾。

（5）对受危机影响的受害者和弱势群体主动承担责任，尽最大努力补救过失，引导舆论向好的方向发展。

（6）在尽快实施内部、外部措施以后，还应持续紧密地进行危机善后工作，总结经验、汲取教训，以便今后更好地发展。

🍁 链接案例

珠茶香飘万家富——探寻蕉城区赤溪镇珠茶产业发展

蕉城区赤溪镇，一个茶香氤氲千年的深山小镇，悠久的茶文化以及优良的环境孕育出了丰厚的茶资源，是福建茶叶生产先进乡镇。山高、雾幻，万亩茶园集自然之灵气；甘醇、生香，所产绿茶闻名遐迩。

20世纪90年代，赤溪引进了珠茶制作工艺，随即便掀起了一阵生产热潮，进而开辟了一个产业的发展。如今，作为赤溪天山绿茶的重要品种之一，珠茶走南闯北二十多年，不仅提升了当地茶产业的知名度，也有效带动了群众增收。

移步渐闻茶香远，街边老少弄珠忙。一年四时，赤溪随处可见边用白色薄纸撮珠茶边闲谈的男女老少。这一项简单的工艺在当地已有传承，渐渐走进千家万户的日常生活。"从赤溪有珠茶，我就开始代工了。闲时撮上几两，一个月也能多挣几百块钱。"在镇上经营一家杂货店的孙玉花边撮珠茶，边与记者聊着。现年50岁的她从事珠茶代工二十多年，已是经验老道、技术娴熟的"职业女工"。她笑言，自家的生活费有很大一部分都是从这珠茶中来的。事实上，不仅生活费，许多赤溪人的零用钱、学费也都是从珠茶代工中来的。

2014年，赤溪的珠茶一斤的收购价在70元左右。较之从前的价格是一次大的提升。这也极大促进了群众的积极性。近两年，赤溪镇专门做珠茶加工的人越来越多。赤溪的珠茶产业发展至今，每年所创产值超过1500万元。这些价值的创造离不开当地一批茶企的经营推动。

70岁的傅佛华是赤溪镇有名的制茶人。他所创办的茶叶公司如今已是当地的龙头茶企，引导赤溪茶叶远销国内外，使其声名远播。"从8岁与父辈学习制茶，到现在已经62年了。关于珠茶，可以说，我见证着这个产业从小到大，最终蔚然成风。"谈及茶，年届古稀的傅老先生兴致盎然，言无不尽。他说，赤溪栽种的茶叶品种——福云六号，十分适宜珠茶的生产制作。而将珠茶引进赤溪是在1990年。那时，全市的工艺茶市场正处于萌芽发展阶段，且当时赤溪作为北京茶叶总公司的重要供应商，拥有较大的销售市场。在天时地利之下，赤溪大力造"人和"，重点培育珠茶产业。

引进之初，珠茶就为群众创收。"那时，每天有五六百号人排着队到茶厂领取珠茶原料，许多都是全家齐上阵，进行代工。"傅佛华回忆道。如此形势下，赤溪成为当时全蕉城最大的珠茶产地。后来，随着消费需求的转变，珠茶产地增多，赤溪的珠茶产业渐趋于平稳发展，在循序渐进中寻求新的突破。"那几年，我们虽然发展不算快，但是并未放弃工艺的改良。比如原先是用丝袜、布来撮珠茶的。考虑到卫生和品相，我们探索着用薄纸代替。试验后，发现效果甚好，便一直沿用这方式。"傅佛华说。

历经二十多年的沉淀发展，珠茶已然形成一定规模的产业，成为赤溪镇绿茶中的特色产品，并带动当地群众增收。有成果，但还需继续挖掘其价值。"珠茶产业发展这么多年，有直接的效益，但却未形成特色品牌。在销售推广中，它依然是作为绿茶的附属品种。这就有些掩盖其光彩了。"赤溪镇党委书记黄海峰说。近年来，赤溪镇依托茶叶优势，不断提升茶产业发展水平，稳步促进茶产业健康、有序、多元化发展，大作"茶文章"。

在此方向主导下，要如何结合全镇茶产业规划，凸显珠茶产业特色，提升其附加值，进而创造一支生力军，成为政府部门仍在探讨的问题。"创造珠茶特色品牌是一种趋势。在保证品质的情况下，我们应让它走得更远。"黄海峰说。他表示，或可借鉴其他地区的茶产业推广模式，或可以"手工茶""农家茶"的营销思路，还可引导企业抱团发展，将全镇的茶叶进行分品级、分类别生产，使其各具特色。总归，做大做强珠茶产业，对于赤溪镇有着至关重要的作用。

（资料改编于：闽东日报，2014 年 8 月 18 日）

（五）品牌营销策略

1. 品牌的定义

美国西北大学的市场营销学教授菲利普·科特勒关注了品牌的基本意义，认为"品牌是一种名称、名词、标记、符号或设计，或者是它们的组合运用，其目的是辨别某个销售者或某群消费者的产品或劳务，并使之与竞争者的产品或劳务区别开来。"爱莉西亚·佩里与大卫·威斯诺姆Ⅲ提出"在今天的市场环境下，一个没有内蕴的名称是很难获得关注并取得成功的。因为它必须与许多品牌名称相竞争，以得到消费者的认可。"Allen P. Adamson（2006）认为品牌是存在人们头脑中的一套心智联系。品牌符号在影响人们的市场感觉方面是不同的，其中一些品牌比另外一些在力量上更为强大，能在哪些方面能够有力地影响顾客的品牌感觉，那么就应在这些点上建立品牌符号。为了创造真正强大的符号，必须清楚地理解商业策略。找到一个合适的名称是品牌工作者面对的最为困难的工作之一。命名不只是一项创造性的活动，最好的名称必须基于有力、清晰、简洁的目标。Allen P. Adamson 提出所有的好的名称必须满足以下三个标准：策略、语言和合法。

2. 品牌的设计

农产品因为涉及的产品种类比较多，产品跨度大，所以在品牌设计方式方法上不可能归结为简单的几个方面，而应从多维度全方位的视角来予以综合认识。如何能够发挥品牌的作用，并使之对产品走向市场有更好的带动作用，应成为判别的关键。

（1）体现差异化。品牌最基本的功用就是要体现与其他同类产品的差异，既便于消费者选择，也便于生产经营者保护自己的利益。如果品牌不具有显著的识别性，产品在推广过程中就可能事倍功半，达不到预期的效果。为此要求品牌在设计提炼过程中注意体现产品、产业与产地特点，以独特鲜明的形象走向市场。那种一些人士仅凭个人嗜好或简单请别人给产品定了名称而匆匆把产品推向市场的做法是不足取的。

好的品牌自然是要把差异化作为基础，比如"咯咯哒"就是一成功的例子。作为母鸡下蛋之后的一种叫声是广为人知的，把它塑造为鸡蛋品牌具有非常明显的识别意义。不仅指向性强，而且难以忘记，在产品包装及广告创意与设计方面，都容易达到上乘效果。在品牌林立的时代，这一品牌又难于模仿，很难找到合适的语汇与之相靠近，从而实现了品牌的独占性，总体上"咯咯哒"这一品牌的创设可谓匠心独运，登上了品牌设计的制高点。

（2）发展传播性。品牌是要带动产品销售的，不能反过来谋求以产品带动品牌影响的扩大，当然后者不是不可以，但不能成为主流，否则就没有必要开展品牌工作。品牌虽然形成于生产经营者，且一旦形成就要走向社会大众。好的品牌在推广中会省时省力，节省成本。在同样花费的情况下，一个好的品牌会传播得更远更久，也更能给经营者带来效益。

为了增强传播效果，就要求品牌本身上口性强，好认好读好记。在我国，不同于西方国家的字母文字，汉字的字面或字里行间都有特别的意义，可以形成及影响人们的感觉。对于产品而言，一个清晰自然口语化的品牌表达方式，往往会更受欢迎，比如"老干妈"（辣椒制品）、"干一杯"（酒）等。另外，品牌本身运用字数的多少也需要注意，一般来说，一个字容易记但难以表达具体意义，两个字是常规方式，但又易走向雷同，不容易获得差异效果，而三个或四个字恰是目前一种备受关注的品牌选择，表达意义清晰完整，容易走出一条比较鲜明的路子来。

（3）突出价值性。一个好的品牌往往是可遇不可求的，体现了经营者与设计者的独具匠心。对品牌的喜爱往往让人产生爱屋及乌的心理，把这种感觉传递到产品上，因而容易诱发消费者的购买欲望。好的品牌可能要百般提炼，才能百炼成金。正是由于品牌本身的魅力，消费者自然能体会受益很多，所以有时在设计环节上较大的投入也是值得的。

以乳品为例，来自于草原自然更容易受欢迎，而内蒙古的奶牛在人们心目中则往往被视为更正宗，那种蓝天白云宽阔的牧场代表了一种美及人们对美好生活的畅想。"蒙牛"作为乳制品行业上升飞快的一个品牌，其成功的品牌设计令消费者体会到内蒙古大草原的味道，产品品质自然溢出，短短两个字，用语精练，又能激发人们的美好联想，所以这是一个创造了很强价值感的一个品牌。

（4）蕴含品牌文化。英国学者克莱纳和迪尔洛夫（2003）认为"终极品牌之所以能够经受住时间的考验，并不是因为广告的花费、良好的公关或是不断地促销，而是因为根植于品牌之后的文化力量。"农产品企业品牌建设要与区域文化或当地特色有机地结合起来，通过强化品牌的人文、风土气息，来塑造品牌的个性与特色。借助于文化，品牌的识别、传播与价值都容易得到实现。

一个内涵不足让人不知所云的品牌在传播过程中，势必很慢，效果很差。在人们无法记住的情况下，让人们怀有足够的热爱显然是非常困难的。文化则是提升品牌含金量的关键要素，"品牌的一半是文化"代表了人们对品牌的一种观点。农产品在一些地方有长期的种植养殖历史，独特的自然禀赋赋予产品以个性与特殊的价值。很多农产品品牌的形成和地域有着密切的关系，比如西湖龙井茶、宁夏枸杞等，这种地域文化的体现直接突出了市场竞争力。另一种从文化角度设计农产品品牌的方式，就是在品牌中对各种文化要素与符号广为加以利用，通过和人们的消费心理结合，能收到非常好的传播效果。

3. 农产品品牌策略

（1）建立农产品品质的差异性。不同的农产品品种，其品质有很大差异，主要表现在色泽、风味、香气、外观和口感上，这些直接影响消费者的需求偏好。不同的农产品品种，决定了不同的有机物含量和比例；如蛋白质含量及其比例，氨基酸含量及其比例、糖类的含量及其比例，有机酸的含量及其比例，其他风味物质和营养物质的含量及其比例等。这些指标一般由专家采用感官鉴定的方法来检测：当优质品种推出后，得到广大消费者的认知，消费者就会尝试性购买；当得到认可，就会重复购买；多次重复，就会形成对品牌的忠诚。

在农产品创品牌的实际活动中，农产品品种质量的差异主要根据人们的需求和农产品满足消费者的程度，即从实用性、营养性、食用性、安全性和经济性等方面来评判。如水稻，消费者关心其口感、营养和食用安全性，水稻品种之间的品质差异越大，就越容易促使某种水稻以品牌的形式进入市场，得到消费者认可。

不同的农产品生产方式直接影响农产品品质，如采用有机农业方式生产的农产品品质较差。采用受工业污染的水源灌溉严重影响农产品品质，也严重影响卫生质量。生产中采用各种不同的农业生产技术措施也直接影响产品质量，如农药选用的种类、施用量和方式，这直接决定农药残留量的大小；还有如播种时间，收获时间、灌溉，修剪，嫁接，生物激素等的应用，也会造成农产品品质的差异。

（2）积极进行农产品商标的注册和保护。没有品牌，特色农产品就没有市场竞争力；没有品牌，特色农产品就不能卖出好价钱。商标是农产品的一个无形资产，对提升农产品品牌效益和附加值有着不可估量的作用。商标对很多人特别是农民朋友来说，也许是一个很空泛很抽象的概念。但它对农产品的实际意义和作用我们无法否认：它可以促进农业产业结构调整、提高农产品的市场知名度、占有率，加快农业产业化进程，增加农民收入。商标是商品生产者和经营者为使其产品与其他同类或相似产品相区别而附加在产品上的标记，它由文字、图形或其组合而成。由于商标具有辨别功能、广告功能和质量标示功能，所以商标已成为参与市场竞争的锐利武器。注册商标是农产品取得法律保护地位的唯一途径。没有法律地位的农产品终究要被他人侵蚀、淘汰。然而一旦名牌商标被他人抢注或冒用，不但商标价值大打折扣，更重要的是会损害名牌产品的形象，影响企业的声誉。因此，农产品生产企业在创立名牌的同时，应积极进行商标注册，使之得到法律的保护，获得使用品牌名称和品牌标记的专用权。

因祸得福的"丁当鸡"就是其中一个鲜活的例子。2003年广西区隆安县丁当镇作为中国首例对外公开的高致病性禽流感疫区备受世人关注。疫情过后，丁当镇禽类系列产品发展遭遇销售瓶颈。如何让这个产业重获新生？隆安县巧用丁当镇因禽流感疫情而带来的知名度，注册了"丁当鸡"商标，并在丁当镇及周边地区培育、扶持专业养殖户，带动群众发展家禽养殖。目前，"丁当鸡"不仅销往南宁、桂林、柳州等地，连广州、湛江、茂名等地客商也慕名前来收购。以前，最远只能卖到南宁市区的"丁当鸡"，只因"丁当"的商标品牌，就因祸得福得到了外省市场的认可。"丁当鸡"正以一个地方名优特色产品品牌带动地方经济发展，促使当地农民致富。

（3）搞好市场营销，促进名牌形成。"好酒不怕巷子深"的时代已一去不复返，再好的商品如果不进行强有力的宣传，将难以被社会公众认知，更难成为有口皆碑的名牌。提高产品的知名度和美誉度，促进名牌的形成，可以从以下三个方面着手：第一，加大广告投入，选择好的广告媒体。广告是企业采用向消费者传递产品信息的最主要的方式。广告需要支付费用，一般来说投入的广告费用越多，广告效果越好，要使优质农产品广为人知，加大广告宣传的投入是必要的。可利用广告媒体，如报纸、杂志、广播、电视和户外路牌等来传播信息。第二，改善公共关系，塑造品牌形象。通过有关新闻单位或社会团体，无偿地向社会公众宣传、提供信息，从而间接地促销产品，这就是公共关系促销。公共关系促销较易获得社会及消费者的信任和认同，有利于提高产品的美誉度、扩大知名度。第三，注重产品包装，抬升产品身价。进口的泰国名牌大米，如金象、金兔、泰香、金帝舫等，大多包装精致。而我国许多农产品却没有包装，有些即使有包装也较粗糙，这不利于名牌的拓展。包装能够避免运输、储存过程中对产品的各种损害，保护产品质量；精美的包装还是一个优秀的"无声推销员"，能引起消费者的注意，在一定程度上激起购买欲望，同时还能够在消费者心目中树立起良好的形象，抬升产品的身价。

（4）依靠科技，打造品牌。科技是新时期农业和农村经济发展的重要支撑，也是农产品优质、高效的根本保证。因此，创建农产品品牌，需要在产前、产中、产后各环节全方位进行科技攻关，不断提高产品的科技含量。一是围绕市场需求，在农作物、畜禽、水产的优良、高效新品种选育上重点突破，促进品种更新换代，以满足消费者不断求新的需求；二是围绕新品种选育，做好与之相配套的良种良法的研究开发与推广工作，要着力解决降低动植物产品药残问题，保证食品卫生安全，以消除进入国际市场的障碍；三是围绕产后的保鲜、储运、加工、包装、营销等环节，开展相应的技术攻关，加大对保鲜技术的研究，延长产品的滑喘时效，根据消费者购买力和价值取向设计开发不同档次的产品，逐步形成一个品牌、多个系列，应用现代营销手段扩大品牌知名度，培育消费群体，提高市场占有率；四是围绕"入世"，注重技术引进，积极引进国外新品种、新技术、新工艺，并通过技术嫁接，推动国内品牌的创建。

新奇士区域品牌属于美国新奇士橘农协会。美国新奇士橘农协会是美国 10 个最大的非营利性购销合作社之一。新奇士橘农协会的前身是南加利福尼亚水果销售协会（Southern California Fruit Exchange），是于 1893 年 8 月 29 日由洛杉矶 100 多名橘农代表发起而成立的。协会对柑橘制定分级标准，控制产品质量，为本地区 60 户柑橘生产者提供运销服务。后来，随着协会规模的扩大，协会更名为新奇士橘农协会（Sunkist Grower），确定商标为 Sunkist，在其交易水果的包装上都有"Sunkist Orange"商标。新奇士橘农协会是一个非营利性的合作社组织，财产由成员共同拥有，在市场运作上采取公司管理模式，实行职业化和专业化经营管理，聘用专职总经理。协会组织结构由社员大会、董事会、总经理和员工 4 个层次组成。协会运作资金主要来自政府对果农的退税和对农业的预算补贴，以及会员缴纳的会费。新奇士橘农协会的运作模式之一是"合同制"。果农、果园管理公司、包装厂等自愿加入成为股东之一，将产前、产中和产后各环节形成合同制的利益分配机制。协会使用统一的商标，全球统一价格，避免成员之间的价格竞争。总部接到订单后，将订单分散到 60 多个包装厂，包装厂根据情况向果农收购果实。新奇士橘农协会特别重视区域品牌营销，协会向全世界各地派出营销代表，并已建立起区域性乃至全球性的销售网络信息体系及客户管理系统，利用先进的营销理念及手段，宣传推广新奇士区域品牌，新奇士橘农协会已建立完善的供应链体系，协会使用统一的种植标准，严格控制产品质量。果实采用全套流水线全自动选果及包装，使果品大小、色泽保持一致，每箱按 72 只、88 只、100 只果实 3 种规格包装，每箱果实都打上包装厂及责任人标记，一旦发现问题，可迅速追溯到经办责任人。协会还建立起果树信息档案管理系统，对每一株果树的品种、品质特性及成熟期都有记录，其中成熟期能够精确到周，大大提高了果实收购速度，从接到订单到装箱运输只需 2~3 天时间。为了迎合市场的需求，通过新技术的应用与推广、品种改良等手段，调节果实成熟期，使果实分期上市，形成了 4~10 月成熟的夏橙和 10 月至翌年 4 月成熟的脐橙等品种系列，全年在不同时期均有果实上市。

（5）建立农产品区域品牌。农产品区域品牌是某个区域内一群生产经营者所用的一种以地理标志为主的品牌标志，包括无公害产品标志、绿色食品标志和有机食品标志等，其基础是有特色农业产业集群或特色农产品大量聚集于某一特定的行政或经济区域，经过区域地方政府、行业组织或农产品龙头企业等其他营销主体有组织的营销与管理而形成的，是消费者对农产品区域形象的认知，代表着消费者对农产品区域关系的总和。为此，农产品区域品牌是农产品原产地效应、农产品地理标志的一种提升，只有通过经营管理才能形成。

许多农产品种类及其品种具有生产的最佳区域。不同区域地理环境、土质，温湿度、日照等自然条件的差异，直接影响农产品品质的形成，许多农产品，即使是同一品种，在不同的区域其品质也相差很大。例如红富士苹果，陕西、山西的苹果的品质优于辽宁苹果，辽宁苹果优于山东苹果，山东苹果优于黄河古道的苹果。从种类来说，东北小麦的品质优于江南小麦，新疆西瓜优于沿海西瓜。中国地域辽阔，横跨热带、亚热带和温带，海拔高度差异也很大，各地区已初步形成了当地的名、特、优农产品，如浙江龙井、江苏碧螺春、安徽砀山梨、山东鸭梨、四川脐橙、新疆哈密瓜、金乡大蒜等。因此，因地制宜发展当地农产品生产，大力开发当地名、优、特产品的生产，从而创立当地的名牌农产品。

🍁 **链接案例**

微博卖菜

李学友，四川省成都市郫县安德镇园田村人，他与大多数中国农民一样——勤劳、朴实、憨厚、单纯，他总爱操着一口浓重的四川腔，腼腆地说，"没啥子没啥子，种地的嘛！"

但谁也没料到，城市里的时髦玩意儿——微博，竟然改变了这位乡村老农的平凡生活，他拥有了自己的"粉丝"，他被称为"最潮的农民"，他因此上了报纸和电视……农民李学友成了"名人"。

四年前，2008年李学农才刚刚学会用电脑玩"斗地主"，在他看来，"电脑很好耍"，仅此而已。

2009年李学友学会了在网上看新闻、上"农民论坛"，他通过"看不见摸不着的网络"认识了做环保农耕的世界自然基金会（WWF）志愿者，得到了学习种植生态蔬菜的机会。

种了一辈子地的李学农，生平第一次知道了"不用化肥和农药的蔬菜可以更来钱儿"，也第一次见到了"神奇的太阳能捕虫器"。

在志愿者的帮助下，2010年李学友开通了微博，他看着大家七嘴八舌地讨论着，却不知道自己该说什么，一年下来，李学友只有1名粉丝。

2011年春天，李学友决定在微博上"摆摆自己种菜的事"。他开始写下"我的青笋冒薹了""萝卜缨子好喜欢人""油菜长得好肥"。

让李学友始料未及的是，这些看似粗糙的只字片语竟惹来了无数粉丝的围观，很多粉丝要求"拍个照片看看？""菜卖不卖啊？能不能送到家里来尝尝？""能微博订菜不？"

突如其来的关注让李学友异常兴奋，他学会了用手机拍照并发到微博上，他决定用微博打广告，把他所在的环保农耕小组的菜通过微博卖出去。但是，怎么卖呢？李学友发了一张表格到微博上，将蔬菜图片、价格、派送范围明确出来，"求购！"可惜围观的多，询问的多，看热闹的多，"没的人掏钱买。"

直到2011年7月，一位粉丝成为李学友的客户。粉丝通过微博"订菜"："油菜安逸哦，来个三斤。韭菜嫩不嫩啊？先尝个两斤。"

从此，李学友的粉丝越来越多，直至今日已经有3537人，更为难得的是，居然有30多位粉丝发展成为他的顾客。

李学友决定，从此"笔耕不辍"，每天都发三五条微博，讲述自己的种菜故事，发送最新鲜的蔬菜照片，吸引粉丝们的关注。并且李学友给自己加了"V"，将每周一和每周四定为"送菜日"，在微博上接受"订单"，亲自为成都市区和郫县的30多家客户"送菜到家"。

虽然生意有所转好，但李学友也坦言，"微博只是一种销售办法，很新鲜，很好耍"，但并没有给他带来理想的收益。"现在有固定顾客30多人，一大半是微博来的，虽然不像头两年在亏损，但除去成本只能是略有盈余。"

李学友算了一笔账，他平均每个月来成都城区送8次菜，30位顾客不是每人每次都要，"平均一次算20个顾客，每个人5斤菜，一共100斤，其中还有近一半是其他农民的，也就剩下60斤是我自己的，按照5元一斤的价钱，我的纯收入有300元，减去运费还剩200元，每个月就是1600元。"

再加上种子、人工、管理等成本，李学农的收入仍然微薄。"我希望微博能成为一个桥梁，让客户信任我们，然后，通过季度订菜、年度订菜的方式预付菜款，让收入更稳定，风险更小些。"

虽然李学农经常因为接受媒体采访而影响了正常的生活，但他仍乐此不疲，他也在打着小算盘。"你们也给我做广告了嘛，让更多人知道我们，买我们的菜。"他更希望"能吸引大客户多买点，小散户还是不行，买的少，送起来麻烦，还不够跑路的成本。"

如今每天"刷微博"成为李学友最重要的事，他通过这个小小的窗口，争取每一单有可能成功的生意，也通过这个时髦的小玩意儿，探索着新一代农民的成功之路。

❦ 复习思考题

1. 试述农产品营销的发展阶段。

2. 什么是农业企业营销策略？试述农业企业战略管理过程。

3. 农业企业品牌营销管理策略应注意哪些？

第八章

农业企业财务管理

🍁 学习目标

1. 了解农业企业财务管理中涉及的资金管理、成本利润管理和经营效益评价的基本概念，农业企业财务管理的主要内容构成；

2. 掌握农业企业资金管理的内容、方法和指标、农业企业成本管理的内容，以及农业企业经营效益评价的指标；

3. 理解农业企业财务管理的任务和目标，以及应用财务管理的方法对农业企业的财务状况进行评价分析。

第一节　农业企业资金管理

案例导入

上市量大牛蛙价格下滑　饲料经销商资金断裂

2015 年 5 月开始，牛蛙市场价格持续低迷，平均价格在 3 元钱上下涨跌。到 7 月，大牛蛙价格跌幅平均在 5 角以上，已经有部分饲料经销商资金链断裂，无力收购养殖的成品蛙。

牛蛙养殖业向来赊欠成风，饲料赊账、药品赊账，在养殖利润空间越来越小的情况下，几乎能赊账的都赊账。以饲料为例，饲料经销商供应牛蛙饲料给养殖户，跟养殖户签订收购合同，等到牛蛙养成后，饲料经销商直接回收牛蛙拉到市场上去卖。市场价格好的时候，经销商按照这个模式操作是相当顺利的，一旦价格不好，饲料经销商就要给养殖户一定的补贴保证养殖户至少不用亏本，这个补贴有的是由饲料经销商直接补贴，有的是经销商先补贴给养殖户，然后饲料厂再补贴给经销商。前者一般都是资金实力非常雄厚，后一种经销商规模一般都会小一些。在今年牛蛙价格持续低迷的情况下，来自资金链方面的压力一直不小，经销商和饲料厂的压力都很大。"经销商在市场里一般都有档口专门销售牛蛙，市场价格不好，经销商基本都是亏本经营，再加上牛蛙的运输销售都会产生成本，在价格不好的时候，经销商承受的压力可想而知"。

事实上，从 5 月以来，因为市场价格不好，很多饲料经销商都有意识地减少牛蛙收购量以缓解资金的压力，因为收的越多亏的越狠，到了 6 月底，这种情况越来越严重。有福建漳州养殖户反映，饲料经销商已经跟养殖户解除了之前的收购合同，"因为经销商资金链出现了问题，饲料款没有收回来，也没有更多的钱去收购养殖户的牛蛙，所以只能解除收购合同"。对于这部分养殖户来说，也没有其他办法，只能找外地收购商来收牛蛙，"反正饲料经销商已经不收了，只能找外地老板来收，价格高低都要卖掉，现在温度太高，再不卖就会发病死亡，而且经销商自己毁约，之前赊欠的饲料款经销商也不敢来收了。短期内至少卖牛蛙的钱都能进自己的口袋，饲料款的事情具体怎么办暂时也考虑不了"。

（资料来源：农博网，2015 年 7 月 6 日）

案例思考

牛蛙为什么价格大幅下滑？饲料经销商可以通过什么方式避免资金链断裂？

一、农业企业流动资金管理

流动资金是指可以在一年或者超过一年的一个营业周期内变现或者耗用的资金。流动资金是企业的"血液"，管好用活流动资金，加速流动资金周转，是企业生存和发展的需要。

广义的流动资金指企业全部的流动资产，又称为营业周转资金。主要包括现金、应收账款和存货。狭义的流动资金＝流动资产－流动负债，又称为营运资本。按照狭义的流动资金定义，流动资产的资金来源除流动负债外，还存在其他的长期资金来源渠道。因此，国外先进的资金管理不仅局限于现金管理领域，而且还涵盖了头寸流动管理、债务管理、银行账户管理、利率风险管理等方面。

加强企业流动资金管理，一是加速流动资金周转，减少流动资金占用。二是加强资金核算，创新流动资金管理方法，提高企业资金管理水平。

（一）货币资金管理

货币资金是农业企业流动资金中流动性最强的资金，包括现金、银行存款和其他货币资金等。

1.现金管理

现金是以货币形态占用的那一部分资金，即企业可以立即作为其支付手段，并能被普遍接受的、流动性最强的资产。

（1）现金管理的目标。企业持有现金的动机主要是满足交易性需要、预防性需要和投资性需要。

交易性需要是指企业为了应付日常交易支付的需要。企业在生产经营过程中，既有现金的流入，也有现金的流出，而现金的流入和流出量并不一定大致相等。往往由于各种各样的原因，企业的现金流入和现金流出不能同步同量，所以，企业必须持有一定数量的现金余额，以确保企业的正常交易或支付。

预防性需要是指企业为应付可能遇到的意外支出等而持有现金的需要。由于未来收入和支出的不确定性，为了防止未来收入减少或支出增加这种意外变化，企业往往保有一部分货币余额以备不测。企业持有较多的现金，可以更好地满足意外事件对现金的需要。现金流量的不确定性越大，预防性现金存量数额也就也大。此外，企业的借款能力也会影响其预防性现金存量的数额。

投机性需求是指企业为了在未来某一适当的时机进行投机活动而愿意持有现金。比如，遇到廉价原材料或其他资产（如价格有利的股票证券）的供应计划。一般而言，除了金融和投资公司外，其他企业专为投资性需要而持有现金的较少，但持有一定数额的现金能为突然的大批量采购提供方便。

（2）现金的日常管理。

①遵守国家现金管理的有关规定。国家关于现金的管理规定主要包括：现金的使用范围；库存现金的限额；现金的存取规定等（表8-1）。

表8-1 现金管理有关规定

有关规定	具 体 内 容
现金使用范围	① 职工工资、各种工资性津贴； ② 个人劳务报酬，包括设计费、装潢费、安置费、制图费、化验费、测试费、法律服务费、技术服务费、代办服务费以及其他劳务费用等； ③ 根据国家制度条例的规定，颁发给个人的科学技术、文化艺术、体育等方面的各种奖金； ④ 各种劳保、福利费用以及国家规定的对个人的其他现金支出，如退休金、抚恤金、学生助学金、职工困难生活补助等； ⑤ 收购单位向个人收购农副产品和其他物资的价款，如金银、工艺品、废旧物资等的价款； ⑥ 出差人员必须随身携带的差旅费； ⑦ 结算起点以下的零星支出； ⑧ 中国人民银行确定需要库存现金支付的其他支出
库存现金限额	由开户行根据企业的实际需要和距离银行远近等情况核定的为保证企业日常零星支付按规定允许留存的现金的最高数额； 一般按照单位3~5天日常零星开支所需现金确定； 远离银行机构或交通不便的企业可依据实际情况适当放宽，但最长时间不得超过15天
现金的存取规定	企业在经营活动中发生的现金收入，应及时送存银行，不得直接用于支付自己的支出，即不得"坐支现金"； 企业如因特殊情况需要坐支现金的，应当事先报经开户银行审查批准，由开户银行核定坐支范围和限额； 不能签发空头支票和远期支票； 不能出租、出借银行账户； 不能套用银行信用； 不能保存账外公款； 不能将公款以个人名义存入银行

②库存现金的盘点工作。库存现金盘点，即对财务、业务等部门保管现金的场所进行的盘点，将现金与账面数核对查证。现金盘点后，盘点人员应当根据财物经管人员现场提供的未入账票据等资料，对盘点日保管人的现金应存数进行调整。库存现金清点工作结束后，由企业出纳认真填制"库存现金盘点表"。

③建立和实施现金的内部控制制度。在现金收支业务中，如果缺乏严密的控制措施，容易发生侵吞、盗窃和挪用等问题。实施和加强农业企业现金内部控制，要加强对会计

人员的教育，认真学习有关会计的法律法规和会计制度，保证现金账目要清楚，定期核对现金收入，严格控制现金支出，明确出纳、会计等岗位分工，加强应收款、暂付款、支票的管理和加强内部审计的监督作用。

④现金回收和支付的控制。现金回收和支付的控制目标是要通过各种办法加速资金的回收，同时在不影响企业信誉的前提下，延缓现金的支出，使企业拥有尽可能多的可供使用的现金，提高现金使用效率。控制现金回收，要尽可能缩短从客户汇款或开出支票到企业收到客户汇款或将其支票兑现的过程，加速收款。控制现金支出，主要包括在金额上的控制和在时间上的控制。

控制现金回收的常用方法：

（1）设立收账中心，由银行集中收账。

（2）密码箱法，即指通过承租多个邮政信箱，以缩短从收到顾客付款到存入当地银行所需要的时间的一种现金管理法。

（3）专人收款，即企业对大额收账派专人办理的一种方法。某些商业银行经营这种业务，派人将大额票据专门向付款银行单独提出交换后即存入企业账户。

（4）定期提取，即企业定期从客户的银行账户上取出不超过规定限额的款项。对于具有稳定交易量的企业来说，这种方式非常有效，而且省去了出票、邮寄等手续。

控制现金支出的常用方法：

（1）集中支付，即财务负责人估计整个公司将要支付的款项，并计划好现金的划拨以满足企业的需要，这样集中支付会比单项支付更有效地监控应付款余额。

（2）零余额账户，这是一种特殊的余额为零的可开支票支付账户，即支票付款时，记零余额账户为负，它在一定的融通度内以银行贷款或商业汇票来补充，也可以把有价证券中的国库券卖掉。这种账户简化了对现金支出和现金余额的控制，同时也减少了闲散的资金量。

（3）控制支付账户，这种账户的特点是在开支票后才有资金，实行的关键是银行能否在上午规定时间前结算当时的各种往来账户，使企业财务人员有足够的时间来电汇资金、支付应付款和在市场交易的高峰期进行投资。

2. 银行存款管理

银行存款是单位存放在银行的资金，是单位货币资金的主要内容。

（1）银行存款管理的目标。农业企业银行存款管理的目标是该企业如何保持银行存款的合理水平，以使其既能将多余货币资金投入有较高回报的其他投资方向，又能在企业急需资金时，获得足够的现金。为此，企业应加速货款回收，严格控制支出，力求做到货币资金的流入与流出同步。

（2）银行存款日常管理。

①严格遵守银行结算纪律。为保证银行结算业务的正常进行，公司必须严格遵守中国人民银行颁布的相关的银行结算纪律，按规定不得对外签发空头支票、远期支票，不得对外租借银行账户。

②建立健全银行存款日记账。依照账簿内容，序时逐项登记已发生的银行存款收支业务，并结出存款余额；期末将银行日记账与银行对账单逐笔进行核对。对于未达账项，要编制银行余额调节表，调节后的公司银行日记账余额与银行余额应一致，以保证公司的银行日记账登记正确。

银行存款日记账注意事项：

a. 及时登账，做到日清月结，经常核对，账钱相符；

b. 定期（每月至少一次）与会计核对现金；

c. 定期到银行拿对账单，做银行存款调节表，与银行存款对账；

d. 对每笔报销款项核对发票金额和发票真伪，避免错账和假票；

e. 如果日记账登错了，用红笔在手工账错误的一行画双线，等于取消了这个记录，再把正确的用蓝笔登记在后面。

③健全银行存款内部控制系统。目前，对健全银行存款内部控制系统的具体规定如下。

健全银行存款内部控制系统应注意：

（1）购回的银行转账支票、现金支票、电汇凭证等重要的空白凭证，要设专门的登记簿进行登记。

（2）支票、电汇凭证使用时要在登记簿上登记领用日期、支票号码、业务内容、付款金额、收款人、领用经办人等信息。

（3）支票、电汇凭证填制完毕，须经业务主管领导审核批准并在支票存根联上签署意见后，方可加盖预留银行的印鉴章，向外签发；

预留银行的印鉴章至少应在两枚以上，且印鉴章必须由两人以上的专人分别保管；原则上公司不得对外签发空白支票、电汇凭证，对于收款人、支付金额暂未确定的，可签发填列了签发日期和最高限额的空白支票，并要求经办人限期报账或缴销。

（4）支付业务结束后应及时报账。报销银行支付凭证，必须要附有业务合同、收款单位出具的发票、货物清单、货物入库单等原始单据，并且各类单据所载金额应相互核对一致且与银行支票、电汇凭证记录的支付金额一致。

（5）每月末应对当月发生的银行存款收支业务与银行对账单进行核对，确保公司记录的银行存款收支记录与银行的记录一致。

3.其他货币资金的管理

其他货币资金指企业除现金和银行存款以外的其他各种货币资金，即存放地点和用途均与现金和银行存款不同的货币资金。包括外埠存款、银行汇票存款、银行本票存款、信用卡存款和存出投资款等。

其他货币资金的种类：

①外埠存款是企业到外地进行临时零星采购时，汇往采购地银行开立采购专户款项；

②银行汇票存款是企业为取得银行汇票按照规定存入银行的款项；

③银行本票存款是企业为取得银行本票按照规定存入银行的款项；

④信用卡存款是企业为取得信用卡按照规定存入银行的款项；

⑤信用证保证金存款是企业存入银行作为信用证保证金专户的款项；

⑥存出投资款是指企业已经存入证券公司但尚未进行投资的货币资金。

（1）其他货币资金管理目标。其他货币资金管理目标包括：按照国家的现金管理制度、银行结算办法及有关规定严格进行管理；保证在特定期间内发生的其他货币资金收支业务记录完整；保证其他货币资金在会计报表日确实存在，且为企业所拥有。

几类主要的其他货币资金管理目标：

（1）外埠存款：保证账户的开立符合条件，为采购所需要；每笔支出属于支付采购材料的价款和必要的运杂费，无不正当的支出；与外地的开户银行编送的对账单核对余额正确；采购结束时账款是否及时结算。

（2）银行汇票、银行本票存款：保证企业按结算纪律规定办理银行汇票和银行本票结算，按规定用途使用银行汇票存款和银行本票存款，凭银行汇票或银行本票与其他单位办理结算完毕，及时清理银行汇票和银行本票存款的多余款项。

（2）其他货币资金的日常管理。

对外埠存款、银行汇票存款、在途货币资金、信用证存款等均要设立外埠存款台账，对其收入、支出情况进行及时的登记、清理；

公司开设单位信用卡，必须经过总经理的严格审批并严格规定持卡人的责任，对使用情况进行严格的监督，不得进行与公司业务无关的信用卡支付。

（二）应收账款管理

1.应收账款管理的目标

应收账款是企业以赊销、分期付款等商业信用方式销售形成的应收而未收的款项。在市场经济条件下，商业信用是企业促进销售的一种重要手段，应收账款的形成实质上是农业企业向客户提供一段时间内可免费使用的资金。对应收账款的目标主要是，做到在促进销售、增加收入的同时，缩短收款时间，降低坏账损失，减少流动资金占用，降低应收账款的成本，增加利润。

2. 应收账款信用政策

企业的信用政策包括信用标准、信用期限、现金折扣等内容。

（1）信用标准。信用标准是农业企业用来判定客户是否得到商业信用所必须具备的基本条件。企业信用标准若过严，只对信誉较好，企业遭受坏账损失的可能性较小的客户给予赊销，在减少坏账损失和应收账款占用的同时会使企业营业收入减少；企业信用标准若过宽，虽然会使企业的营业收入增加，但企业遭受坏账损失的可能性增大，并增加应收账款上资金占用。因此，信用标准的确定要求在应收账款成本和收益间取得一个平衡，力争使收益成本大于等于边际成本。

评估客户信用标准的方法主要有信用的"5C 系统"和信用评分法。

信用的"5C 系统"是从客户的品质、能力、资本、抵押和条件 5 个方面进行评价，这是一种定性的评价方法，能对客户的信用做出初步的判断（表 8-2）。

表 8-2　客户信用评估的"5C 系统"

项　目	具　体　内　容
品质	通过了解客户的付款历史及与其他供应单位的关系，分析其是否具有按期如数付款的记录，评价其还款的可能性
能力	通过了解客户流动资产的数量、质量，以及流动比率来分析客户的偿债能力，通常流动资产数量多、质量好，流动比率高的客户还款能力较强
资本	通过分析客户的财务能力和财务状况，计算相关的财务比率，了解客户的偿债背景
抵押	了解客户在拒付或无力还款时能被用于抵押的资产，对于新客户或信用状况有争议的客户，此项至关重要
条件	指可能影响客户还款的经济环境，了解经济景气程度对客户付款行为的影响以及客户在经济不景气时的付款历史

信用评分法是通过对企业主要财务指标的分析和模拟，客观定量地测度企业的信用风险。通常选用流动比率、产权比率、固定资产比率、存货周转率、应收账款周转率、固定资产周转率和自有资金周转率 7 个指标，分别给定各指标的比重，然后确定标准比率（以行业平均数为基础），计算实际比率和标准比率的比值，乘以分别赋予各指标不同的比重，计算总评分，然后通过与其他企业的信用总分值的对比来判断该企业的信用度。表 8-3 为登海种业 2014 年年度报告。

信用评分法的具体指标及常用的权重分配：

流动比率＝流动资产÷流动负债；权重 15%

产权比率＝所有者权益÷负债；权重 25%

固定资产比率＝资产÷固定资产；权重 15%

存货周转率＝营业成本÷存货；权重 10%

应收账款周转率＝营业收入÷应收账款；权重 10%

固定资产周转率＝营业收入÷固定资产；权重 15%

自有资金周转率＝营业收入÷所有者权益；权重 10%

表 8-3　登海种业（002041）的信用评分法

财务比率	权重	标准比率	实际比率	相对比率	评分
	①	②	③	④＝③÷②	⑤＝①×④
流动比率	15	行业平均数	企业实际指标		
产权比率	25	行业平均数	企业实际指标		
固定资产比率	15	行业平均数	企业实际指标		
存货周转率	10	行业平均数	企业实际指标		
应收账款周转率	10	行业平均数	企业实际指标		
固定资产周转率	15	行业平均数	企业实际指标		
自有资金周转率	10	行业平均数	企业实际指标		
合计	100				

资料来源：登海种业 2014 年年度报告

（2）信用期间。信用期间是农业企业允许客户从购货到付款之间的时间，或者说是企业给予顾客的付款期间。如给予客户的信用期限是 60 天，即允许客户在购货后 60 天内付款。若信用期限过短，对客户吸引力不够，将影响销售，进而影响营业收入和利润；若信用期限过长，在营业收入增长的同时，所得收益将会被增长的费用所抵消，甚至可能造成利润减少。

恰当的信用期限的确定，需要分析现行信用期限改变对收入、利润和成本的影响。延长信用期限增加的成本主要有：客户享受现金折扣使农业企业产生的附加成本；应收账款和存货占用资金的机会成本；坏账损失；由于税制的设计，提前纳税所承担的资金成本等。

信用期限内的回款率通常作为企业核算销售人员业绩和奖励的基础。

（3）现金折扣。现金折扣是为鼓励客户提前付款所提供的优惠，是农业企业为及时回款所付出的融资费用。现金折扣通常用（2/30，n/60）等表示，（2/30，n/60）指该客户的信用期限是 60 天，现金折扣期限是 30 天，客户在 30 天内付款，可享受 2% 的现金折扣；在 31~60 天内付款，不享受任何现金折扣。

现金折扣的主要目的在于吸引顾客为享受优惠而提前付款，缩短企业的平均回款期。通常情况下，享受现金折扣的收益远大于资金的筹资成本，在有现金折扣的情况下，客户一般会享受现金折扣。

现金折扣期和现金折扣率的变化，应当综合权衡折扣所能带来的收益与成本后决定。

3. 收账政策

（1）坏账损失与收账费用。应收账款形成后，农业企业为争取早日回款将采取多种措施，以免客户拖欠时间过长引起坏账。积极的收账政策会减少应收账款上的资金占用，减少坏账损失，但会增加收账成本；相反，消极的收账政策会增加应收账款占用资金，增加坏账损失，但收账费用较少。

一般情况下，收账费用支出越多，坏账损失越少，但二者并不存在一定的线性比例关系，当收账费用达到一定程度后，并不会随着收账费用的增加而进一步减少坏账损失。

（2）应收账款回收情况的监督。为了监督收账工作和得到调整信用政策的相关信息，企业资信部门经常通过编制账龄分析表进行应收账款的分析和控制。账龄分析表反映每个客户欠款的金额及时间的长短，以及企业内部谁来负责催收这笔款项。

（3）坏账准备金制度。将应收账款的账龄分成不同的区间，为每个区间估计一个坏账损失的百分比，估计各个区间的坏账损失，并对预计的损失进行会计确认。商业信用的存在使坏账损失难以避免。基于谨慎性原则，企业通过建立坏账准备金制度，以免发生集中的大额坏账对企业的利润产生较大的影响。

当因债务人破产或死亡，清算后仍不能收回的款项，或债务人逾期未偿还，又有明显证据表明无法收回的，企业可作为坏账处理，但确认坏账并不意味企业放弃了追索权，企业仍然具有继续收款的法定权利。

（三）存货管理

1. 存货的界定

存货是企业在生产经营过程中为销售或为生产消耗而持有，处于生产经营过程中的各种资产，包括企业为产品生产和商品销售而持有的原材料、燃料、包装物、低值易耗品、在产品、产成品、商品等。存货的最终目的是为了销售，企业应以所有权归属而不以物品的存放地点为依据，来确定企业存货的范围。

农业企业存货除上述一般性存货项目外，还包括生物资产。生物资产按持有目的不同，分为消耗性生物资产和生产性生物资产两类。

其中，消耗性生物资产指为出售而持有的，或在将来收获为出售的农产品或为出售而持有的生物资产，包括生长中的大田作物（如玉米和小麦等庄稼）、蔬菜，以及存栏代售的牲畜、用材林、养殖的鱼等。消耗性生物资产属于存货的范畴。

生产性生物资产指为产出农产品、提供劳务或出租等目的而持有的生物资产，包括经济林、薪炭林、产畜和役畜等。生产性生物资产具有固定资产的特性，不属于存货。

　　某农业企业，既出售苗木，也出售果实——沙棘果。其种植的沙棘，到底是进入存货还是生产性生物性资产？

　　如何划分存货还是生产性生物资产，主要还是看公司管理层的意图，如果是计划用于种苗销售的，就应划入存货，即便是已经在结果了；如果是计划用于自己生产经营，用于结果后销售的，就应划入生产性生物资产，即便是现在还没有结果或刚刚扦插下去的。

　　现实中，管理层很多时候会随行就市，如果种苗销售很好或价格较高，可能把原计划用于自己经营的生产性生物资产拿去销售；也有可能是种苗滞销，没有销售出去变成了结果销售。如果是这种情况，应先归入消耗性生物资产，如果进入产果期还未销售，就转入生产性生物资产；如果是把已经计入生产性生物资产的销售了，先转入消耗性生物资产再计销售收入（对于种植行业是免征企业所得税的，也可以直接按处置生产性生物资产处理）。

　　2. 存货管理的目标

　　农业企业持有存货一般有两个目的，一是保证生产和销售的需要，因为在现有的市场和运输条件下，企业很难做到零库存。二是出自价格方面的考虑，批量采购通常能得到价格上的相对优惠，零星采购通常价格较高。但是，过多的存货会增加流动资金的占用和存货的仓储等管理成本。因此，存货管理的目标就是确定合适的存货量，在保证正常经营的情况下，减少资金的占用和存货管理成本。

　　3. 存货的日常管理

　　（1）存货的采购管理。存货的采购管理指利用经济批量模型，在权衡存货的取得成本、储存成本和缺货成本的情况下，使存货的相关总成本达到最低点的进货数量。其中，存货的相关总成本包括取得成本、储存成本和缺货成本。

　　①取得成本。是指为取得某种存货而支出的成本，分为订货成本和购置成本。订货成本是指取得订单的成本，如办公费、差旅费、邮费、电报电话费等。购置成本是指为购买存货本身所支出的成本，即指存货本身的价值。

　　②储存成本。是指为保持存货而发生的成本，包括存货占用资金所应计的利息、仓库费用、保险费用、存货破损和变质损失等。

　　③缺货成本。是指由于存货供应中断而造成的损失，包括材料供应中断造成的停工损失、产成品库存缺货造成的拖欠发货损失和丧失销售机会的损失及造成的商誉损失等。如果生产企业以紧急采购代用材料解决库存材料中断之急，那么缺货成本表现为紧急额外购入成本。

　　（2）存货的库存管理。随着技术的发展，市场变化迅速，产品的生命周期缩短。因此做好库存管理的关键是准确预测存货的需求，减少库存量，避免由于积压造成的资金占用过多带来的风险。

农业企业的存货由于具有自然生长的特征，受季节性影响较大，其需求及价格决定的影响因素较工业品更为复杂，保管储存困难，在不影响生产和销售的情况下，应尽量降低库存量。

（3）存货的生产管理。生产管理是有计划、有组织、指挥、监督调节的生产活动。以最少的资源损耗，获得最大的成果。企业生产计划的制订可以按照订单、资源、生产三类要素的排列来安排，主要形式有订单式生产（订单→资源→生产）、资源订单式生产（资源→订单→生产）、库存式生产（资源→生产→订单）。农业企业普遍采用公司＋农户、合作社、基地等生产组织形式，因此在存货的生产管理方面多采用订单式生产和资源式生产两种模式。

"互联网＋流通"农产品订单式生产

青岛九州商品交易中心为响应"互联网＋流通"发展计划，该中心推出四大交易新模式：商品发售模式、九州商城、现货挂牌交易、电子订单农业。其中电子订单农业将引导和带动农业市场化生产，促进农业结构调整。

"电子订单农业以交易中心为链条核心，链接农户与消费者，通过信息集约化建立'农产品销售平台'，实现农产品订单式生产，有效引导和带动农业市场化生产，促进农业结构调整。"青岛九州商品交易中心产业金融事业部总经理王宁介绍说。

（**资料来源**：青岛新闻，2015年12月20日）

（4）存货的盘点和核查。农业企业的存货在企业中分布广，生产周期长，占用流动资金多。因此，应建立定期或不定期对企业存货进行清查盘点和核对制度，及时清仓查库，合理预测存货可能发生的损失，发现并积极处理超储积压材料。

农业上市公司：靠天吃饭还是靠天造假？

獐子岛10亿元虾夷扇贝突然"报废"疑云仍在扩散，上市公司声称天灾无法避免，这不仅让人对国内农林牧渔上市公司靠天吃饭的现状感到担忧，更对上市公司可能靠天造假产生疑惑。

长期以来，A股市场中的农林牧渔上市公司，一直受困于靠天吃饭的窘境。从上市伊始，上市公司就"迫不及待"地向投资者表达出"风险很大，买者自负"的态度。

獐子岛在2006年上市之前，就在招股说明书中表示，公司面临存货规模较大及受外部环境因素影响的风险，以及水产养殖病害发生和传播的风险。上述表态无异于向市场宣告了靠天吃饭"宣言"。

上市公司公开宣称靠天吃饭令投资者不安，但其中隐藏的造假可能更加让人担忧。多位审计业内人士对记者表示，农林牧渔上市公司对存货监盘要求十分专业，一些公司借此瞒天过海，虚构存货、虚增资产一旦暴露，很有可能打着"天灾"的幌子进行隐瞒。

按照现行会计准则，会计师事务所一般会在季末、半年末、年末等节点对上市公司的存货进行盘点。但与制造业上市公司存在固定仓库里的存货不同，不管是种子还是奶牛，都分布在广阔区域内。与此同时，像扇贝、鱼虾等存于海底的生物资产，监盘的专业性更高，难度更大。

虽然獐子岛表示，针对消耗性生物资产，公司每年组织春、秋两季抽测，抽测方式通过拖网＋水下电子摄像结合方式。但上市公司与大华会计师事务所联合进行的存货监盘，覆盖面却很小。

不管是靠天吃饭还是靠天造假，不论此前的蓝田股份、万福生科，还是现如今引发争议的獐子岛，农林牧渔上市公司存货、收入利润当中"猫腻"，需要更加严格的监管来打假。

（**资料来源**：新华社，2014 年 11 月 6 日）

（5）加强存货的分级归口管理。农业企业必须加强对存货资金的集中、统一管理，促进供、产、销相互协调，加速资金周转。根据资金使用和资金管理相结合的原则——谁使用，谁管理，存货要实行归口管理，即每个存货归哪个部门使用就归哪个部门管理。并由各归口管理部门根据具体情况将存货资金计划指标进行分解，分配给所属单位或个人，层层落实。

二、农业企业固定资金管理

（一）农业企业固定资金的界定

1. 固定资产的定义

固定资金是指垫支在主要劳动资料上的资金，其实物形态表现为固定资产。同时具备两个条件才能确定为固定资产：一是使用年限在一年以上；二是单位价值在规定限额以上。固定资产在使用中不改变实物形态，价值转移随着实物的磨损计入产品的成本，通过折旧的方式在企业的销售中得到资金的回收补偿。

2. 农业企业固定资产的分类

《农业企业财务制度》中将固定资产按外在形态划分为五大类：通用设备、农业专用设备、其他专用设备、房屋建筑物，以及经济林木及产役畜等生产性生物资产。每一大类下又分若干类别，共 37 类。具体内容见"附录 1: 农业企业类固定资产分类及折旧年限表"。

另外，由于生产性生物资产通常需要生长到一定阶段才具备生产的能力，根据其是否具备生产能力（即是否达到预定生产经营目的），将生产性生物资产划分为未成熟和成熟两类，前者指尚未达到预定生产经营目的，还不能够多年连续稳定产出农产品、提供劳务或出租的生产性生物资产，例如尚未挂果的果树、尚未开始产奶的奶牛等；后者则指已经达到预定生产经营目的的生产性生物资产。

3. 农业企业固定资产的具体内容

我国现行的财务制度规定：农业企业的固定资产包括使用期限在 1 年以上的房屋、建筑物、机器、机械、运输工具、产畜和役畜，使用的土地、公路、桥梁、堤坝、水库、干渠、支渠、机井、水泥晒场、经济林木、防护林、养殖池以及其他与生产经营有关的设备、器具、工具等，同时还规定：不属于生产经营主要设备的物品，单位价值在 200 元以上，并且使用期限超过 2 年的，也应列为固定资产。其中，为产出农产品、提供劳务或出租等目的而持有的生产性生物资产，如产奶的牲畜、种畜、产畜和役畜，多年生果树、保留树干收获柴薪的树木、母树林、剑麻、橡胶树等生产性生物资产除具有一般固定资产的特点外，还有自身生存养护与淘汰的特殊性。

（二）农业企业固定资金管理目标

固定资金的管理目标是在保证固定资产数量和质量的同时，提高固定资产的利用效率。固定资产是企业重要的生产手段，农业企业拥有固定资产的规模和质量，直接影响企业的生产能力和获利能力。同时，固定资产的投资应来源于企业长期资金筹集渠道获得的资金，并做到与流动资金在规模上的匹配，保证公司的偿债能力。

蓝田"神话"的终结

一篇 600 字的短文——《应立即停止对蓝田股份发放贷款》在《金融内参》上发表。蓝田事件终于浮出水面。

从蓝田的资产结构看，资产拼命上涨，与之相对应的是流动资产却逐年下降。这说明，其整个资产规模是由固定资产来带动的，公司的产品占存货百分比和固定资产占资产百分比异常高于同业平均水平。

蓝田股份的偿债能力越来越恶化；扣除各项成本和费用后，蓝田股份没有净收入来源；蓝田股份的固定资产不能创造足够的现金流量以维持正常经营活动，也不能保证按时偿还贷款本息。

（三）固定资产的计价

1. 特殊固定资产的计价

（1）土地。农业生产用耕地、草原、林地、矿山等，这类固定资产企业应造册登记，并按国家有关规定计价入账。按相关规定，1994 年以后年度企业新购的生产用耕地、草原、林地、矿山等，按建设过程中实际发生的全部支出计价入账，1994 年以前企业建设用地未计价的暂不计价。对于因征用土地而支付的补偿费用，应计入与土地有关的房屋、建筑物的价值内，不单独为土地价值入账。对于增值潜力巨大的土地，农业企业可以考虑以现行市价重估土地资产价值入账。这样有利于真实反映农业企业的规模和实力，扩大企业再生产能力。由于土地通常具有无限的使用期，因而一般对其不计提折旧。

（2）企业投资修建的县、乡、村或场、队间公路。这类道路虽然由企业出资修建，但企业并不拥有所有权，还需要进行后期的维护管理。这类资产在建设时发生的支出计入"长期待摊费用"，在 5~10 年内摊销，而不作为固定资产入账。投入的维护费用一般在当年列支，数额较大的计入"长期待摊费用"，在 3~5 年内摊销。

（3）堤坝、水渠、水库、田间道路。这类资产应根据耐用年限和每年的维护费用大小，划分等级，一部分列固定资产，按使用年限提取折旧，另一部分列长期待摊费用。

（4）房屋建筑及与之配套的院面、围墙、车棚等资产。这类资产新建成时列为固定资产，按耐用年限计提折旧，土地价值的增加不影响其附着建筑物的使用寿命的确定。

（5）生产性生物资产。农业企业的生物资产中的生产性生物资产属于固定资产的范畴，按固定资产要求进行计价。外购的生产性生物资产，以购买价款和支付的相关税费为计价基础；通过捐赠、投资、非货币性资产交换、债务重组等方式取得的生产性生物资产，以该资产的公允价值和支付的相关税费为计税基础；自行营造的林木类生产性生物资产的成本，包括达到预定生产经营目的前发生的造林费、抚育费、营林设施费、良种试验费、调查设计费和应分摊的间接费用等必要支出；自行繁殖的产畜和役畜的成本，包括达到预定生产经营目的（成龄）前发生的饲料费、人工费和应分摊的间接费用等必要支出。

企业应当从生产性生物资产投入使用月份的次月起计算折旧；停止使用的生产性生物资产，应当从停止使用月份的次月起停止计算折旧。企业应当根据生产性生物资产的性质和使用情况，合理确定生产性生物资产的预计净残值。生产性生物资产的预计净残值一经确定，不得随意变更。林木类生产性生物资产为 10 年；畜类生产性生物资产为 3 年。

2. 特殊固定资产减值准备计提

固定资产减值准备是指由于固定资产市价持续下跌，或技术陈旧、损坏、长期闲置等原因导致其可收回金额低于账面价值的，应当将可收回金额低于其账面价值的差额作为固定资产减值准备。

《企业会计制度》第五十六条规定："企业应当在期末对固定资产逐项进行检查，如果由于市价持续下跌，或技术陈旧、损坏、长期闲置等原因，导致其可收回金额低于账面价值的，应当计提固定资产减值准备。"

新《企业会计准则》规定：企业的固定资产应当在期末时按照账面价值与可收回金额孰低计量，对可收回金额低于账面价值的差额，应当计提固定资产减值准备，将减值损失计入当期损益。

对于农业生产中特殊固定资产来说，由于其受自然影响较大的特殊性，平时显然不能按账面价值和可收回金额孰低的原则确定减值损失，只能在其因自然灾害、动植物疫病等或其他人为因素，使其实体发生了毁损的情况，才允许进行资产减值的确认和计提，从而使资产价值认定更为合理。

（四）固定资产的折旧

1. 农业企业固定资产折旧政策

（1）《企业会计准则》和《企业会计制度》的规定。农业企业固定资产的计价和折旧除了应遵循《企业会计准则》和《企业会计制度》外，由于其建造形成和使用维护的特殊性，还应对其做出特殊处理。

《企业会计准则——固定资产》第十四条规定：企业应当对所有固定资产计提折旧。但是，已提足折旧仍继续使用的固定资产和单独计价入账的土地除外。〔注：单独计价的土地指在 20 世纪 90 年代中期国有企业的清产核资中，为了"显化"国有资产，将国有企业无偿占用的划拨土地经评估后，根据财工字〔1995〕108 号《关于国有企业清产核资中土地估价有关财务问题的通知》与财清字〔1995〕14 号《关于认真抓紧做好清产核资中土地清查估价工作的紧急通知》等文件的规定借记"固定资产"，贷记"资本公积"（作为国家投资）的土地。这部分土地不计提折旧〕。

（2）固定资产的折旧年限。农业企业五大类 37 小类固定资产的折旧年限见"附录1：农业企业类固定资产分类及折旧年限表"。

2014 年，新《企业所得税法》对固定资产折旧年限进行最新规定，具体内容见"附录 2：2014 年新《企业所得税法》对固定资产折旧年限最新规定"。

（3）生产性生物资产的折旧政策。

第一，生产性生物资产从成长期开始计提折旧。这样改进保证了成长期、成熟期及衰退期产能与折旧成本的匹配。而且由于生产性生物资产自身特征的变化（如果树开始挂果等），成长期时点界定容易，开始计提折旧时点确定简便，易于操作。

第二，生产性生物资产成长期折旧与支出资本化并行。处于生长期的生物资产为满足自身生长投入较大，这部分投入一是满足生物资产自身生长、价值增值的要求，二是满足生物资产实现其产能的需要。在这两者需求中，前者大于后者。而且这期间价值升值较快，所以，这期间的投入能够分清上述两类投入的，分别确认为生产性生物资产的增值成本和生产性生物资产的产能成本或期间费用等。不能分清两类投入的，依据重要性原则，全部作为生产性生物资产的增值成本。生产性生物资产的增值成本，不仅能增加生产性生物资产的自身价值，而且能延长生产性生物资产的使用寿命，满足资产支出资本化的条件，所以应予以资本化，增加生产性生物资产账面价值。

第三，生产性生物资产进入成熟期后支出停止资本化。生产性生物资产进入成熟期，其自身价值趋于稳定，其后的支出主要是维持生物资产实现其产能的需要，属维护性支出。该支出由于不再增加生物资产自身价值，所以不进行资本化处理，即不确认为生产性生物资产的增值成本，而应费用化处理，记入期间费用或作为当期产能的成本。

第四，生产性生物资产成长期折旧的计算。由于生产性生物资产成长期支出资本化，其账面价值在不断增加，这就为成长期生产性生物资产折旧计算增加了困难。鉴于成长期生产性生物资产账面价值的增加和产能的增加，建议其折旧采用年限平均法或产能（量）法或其他更适合的方法，方法一经选定，不得随意变更。且不论使用哪种方法，其预计使用年限或预计总产能（量）均自成长期开始。由于成长期折旧与支出资本化并行，所以成长期折旧按选定的方法，分年度计算折旧额。

第五，生产性生物资产成熟期后折旧的计算。生产性生物资产成熟期后包括成熟期、衰退期，以下简称成熟期后。生产性生物资产达到成熟期后，由于其后续支出费用化处理，其账面价值趋于稳定，且其产能多年连续稳定，这与固定资产类似，其折旧参照固定资产折旧政策处理即可。

2. 固定资产的折旧方法

固定资产的折旧方法主要有：直线法（平均年限法）、工作量法、快速折旧法（年数总和法、双倍余额递减法）、工作小时法。

（1）直线法。是按照固定资产的预计使用年限平均分摊固定资产折旧额的方法。每期的折旧额相等。其计算公式如下：

$$固定资产折旧额 = （固定资产原值 - 净残值）/ 预计使用年限$$

$$年折旧率 = （1 - 净残值率）/ 折旧年限 \times 100\%$$

$$或：年折旧率 = 年折旧额 / 固定资产原值 \times 100\%$$

净残值率按照固定资产原值的 3%~5% 确定，净残值率低于 3% 或高于 5% 的，由企业自主确定，并报主管财政机关备案。

（2）工作量法。工作量法是按照固定资产的预计工作量平均分摊固定资产折旧总额的方法。对农业企业使用的拖拉机、汽车、联合收割机、农具等固定资产按工作量法计提折旧。其具体计算公式为：

$$每一工作量折旧额 = （固定资产原值 - 预计净残值）/ 预计使用期间总工作量$$

$$某项固定资产年折旧额 = 该项固定资产值 - 工作量折旧额 \times 当年完成工作量$$

农业企业的拖拉机的工作量单位是"标准亩"，联合收割机的工作量单位是"作业亩"。根据不同情况，工作量法还可以具体化为产量折旧法和行驶里程折旧法。

（3）年数总和法。年数总和法是以固定资产的原值扣除预计净残值后的余额为计提折旧的基础，按照逐年递减的折旧率计提折旧的一种方法。采用年数总和法的关键是每年都要确定一个不同的折旧率。其计算公式如下：

$$年折旧率 = （折旧年限 - 已使用年数）/[折旧年限 \times （折旧年限 + 1）/2] \times 100\%$$

$$年折旧额 = （固定资产账面价值 - 预计净残值）\times 年折旧率$$

（4）双倍余额递减法。这是以固定资产的年初余额（即净值）乘以规定的折旧率而求得折旧的方法。其计算公式如下：

年折旧额 = 固定资产的年初余额 × 规定的折旧率

其中，规定的折旧率按使用年限法确定的折旧率的两倍求得，公式为：

年折旧率 =2/ 折旧年限 ×100%

（5）工作小时法。农业企业生产经营中使用的有些固定资产，比如喷灌机械、抽水机械、轧花机、榨糖机等，使用期短，季节性强，可采用工作小时法来合理计算产品成本和计提折旧。也就是按机器在使用期内可工作总时数平均计算出每小时折旧额，然后按各使用期内可工作总时数平均计算出每小时折旧额，然后按各使用期实际工作时数计算折旧额。计算公式如下：

某项固定资产年折旧额 =（固定资产原值 – 净残值）/ 预计使用期间工作小时数

某项固定资产年折旧额 = 该项固定资产每小时折旧额 × 当年工作小时数

（五）农业企业固定资产需要量的核定

为了保证企业有稳定的生产经营条件，有利于加强经济核算，建立健全经济责任制，挖掘财产潜力，提高设备利用率，使企业合理占有固定资金，提高固定资产利用效果，必须正确核定固定资产需用量。

1. 固定资产需用量核定的注意事项

（1）搞好固定资产的清查。一是要摸清企业实际情况，对企业的全部机器设备、仪器、厂房、仓库和建筑物等固定资产的数量进行逐台登记、造册，查清现有固定资产的实有量，搞清现有固定资产的数量、质量、能力等状况；二是要掌握固定资产在用、备用和闲置的数量情况以及固定资产的新旧程度和完好程度等，查明哪些设备完好，哪些带病运转，哪些停机维修，哪些应该报废，查明单台设备的设计生产能力、现有生产能力和生产某种产品的全部设备的综合生产能力。清查工作可由固定资产管理部门、财务部门、技术部门等协同进行，要做到账、卡、物相符。只有做到对现有固定资产数量清、质量清和能力清，才能正确核定出各类资产的合理需要量。

（2）以企业确定的计划生产任务为根据进行核定。农业企业的生产、经营对固定资产的需要量，要受到自然条件、生产规模、生产和作物结构以及企业预期的生产任务等的影响，因而在核定固定资产需要量时要考虑上述各方面的要求。

（3）同固定资产的挖潜、革新、改造和采用新技术相结合。在核定固定资产需要量时，既要考虑到农业现代化的需要，又要坚持以内延或扩大生产能力为主，不能只依赖追加投资，既要保证生产的需要，又要减少资金占用，把企业的设备潜力挖掘出来，重点应放在固定资产的挖潜、革新和技术改造等方面，以便既能节约资金使用，又能较快地提高现有固定资产技术水平、生产能力和使用效率。

2. 核定生产设备需要量的基本方法

核定生产设备需要量是将生产设备的生产能力和企业确定的计划生产任务进行比较，

在此基础上平衡生产设备的需要量。以联合收割机为例，说明其需要量的核定方法。

农业企业联合收割机需要量的核定，应根据各种收割机作业最大收割面积和联合收割机工作量定额计算。联合收割机工作量定额，可以按农忙时期总工作班次和每班次工作量定额计算，也可按照每台收割机工作量定额计算。

联合收割机需要量（标准台）= 最大收割面积（标准公顷）/[总工作班次 × 每班次工作量定额（标准公顷）]

或：联合收割机需要量（标准台）= 最大收割面积（标准公顷）/ 每台联合收割机工作量定额（标准公顷）

其他农业生产物资需要量的核定，应根据自然条件、生产规模、生产经营主业等特点，采用适当的计算方法。比如核定奶牛的需求量，就可通过每天牛奶销售量和每标准头奶牛产奶量的比值来确定。

非生产性固定资产的需要量，应按照企业的实际需要和可能条件研究决定。

（六）固定资金利用效果的核算

1. 固定资金利用效果核算的目标

对固定资产利用效果进行核算，可以确定固定资金占用的合理额度，正确计提折旧，加强固定资产管理，减少固定资产积压和浪费。

2. 固定资金利用效果的核算指标

反映固定资金利用效果的指标有单项的技术经济指标和综合性价值指标。为全面反映固定资金的利用情况，必须运用综合性的价值指标，主要有固定资金产值率和固定资金利润率。

（1）固定资金产值率。固定资金产值率是指企业在一定时间内所完成的总产值同固定资产平均占有额的比率。通常用每百元固定资金所提供的产值来表示。每百元固定资金提供的产值越多，说明固定资金的利用效果越好。

固定资金产值率 = 年总产值（年利税总额）/ 固定资金年平均占用额 ×100%

（2）固定资金利润率。固定资金利润率是指企业在一定时期内所实现的利润总额同固定资金平均占用额的比率。一般以每百元固定资金所提供的利润来表示。

固定资金利润率 = 年利润总额 / 固定资金年平均占用额 ×100%

三、其他资金管理

（一）农业企业无形资产管理

1. 农业企业无形资产及其特点

（1）无形资产的内涵。无形资产指农业企业拥有或控制的，受到法律或契约保护和确认的，能够为该企业带来长期利益或超额利益的无实体性经济资源。

企业在确认无形资产时需要注意：只有当与该无形资产有关的经济利益很可能流入企业，并且该无形资产的成本能够可靠地计量时才能确认为企业的无形资产。

（2）农业企业无形资产的特点。农业企业的无形资产除具有无形资产的非实物性、垄断性、效益性、收益不确定性等特征外，其独有的特点如下：

一是依托产品的自然特征。农业无形资产的载体受生长环境及气候因素的影响，形成不同的产品规格、质量和特色。如新疆的葡萄、哈密瓜等，受日照、昼夜温差的影响，甜度比其他地区的产品要高。

二是外观的不易识别性。农业无形资产依托的产品外观形态上具有一致性，不但不易鉴别，而且容易被假冒。比如大闸蟹，只从外形很难区分是否是苏州阳澄湖大闸蟹，容易造成其他假冒伪劣产品鱼目混珠。

三是保护难度大。由于农业无形资产开发过程中的开放环境，接触的人员庞杂，如一些捕捞方法、耕作技术等很容易被模仿，如果参与的人员素质不高，在利益的驱使下，使得创新者得不到应有的收益。另外，农业无形资产开发受自然环境的影响，研制开发周期较长，投入资金较大，收益补偿低，致使农业无形资产具有较高的风险性。如植物新品种的选育，短则四五年，长则十几年甚至几十年，中试成果多，持续时间长，容易造成技术流失。

2. 农业企业无形资产的分类

农业无形资产按其产生的来源划分，主要有以下四类（表8-4）。

（1）农业知识产权型无形资产。指创造性的农业科技成果，包括农业专利权、农业著作权、农业非专利技术权、植物新品种权等。该类无形资产是人类智力劳动的结晶，一般来源于农业科学技术创造、农业研究机构等知识领域。

（2）农业权力型无形资产。指由一定的契约关系产生的，对于契约双方具有经济利益的无形资产，如涉农的租赁权、特许经营权、专卖权、土地使用权等。该类农业无形资产是农业主体所具有的优势，这种专营优势能够为其主体带来超额收益。

（3）农业关系型无形资产。是一种非契约性的经济资源，这种经济资源虽然没有契约约束，但能够在一定的期间内存在，并对关系方产生巨大的经济价值。如农业企业的客户关系、工作经验丰富的技术人员、领导与员工之间的融洽关系等都是农业主体难以替代的宝贵资源。

（4）农业经营标识类无形资产。指在农业科研、生产、经营等组织活动中产生的具有识别性标记的，能够说明农产品的产地、特点等的无形资产。如农产品的商标、名称、商号、原产地标识等。

表 8-4　农业企业无形资产类型

类　型	含　义	实　例
农业知识产权型无形资产	创造性的农业科技成果：包括农业专利权、农业著作权、农业非专利技术权、植物新品种权等	如国家级专利及软件著作权：观赏海棠花色苷的测定方法、景区太阳能电子指示牌、温室花卉种植管理监控软件、奶牛养殖场管理系统软件等
农业权力型无形资产	由一定的契约关系产生的，对于契约双方具有经济利益的无形资产	如涉农的租赁权、特许经营权、专卖权、土地使用权等
农业关系型无形资产	非契约性的经济资源	如农业企业的客户关系、工作经验丰富的技术人员、领导与员工之间的融洽关系等
农业经营标识类无形资产	在农业科研、生产、经营等组织活动中产生的具有识别性标记的，能够说明农产品的产地、特点等的无形资产	如农产品的商标、名称、商号、原产地标识等

3. 农业企业无形资产的计价与摊销

（1）农业企业无形资产的计价。农业企业主要通过购入、自创、其他单位投资转入以及接受捐赠等途径取得无形资产，因此无形资产一般按照取得时的实际成本计价。具体规定如下：

①投资者作为资本金或者合作条件投入的无形资产，按照评估确认或者合同、协议约定的金额计价；

②购入的无形资产，按照实际支付的价款计价；

③自行开发并且依法申请取得的无形资产，按照开发过程中实际支出计价；

④接受捐赠的无形资产，按照发票账单所列金额或者同类无形资产的市价计价；

⑤商誉只在企业合并时才能作价入账。

（2）农业企业无形资产的计价。作为企业的一项长期资产，无形资产能为企业持续长期带来收益。为了合理配比收入与费用，无形资产在计价入账后，应在收益期内分期平均摊销。无形资产的摊销主要取决于无形资产的取得成本（投资作价额）和无形资产的有效期限。

无形资产的有效使用期限按下列原则确定：

①法律和合同或者企业申请书，分别规定有法定有效期限和受益年限的，则按照上述法定有效期限与受益年限孰短的原则确定；

②法律没有规定有效期限，则按照企业合同或者企业申请书的受益年限确定；

③法律和合同或者企业申请书都未规定法定有效期限的，按照不少于10年的期限确定。

4. 农业企业无形资产的价值评估

我国的《资产评估准则——无形资产》对无形资产的评估方法专门作了规定，主要包括 3 种，即收益法、成本法和市场法。

（1）收益法。收益法是指通过估算被评估农业无形资产在未来剩余寿命期间内的预期收益，并用适当的折现率折算成评估基准日的现值，然后累加求和，借以确定被评估农业无形资产价值的一种资产评估方法。

由于农业企业无形资产受自然环境等因素的影响，自身抵抗风险的能力差，从而造成利润的波动性较大，因此，对未来收益的估计存在一定的难度。

（2）成本法。成本法亦称重置成本法，是指在对农业无形资产评估时，首先估算出被评估农业无形资产在现时经济技术条件下的重新开发研制成本，或购置一项全新的农业无形资产所花费的全部费用扣除各种损耗后，确定被评估农业无形资产价值的一种方法。成本法适用于对那些可复制、可重新研制开发的农业无形资产评估。

计算公式如下：

$$V = RC \times DR + OC$$

式中：

V——农业无形资产的评估值；

RC——农业无形资产重置成本，是指在评估时的经济技术条件下，重新取得该项农业无形资产所需支付的全部费用；

DR——成新率，是指农业无形资产剩余收益期限占全部收益期限的比例；

OC——农业无形资产的机会成本，是指由于进行农业无形资产投资或转让而丧失了其他投资机会带来的收益损失。

（3）市场法。市场法是指根据市场交易确定无形资产的价值，适用于专利、商标和版权等，一般是根据交易双方达成的协定以收入的百分比计算上述无形资产的许可使用费。

由于农业无形资产具有依托产品的自然特征、外观的不易识别性、保护难度大，市场上很难找到相同或类似的农业无形资产，这就使得通过市场途径以及采用相应的方法来评估农业无形资产存在诸多困难。

（二）递延资产管理

1. 递延资产的含义及内容

递延资产指不能全部计入当年损益，应在以后年度内较长时期摊销的，除固定资产和无形资产以外的其他费用支出。

递延资产包括开办费、租入固定资产改良支出，以及摊销期在一年以上的长期待摊费用等。

开办费是企业在筹建期间实际发生的各项费用。包括筹建期间人员的工资、差旅费、办公费、职工培训费、印刷费、注册登记费、调研费、法律咨询费及其他开办费等。但是，在筹建期间为取得流动资产、无形资产或购进固定资产所发生的费用不能作为开办费，而应相应确认各项资产。开办费应当自公司开始生产经营当月起，分期摊销，摊销期不得少于 5 年。

租入固定资产改良支出，是指企业从其他单位或个人租入的固定资产，所有权属于出租人，但企业依合同享有使用权，由于对租入固定资产实施改良有助于提高固定资产的效用和功能，应当另外确认为一项资产。由于租入固定资产的所有权不属于租入企业，不宜增加租入固定资产的价值而作为递延资产处理。租入固定资产改良及大修理支出应当在租赁期内分期平均摊销。长期待摊费用是指开办费和租入固定资产改良支出以外的其他递延资产。包括一次性预付的经营租赁款、向金融机构一次性支付的债券发行费用，以及摊销期在一年以上的固定资产大修理支出等。

2. 递延资产的特征

（1）递延期资产本身没有交换价值，不可转让。企业的固定资产是有形资产，可以进行转让。无形资产虽然没有实物形态，但其本身具有价值，可以相互转让；递延资产则不然，本身既无实物形态，又不能进行交换，不能为企业清偿债务等。

（2）递延资产实质上是一种费用，但由于这些费用的效益要期待于未来，并且这些费用支出的数额较大，是一种资本性支出，其受益期在一年以上，若把它们与支出年度的收入相配比，就不能正确计算当期经营成果，所以应把它们作为递延处理，在受益期内分期摊销。

🍁 动动脑

1. 随着互联网金融的兴起会对农业企业的流动资金管理产生哪些影响？
2. 生产性生物资产如何确认和核算？

第二节　农业企业的成本与利润管理

🍁 案例导入

农业企业成本核算的准确性及合规性

由于农业企业生产产品的特殊性，涉及生物资产的核算，经常在成本核算的准确性及合规性方面出现问题。如：2015 年，罗牛山股份有限公司在出售部分金融资产时，就对"成本费用核算的准确性及合规性"进行了公告，澄清了投资者的疑义。

1. 披露关于消耗性生物资产期末存栏价值确定及养殖成本核算的准确性和合规性，并补充地区平均养殖成本比较情况的资料

关于公司消耗性生物资产期末存栏价值的确定及养殖成本的核算的合理性解释。消耗性生物资产，是指为出售而持有的，在将来收获为农产品的生物资产。公司的消耗性生物资产包括哺乳仔猪、保育猪、育肥猪、育种猪等。其中，哺乳仔猪：在产仔车间饲养，指仔猪从出生到断奶的阶段；保育猪：在保育车间饲养，指断奶的哺乳仔猪从产仔车间转入保育栏饲养到 24 千克阶段；育肥猪：在育成车间饲养，指由保育栏转入育肥栏饲养到 110 千克阶段；育种猪：在育成车间饲养，指由保育栏转入育种栏饲养到 50~110 千克阶段。

公司自营模式消耗性生物资产期末存栏价值的计价公式如下：

消耗性生物资产存栏价值 = 存栏头数 × 参数 1 + 存栏重量 × 参数 2

参数 1：指每头猪的出生成本，公司根据每头产仔母猪的平均购入成本、从购入到配种以及配种后的饲养成本、每年平均产仔窝数、窝平均存活头数等相关指标综合计算得出。

参数 2：指每头猪出生后的平均千克增重成本，是以公司当期实际养殖成本为参考依据，并考虑饲料及人工等成本变化因素综合计算得出。

每个年度终了，公司根据当年度本公司"公司 + 农户"养殖模式下猪场的消耗性生物资产的实际成本对上述参数进行测算并进行修正。

2014 年年末，公司根据期末保留的 9 个自有猪场 2014 年全年的生产数据测算按存栏计价公式计算的期末存栏值与实际成本基本吻合，故未对参数进行调整，报告期执行的存栏计价公式为：

消耗性生物资产存栏价值 = 存栏头数 250 元 / 头 + 存栏重量 8.3 元 / 千克

2. 关于制造费用归集和核算的准确性以及合规性

公司在对 2014 年的制造费用进行复核时发现，年报中畜牧业制造费用以及屠宰加工业制造费用的绝对金额和占比均出现较大幅度上升。经查发现，2014 年公司对营业成本进行分析填列时，误将兽药成本填入制造费用；而屠宰加工业制造费用的上升是因为将部分人工成本填入制造费用，物料费、水电费等填入直接材料，导致制造费用异常。

[**资料来源**：中国证券报，中证网（北京），2015 年 3 月 21 日]

🍁 **案例思考**

农业企业的成本核算与其他类型企业相比，有什么不同？

一、农业企业成本管理

成本管理是农业企业生产经营管理的一个重要组成部分，它充分动员和组织企业全体人员，在保证产品质量的前提下，对企业生产经营过程的各个环节进行科学合理的管

理，力求以最少生产耗费取得最大的生产成果。

（一）成本管理的内容

1. 成本预测

成本预测指运用一定的科学方法，对农业企业未来成本水平及其变化趋势做出科学的估计，使经营管理者易于选择最优方案，做出正确决策。它是编制成本计划和进行成本决策的依据。

企业成本预测主要包括以下内容：

（1）在企业新建、扩建和改建时，预测建设工程成本和投产后的产品成本；

（2）在企业采取重大技术措施、进行设备的改造和更新时，预测技术措施、设备改造和更新的工程成本和投产后的产品成本；

（3）在开发新产品和改造老产品时，预测新产品设计成本和老产品改造成本；

（4）在制订或改革产品工艺时，进行工艺成本的预测分析；

（5）在正式编制成本计划前，进行可比产品成本降低指标的试算平衡和不可比产品成本的预计；

（6）在成本计划执行过程中，预测下阶段成本计划可能完成的程度；

（7）在日常生产管理中，通过技术经济指标的变动，预测单位产品成本及其变动趋势。

2. 成本计划

成本计划是成本控制和成本考核的依据。它是企业生产预算的一部分，以货币形式规定企业在计划期内产品生产耗费和各种产品的成本水平，以及相应的成本降低水平和为此采取的主要措施的书面方案。

企业成本计划主要包括主要产品单位成本计划、全部产品总成本计划和期间费用预算。一般是先编制产品单位成本计划，然后汇总成全部产品总成本计划。在编制成本计划时要以成本预测为依据。编制产品单位成本计划，通常以各种消耗定额和费用开支标准为依据，分别计算出单位产品的直接材料、直接工资和制造费用的计划成本，然后进行汇总。

3. 成本核算

成本核算是通过对成本的确认、计量、记录、分配、计算等一系列活动，确定成本控制效果。其目的是为成本管理的各个环节，提供准确的信息。只有通过成本核算，才能全面准确地把握企业生产经营管理的效果。企业劳动生产率的高低、固定资产的利用程度、原材料和能源的消耗情况、生产单位（车间）的管理水平等，都直接或间接地表现在成本上。

4. 成本分析

成本分析主要是运用成本核算所提供的信息，通过同行比较和关联分析，包括对成本指标和目标成本的实际完成情况、成本计划和成本责任的落实情况，上年的实际成本、责任成本，国内外同类产品成本的平均水平、最好水平，进行比较，分析确定导致成本目标、计划执行差距的原因，以及可挖潜的空间。同时通过分析，把握成本变动规律，总结经验教训，寻求降低成本的途径。

5. 成本考核和奖惩

成本考核和奖惩是把成本的实际完成情况与应承担的成本责任进行对比，考核、评价目标成本计划的完成情况。其作用是对每个成本责任单位和责任人，在降低成本上所做的努力和贡献给予肯定，并根据贡献的大小，给予相应的奖励，以稳定和提升员工进一步努力的积极性。同时对于缺少成本意识、成本控制不到位、造成浪费的单位和个人，给予处罚，以促其改进改善。

（二）成本管理的模式

1. 标准成本管理

（1）核心要素。标准成本管理的核心要素是标准成本。它是指在正常和高效率的运转情况下制造产品的成本，是一种目标成本，而不是指实际发生的成本。通常从直接材料成本、直接人工成本和制造费用预计三方面着手进行。直接材料成本包括标准用量和标准单位成本两方面；直接人工成本包括标准用量和工资率两方面（计时工资时）；制造费用分为变动制造费用和固定制造费用两部分，都是按标准用量和标准分配率来计算。

（2）定义。标准成本管理也称标准成本控制，是以标准成本为基础，将实际成本与标准成本进行对比，揭示成本差异形成的原因和责任，进而采取措施，对成本进行有效控制的管理方法。

（3）主要内容。标准成本管理的主要内容包括成本标准的制订、标准成本的控制、成本差异揭示及分析、成本差异的账务处理四部分内容。

2. 作业成本管理

（1）核心要素。作业成本管理的核心要素是作业，它是指在一个组织内为了某一目的而进行的耗费资源的工作。根据企业业务的层次和范围，可将作业分为以下四类：单位作业、批别作业、产品作业和支持作业。

单位作业指使单位产品或服务受益的作业，它对资源的消耗量往往与产品的产量或销量成正比。常见的作业如加工零件、每件产品进行的检验等。

批别作业指使一批产品受益的作业，作业的成本与产品的批次数量成正比。常见的如设备调试、生产准备等。

产品作业指使某种产品的每个单位都受益的作业。例如零件数控代码编制、产品工艺设计作业等。

支持作业指为维持企业正常生产，而使所有产品都受益的作业，作业的成本与产品数量无相关关系。例如厂房维修、管理作业等。通常认为前三个类别以外的所有作业均是支持作业。

（2）定义。作业成本管理（Activity—Based Costing Management，ABCM）是以提高客户价值、增加企业利润为目的，基于作业成本法的新型集中化管理方法。它通过对作业及作业成本的确认、计量，最终计算产品成本，同时将成本计算深入到作业层次，对企业所有作业活动追踪并动态反映，进行成本链分析，包括动因分析、作业分析等，为企业决策提供准确信息；指导企业有效地执行必要的作业，消除和精简不能创造价值的作业，从而达到降低成本、提高效率的目的。

（3）主要内容。作业成本管理的主要内容包括对构成作业链的各项作业进行分析，确认主要作业和作业中心；归类汇总企业相对有限的各种资源，并将资源合理分配给各项作业；对生产经营的最终商品或劳务分类汇总，明确成本对象；发掘成本动因，加强成本控制；建立健全业绩评价体系，加强成本管理的绩效考评。

3. 战略成本管理

（1）核心要素。战略成本管理的核心要素是价值链和成本动因。

价值链的概念是由美国学者迈克尔·波特于 1985 年提出的，它是指企业为生产有价值的产品或劳务为顾客而发生的一系列创造价值的活动。通过战略上对行业价值链分析以了解企业在行业价值链中的位置，从企业内部分析以了解自身的价值链，从竞争对手分析以了解对手的价值链，从而达到知己知彼、洞察全局的目的，并由此形成了价值链的各种战略。它包括：行业价值链分析、企业内部价值链分析、竞争对手价值链分析等。

成本动因是引起产品成本发生的原因。它构成了成本的决定性因素，跳出了传统成本管理中将产量作为成本高低的唯一驱动因素，而代之以更宽广、与战略相结合的方式来分析和了解成本。

"成本优势"是战略成本管理的核心，企业取得成本优势可以采取两种方法：一是控制成本动因。企业只有控制其主要价值链活动的成本动因，才能真正控制成本；二是重新组合价值链活动。企业可研究分析如何重新设计、组合其主要价值链，如产品设计、生产、营销、运送等，重新取得成本优势，提高竞争力。

（2）定义。战略成本管理（Strategic Cost Management，SCM）指运用成本管理技术，从战略角度来研究成本形成与控制，使得公司在提高战略地位的同时降低成本。具体而言，战略成本管理是一个对投资立项、研究开发与设计、生产和销售环节进行全方位监控的过程，主要是从战略的视角来分析影响成本的因素，从而进一步发现降低成本的途径，其目标是营造企业的持久竞争优势。

（3）主要内容。战略成本管理的主要内容包括战略环境分析、战略规划、战略实施与控制、战略业绩计量与评价。

（三）成本管理的手段

1. 建立成本控制中心

企业要建立以企业财务部门为轴心的综合管理、统一核算、成本总控制的成本控制中心。该中心对上，以企业目标总成本为落实目标，向企业领导层提供目标成本的执行情况和管理决策意见；对下以企业分解的定额成本为管理控制目标，对企业所属部门、车间、班组实施定期考核、分析和监督控制，形成企业内部纵横连锁的成本管理核算体系。

2. 实行成本全面预算管理

针对企业生产任务和年度销售计划，制订企业目标总成本计划，并把总成本目标分解落实到各部门、车间、班组，实行定额或指标成本预算管理。同时要加强企业原材料供应、产品生产和销售等环节的成本预算定额管理，重点以百元为基数确定销售收入成本、成本利润率等指标，衡量和考核企业成本预算管理和成本效益水平。

3. 严格成本管理控制

在制订和完善企业各项成本费用消耗定额和指标定额的基础上，严格各种原始记录、物资计量验收和收发出入库手续制度，做到原材料领用按定额、费用开支按标准、审批手续按规定、审查考核按程序，加大全方位考核制度。要建立成本管理责任制和目标成本考核奖励制度，使企业的目标成本与目标利润密切挂钩，把部门、车间、班组的指标定额成本与其应取得的效益指标和员工的经济利益密切挂钩，这样既可以调动群众的积极性，又能使得企业经济效益得到提高，同时使他们明确自己应当肩负的管理责任。建立这种制度同时也可以真正做到成本管理的责、权、利互相统一，达到向管理要效益的目的。

二、农业企业成本核算

农业企业生产成本是农业经济核算的重要内容，由于农业企业经营对象的特殊性和生物质资源生产的特征，农业企业的生产成本核算对象和方法与其他企业具有较大的差别。

2013 年 8 月 16 日，财政部以财会〔2013〕17 号印发《企业产品成本核算制度（试行）》，自 2014 年 1 月 1 日起施行。制度中规定了农业企业成本核算的相关条款。

（一）种植业生产成本的核算

1. 成本核算对象

种植业成本核算对象根据"主要从细，次要从简"的原则确定，按我国种植业中各种作物的产量、播种面积以及在种植业中的重要程度，依据《农业企业会计核算办法》的规定，将主要产品确定为小麦、水稻、大豆、玉米、棉花、糖料、烟叶、草、剑麻纤维等。对主要产品，应单独核算其生产成本；次要作物可以每类作物作为成本计算对象，先计算出各类作物的产品总成本，再按一定标准确定该类中各种作物的成本。

对于不同收获期的同一种作物必须分别核算。对每一农产品成本而言，成本计算对象又具体区分为农产品本身和生产该种农产品的播种面积。最终以农产品本身为对象计算出农产品总成本和单位成本，以播种面积为对象计算单位面积农产品成本。

2. 成本计算期

种植业的成本计算期一般与其生产周期相一致，在产品产出的月份计算成本，但产品生产成本计算的截止时间因农作物产品特点而异。

粮豆的成本算至入库或在场上能够销售；棉花算至皮棉；纤维作物、香料作物、人参、啤酒花等算至纤维等初级产品；草成本算至干草；不入库的鲜活产品算至销售；入库的鲜活产品算至入库；年底尚未脱粒的作物，其产品成本算至预提脱粒费用。下年度实际发生的脱粒费用与预提费用的差额，由下年同一产品负担。

3. 成本项目

企业应根据具体情况设置成本项目。一般情况下可设置以下成本项目。

直接材料：指生产中耗用的自产或外购的种子、种苗、肥料、地膜、农药等。材料费一般按实际购买价格加运杂费计算。自留的种子按使用期的正常购买价格计算；政府部门、企业或他人无偿或低价提供的化肥按市场价格（或当地规定的化肥综合价格）计算；农户自积的各种粪肥，按规定的价格或市价计算；沤肥按绿肥的种植成本分摊计算或农作物副产品折价计算；饼肥按规定价格或市场价格计算；菌肥按成本价计算。

直接人工：指直接从事种植业生产人员的工资、工资性津贴、奖金、福利费。包括直接用工费和间接用工费。直接用工费是某作物生产过程直接耗费的劳动用工，其费用可以直接计入生产成本。间接用工费是作物生产过程中发生的，不便于直接计入某作物产品需分摊才能计入成本的人工费用。

机械作业费：指生产过程中进行耕耙、播种、施肥、中耕除草、喷药、收割、脱粒、运输、排灌等机械作业所发生的费用支出。租赁的机械设备作业，只有一种作物则按实际支付报酬计算；多种作物作业，先按实际支付作业报酬记录，然后按照各作物实际作业量进行分配报酬。自有机械作业按实际成本计算。自有农机作业费等于自有农机总支出（包括折旧费、零件购买及修理费等）扣除副业及其他作业应摊费用。

其他直接费：指除直接材料、直接人工和机械作业费以外的其他直接费用。如某种农作物的专用工具、用具购置费、运输费等。

制造费用：指应摊销、分配计入各产品的间接生产费用。包括：各种作物共同使用的工具、用具购置修费，当年投资当年受益的小型农田建设开支的材料费、工具费，农用物资仓库的折旧费、修理费，为购买种子、化肥、农药开支的差旅费，因绝产作物的损失费用等。农业共同费是间接费用，应单独进行汇集，然后按各种作物的面积进行分摊。

管理费和其他支出：各种作物应该分摊的管理费用和其他支出。管理费是生产单位行政管理方面的支出，如办公用房折旧费与修理费、办公费、电讯费、会议差旅费等。其他支出指以上支出以外的费用，如贷款利息支出、租金支出等。管理费和其他支出是间接费用，应单独进行汇集，然后按各种作物的收入比例或直接费用比例或直接用工比例进行分摊。

4. 成本计算参考公式

某种作物单位面积（公顷）成本 = 该种作物生产总成本 / 该种作物播种面积

某种作物主产品单位产量（千克）成本 =（该种作物生产总成本 - 副产品价值）/ 该种作物主产品产量

某种蔬菜应分配的温床（温室）费用 = [温床（温室）费用总额 / 实际使用的格日（平方米日）总数] × 该种蔬菜占用的格日（平方米日）数

草场单位面积（公顷）成本 = 种草生产总成本 / 种草总面积

干草单位产量（吨）成本 = 种草生产总成本 / 干草总产量

某种粮户共有50亩耕地，其中30亩种植水稻，其种子费510元；肥料费2430元；农药及除草剂660元；用工360工日，30元 / 工日；机耕、灌溉、电力、燃油费3600元；本期农机具修理费1050元；购买稻田管理书籍花费75元；收割租赁机械作业费1800元；收获稻谷20 500千克，稻谷售价2.3元 / 千克。稻草直接出售2400元。每亩粮食直补收入24元。所收稻谷自用1000千克。计算每亩稻谷成本、每千克稻谷成本是多少？

解：该农户生产稻谷总成本为：

（510 + 2430 + 660 + 360 × 30 + 3600 + 1050 + 1800）- 2400 = 18 450元

每亩稻谷成本 = 18 450 ÷ 50 = 369元 / 亩

每千克稻谷成本 = 18 450 ÷ 20 500 = 0.9元 / 千克

多次收获的多年生作物，未提供产品前累计发生的费用，按规定比例摊入投产后各期的产品成本。

在实际工作中，农产品成本的计算一般通过成本计算表进行，成本计算表格式如下（表8-5）。

表8-5 农产品成本计算表

项 目	单 位	产品名称			合 计
		小麦	玉米	水稻	
播种面积	亩				
产量	千克				

项　目		单　位	产品名称			合　计
			小麦	玉米	水稻	
人工费用	标准工日	个				
	工日单价	元 / 日				
	人工费用	元				
物质费用	种子费	元				
	肥料费	元				
	农膜费	元				
	排灌费	元				
	农药费	元				
	机械作业费	元				
	排灌作业费	元				
	畜力作业费	元				
	其他直接费	元				
	农业共同费	元				
	管理费和其他支出	元				
	合　计	元				
生产总成本		千克				
单位面积（亩）成本		元 / 千克				
副产品价值		元				
主产品成本		元				
主产品单位（千克）成本		元				

（二）畜牧养殖业生产成本的核算

1. 成本核算对象

畜牧业包括养猪、养牛、养禽、养羊等畜牧业生产。畜牧养殖业的成本核算对象是畜（禽）群及其产品。主要畜（禽）产品有牛奶、羊毛、肉类、禽蛋、蚕茧等。

畜牧业的核算可以采取分群核算和混群核算两种方法。混群核算是按畜禽种类划分，内部不分畜龄核算，生产费用的归集和成本的核算按畜禽的种类进行，适用养殖量比较小或不需明细核算的企业或养殖户。分群核算是按不同种类的畜禽的不同畜龄，划分若干群，归集生产费用，分群计算成本。混群核算与分群核算没有本质的差别，仅是对畜禽存栏价值的核算有所不同。混群核算的生产成本不仅核算存栏价值，还包括当期的饲养成本，而分群核算则是将存栏价值单独列为"幼畜及育肥畜"，当期饲养成本计入"生产成本"。

实行分群饲养的主要畜（禽）群别划分如下。

养猪业：基本猪群（包括母猪、种公猪、检定母猪、2个月以内的未断奶仔猪）；2~4个月幼猪；4个月以上幼猪和育肥猪。

养牛业：基本牛群（包括母牛和公牛）；6个月以内的犊牛；6个月以上的幼牛。

养马业：基本马群（包括母马、种公马、未断奶的马驹）；当年生幼马；二年生幼马；三年生幼马。

养羊业：基本羊群（包括母羊、种公羊、未断奶的羔羊）；当年生幼羊；往年生幼羊；去势羊和非种用公羊。

养禽业：基本禽群（包括成龄禽）；幼禽和育肥禽；人工孵化群。

2. 成本项目

直接材料：指畜牧养殖业生产耗用的仔畜、饲料饲草、燃料、动力、畜禽医药费、饲料加工、保温过程中使用的燃料、动力费等。仔畜指购买或自育仔畜、仔禽的费用。生猪、肉鸡、肉牛、肉羊养殖购进的仔猪、鸡雏、牛犊、羊羔按实际购买价格加运杂费计算；自繁自育的按同类产品的市场价格或实际饲养发生的成本计算。实行混群核算没有区分仔畜与产品畜的，核算仔畜进价后将仔畜饲养费用从产品成本中剔除，避免重复计算。蛋鸡的仔畜进价按购进的育成鸡的实际购买价格加运杂费计算；自繁自育的按仔鸡转为育成鸡的市场价格计算。奶牛按生产性生物资产核算，购进的奶牛犊或自繁自育的奶牛犊转为产奶牛时按当时市场价值计算产奶牛价值，并按产奶年限计提折旧。购进的饲料按照实际购进价格加运杂费计算，自产的按照正常购买期市场价格计算。

直接人工：指直接从事畜牧养殖业生产人员的工资、工资性津贴、奖金、福利费。包括家庭用工折价和雇工费用。

其他直接费：指除直接材料、直接人工以外的其他直接费用。包括配种费、放牧用具费、转场搬迁费、畜舍用塑料支出等。

制造费用：指应摊销、分配计入各群别的间接生产费用，如产役畜折旧、生产单位的人员工资及福利费、折旧费、修理费、办公费、保险费、土地租赁费等。

3. 成本计算参考公式

①混群核算的成本计算参考公式。

某类畜（禽）本期生产总成本（元）= 期初存栏价值 + 本期饲养费用 + 本期购入畜（禽）价值 + 本期无偿调入畜（禽）价值 - 期末存栏价值 - 本期无偿调出畜（禽）价值

某类畜（禽）主产品单位成本（元）=（某类畜（禽）生产总成本 - 副产品价值）/ 该类畜（禽）主产品总产量

②分群核算的成本计算参考公式。

畜（禽）饲养日成本［元 / 头（只）日］=该群本期饲养费用 / 该群饲养头（只）日数

离乳幼畜活重单位成本（元 / 千克）=（该群累计饲养费用－副产品价值）/ 离乳幼畜

活重幼畜或育肥畜增重单位成本（元 / 千克）=（该群本期饲养费用－副产品价值）/ 该群增重数

某畜群增重量（千克）=该群期末存栏活重＋本期离群活重（不包括死畜重量，下同）－期初结转、期内购入和转入的活重

某群幼畜或育肥畜活重单位成本（元 / 千克）=（期初活重总成本＋本期增重总成本＋购入、转入总成本－死畜残值）/（期末存栏活重＋期内离群活重）

主产品单位成本（元 / 千克）=（该畜群累计全部饲养费用－副产品价值）/ 该畜群主产品总产量。

某猪场实行分群核算制，本期 2~4 月幼猪及育肥猪饲养费用为 156 840 元（含饲料费、人工费等），副产品价值 600 元（包括厩肥和死猪残值）；期初存栏幼猪 50 头，活重 1000 千克，成本 5740 元；期内由离乳仔猪群转入 480 头，活重 7700 千克，成本 44 198 元；购入幼猪 100 头，活重 2200 千克，成本 13 200 元；本期由 2~4 月幼猪转为 4 个月以上幼猪及育肥猪 520 头，活重 34 800 千克；死亡 1 头，活重 45 千克；期末结存 109 头，活重 6540 千克。

根据上述资料计算成本如下：

该群增重量（千克）=6540＋34 800－（1000＋7700＋2200）=30 440 千克

幼猪（育肥猪）增重单位成本（元 / 千克）=（156 840－600）÷30 440=5.13 元 / 千克

幼猪（育肥猪）活重单位成本（元 / 千克）=（5740＋156 840＋13 200＋44 198－600）÷（6540＋34 800）=5.31 元 / 千克

计算出某猪群的活重单位成本后，即可分别计算出本期转出、售出和期末存栏的全部活重成本。

本期幼猪（育肥猪）活重总成本=34 800×5.31=184 788 元

期末存栏幼猪（育肥猪）活重总成本=6540×5.31=34 727.4 元

为计算畜牧业产品的生产成本，需要设置一些日常的记录表格，作为成本核算的依据。

以养猪业为例，常用的表格有：记录群的增减变动的"××群动态月报表"产品成本计算表等（表 8-6、表 8-7）。

表 8-6　猪群动态月报表

场别：北京原种猪场　　××年××月××日　　　　　　　　　　　　　　　　单位：头／千克

项　目		基础猪		0~1 月仔猪		1~2 月幼猪		2 月以上肥猪	
		头数	重量	头数	重量	头数	重量	头数	重量
期初存栏									
出生									
外购									
转入									
捐赠									
增加小计									
转出									
出售	种猪								
	肥猪								
	淘汰								
死亡									
自宰									
捐赠									
减少小计									
月末存栏									
饲养日数									

资料来源：http://www.cnongle.com。

表 8-7　产品成本计算表

单位名称：北京原种猪场　　××年××月　　　　　　　　　　　　　　　　（单位：千克、元）

项目（千克）	行次	仔　猪		幼　猪		肥　猪	
		本月数	累计数	本月数	累计数	本月数	累计数
期初活重	1						
期末活重	2						
本期增加重量	3						
本期离群重量	4						
本期死亡重量	5						

续 表

项目（千克）	行次	仔 猪		幼 猪		肥 猪	
		本月数	累计数	本月数	累计数	本月数	累计数
本期增重总量	6						
本期活重总量	7						
饲养日数	8						
饲养费用（元） 工资及福利费	9						
饲料费	10						
兽药、兽械费	11						
种猪价值摊销	12						
固定资产折旧	13						
低值易耗品	14						
制造费用	15						
饲养费用合计（元）	16						
减：副产品价值	17						
增重成本	18						
单位产品增重成本	19						
加：购入、转入成本	20						
加：期初活重总成本	21						
主产品总成本	22						
单位产品（千克）活重成本	23						
饲养日成本	24						

注：1行（累计数）＝年初活重 2行（累计数）＝本期期末数 7行＝2行＋4行；
6行＝2行＋4行＋5行－1行－3行 19行＝18行/6行 23行＝22行/7行 24行＝16行/8行

（三）林业生产成本的核算

1.成本核算对象

林木生产包括种子、苗木、木材生产等，其主要产品有种子、苗木、原木、原竹、水果、干果、干胶（或浓缩胶乳）、茶叶、竹笋等。林木按生产阶段一般可分为种苗、造林抚育、采割三个阶段，不同阶段的林木也应分别核算其成本。

种苗成本核算对象：种子应按树种分别归集费用，核算种子成本；育苗阶段应按树种、育苗方式、播种年份分别归集费用，核算育苗成本。

造林抚育成本核算对象：消耗性林木资产和公益林根据企业管理的需要，可按照小树、树种等归集费用，核算造林抚育成本。

木材生产成本核算对象：按木材采伐运输方式、品种、批别及其生产过程等，根据企业管理的需要归集费用，核算木材生产成本。

其他林产品成本核算对象：按照收获的品种、批别、生产过程等，根据企业管理的需要归集费用，核算收获品的成本。

2. 成本计算期

各阶段林木及林产品的生产成本计算：育苗阶段算至出圃时；造林抚育阶段，消耗性林木资产和公益林算至郁闭成林前；采割阶段，林木采伐算至原木产品，橡胶算至干胶或浓缩胶乳，茶算至各种毛茶，其他收获活动算至其他林产品入库。

3. 成本项目

林业企业的成本项目可按照种植业企业的生产成本项目设置，也可根据管理需要自行设置。

4. 成本计算参考公式

某树种苗木单位面积培育成本 = 该树种生产费用 / 该树种苗木面积（公顷）

某树种出圃苗木单株成本 = 该树种出圃苗木总成本 / 该树种苗木产量（株）

经济林木的培育成本 = 成熟前经济林木造林抚育成本 + 成熟前经济林木管护费用

消耗性林木资产的培育成本 = 郁闭成林前消耗性林木资产造林抚育成本 + 郁闭成林前消耗性林木资产管护费用

消耗性林木资产的木材生产成本 = 采伐的消耗性林木资产账面价值 + 木材采运成本

（四）水产业生产成本的核算

1. 成本核算对象

水产业一般以水产品品种为成本核算对象。淡水养殖主要按养殖鱼苗、鱼种和商品鱼、淡水虾、蟹等主要品种来计算产品成本；海水养殖按海水虾、蟹、蛤、贝类以及海水鱼等来计算主要产品成本。

2. 成本项目

直接材料，指直接用于养殖生产的苗种、饲料、肥料和材料等。其中：苗种指直接用于养殖生产的鱼苗、鱼种、虾苗、蟹苗、贝苗、藻苗、水生植物的种子等，孵化用的亲鱼、亲虾也属于本项目；饲料指直接用于养殖生产的各种饲料；材料指直接用于养殖生产的各种渔需物资和渔具等低值易耗品摊销外，还包括用于生产的机油、柴油、水电等。

直接人工，指直接从事水产养殖人员的工资、工资性津贴、奖金、福利费。承包人员的工资等也在此核算。

其他直接费，指除直接材料、直接人工以外的其他直接费用。

制造费用，指应摊销、分配计入各产品的间接生产费用。

3. 水产养殖核算周期

由于渔业生产要经过育苗、繁殖、培育、投入放养等过程，其生产周期一般在 1~2 年或以上，具有培育周期长的特点，因此，水产养殖的成本计算期从购入幼苗或育苗开始，不入库的鲜活产品，计算到销售为止；入库的成品成本，则计算到入库为止。其成本计算期一般应与生产周期相一致。

4. 成本计算公式

鱼苗成本计算的对象就是鱼苗，鱼苗又称鱼花，是孵化不久的幼鱼，可以人工繁殖，也可以从江河中张捕。一般采用估计或通过抽样清查方法推算总数，其结果只能做到大致准确。通常以万尾为成本计算单位。

每万尾鱼苗成本 = 育苗期的全部生产费用 / 育成鱼苗万尾数每万尾（千克）鱼种成本 = 育种期的全部生产费用 / 育成鱼种万尾（千克）数

生产周期跨年度的渔业产品，在会计年度终了时进行实地盘点。盘点时，要根据不同的产品采用不同的方法。在产品计价应结合当年市价、明年市价、当年实际成本，使用成本与市价孰低法计算在产品价值。计算的在产品成本与账面在产品成本的差额列当期损益。当年销售部分在产品的，按以上计算的在产品结转销售成本。待明年销售时，将盘存在产品成本加上明年的投入作为全部生产成本。

多年放养成鱼单位（千克）成本 =（捕捞前各年发生的生产费用 + 本年生产费用）/ 成鱼总产量

逐年放养、逐年捕捞的成鱼成本由于当年捕捞的成鱼负担，可不计算在产品价值。平时零星销售不结转销售成本，在收获清池后进行清算。发生的实际成本，如材料费、人工费、水电费、折旧费等成本费用归集起来作为产品成本，根据发生的总成本和总产量计算产品的单位成本，以此结转产品的销售成本。

逐年放养成鱼单位（千克）成本 = 本年成鱼放养的全部费用 / 本年成鱼产量

海水养殖成鱼单位成本 =（捕捞前各年结转的生产费用 + 当年发生的生产费用 + 捕捞费用）/ 海水养殖成鱼总产量

三、农业企业利润管理

（一）农业企业利润及分配

1. 利润的形成

利润按其形成过程，分为税前利润和税后利润。税前利润，即利润总额，作为企业在一定期间内生产经营成果的总和，是企业财务活动的最终成果，由营业利润、投资净收益和营业外收支净额三部分构成的。

利润总额 = 营业利润 + 投资净收益 + 营业外收入 – 营业外支出

（1）营业利润。营业利润是企业在一定期间从事生产经营活动所取得的利润，是利润总额的主体，集中体现了当期生产经营的财务成果。

营业利润 = 主营业务利润 + 其他业务利润 − 管理费用 − 财务费用

其中：主营业务利润是指企业从事基本生产经营活动取得的利润，在生产性企业中主营业务利润就是产品销售利润，包括销售产成品、自制半成品、提供代制品、代修品和劳务等所取得的利润。

其他业务利润是指企业从事基本生产经营活动以外的其他经营活动所取得的利润，在生产性企业中就是其他销售利润，包括材料销售、固定资产出租、包装物出租、外购商品销售、无形资产转让以及提供非生产性劳务等取得的利润。

管理费用是指管理部门及其派出机构，为管理和组织经营活动而发生的各项费用。包括公司经费、工会经费、职工教育经费、劳动保险费、技术开发费、无形资产摊销、开办费摊销、土地开发费摊销等。

财务费用是指企业为筹集资金而发生的各项费用，包括生产经营期间发生的利息支出（减利息收入）、金融机构手续费以及其他业务费用。

（2）投资净收益。投资净收益是企业对外投资取得的收益扣除投资损失后的余额。

投资净收益 = 对外投资收益 − 对外投资损失

其中：投资收益包括对外投资分得的利润、股利和债券利息，投资到期收回或者中途转让时取得的收入高于账面价值的差额，以及按权益法核算的股权投资在被投资单位增加的净资产中所拥有的份额（即长期投资的增加额）。

投资损失包括投资到期收回或者中途转让时取得的收入低于原账面价值的差额，以及按权益法核算的股权投资在被投资单位减少的净资产中所分担的数额（即长期投资的减少额）。

（3）营业外收支净额。营业外收支净额是指与企业生产经营活动没有直接联系的各种营业外收入减去营业外支出后的余额。

营业外收支净额 = 营业外收入 − 营业外支出

其中：营业外收入包括固定资产盘盈和出售的净收益、因债权人原因确实无法支付的应付款项、教育费附加返还款、物资及现金溢余等。

营业外支出包括固定资产盘亏、报废毁损和出售的净损失、非季节性和非修理期间的停工损失、非常损失、公益救济性捐赠、赔偿金、违约金（不包括税收罚款和滞纳金）、防汛抢险支出等。

（4）企业的利润总额。企业的利润总额是计算企业所得税的主要依据。当企业的利润总额小于零时，企业发生亏损。企业发生的年度亏损，可以用下一年度的利润弥补；下一年度利润不足弥补的，可以在五年内用所得税前利润延续弥补，延续五年未弥补的亏损，用缴纳所得税后的利润弥补。

生猪价格飙升伤及屠宰场利润不升反降

各地生猪价格不断飙升，在去年的 4.8 元 / 斤的基础上翻一倍，涨到这个月的 9.6 元 / 斤。与此同时，猪肉批发价也不断上涨，6 月 22 日猪肉价格再创新高，平均价格为 25.46 元 / 千克，比 6 月 21 日（23.91 元 / 千克）猪肉均价上涨 1.55 元 / 千克，在目前我国整体通胀压力较大的背景下，猪肉价格也同样触动着每个人的神经，为此，《中国日报》记者深入探访了从猪圈到超市的各个环节，寻找猪肉涨价背后的原因。

猪肉涨价主要是由于供应短缺以及生产资料价格上涨造成的，不仅增加了通胀的压力，同时也打击了屠宰场，给消费者增加压力。收猪困难，屠宰量下降两成。人们通常认为，猪肉涨价了，屠宰厂会更赚钱。其实不然。淄博当地最大的生猪屠宰企业齐美斯厂长张友唐表示，生猪上涨后厂里的利润降低了近 20%，主要是因为收猪很困难，销售额降低了。

[资料来源：中国日报网（北京），2015 年 6 月 23 日]

2. 利润的分配

企业利润分配是指对利润的所有权和占有权进行划分，以保证其合理的归属与运用的管理活动，也就是把企业实行的利润按照国家规定或投资人的决议进行分配的活动。对实现的利润，首先应依法缴纳所得税，缴纳所得税后的利润应按规定提取盈余公积金，并向投资人分配利润。

企业税后利润除国家另有规定者外，按下列顺序分配：①用于抵补被没收财物损失，支付违反税法规定的各项滞纳金和罚款。②弥补企业以前年度的亏损。缴纳所得税的企业，其发生的年度亏损，可以用下一年度的利润在所得税前弥补，下一年度利润不足弥补，可在 5 年内延续弥补。5 年内不足弥补的，用税后利润弥补。③提取法定盈余公积金。盈余公积金是企业从税后利润中提取的积累资金，包括法定盈余公积金和任意盈余公积金。企业要按税后利润扣除前两项后的 10% 提取，用于发展企业的生产、弥补经营亏损或按国家规定转增资本金等，其累计额已达到注册资本的 50% 时，可不再提取。④提取公益金。公益金是企业从税后利润中提取的用于企业职工的集体福利设施支出的资金，包括法定公益金和任意公益金。其提取比率按企业章程规定或由董事会决定。公益金主要用于安排建造职工宿舍、食堂、幼托设施及医疗保健设施等集体福利，不能发给职工个人消费。⑤向投资者分配利润。企业税后利润按上述顺序分配后，可向投资者分配。企业以前年度未分配的利润可以并入本年度分配。分配时应遵循纳税优先、企业积累有效、无盈利就不分配的原则。

华英农业的利润分配政策

（一）利润分配原则：公司实行持续、稳定的利润分配政策，公司的利润分配应重视对投资者的合理投资回报、兼顾公司的可持续发展，公司董事会、监事会和股东大会对利润分配政策的决策和论证过程中应当充分考虑独立董事、监事和公众投资者的意见。

（二）利润分配形式：公司可以采用现金、股票或者现金与股票相结合的方式分配股利。

（三）利润分配的时间间隔：在当年盈利的条件下，公司每年度应分红一次，根据经营状况董事会可提议公司进行中期分红。

（四）利润分配的条件。

1. 现金分红的条件：在当年盈利的条件下，公司每年以现金方式分配的利润应当不少于当年实现的可分配利润的10%。在公司现金流状况良好且不存在重大投资项目或重大现金支出的条件下，公司应尽量加大现金分红的比例。

公司拟实施现金分红时应至少同时满足以下条件：

（1）当年每股累计可供分配利润不低于0.1元。

（2）公司无重大投资计划或重大现金支出等事项发生（募集资金项目除外）；

重大投资计划或重大现金支出是指：公司未来12个月内拟对外投资、收购资产或者购买设备累计支出达到或超过公司最近一期经审计净资产的50%，且超过5000万元。

（3）以归属于公司普通股股东的净利润为基础计算的加权平均净资产收益率不低于6%（以扣除非经常性损益前后孰低者为准）。

（4）当年的经营活动现金流量净额不低于归属于公司普通股股东的净利润。

（5）当年年末经审计资产负债率超过70%，公司可不进行分红。

2. 股票股利分配的条件：在满足现金股利分配的条件下，若公司营业收入和净利润增长快速，且董事会认为公司股本规模及股权结构合理的前提下，可以在提出现金股利分配预案之外，提出并实施股票股利分配预案。

（五）公司最近三年以现金方式累计分配的利润少于最近三年实现的年均可分配利润的30%的，不得向社会公众增发新股、发行可转换公司债券或向原有股东配售股份。

（六）公司应以每10股表述分红派息、转增股本的比例，股本基数应当以方案实施前的实际股本为准。

（七）存在股东违规占用上市公司资金情况的，上市公司应当扣减该股东所分配的现金红利，以偿还其占用的资金。

（二）农业企业分业盈利核算

1. 种植业盈利核算

盈利是指农产品收入扣除成本、费用和支出后的剩余部分，其实质就是利润总额，所以盈利的核算就是利润的核算。对利润的核算包括利润额的计算和利润率的计算。

利用农产品成本核算资料，则农产品利润公式是：

$$每亩利润 = 每亩收入 - 每亩成本 - 税金$$

$$每百斤主产品利润额 = 每百斤主产品收入 - 每百斤主产品成本 - 每百斤主产品税金$$

利润额是一个绝对指标，只能说明利润的多少，不能说明经营的利润程度。所以，还要用利润率指标来表示不同生产单位或同一生产单位不同农产品的利润水平。

$$成本利润率 = \frac{利润总额}{产品成本总额} \times 100\% \qquad (8-1)$$

式 8-1 表明投入 1 元成本能创造多少利润。这个指标督促企业以最少的消耗创造尽可能夺得财富。

$$产值利润率 = \frac{利润总额}{年总产值} \times 100\% \qquad (8-2)$$

式 8-2 表明每 1 元产值能创造多少利润。

$$资金利润率 = \frac{利润总额}{年资金占用额} \times 100\% \qquad (8-3)$$

式 8-3 表明企业每占用 1 元资金，能创造多少利润。这个指标能够全面反映企业资金利用的效果，有利于促使企业更合理有效地使用资金。

2. 畜牧业盈利核算

畜牧业的盈利指出售畜产品及其副产品取得的收入扣除产品的成本费用后的差额。产品的收入包括主产品收入、副产品收入和其他收入。产品的成本是为了生产和销售畜产品而花费的全部成本费用，由生产成本、管理费用、财务费用和销售费用所组成。

畜牧业的盈利考核指标主要有：

$$总收入 = 总育成数 \times 出栏重 / 只 \times 价格 / 千克$$

$$或总收入 = 产品总量 \times 单价$$

$$总盈利 = 总收入 - 总成本$$

$$单位产品盈利 = 总盈利 \div 总育成数（或产品总量）$$

规模养猪场的盈利关键点

1. 生产资料的取舍之间

养猪生产资料主要包括猪场建设和养猪数量两大类。猪场的建设是前期的主要投资环节，也是基础环节，决定了养殖规模，进而也就决定效益多寡。但是这个属于硬性投资，是可以固定的，在后期的维护中所需花费并不大。

养猪数量是在计划养猪规模内决定养猪场效益的根本因素。主要包括了能繁母猪、仔猪、出栏猪还有种公猪。而这里面能够给养猪场带来直接利益的是出栏猪，是直接面向市场的。但是相对而言，能繁母猪的效益作用则更为巨大，能繁母猪可以生仔猪，所产仔猪既可以出售，也可以饲养。而种公猪地位则因地制宜，有的养猪场实行的是人工授精，而有的养猪场则采取自然繁殖。对养猪数量的掌控和对各个猪种数量比例的把握，什么时候该淘汰能繁母猪，什么时候该引进仔猪，屯栏赌后市。这取舍之间是决定养猪场存亡的关键。

2. 生产成本的合理分配

养猪场日常运行所需要的生产成本主要包括生猪喂养饲料、猪药疫苗等消耗，养猪场的日常运行需要资源、员工的人力成本等。其中主要的是生猪喂养饲料成本、猪药疫苗等消耗这两项。猪病对养猪场的影响是灾难性的，大部分养猪场对猪药和疫苗的投入都不吝啬。但是，目前兽药行业的不景气和鱼龙混杂，造成养猪行业疫苗兽药乱用的现象，增加了猪场的隐形成本，这一部分是看不见的投入。

养猪对于饲料的要求很高，饲料的价格以及不同阶段猪饲料中各种原料的比例搭配，都将直接影响养猪的利润空间，如何控制饲料的成本是决定盈利多寡的关键因数之一。

3. 不可控的部分

养猪场的饲养、建设等都是人为可控的，但市场行情是不可控的，不能对市场进行准确的预警和感知，都可能让数月之功毁于一旦，关注养殖场的核心竞争力，才是保持盈利的正解。

（资料来源：猪场动力网，2015 年 7 月 10 日）

💥 动动脑

1. 如何控制关键点实现农业企业的盈利？
2. 农业企业的利润组成包括哪些内容？

第三节　农业企业经营效益评价

💥 案例导入

骗人的农业企业利润率

除大宗的粮油农产品外，多数的经济作物种植和畜牧养殖测算出来的利润率并不低，这也是农业吸引众多资本竞相投入的重要原因。比如说，大棚菜年毛利率可达40%以上，特色水果毛利率可能超过100%，但一做起来就不是那么回事了，好多投资农业的，亏得一塌糊涂，还搞不明白怎么"死"的。因此，在评价农业企业经营效益时，利润率指标因受多种企业不可控因素的影响，有时并不能真正反映企业的真实经营效益。

第一，农业企业的毛利率会骗人。

纸面上算出来的利润对于二三产业可能是可靠的，但对于农业就不一定行。比如，超市的一般毛利率得保持在 20%~25%，这样才能保证净利润在 3%~5%。那么农业需要多少的毛利率才能保证挣钱？这是一个在实践中不好回答的问题，因为这种测算也只能是起一点参考作用，根本不适用，农业的市场波动大而且不好预测，某种程度上不亚于撞大运，"蒜你狠""姜你军"就是这样。

以养猪为例，行内的基本都知道"一年挣、一年平、一年亏"这个三年一轮的猪周期，而且第一年必须把后两年的钱挣回来。但生猪产业投资时的利润是怎样测算的？是按每头生猪挣 100 元测算的，在实践中哪有吻合的时候！到现在更要命，因为从去年年底开始，"猪周期"也无情地被打破了，去年下半年重资杀入抢谷底的全部套牢，2014 年春节更是出现了前所未有的逆市下跌，将节日必涨的规律也打破了，在这种情况下，算好的利润基本上是一种讽刺。

第二，农产品不是完全市场定价。

农产品特别是粮食、生猪等主要农产品，因为牵涉民以食为天这个治国理政的根本稳定问题，所以每个国家都不会完全市场化，而是强力进行宏观调控，确保供给的数量有保障，而且价格比较平稳。有经济学家开玩笑说，"一头猪就绑架了 CPI"，现实情况也差不多。由于中国居民膳食以猪肉为主要肉食品种，且近年价格波动十分剧烈，对整个物价指数的影响确实不小。

所以，只要猪价一露头就得打压，又是生产领域补贴，又是投放储备肉，又是进口补充，非得把价格拉下来不可。而生产一旦下来了，取消补贴，开始冻猪肉收储，但扩大出口却难。收储冻猪肉来托市可以理解，但取消补贴则让生产者雪上加霜。所以，农产品的利润不可避免地要受到国家宏观调控的影响，这是一个不可忽视的重要因素。

第三，人工是个大成本。

农民能做的事，企业不一定能做，因为农民不向自己讨要工资，挣多挣少都是自己的。好多产业的利润率在去除人工费以前，看上去很美。典型的就是肉牛产业，市场牛肉价格那么高还十分紧俏，想起来肯定利润不错，但却少有企业问津，根本的原因还是不挣钱。因为养牛周期太长，一般得两年以上，企业养殖成本太高，只有山区的农民可以养，场地不用建，草料主要靠山上的草来解决，人力成本也很低，最终利润还不错。如果企业养，则场地、草料、人工、资金等成本高企，就目前的市场行情来说，也难挣钱。

再看市场上那些节节攀升的农产品价格，基本有一条规律，凡是能够工业化的、机械化的，就涨得慢甚至比较便宜；凡是无法工业化、机械化的，肯定比较贵，而且一年贵似一年。过去嘲笑发达国家水比奶贵，菜比肉贵，如今在中国也差不多了。今年的肉价便宜得连消费者都有些受不了，但菜价总体依然在涨，如今菜市场哪里还有几毛钱的菜？像花椒，大家抱怨花椒 20 多元一斤太贵，其实一斤花椒里仅采摘环节的人工费就在两三元，更不算平时的田间管理、生产投入等费用，平均下来一亩也就挣个千把元，价格看似不错，农民放弃的还是不少。

现下不断上涨的苹果价格也与人工费有关，现在疏花、疏果、套袋、除袋、采摘等环节，人工费一天就上百元；还有平常的施肥、喷药，哪一样不是靠人工，如今在果区，开着私家车送农工上果园绝非什么稀奇事，没有这样的条件，连农工都招不来。像蔬菜、水果这类劳动密集型产业，不算好了人工费，利润肯定大打折扣。

第四，要看到底烂了多少？

农产品区别于工业产品的最大特征是鲜活性，保鲜储藏不仅技术上困难，而且成本上居高不下，最后的储藏环节损失不是一个小数字。即使粮食这样的耐藏型农产品，储藏环节的损失也在8%~10%，更不要说生鲜农产品了。一般的蔬菜从田间地头到长途贩运再到菜市场再到消费者手里，到底要损耗多少？比如，大家常见的大白菜，从地头到消费者手里这个过程中究竟要被扒掉多少层皮？还有失水，蔬菜、水果的含水量一般在90%以上，运输过程中失水是常事，不仅重量下降，而且品相变坏。

上面说的还是正常损耗，一般就在30%左右。现在就可以明白为什么初期的生鲜电商都倒掉了？因为他们天真地与菜市场较上了劲，以为淘宝模式能照搬到农产品上来，殊不知菜市场这种批发零售模式恰恰是农产品销售环节效率最高、成本最低的。再傻的卖菜者也知道，千万不能让当天的新鲜蔬菜过夜，而网售的生鲜农产品竟然要几天时间才能到消费者手里，这样能有好结果吗？

至于最惨的情形就是卖不出去了，对于工业品而言，市场不好，大不了减价处理，可农产品一旦过剩起来，只能眼睁睁地看着烂在库里、烂在地里，因为远距离运输运费比菜贵。而且时节一过，马上要种下一茬作物，只能机械翻耕入土，做了绿肥，一季心血全白费了，还搭进去肥料、农药、人工、机械等费用。碰上这种情况，还谈什么利润？

（**资料来源**：价值中国网，2014年3月30日）

🍁 **案例思考**

农业企业应如何提高经营效益？如何设计科学合理的农业企业经营效益评价指标？

一、农业企业经营效益

经营效益是指企业在生产经营过程中所获得的效益，包括企业在其经营活动中表现出来的经营能力或经营实力所形成的经济效果、经济效益、经营效率等。农业企业经营能力大，经营活跃程度高，经营安全性能好，经营效益就好。影响企业经营效益的因素主要有外部因素和内部因素两大类，比如生产力布局和发达水平、交通运输条件、产业结构、居民购买力水平、市场行情，税收金融法律环境等企业外部环境，以及产品结构、销售网络、职工劳动态度和业务水平、资金周转速度、设备利用率、费用水平等企业内部因素。

农业生产的特点决定农业企业的经营效益。农业企业经营效益主要表现为经济效益、生态效益和社会效益。

任何一种生产经营活动，都包含着经济效益的内容。经济效益按其在经济活动中形成的途径和存在方式的不同，分为规模效益、结构效益和管理效益。企业规模效益是指企业适度的规模所产生的最佳经济效益，在微观经济学理论中它是指由于生产规模扩大而导致的长期平均成本下降的现象。结构效益是指通过优化企业的经营结构，使资源合理配置、充分利用而产生的经济效益。农业企业经营结构包括企业组织结构、人力资源结构、生产结构、技术结构、收入结构、分配结构等。还可以把这些结构进行进一步细分，如生产结构进一步细分为种植业、畜牧养殖业，种植业结构进一步细分为粮、棉、油、麻、桑、茶、糖、菜、烟、果、药、杂等，粮食结构进一步细分为小麦、大麦、玉米、大米等。管理效益指的是企业经营过程中运用科学的管理方法所取得的经济效益。企业采用科学、有效的管理方法，能够节约生产、经营、管理中的劳动耗费，降低单位产品成本，增加产量，提高经济效益。

生态效益就是指企业的经营活动对社会环境、生态环境的影响，如对环境卫生、周围的生态平衡的改善等。

社会效益是指企业的经营活动为社会和他人所带来的效益。

按照投入内涵的不同，农业经营效益可以分成三种形式：①总产出与总消耗之比率，如总成本收入率、总成本产值率，物耗生产率等；②总产出与资源占用之比率，如总资产收入率、资本产出率，固定资产产出率，流动资产周转率等；③总产出与资源总投入之比率，如总投入产出率、全要素生产率等。

二、农业企业经营效益评价指标

（一）生产效率考核指标

在实际考核中，按照投入要素具体内容不同，可以设置土地投入量生产效率类指标、物质投入产出率类指标、农业生产活动最终目的类指标、活劳动生产率类指标四类。

各类指标的具体计算指标如下。

（1）反映土地投入量生产效率类指标：

$$单位面积产量（千克/亩）=粮食总产量/耕地播种面积$$
$$单位面积产值（元/亩）=农业总产值/耕地播种面积$$

（2）反映物质投入产出率类的指标：

$$固定资产产出率=农业总产值/农用固定资产$$
$$物耗产值率=农业总产值/农业物耗值$$

（3）反映农业生产活动最终目的类的指标：

农产品商品率 = 农产品商品量 / 粮食总产量

（4）反映活劳动生产率类的指标：

农业人均产值（元 / 人）= 农业总产值 / 农业劳动力数量

农业人均收入（元 / 人）= 农业总收入 / 农业劳动力数量

出栏猪头均效益分析法

猪场的经济效益同猪的品种、饲料价格、市场行情、管理水平等方面是密不可分的。那么，如何分析猪场的经济效益呢？

很多猪场老板常常是：财务报表出来了，看看损益表等，才知道了过去的一个月或一年的基本财务情况，例如：本月盈利 10 万元，总销售收入 100 万元，总成本 90 万元……但你问他这 10 万元是如何赚来的？是市场好出栏猪价格高带来的？还是降低生产成本带来的？或者是生产成绩好带来的呢？再深问一下：上述因素各占多大比重？往往他就回答不上来了。

作为一个猪场的场长必须会科学地分析猪场经济效益，要搞清猪场盈利或亏损的真正原因，从而做出正确的决策、拿出可行的措施方案。做到心中有数，工作起来就会事半功倍。

出栏猪头均效益分析法就是用出栏猪平均的盈利水平来代表整个猪场盈利水平的分析法。其前提是把猪场的所有成本费用都摊到出栏猪身上，把母猪、公猪、后备猪的成本费用都摊到出栏猪身上。一般地说：规模化猪场满负荷生产后，连续计算 3~5 年，出栏猪头均效益商品场 50~100 元、种猪场 100~200 元是正常水平。由此算来，基础母猪 500~600 头，年出栏 1 万头的万头商品场年均利润 50 万 ~100 万元、种猪场年均利润 100 万 ~200 万元是正常水平。

（**资料来源**：养猪网，2015 年 7 月 24 日）

（二）经营效率考核指标

1. 企业盈利能力评价指标

盈利能力是指农业企业获取利润的能力。反映和评价农业企业盈利能力的指标主要有销售利润率、成本费用利润率、权益资本利润率等指标。

（1）销售利润率。销售利润率是企业利润总额与销售收入的比值。反映了百元销售收入中利润所占的比重。在实务中销售利润率有销售净利润率、销售毛利率和销售息税前利润率三种表现形式。计算公式如下：

销售净利润率 = 净利润 / 销售收入

销售毛利率 = 毛利 / 销售收入

销售息税前利润率 = 息税前利润 / 销售收入

（2）成本费用利润率。成本费用利润率是指企业利润总额与成本费用总额的比率，是反映企业生产经营过程中发生的耗费与获得的收益之间关系的指标。计算公式如下：

$$成本费用利润率 = 利润总额 / 成本费用总额$$

该比率越高，表明企业成本费用等耗费所取得的收益越高。企业可通过增加生产销售和节约费用开支来提高该比率。

（3）权益资本净利润率。这是净利润与平均所有者权益之间的比值。计算公式如下：

$$权益资本净利润率 = 净利润 / 平均所有者权益$$

$$平均所有者权益 = （期初所有者权益 + 期末所有者权益）/ 2$$

该指标反映了企业运用权益资本获取净利润的能力，指标值越高，表明企业权益资本使用的效益越高；反之，说明权益资本利用效果不好。

2. 企业营运能力评价指标

营运能力，也称资产管理能力，是指通过农业企业生产经营资金周转速度的有关指标所反映出来的企业资金利用的效率。企业生产经营资金周转的速度越快，表明企业资金利用的效果越好，效率越高，企业管理人员的经营能力越强。营运能力的评价主要是分析、评价企业的资产管理水平，包括流动资产周转情况、固定资产周转情况和总资产周转情况等。

（1）流动资产周转情况评价指标。反映流动资产周转情况的指标主要有应收账款周转率、存货周转率和流动资产周转率。

①应收账款周转率。应收账款是企业销售商品和提供劳务应向购货单位或接受劳务单位收取的款项。应收账款周转是一定时期内赊销收入净额与平均应收账款之间的比率。应收账款周转率计算的公式如下：

$$应收账款周转次数 = 赊销收入净额 / 平均应收账款$$

$$赊销收入净额 = 赊销销售收入 - 销售折扣与折让$$

$$平均应收账款 = （期初应收账款 + 期末应收账款）/ 2$$

$$平均收现期 = 360 天 / 应收账款周转率$$

在一定时期内应收账款周转的次数越多，表明应收账款回收速度越快，企业管理工作的效率越高。这不仅有利于企业及时收回货款，减少或避免发生坏账损失的可能性而且有利于提高企业资产的流动性，提高企业短期债务的偿还能力。应收账款周转率和平均收现期提供了企业应收账款管理方面的信息。

一般来说，应收账款周转率越高，平均收现期越短，说明企业的应收账款回收的速度越快；反之，企业过多的营运资金占用在应收账款上，就会影响企业资金的正常周转。

②存货周转率。存货是企业为了生产和销售而储备的各种货物。一般来说，企业流动资产中存货占的比重较大，因而存货的流动性将直接影响企业的流动比率。

存货周转率是一定时期内企业销售成本与存货平均余额的比率。存货的周转天数反映了从存货的购买到销售所占用的天数。存货周转率和周转天数的计算公式如下：

$$存货周转率 = 销售成本 / 存货平均余额$$

$$存货平均余额 = （期初存货 + 期末存货）/ 2$$

$$存货周转天数 = 360 天 / 存货周转率$$

在一般情况下，存货周转率越高越好。在存货平均水平一定的条件下，存货周转率越高，表明企业的销货成本数额增多，产品销售的数量增长，企业的销售能力加强。反之，则销售能力不强。企业要扩大产品销售数量，增强销售能力，就必须在原材料购进、生产过程中的投入、产品的销售、现金的收回等方面做到协调和衔接。因此，存货周转率不仅可以反映企业的销售能力，而且能用以衡量企业生产经营中的各有关方面运用和管理存货的工作水平。

③流动资产周转率。指销售收入净额与平均流动资产的比值，是反映企业流动资产周转速度的指标。其计算公式为：

$$流动资产周转率 = 销售收入净额 / 平均流动资产$$

$$平均流动资产 = （期初流动资产 + 期末流动资产）/ 2$$

$$流动资产周转天数 = 360 天 / 流动资产周转率$$

在一定时期内，流动资产周转率高，表明以相同的流动资产完成的周转额越多，流动资产利用的效果越好，会相对节约流动资产，等于相对扩大资产的投入，增强企业的盈利能力。

（2）固定资产周转情况评价指标。企业固定资产的周转情况通常用固定资产周转率来反映和衡量。固定资产周转率是指企业年销售收入净额与固定资产平均净值的比率。其计算公式为：

$$固定资产周转率 = 销售收入净额 / 平均固定资产净值$$

$$平均固定资产净值 = （期初固定资产净值 + 期末固定资产净值）/ 2$$

$$固定资产周转天数 = 360 天 / 固定资产周转率$$

固定资产周转率高，表明企业固定资产利用充分，同时也能表明企业固定资产投资得当，固定资产结构合理，能够充分发挥效率。反之，如果固定资产周转率不高，则表明固定资产使用效率不高，提供的生产成果不多，企业的营运能力不强。

（3）总资产周转情况评价指标。反映总资产周转情况的指标是总资产周转率，它是企业销售收入净额与平均资产总额的比率。其计算公式如下：

$$总资产周转率 = 销售收入净额 / 平均资产总额$$

$$平均资产总额 = （期初资产总额 + 期末资产总额）/ 2$$

$$总资产周转天数 = 360 天 / 总资产周转率$$

该项指标用来反映企业对总资产的使用和管理效率。如果总资产周转率高，说明企业能有效地运用资产创造收入；反之，如果该比率较低，则说明企业利用全部资产进行经营的效率较差，最终会影响企业的获利能力，企业需要采取措施提高各项资产的利用程度从而提高销售收入或处理多余资产。

三、农业企业经营效益评价方法

（一）农业企业经营效益评价的原则

1. 全面性原则

企业经营效益综合评价应当通过建立综合的指标体系，对影响企业绩效水平的各种因素进行多层次、多角度的分析和综合评判。

2. 客观性原则

企业经营效益综合评价应当充分体现市场竞争环境特征，依据统一测算的、同一期间的国内行业标准或者国际行业标准，客观公正地评判企业经营成果及管理状况。

3. 效益性原则

企业经营效益综合评价应当以考察投资回报水平为重点，运用投入产出分析基本方法，真实反映企业资产运营效率和资本保值增值水平。

4. 发展性原则

企业经营效益综合评价应当在综合反映企业年度财务状况和经营成果的基础上，客观分析企业年度之间的增长状况及发展水平，科学预测企业的未来发展能力。

（二）农业企业经营效益评价的标准

1. 计划标准

计划标准是评价农业企业经营效益的基本标准。参照企业的历史和同行业状况，确定经营效益的计划指标，把某项效益指标实际达到的水平与计划标准进行对比，可以表明该项效益达到计划目标的程度，在一定程度上反映该企业生产经营管理水平。

2. 历史标准

历史标准是以该企业历史上最好水平或企业前一期水平为标准。将企业某项效益指标的实际水平与历史标准进行纵向对比，可以反映经营效益的动态变化，为进一步挖掘提高经营效益的潜力提供依据。

3. 行业标准

行业标准是以国内同行业农业企业已达到的先进水平作为评价经营效益的尺度。将该企业实际水平与行业标准相比，可以反映其经营效益与同行先进水平之间存在的差距，有利于促进该企业赶超同行业先进水平。

4. 国家标准

国家标准是国家根据不同时期经营政策的要求和各地区、各部门情况制订的标准。评价企业经营效益以国家标准为尺度，具有广泛的适用性、可比性和更大的一致性。

（三）企业经营效益评价方法

1. 比较分析法

比较分析法是一种常用的经营效益评价方法。它是指将通过调查或试验所收集的有关技术经济方面的数据和资料加以整理，通过一系列性质相同的指标对比，分析经济现象之间的联系和差异，研究差异产生的原因和影响程度并寻求改进措施，区分经营效益大小的一种方法。

运用比较分析法，必须有两个以上的研究对象，按照一定原则和目的，可以在不同地区、不同年份，不同单位之间进行。该方法一般应注意以下四条原则：

（1）时间的可比性（间隔计算期一致）；

（2）指标范围的可比性（指标所表示的范围一致）；

（3）经济性质的可比性（指标的经济内容一致）；

（4）计算方法的可比性（计算价格、计量单位、计算公式一致）。

这种方法被广泛应用于不同生产技术措施的投资、用工、成本、产量、效益等指标的对比分析，或对某一生产技术措施在不同作物、不同地区和不同年份之间进行对比分析。

2. 因素分析法

因素分析法也称连环代替法，是根据指标及其构成因素间的相互制约关系，把综合指标分解成若干组成因素，观察各因素变动情况及其对指标影响程度的一种分析方法。

该方法是在假定其他因素不变的条件下，逐个地分析其中一个因素的作用，以便总结经验，进一步寻求提高经营效益的途径。例如：影响单位农产品成本的因素，一是单位土地面积上的产量；二是单位土地面积上消耗的物质费用；三是单位土地面积上支出的劳动报酬。为了考察这三个因素对农产品成本的影响程度，就可以采用连环代替法来进行分析。

基本计算程式是：

$$计划数\ P = a \times b \times c$$

$$实际数\ P_1 = a_1 \times b_1 \times c_1$$

式中 P——指数，a、b、c 分别为构成指数的因素。

代替 a 因素：$P_2 = a_1 \times b \times c$，由 $a \to a_1$ 变动影响数为：$\Delta a = P_2 - P$；

代替 b 因素：$P_3 = a_1 \times b_1 \times c$，由 $b \to b_1$ 变动影响数为：$\Delta b = P_3 - P_2$；

代替 c 因素：$P_4 = a_1 \times b_1 \times c_1$，由 $c \to c_1$ 变动影响数为：$\Delta c = P_4 - P_3$。

各因素变动对指标的综合影响数：

$$\Delta a + \Delta b + \Delta c = P_1 - P = P_4 - P$$

结论：在计划与实际的差额中（$P_1 - P$），因素 a、b、c 的影响程度分别为 Δa，Δb，

Δc。从中找出较大的差值，也就是主要因素，以便加强管理。

某农业企业种植一种作物，总收入与价格、播种面积和单位面积产量有关。生产计划和销售情况因某种原因发生了变化。基本数字是：

计划数是：价格 $P=0.4$ 元/千克

播种面积 $T=300$ 亩

单位面积产量 $Q=400$ 千克/亩

总收入 $W=300$ 亩 $\times 400$ 千克/亩 $\times 0.4$ 元/千克 $=48\,000$ 元

实际数是：价格 $P_1=0.5$ 元/千克

播种面积 $T_1=250$ 亩

单位面积产量 $Q_1=450$ 千克/亩

总收入 $W_1=250$ 亩 $\times 450$ 千克/亩 $\times 0.5$ 元/千克 $=56\,250$ 元

结果是：实际 – 计划 $=56\,250-48\,000=8250$ 元

需要说明的是，三项因素（或多项因素）的排序很重要。排序不同，结果则不同。在农业经济分析中，一般把土地面积放在第一位，然后是单位面积产量，最后是单价或价格。我们现在的排序就是按照以上规则进行的。

分析：（1）先替换播种面积 T：由 $T \rightarrow T_1$ 变动影响数为：

$W_2=T_1 \times Q \times P=250$ 亩 $\times 400$ 千克/亩 $\times 0.4$ 元/千克 $=40\,000$ 元

$\Delta T=W_2-W=T_1 \times Q \times P-T \times Q \times P=40\,000-48\,000=-8000$ 元

影响程度：$\Delta T/W=(-8000/48\,000) \times 100\%=-16.67\%$

（2）替换单位面积产量 Q：由 $Q \rightarrow Q_1$ 变动影响数为：

$W_3=T_1 \times Q_1 \times P=250$ 亩 $\times 450$ 千克/亩 $\times 0.4$ 元/千克 $=45\,000$ 元

$\Delta Q=W_3-W_2=T_1 \times Q_1 \times P-T_1 \times Q \times P=45\,000-40\,000$ 元 $=5000$ 元

影响程度：$\Delta Q/W_2=(5000/40\,000) \times 100\%=+12.5\%$

（3）替换价格 P：由 $P \rightarrow P_1$ 变动影响数为：

$W_4=T_1 \times Q_1 \times P_1=250$ 亩 $\times 450$ 千克/亩 $\times 0.5$ 元/千克 $=56\,250$ 元

$\Delta_P=W_4-W_3=T_1 \times Q_1 \times P_1-T_1 \times Q_1 \times P=56\,250-45\,000=+11\,250$ 元

影响程度：$\Delta P/W_3=(11\,250/45\,000) \times 100\%=+25\%$

各因素变动对指标的综合影响数：

$\Delta T+\Delta Q+\Delta P=W_1-W=W_4-W=56\,250-48\,000=8250$ 元

$\qquad\qquad\qquad =-8000+5000+11\,250=8250$ 元

各因素变动对指标的影响程度：$T \rightarrow T_1=-16.67\%$

$Q \rightarrow Q_1=+12.5\%$

$P \rightarrow P_1=+25\%$

3. 综合评分法

综合评分法是对技术决策、措施或方案的多项指标进行综合分析评价和选优的数量化方法。综合评分法不是从多指标分析评价，而是把各个具体项目的评分综合起来加以集中，以反映整个评价对象的优劣。也就是将各个评价项目的具体指标数值综合加权，用一个数字来表示整个技术措施方案的状况，从而可以从总体上概括地评价农业企业经营活动的成果。

综合评分法可用下列数学式表示：

某一评价对象的加权总分 $= W_1 P_{1j} + W_2 P_{2j} + \ldots + W_n P_{nj} = \sum_{j=1}^{n} W_j P_{ij}$

式中：P_{ij}——各个项目的评分；

W_j——各个项目的权重。

即某一技术措施方案的总分 = 各评价项目的权重与其评分数的乘积之和。

运用综合评分法的具体操作步骤如下。

（1）正确选定评价项目。每个备选方案都有很多具体的评价项目，评分时应选择对整个方案的目标影响较大的评价项目参与评分。

（2）合理确定各个评价项目的权重。各个项目在整个方案中所占的地位和重要性不同，在评分的时候应根据各个项目的不同情况确定其不同的权重。每个项目的权重用它在整个评分中所占的权重来表示，各个指标权重之和为 1 或 100。由于评价项目的权重是依靠人的经验来确定的，因此有一定的主观随意性。

（3）正确确定评分标准。可根据具体情况和历史资料对评级项目进行分级，一般按五级评分，即 5 分为最高，1 分为最低，中间状态的按 1 分的级差评分。

（4）编制决算表，比较优劣。对每个方案的得分进行汇总，得到每个方案的总分值，比较后选出最优方案。

🍁 **动动脑**

1. 农业企业生产效率考核指标有哪些？
2. 农业企业经营效率考核指标有哪些？

🍁 **链接案例**

钱去哪了——农业企业的资金之困原因剖析

"倒在黎明前"，这是好多农业投资最为悲怆的一幕。被联想收购的青岛蓝莓和四川猕猴桃基地，其原经营企业某种程度也是在遭受"黎明前的黑暗"式的痛苦，能遇上联想虽算不上"靓女嫁豪门"，但至少避免了因资金链不济而导致的悲剧结局。为什么有那么多的农业企业都在遭受着严重的资金瓶颈？大体有以下几种情况。

1. 投资概算失误

第一种情况是把投资概算搞错了。照搬工业上的"重资产轻流动"模式，以为把初始投资重点用在征地、建场和买设备上就行，少量流动资金就能运转，结果情况远非如此。如果说工业上固定投资与流动资金的比例8：2就可以，则农业需要倒过来，需要2：8。可惜的是，从二三产业来到第一产业的投资者，往往想不到农业企业对流动资金的巨大需求。

原因很简单，农业的季节性和周期性很强，原料占款和储藏成本也很高，流动资金的周转速度明显慢于工业，由此形成流动资金的大量占用。像生猪已经是现代农业产业中周期比较短的了，但依然需要6个月的周转时间。而且必须注意，这个周期内，猪没有长成，断然不能送屠宰场，也就是这个周期内没有回款，只有一味追加流动资金，硬扛着。

而工业产品至少还能边生产边卖，或者低价处理一部分产品救急，农业没有办法。更要命的是，农业是活的生命的生产，工业最差的情况下可以因为流动短缺把生产线暂停，而农业连这个最差的情况也不行，根本停不了，猪一天喂四次是断然不能少的，蔬菜关键时期的水肥是断然不能缺的，产奶的牛每天几十斤草料几十斤水必须继续供应，动植物均按自己的生物规律生长，停不下来。

2. 短估投资周期

虽然理论上投资回收期是明确的，但现实中各种因素的影响往往导致严重偏离投资预期的情况，收益期迟迟等不到。比如说，计划冬季完成农民土地的流转，春季便开始基础建设或播种，但如果有几户农民手中的地流转不顺，导致春季还完成不了土地的整体流转，则后面的整个计划无从谈起。或者拖延到夏季完成土地流转，虽然能做基础设施建设，但播种季节错过了，只能等下一年。

生产经营过程中还随时可能遭遇严重的自然风险，导致毁苗毁场，重的只有从头再来，不仅损失惨重，而且周期严重拉长。像严重的冬季寒冷，可能导致秋季新栽的树苗冻死，只能春季补栽，但效果不好；严重的倒春寒可导致果树花及幼果冻死，会造成当年的严重减产甚至绝收。比如，2012年全国有37 443万亩农作物受灾，占农作物播种总面积245 123.5万亩的15.3%，其中，成灾17 212.35万亩，占比为7.0%；绝收达到2739.45万亩，占比为1.1%。农业的自然风险不仅几率高，而且在实际上已经常态化了。

3. 低估融资难度

工业的用地是国有土地，一旦取得使用权，就可以抵押贷款；还有工业的厂房、产品、机器等都可以抵押，缓解流动资金的困局总算还是有多种通路的。但农业就不同了，首先农地是集体所有，企业如果流转农民的土地，只能取得农村集体土地的经营权，是不能抵押贷款的；其次，农业企业所经营的牲畜、树木、农作物等，也是不能抵押贷款的，正应了农村人的一句话，"家产万贯，带毛的一律不算"；再次，农业企业的家底既然如此，则找担保也是相当的困难。当然，十八届三中全会已经决定，农地的承包经营权可以抵押了，但还需要一个修改相关法律的过程，正式实施尚需时日。

因而农业企业的融资是非常困难的，基本上只有农村信用合作社能贷，但利息较高；还有政策性的农业发展银行，条件很严，针对范围较小。农业经营过程中，一旦遇到生产的关键时期资金短缺，比如生猪饲料短缺，果树关键时节追肥施药，一些农业企业便只有靠高利贷来救急了，属于饮鸩止渴的做法，仅沉重的利息将把企业压垮，却毫无办法，这怎么能长久？

4. 政策预期落空

过去讲农业，一靠政策，二靠投入，三靠科技。现在这个提法依然不过时。由于农业的弱质性，国家的扶持对做农业而言，重要性不言而喻。只要观察一下就能发现，一些上市的农业企业，主要靠政策性补贴来维持正利润水平以防止退市。但问题是，一般的市县缺少大量补贴农业的财力，主要靠争取中省两级的项目，这个中间的变数相当大，虽然可能有上面的领导做了指示，当地行政主管打了包票，但结果依然不可靠。更不要说国家的政策会随着市场的变化而调整，以农业这样的长周期去追赶国家政策的变化调整显然是不可能的。

比如，自2012年以来由于生猪产业的过剩，国家基本停止了自2008年以来实施的生猪产业相关政策性扶持项目，在这期间投资生猪产业的企业显然是不可能得到补贴和项目的，加上市场行情又不好，只能遭遇雪上加霜式的困境。还有一种情况，就是地方以招商引资名义邀请企业入驻，但很可能落地之后优惠政策无法到位，还有可能因县上主管领导变更而导致的政策变化让早先的政府承诺化为云烟。虽然不能说靠项目为生，但一旦遇上政策预期的落空，对农业企业的生产经营影响是相当大的。

5. 融资成本过高

如果能像联想那样钱多，也就会安下心来，做好十年不挣钱的准备，放长线钓大鱼，但大多数投资农业的经营主体没有这个实力，只能在资金的问题上苦苦挣扎。在农地无法抵押、担保困难等情况下，关键农时季节也就只有靠民间融资了，高昂的利息成本就能吞噬掉大量的利润，一旦市场行情没有达到预期，便只有上演《多收了三五斗》的现代版故事。而投资周期又那么长，于是"倒在黎明前"便成为农业投资一个重要的现象。

❀ 复习思考题

1. 简述农业企业财务管理的内容。

2. 什么是流动资金的循环与周转？怎样加快农业企业流动资金周转？

3. 简述农业企业流动资金日常管理的内容和方法。

4. 应收账款的信用政策包括哪些内容？

5. 存货的日常管理方法有哪些？

6. 农业企业有哪些特殊的固定资产？

7. 什么是固定资产折旧？农业企业固定资产折旧的具体方法有哪些？

8. 简述农业企业的成本费用包括哪些。

9. 农业企业分行业的成本核算有哪些特点？

10. 企业经营效益的含义是什么？

11. 农业企业经营效益评价的方法和指标有哪些？

第九章

农业企业经营风险管理

🍁 学习目标

1. 了解农业企业主要的经营风险；风险规避和控制的主要方法和工具；针对农业产业链风险管理的内容；

2. 掌握农业企业经营风险的内容；主要避险工具的原理及应用；

3. 理解农业产业链面临的风险及管理方法。

第一节　农业企业经营风险的概念及分类

🍁 **案例导入**

农业自然灾害划定四大等级

为做好农业自然灾害的预防、应急处置和灾后农业生产恢复，最大限度地减轻自然灾害造成的农业损失，保障都市型现代农业安全、有序和可持续发展，北京市制订了《北京市农业自然灾害突发事件应急预案》。依据农业自然灾害造成或即将造成的危害程度、发展情况和紧迫性等因素，分为特别重大（Ⅰ级）、重大（Ⅱ级）、较大（Ⅲ级）、一般（Ⅳ级）四个级别。同时，将根据农业自然灾害突发事件的发生范围、危害程度、受灾面积和紧迫性，分为四级启动应急响应。

北京市农业局相关负责人举例说，如果发生涉及半数以上区县的区域性特大农业自然灾害，农作物受灾面积达 100 万亩以上，或占受灾区域耕地总面积 50% 以上，且其中大部分可能成灾，部分农田可能绝收，或是饲养动物、鱼类因灾损失率达 30% 以上的自然灾害事件，就达到了特别重大（Ⅰ级）农业自然灾害突发事件级别。对应的，本市将启动特别重大农业自然灾害突发事件（Ⅰ级）应急响应，各有关部门将迅速向重灾区派出工作组或专家指导组，组织指导救灾，派出技术人员开展救灾技术服务；提出支持灾区恢复农业生产的意见和措施，建议市政府从市级财政安排农业生产救灾资金，争取国家救灾资金；根据救灾需求，调剂、调运救灾物资，必要时动用救灾备荒种子，协调恢复农业生产所需救灾物资，动员社会各界对重灾区给予救助。

此外，本市还由低到高划分了一般（Ⅳ级）、较大（Ⅲ级）、重大（Ⅱ级）、特别重大（Ⅰ级）四个农业自然灾害事件预警级别，依次采用蓝色、黄色、橙色和红色来加以表示。

〔资料来源：京郊日报（北京），2015 年 5 月 13 日〕

🍁 **案例思考**

自然灾害会为农业企业的经营带来哪些风险？如何规避这些风险？

一、经营风险概述

（一）经营风险的含义

经营风险（Agricultural Risk）是指农业企业在从事农业生产和经营过程中遭受到能够导致风险损失或获得风险报酬的不确定性。这种不确定性包括企业生产经营中面临的不确定因素（如自然条件、市场供求等风险因素和风险事件）和经营结果的不确定性（可能的风险损失和风险报酬）两个方面。当遇到有利条件时，企业会获得高于无风险项目收益的额外收益（即风险报酬）；当遇到不利条件时，企业会蒙受低于无风险项目收益的损失额（即风险损失）。农业企业经营风险存在于农业产业链的各个环节。

（二）经营分险的特征

1. 普遍性

企业的经营活动具有目标性，风险与目标相伴相生导致风险嵌入经营活动的方方面面。企业经营中时刻面临着自然风险、市场风险、技术风险、政治风险等不确定事件。与风险斗争的结果促进了科学技术的发展、生产力的提高，旧的风险得到控制的同时，又产生了新的风险，且风险事故造成的损失也越来越大。无论是自然界的物质运动，还是社会发展的规律都是由事物的内部因素所决定的，由超过人们主观意识所存在的客观规律所决定，风险是不可能彻底消除的。

认知风险普遍性特征的意义是要人们树立风险意识，在一定的时间和空间内改变风险存在和发生的条件，降低风险发生的频率和损失程度。

2. 两重性

风险定义认为风险对目标影响的后果具有"两重性"。风险既可能造成无法估测的风险损失，威胁目标实现；又可能为实现目标提供机会。"不入虎穴，焉得虎子"，一语道出了风险的两重性。当决定要冒风险入虎穴得虎子，实现这一获虎子的目标，就有"两种可能性"。进入虎穴得了虎子——获得收益；进入虎穴被虎吃掉——造成损失。这就说明了风险的"两重性"。

风险的"两重性"还表现在：同一项"风险"对不同的目标主体来说，具有不同的影响后果。不同的风险对同一个目标，可能是"机会"，也可能是"威胁"；同一个风险对于不同的目标，可能是"机会"，也可能是"威胁"；同一个风险对于同一个目标，可能是"机会"与"威胁"并存。如"禽流感"造成的影响，对多数养殖企业来讲是一种威胁，企业蒙受损失；但对于生产疫苗的兽药企业而言却是"机会"。

认知风险"两重性"特征的意义，是要人们明白风险对目标的影响不都是坏的/负面威胁，还有好的/正面的提供创造价值的机会，从而在实现目标过程中，积极主动开拓思路创造条件，寻找机会、规避危险较好地实现预期目标。

3. 偶然性

风险的存在具有普遍性，不以人的意志为转移，而其发生却带有偶然性，风险的偶然性是由风险事故的随机性决定的，对经营目标的影响而言，其有或无、大或小、好或坏等都具有不确定性。风险的偶然性表现为一是风险事件发生具有偶然性，如火灾一定会发生，但具体到某一企业、单位，就具有偶然性。二是风险事件何时发生也具有偶然性。三是风险事故怎样发生，对目标影响多大？也具有偶然性。这与当时的主客观条件有关，有时是一种外生的强加于人的风险事故。

认知风险偶然性的意义，是提醒人们认清风险有时是在外在因素影响下，或在特定条件下才会产生，有时偶然与条件密切相关，要时时刻刻提高防范风险的意识，做到防患于未然。

4. 可变性

风险的可变性指随着外部环境和内部条件的变化，风险也在变化。这种变化既有量的增减，也有质的改变；既有向有利目标实现方面变化，也可能向不利于目标实现方面变化；还有原有的风险可能消亡了，而新的风险又可能产生。

风险的变化主要来自三个方面：一是随着科学技术水平的发展提高，人们认识风险、抵御风险的能力增强，使风险事故发生概率降低，风险损失减少，有些风险威胁被消除，但同时也会产生新的风险因素，如转基因农作物的风险，农药造成的环境污染等。二是对风险的认识能力也在不断变化，掌握风险发生的规律，预防风险的发生，前控风险的能力也在变化与提高。三是社会环境、政治、法律、法规、社会结构的变化影响目标实现风险的变化。

认识风险可变性特征的意义在于认识到风险是会随着环境、条件的变化而变化的，从而促进研究探索风险变化的条件及产生的动因，使风险向有利目标实现方面转化。

除此之外，风险具有经济性特征，各种风险影响的后果往往都与经济有一定联系，既可能带来经济利益，也可能造成经济损失。风险具有时限性，一定时期内的风险，随时间延续其相关风险也会变化；风险具有关联性，随着企业间分工协作和技术经济联系日益紧密，风险的发生有"多米诺骨牌效应"，风险的发生可能会波及整个行业乃至上下游企业；风险具有规律性，对大量独立的事件的统计显示风险具有明显的规律性，使得可以利用概率论和统计的方法去预测风险发生的概率和损失程度。

（三）经营风险的影响

1. 增加了决策的难度

现代企业处于复杂的经营环境中，面临着不计其数的风险和不确定性。在决策中，需要考虑的决策变量增加，导致难以准确预测企业的经营成果。风险预测和防范成为企业经营决策中的重大难题。

2.增加了营运成本

为预测和规避风险，企业投入大量的人力、物力、财力希望能及时准确地预测各种风险。另外，企业也会采取多种风险锁定和转移的措施，如购买保险、签订期货合约等，对风险的管理、防范，占用了大量的企业资源，增加了企业运营的成本。

3.增加了潜在损失的可能性

随着企业面临的风险越来越复杂，企业经营决策失误造成损失的可能性也随之增加。企业在进行经营决策时，不仅要考虑行业因素，还要考虑整个产业链的影响；除了考虑国内经济、政策等因素的影响，还要考虑国际相关因素的影响；既要考虑现时面临的因素，还要考虑远期的因素；既要考虑经济效益的损失，还要考虑企业声誉等损失等。复杂的因素导致企业的潜在损失发生的可能性大大增加。

二、农业企业经营风险的分类

（一）按风险的成因划分

1.自然风险

自然风险是由于自然因素的变化（如地震、洪涝、火灾、战争、瘟疫等突发事件）带来的不可抗拒的风险。

农业企业的主要经营活动是农业生产，具有自然生产和经济生产交织进行的特征，自然灾害这种自然环境的变化对现代农业的影响是破坏性的，甚至是毁灭性的。我国的自然灾害不仅具有种类多、频率高、强度大的特点，而且还具有时空分布广，地域组合明显，受损面广，损害严重等特征。近年来，由于温室效应而带来的全球气候变化明显，包括我国在内的世界各地自然灾害频发，农业的自然风险有日趋增强的趋势。自然灾害发生后，会给农业经营主体造成直接或间接的经济损失。直接的经济损失表现为整个农业或某些农产品的减产或绝收，以及对农业基础设施的破坏；间接的经济损失表现为，农产品品质下降所引起的市场售价的降低。

2015 年 7 月我国自然灾害致直接经济损失 605.7 亿

据民政部网站消息，民政部、国家减灾委办公室会同工业和信息化部、国土资源部、交通运输部、水利部、农业部、卫生计生委、林业局、地震局、气象局、保监会、海洋局、总政治部、中国红十字会总会等部门会商分析，2015 年 7 月，我国自然灾害以干旱、洪涝、台风和地震为主，风雹、低温冷冻、山体崩塌、滑坡、泥石流和森林火灾等灾害也均有不同程度发生。经核定，各类自然灾害共造成全国 5675.2 万人次受灾，104 人死亡，4 人失踪，221.8 万人次紧急转移安置，31.2 万人次需紧急生活救助；6.2 万间房屋倒塌，31.3 万间不同程度损坏；农作物受灾面积 8227.4 千公顷，其中绝收 1084.3 千公顷；直接经济损失 605.7 亿元。综合来看，2015 年 7 月全国灾情较近年同期总体偏轻。

（**资料来源：中华慈善新闻网，2015 年 8 月 10 日**）

2. 技术风险

技术风险是指由于某些技术因素，如半机械化作业、产品品种的改良、农业生产技术的改进、农业科技成果的推广和应用等的实际收益与预期收益发生背离的可能性。包括两个方面的内容：一是技术研发和应用能否转化为现实生产力的可能性，如技术难度、成果成熟度、技术的先进性、实用性、技术创新的持续性等。二是科学技术的副作用（比如转基因对食物安全的可能损害、农业在杀害虫的同时可能使牲畜因误食而中毒等）、局限性或其不适当的使用而给农业生产和经营带来的各种损失的可能性。

在实际工作中，导致技术风险的因素很多。如农业生产一般都是露天作业，导致农业技术的保密性很差。对于一些经验型技术很容易被模仿，无度的技术模仿使产品供给增加，价格下降，导致技术原创企业实际收益小于预期收益。在现有的技术市场及农业技术推广下，由于信息不对称和不完全而产生的信息错误，由于道德败坏行为传递错误信息等，很容易引发技术风险。农业技术的推广对外界环境，主要是自然环境和社会经济环境，有较为严格的选择性。当自然环境发生变化时，技术的优势不仅不能显现，还可能适得其反，遭受到巨大损失。另外，技术的推广取决于市场的需求和价格的变化，当市场需求发生逆转时，最先进的技术也可能实现不了效益。技术使用人员的素质也限制了技术的推广，导致不能达到预期收益。

3. 市场风险

市场风险是指由于农业企业市场竞争能力的不确定性而引发的风险。主要受市场的增长潜力、市场需求程度、产品的可替代性、产品的性价比、产品的营销网络、产品的生命周期及市场竞争的激烈程度等方面的影响，或者由于经营管理不善、信息不对称、市场前景预测偏差等遭受损失的风险。

从需求的角度来讲，农产品的需求弹性较小，储存难度大，很容易因为产品过剩产生"谷贱伤农"的现象。同时，由于供求信息的不对称，对市场需求的判断能力弱，导致蛛网效应明显。随着经济全球化的发展趋势，以及农产品作为金融衍生品的特征，导致价格与需求严重背离，加大了市场风险发生的可能性。

4. 制度风险

制度风险是指企业外部的政治、经济、法律、政策或政策、法规的不健全，或频繁调整和变化给风险投资所造成的始料不及的负面影响，如政府对农业行业的调控及调控方式，财政、税收、环境保护等政策的变化，将直接影响农业企业的资金环境，所有这些因素都会给风险投资带来很大不确定性。

证监会决定停止审核 IPO 首发和再融资

据《21 世纪经济》报道，证监会发行部刚刚正式决定，首发和再融资均只开反馈会，初审会、发审会均停止。

在股市暴跌之际，国务院 2015 年 7 月 4 日决定暂停 IPO，上交所随后宣布沪深两市 28 只新股公告暂缓发行，次日证监会发言人邓舸明确提到，近期没有新股发行，下一步新股发行审核不会停止。但将大幅度减少新股发行家数和发行融资数额。

（**资料来源**：华尔街见闻，2015 年 7 月 9 日）

5. 社会风险

社会风险又称为行为风险，它是指由于个人或团体的社会行为造成的风险。农业企业的社会风险主要表现在如下几个方面：一是伪劣种子、化肥和农药等农业生产资料造成的农业生产损失；二是错误的行政干预造成的农业生产损失；三是工业污染给农业生产和经营造成的损失；四是由于道德风险和逆向选择的问题而改变企业的决策行为，从而导致资产风险的上升；五是价格支持等措施有可能会改变政府政策选择偏好，带来制度变迁的不稳定；六是为降低技术风险而加大技术投资和推广力度，有可能会带来农产品价格的更大不确定性以及农产品市场制度的不稳定。

（二）按风险在产业链所处的环节划分

农业企业的经营风险与农业生产所处的产业链环节紧密相关，按农业产业链的环节可将农业企业经营风险分类如下。

1. 产前环节风险

农业产业链的产前环节主要指农业生产前期的准备和投入阶段，包括生产资料的供应如种子、化肥，农户决策和预期如种植结构、方式等。该环节主要风险是市场风险和制度风险。

2. 产中环节风险

农业产业链的产中环节指农业基本产品的生产过程，包括自然作用，种植管理如田间管理，技术投入如抗病虫害技术应用等。该环节的主要风险是自然风险和技术风险，同时也受到制度和社会风险等影响。

3. 产后环节风险

农业产业链的产后环节指农业基本产品的销售、流通、加工以及产业链的延伸过程。该环节主要风险是市场风险和制度风险。此外，农业企业作为这一环节的重要生产主体，还将面对一般企业的潜在风险。

🍁 **动动脑**

以某一农业企业风险事件为例，分析农业企业面临的经营风险主要有哪些？

第二节　农业企业经营风险的规避与处置

🍁 **案例导入**

完善"订单农业"规避种植风险

"俺们现在种地再也不用担心销路，白蓝集团给俺们下订单，企业需要什么，俺们就生产什么，庄稼一熟就变成了钞票。"近日，淮南毛集实验区孙台村千亩粮种植大户方庆龙看到地里长势喜人、丰收在望的山芋，掩饰不住内心的喜悦。

"订单农业"是通过农企对接，以销定产，引导农民走市场的一种行之有效的经营模式，也是实现农产品产销衔接、农企互惠的最佳途径。毛集实验区，该区以发展工业的理念发展农业，进一步完善"订单农业"模式，让农民通过土地流转和招商引资等方式调整农业结构，实现农业全链式发展。"提高土地产出率、资源利用率、劳动生产率，唯一的途径是转变发展方式。'订单农业'确保农民收益最大化、最稳化。"

（资料来源：安徽日报，2015年11月5日）

一、农业企业经营风险规避与处置的原则

农业经营风险的规避与处置是指运用适当的手段对各种风险源进行有效的控制，以减少农业生产经营的波动，并力图以最小的代价获得最大的安全保障的一系列经济管理活动。其主要功能有两个：一是减少农业风险发生的可能性；二是降低农业风险造成意外损失的程度。

（一）保留风险

保留风险是指当风险不能避免或因风险有可能获利时，企业以自身财力承担风险损失的一种做法。

具体内容包括有意识的风险和无意识的保留风险两种。无意识保留风险是指不知风险的存在而未加处理，或风险已经发生，但未意识到而未做处理。有意识保留风险是指虽然明知风险事件已经发生，但经分析由自己承担风险更为方便，或者风险较小自己有能力承担，从而决定自己承担风险。

企业如何应对经营中的自然风险

华北等多地出现大旱，通过实地考察发现，由于种植方式的落后，很多农田是直接引黄河水大水漫灌，而黄河水量少，导致旱情严重。但如果相关地区能普遍修建灌溉设施和小水库，旱情就会缓解很多。如河南商丘的一家农业企业，其玉米地到 8 月下旬仍然是绿油油的，跟周边玉米地枯黄绝收的景象形成鲜明对比，原因就在于这家企业建设了喷灌系统。其次，从企业经营的角度来看，还可以通过区域分散、产业分散等方式来分散自然灾害的潜在风险。所以，不应该在农业自然风险面前束手无策，而是要积极应对，而且应对的办法也有很多。

（二）回避风险

回避风险即风险预防，企业对可能发生风险的农业经营项目采取主动放弃、拒绝实施或者提前准备降低风险损失。

具体内容包括：①增强企业的预测能力，准确预测风险事件发生的概率、估计风险的损失程度；②增强抵抗自然灾害的能力，加强企业的基础设施建设，改善生产条件，预防自然风险的发生；③增强企业的应变能力，根据生产经营环境的变化，及时调整企业的组织结构、生产方式等，提高企业经营决策和预测的科学性，健全信息服务体系，预防和减少市场风险；④增强安全生产意识，严格技术操作规程，完善责任制度，预防和减少技术风险。

农业企业通过有效的管理规范和技术提升来规避风险。如以生鲜为特色的超市，同样是从海南采购水果运到北京，这家企业的损耗率比一般超市要低 30%。又如，在"哀鸿遍野"的生猪市场中，有的生猪养殖场效益依然不错，其核心就是用管理换来了效益。标准化的科学饲养、规范的免疫程序、到位的疫病防控，节约了饲料，也减少了生猪的病死损失和相关费用，这些都转化成为良好的利润点。

（三）分散风险

分散风险是指当风险不可避免时，充分利用避险工具减少风险的规模，以一定的代价和方式将部分或全部风险损失分散给其他主体承担。

具体内容包括：①向保险公司投保。通过向保险公司支付一定的保险费用，将风险投资未来的损失转移给出保人。保险的目的在于转嫁损失而不是获利，使保险公司承担技术创新和风险投资项目失败的部分风险损失。②联合投资。联合投资、股份制经营等方式，通过商业模式设计，使多个主体参与风险损失和风险收益的分摊。③通过各种合同实现风险转移。如通过订单农业、金融工具创新等方式转移企业的市场风险。

设计商业模式规避投资风险

投资农业最核心的要素是要设计好商业模式。比如养牛，犊牛从出生到出栏要 3 年时间，那么可以选择分段养殖，每一段可能只需要 1 年时间，这就并不算长。如果资本性开支比较大，那可以去寻找资本性开支比较小的发展模式，比如"公司＋农户"。我们投资的一家肉鸡养殖企业，年出栏约 2 亿只鸡。该企业建设了自己的种鸡场、饲料厂，但没有建设肉鸡养殖场，而是向合作农户提供鸡苗、饲料、防疫和技术服务，并收取一定的保证金。这样，公司避免了因支出大额资本而导致回收期长的问题，也保持了非常好的现金流。

（四）组合风险

组合风险是指各种不同风险进行搭配，通过优化组合，以达到减少整体风险损失的目的。

具体内容包括：由于农业经营风险的多样性和季节性，在风险管理中，可以将不同时发生或强度不同的风险经营项目进行组合，以达到利益互补，增强企业整体的抗风险能力，从而减少企业的风险损失。

二、农业企业的主要避险工具

农业企业的主要避险工具包括商业性农业保险、政策性农业保险、创新性农业风险管理工具等多种。

（一）商业性农业保险

商业性农业保险，是指保险机构根据农业保险合同，对被保险人在种植业、林业、畜牧业和渔业生产中因保险标的遭受约定的自然灾害、意外事故、疫病、疾病等保险事故所造成的财产损失，承担赔偿保险金责任的保险活动。其功能主要是化解生产中的自然风险，从而为农产品加工或流通企业提供原料。

商业性农业保险按农业种类不同分为种植业保险、养殖业保险；按危险性质分为自然灾害损失保险、病虫害损失保险、疾病死亡保险、意外事故损失保险；按保险责任范围不同，可分为基本责任险、综合责任险和一切险；按赔付办法可分为种植业损失险和收获险。农业保险的保险标的包括农作物栽培（农业）、营造森林（林业）、畜禽饲养（畜牧业）、水产养殖、捕捞（渔业）以农村中附属于农业生产活动的副业。

1. 种植业保险

（1）农作物保险。农作物保险以稻、麦等粮食作物和棉花、烟叶等经济作物为对象，以各种作物在生长期间因自然灾害或意外事故使收获量价值或生产费用遭受损失为承保责任的保险。在作物生长期间，其收获量有相当部分是取决于土壤环境和自然条件、作物对自然灾害的抗御能力、生产者的培育管理。因此，在以收获量价值作为保险标的时，应留给被保险人自保一定成数，促使其精耕细作和加强作物管理。如果以生产成本为保险标的，则按照作物在不同时期、处于不同生长阶段投入的生产费用，采取定额承保。

（2）收获期农作物保险。收获期农作物保险以粮食作物或经济作物收割后的初级农产品价值为承保对象，即是作物处于晾晒、脱粒、烘烤等初级加工阶段时的一种短期保险。

（3）森林保险。森林保险是以天然林场和人工林场为承保对象，以林木生长期间因自然灾害和意外事故、病虫害造成的林木价值或营林生产费用损失为承保责任的保险。

（4）经济林、园林苗圃保险。这种险种承保的对象是生长中的各种经济林种。包括这些林种提供具有经济价值的果实、根叶、汁水、皮等产品，以及可供观赏、美化环境的商品性名贵树木、树苗。保险公司对这些树苗、林种及其产品由于自然灾害或病虫害所造成的损失进行补偿。此类保险有柑橘、苹果、山楂、板栗、橡胶树、茶树、核桃、枣树等保险。

2.养殖业保险

（1）牲畜保险。牲畜保险是以役用、乳用、肉用、种用的大牲畜，如耕牛、奶牛、菜牛、马、种马、骡、驴、骆驼等为承保对象，承保在饲养使役期，因牲畜疾病或自然灾害和意外事故造成的死亡、伤残，以及因流行病而强制屠宰、掩埋所造成的经济损失。牲畜保险是一种死亡损失保险。

（2）家畜保险、家禽保险。以商品性生产的猪、羊等家畜和鸡、鸭等家禽为保险标的，承保在饲养期间的死亡损失。

（3）水产养殖保险。以商品性的人工养鱼、养虾、育珠等水产养殖产品为承保对象，承保在养殖过程中因疫病、中毒、盗窃和自然灾害造成的水产品收获损失或养殖成本报失。

（4）其他养殖保险。以商品性养殖的鹿、貂、狐等经济动物和养蜂、养蚕等为保险对象，承保在养殖过程中因疾病、自然灾害和意外事故造成的死亡或产品的价值损失。

我国开办的农业保险主要险种有：农产品保险，生猪保险，牲畜保险，奶牛保险，耕牛保险，山羊保险，养鱼保险，养鹿、养鸭、养鸡等保险，对虾、蚌珍珠等保险，家禽综合保险，水稻、油菜、蔬菜保险，稻麦场、森林火灾保险，烤烟种植、西瓜雹灾、香梨收获、小麦冻害、棉花种植、棉田地膜覆盖雹灾等保险，苹果、鸭梨、烤烟保险等。

（二）政策性农业保险

我国自2004年开始政策性农业保险试验，主要由地方政府主导，给予适当保费补贴。从2007年起，中央政府开始主导政策性农业保险试验，支持在吉林、四川、新疆等6省区进行水稻、玉米、小麦、大豆、棉花5种主要粮食作物保险试验和能繁母猪保险。

2008年扩大到16省市自治区，保险作物增加了油菜、花生等油料作物，保险牲畜增加了奶牛。

（三）创新性农业风险管理工具

1. 套期保值

套期保值交易指在期货市场上建立交易部位来代替现货市场的实物交易中已经进行的或将要进行的交易，在期货市场设立与现货市场方向相反的交易部位，使一个市场的盈利弥补另一个市场的亏损，从而转移、规避价格风险的交易行为。

农产品期货是防范农业风险的有效手段，对于管理农业风险意义重大。通过套期保值可以规避原材料价格剧烈波动的风险套期保值分为买入保值和卖出保值，是用期（现）货市场的盈利来弥补现（期）货市场的亏损，只要整体计算不亏或少量亏损，就达到了套期保值效果。

期货市场和现货市场价格同方向波动是成功套期保值的前提，如果两个市场波动方向相反，其中会蕴含较大的风险。套期保值只是一个工具和手段，公司利用这个工具的目的是锁定成本风险，并非扩大利润。

2. 订单农业 + 期货市场

订单农业的主要功能是通过订单，将农户面临的市场风险分散和转移给订单企业，帮助农户获得稳定的收益，同时又确保企业获得稳定的农产品。农产品期货市场的功能在于提供一种有效的避险工具，利用套期保值交易，预先将其农产品的销售价格固定在一个稳定的价位上，从而避免从产品生产到最后出售期间发生不利价格波动造成的损失。此外，在农产品期货市场中，期货价格能为订单农业提供合理的参考，它的发现价格功能还能为农业提供及时的未来价格信息，有利于减少订单农业实施过程中的盲目性，改善资源的配置和提高农业的效率。

白银棉业的籽棉"期货"

期货农业，即将期货工具引入农产品种植、采购、加工、销售等生产经营活动中，涉农企业参考期货市场价格来确定订单价格，并通过参与期货市场进行套期保值，规避农产品价格波动风险，锁定利润。这一方法较好地解决了企业在订单农业中面临的农产品价格波动风险的问题。以白银棉业的"期货农业"模式为例。白银棉业牵头组建的枝江市白银棉花专业合作社，探索"公司＋合作社＋农户，订单＋期货"合作模式。公司在和农户合作中提出了"籽棉期货"的概念，通过合作社和农户签订籽棉"期货"合同并收取保证金的方式和农户建立紧密的合作关系。

籽棉"期货"合同并不是真正意义上的期货合同，其本质仍是合作社与棉农签订的籽棉购销远期合同，合同规定棉农在特定时间将特定数量的、符合品级要求的籽棉以合同约定的价格出售给合作社。但之所以称其"期货"合同，主要在于三点：一是签订合同的目的在于参与期货市场、进行套期保值，合同收购量和套期保值量基本相当；二是合同约定的收购价格根据企业参与期货市场套期保值的价格确定；三是严格控制农户履约风险，合同明确要求农户在签订合同时，向合作社缴纳相当于合同金额15%的保证金。

3. 指数保险

指数保险主要包括：气象指数保险、区域产量指数保险、农产品价格指数保险等。指数保险能有效克服了农业保险中的道德风险、逆选择及管理费高的弊端。

北京创新农业风险管理工具为生猪价格上保险　养殖户吃上"定心丸"

"生猪价格指数保险"是以生猪价格指数为保险责任的一种保险。在保险期内，生猪平均价格指数低于保险责任约定的价格指数时，视为保险事故发生，保险公司将按保险合同的约定给予赔偿。

生猪价格指数保险以"猪粮比"为参照系。"猪粮比"是指生猪出场价格与玉米批发价格的比值，即卖1斤生猪可以买几斤玉米。我国目前生猪生产盈亏平衡点为"猪粮比"6:1，低于6:1时养殖户亏损。

继2013年我国首款保障生猪市场价格波动风险的保险产品——"生猪价格指数保险"，由安华农业保险股份有限公司在北京市成功试点和如约兑现了410万元理赔款后，今年为进一步化解生猪价格市场风险，满足生猪养殖者多样化的保险需求，在中国保监会与北京市政府的指导和推动下，安华农业保险公司对"生猪价格指数保险"进行了升级改进。

2014版的生猪价格指数保险是在原有一年理赔周期的基础上，又推出的半年期新产品，供养殖户选择。由于新产品理赔周期缩短，更贴近生猪养殖规律，可更快地对养殖户因价格波动造成的损失进行赔偿，因此出险概率也随之增大，为养殖户承担的价格风险，总体上较原有产品扩展了数倍。

（**资料来源**：中国农业信息网，2014年12月12日）

国际上的指数保险主要有两种类型，一类叫气象指数保险，另一类称区域产量指数保险。如加拿大安大略湖的降雨指数保险，就是首先研究确定降雨量与作物产量之间的关系，然后规定降雨量不足某水平时进行赔付。2007年，上海安信农业保险公司在南汇西瓜种植区域推出气象指数保险试点。

农产品价格指数保险与气象指数保险承担生产中的自然风险不同，农产品价格指数保险承保的是市场风险，以"价格指数"为赔付依据。在国外期货市场发达的国家一般以期货市场价格作为农产品价格指数保险产品中的"价格指数"。如美国的肉牛价格保险，目标价格以保单签订日芝加哥商品交易所上保障期限末交割的肉牛期货价格为依据确定。当保单到期日的肉牛期货价格低于"目标价格"时，保险公司对差额部分进行赔偿。

4. 保险证券化

20世纪80年代末期和90年代初期，一系列自然灾害的发生使美国保险公司遭受了巨大损失，保险业尝试用金融手段为大规模自然灾害提供资金来源，其中运用的最成功就是巨灾债券，即保险公司通过再保险机构或特定的专业公司发行承担债务的附息证券，保险公司保留根据公司特定损失或全行业损失的情况改变债券利息率的权利。美国政府每年都要发行一定数量的农业巨灾债券，保障了发生巨灾时保险公司的应急资金。

保险风险证券化破题——我国巨灾保险迈出扎实一步

长期以来，我国的巨灾救助主要是靠紧急财政拨款。建立巨灾保险制度的目的就是为了通过制度创新，形成多层次的巨灾风险分散机制。

2014年8月出台的保险业新"国十条"提出，以商业保险为平台，建立巨灾保险制度，逐步形成财政支持下的多层次巨灾风险分散机制。从此，我国巨灾保险进入"落地"阶段。一年来，深圳、云南、宁波等地的巨灾保险试点相继启动，制度建设方面也取得了不小的突破。

按照建立巨灾保险制度"三步走"的规划，2014年年底，我国已完成"建立巨灾保险制度"专题研究工作，明确了巨灾保险制度框架。如今则已进入"第二步"，即在2017年年底前完成巨灾保险立法工作，重点推进立法保障、建立核心机制。其中，风险分散机制是巨灾保险制度的核心环节，"风险分散机制就是利用保险的正外部性特征，强化风险事前的干预和管理，将部分行政管理成本外化给保险行业。"国务院应急管理专家组组长、全国减灾委副主任闪淳昌表示。

（**资料来源**：中国经济网，2015年8月21日）

保险证券化是指通过建立保险支持证券，使资本市场的资金更好地进入保险市场，从而更好地帮助保险公司或再保险公司转移保险风险。保险证券化包含两方面内容：资产证券化和负债证券化。保险资产证券化，是指把保险公司的缺乏流动性但具有预期未来稳定现金流的资产聚集起来，形成一个资产池，通过结构性重组，将其转为可以在资本市场上出售和流通的证券，其实质是将保险公司的现金流转换成可交易的金融证券。保险负债证券化，是指保险市场上的风险的再分割和出售的过程，即利用证券化技术，通过构造和在资本市场发行保险支持证券，使得保险市场上的风险得以被分割和标准化，从而将承保风险转移到资本市场。通过证券化，将原有的资产或负债从资产负债表上去掉，从而提高资本比率。

5. 再保险

再保险是指保险人将其承担的保险业务，部分转移给其他保险人的经营行为。转让业务的是原保险人，接受分保业务的是再保险人。这种风险转嫁方式是保险人对原始风险的纵向转嫁，即第二次风险转嫁。

受全球变暖的影响，极端气候事件发生的概率在不断增加，区域性、流域性风险正在逐步暴露。2013 年黑龙江特大洪涝灾害、2014 年辽宁特大旱灾和海南两次台风，相关省份均出现了巨额超赔。从国际市场看，2011 年泰国洪水和 2012 年美国特大旱灾，都出现了创纪录的赔付，给相关国家保险体系的稳健运行带来较大影响。当前我国正处于推进农业现代化的新时期，农业生产逐步向适度规模经营转变，投入的规模更大，面临的风险更高，对农业保险的风险保障需求也必然更加强烈。但是大灾风险分散机制不健全，不仅影响了农业保险体系运行的稳健性，而且制约了保险水平的提高和覆盖面的进一步扩大，成为农业保险下一步发展迫切需要解决的瓶颈性问题。

中国农业保险再保险共同体成立

由中国人民财产保险股份有限公司等 23 家具有农业保险经营资质的保险公司和中国财产再保险有限责任公司共同发起组建的中国农业保险再保险共同体（以下简称"农共体"）在京成立。据了解，24 家农共体发起公司共同签署了《中国农业保险再保险共同体章程》，审议通过了农共体相关规章制度，同时推选中国人民财产保险股份有限公司作为农共体成员大会第一届轮值主席，明确中国财产再保险有限责任公司作为农共体管理机构。

"农共体将立足我国国情，借鉴国际经验，通过制度化安排和市场化模式，充分整合国内保险行业资源，提升农业保险整体的风险管理水平，为农业保险提供持续稳定的再保险保障。"

（**资料来源**：金融时报，2014 年 11 月 22 日）

我国农业保险再保险共同体的成立为我国不同地域和不同层次的农业风险提供多样化的再保险服务，例如为包括北京生猪价格指数保险、上海绿叶菜价格保险、山东大蒜目标价格保险，以及黑龙江水稻目标价格保险等在内的全国二十多个省份开展的目标价格保险等创新型业务提供产品设计和再保险支持，为稳定农产品价格、促进农民增收和提高农业再生产能力发挥积极作用。

三、农业产业链各环节的风险管理

（一）产前环节的风险管理

1. 产前环节的风险

农业产业链的产前环节主要指农业生产前期的准备和投入阶段，包括生产资料的供应，如种子、化肥，农户决策和预期如种植结构、方式等。该环节主要风险是市场风险和资产风险。

2. 产前环节风险管理的方式

产前环节的风险管理方式可考虑生产资料补贴、供应链体系、信息服务等。生产资料补贴稳定了农户购买能力，缓解了价格波动的冲击，供应链体系保证了购买渠道、降低了交易成本，重点解决了该环节的主要风险；生产资料补贴可利用供应链体系以降低操作成本、提高补贴效率，信息服务作为软要素也可与供应链体系结合，这保证了风险管理方式之间的协调；生产资料补贴通过稳定农户投入能够提高农业保险的需求，供应链体系能够带动技术推广体系的完善，实现了与产中环节风险管理方式的紧密联结。

农业企业应定期预测原材料和产成品市场可能出现的波动，采用长期合同或选择权期权合约的方式，保证企业以合理的价格采购到原材料。农业企业不能进行以投机为目的的期权或期货交易，不应进行期指买卖，套期保值交易应保证企业买入和卖出交易的数量基本对等，防止出现不利波动时企业亏损无法挽回或利益无法保障的情况。

（二）产中环节的风险管理

1. 产中环节的风险

农业产业链的产中环节指农业基本产品的生产过程，包括自然作用，种植管理如田间管理，技术投入如抗病虫害技术应用等。该环节的主要风险是自然风险和技术风险，同时也受到资产风险等影响。

2. 产中环节风险管理的方式

产中环节的风险管理方式可考虑农业保险、技术推广和服务体系、风险基金等。农业保险结合农业风险基金以重点应对自然风险，技术推广和服务体系来稳定农业技术的供给、降低技术风险的冲击；风险基金可协调农业保险的政策性问题，技术推广和应用则能推动农业保险的创新、提高农业保险的需求，风险基金也可配合新技术的推广和应用；农业保险通过稳定收益水平以保障产后环节中套期保值的顺利实施，技术的推广则为订单农业提供了基本条件，而风险基金与价格支持相互协调以实现风险管理的低成本和高效率。

农业企业通常应采用购买保险的方式转移自然灾害风险，但这种风险管理方法较为单一、限制较多。农业保险结合农业风险基金以重点应对自然风险，技术推广和服务体系来稳定农业技术的供给、降低技术风险的冲击；风险基金可协调农业保险的政策性问题，技术推广和应用则能推动农业保险的创新、提高农业保险的需求，风险基金也可配合新技术的推广和应用；农业保险通过稳定收益水平以保障产后环节中套期保值的顺利实施，技术的推广则为订单农业提供了基本条件，而风险基金与价格支持相互协调以实现风险管理的低成本和高效率。

面对备受关注的产品质量问题，农业企业在生产流程中可以考虑通过构建质量控制体系、岗位责任制度等进行风险管理。如种植类企业通常在生产流程中采取持续的检查与预防措施对自然灾害风险进行控制，加工类农业企业则通常参考 ISO 质量控制体系或国家质量控制体系对产品质量风险进行控制。在此过程中，农业企业应注意对质量控制体系或内部控制制度进行持续的评估与改进，保证企业风险管理体系的有效性。

（三）产后环节的风险管理

1. 产后环节的风险

农业产业链的产后环节指农业基本产品的销售、流通、加工以及产业链的延伸过程。该环节主要风险是市场风险和制度风险，同时也受到资产风险等的影响，此外，农业企业作为这一环节的重要生产主体，还将面对一般企业的潜在风险。

2. 产后环节风险管理的方式

产后环节的风险管理方式可考虑期货市场和基金、订单农业、价格支持等。国内农产品贸易商和加工企业普遍缺乏市场风险（包括国内和国际市场）管理意识和管理经验，无法利用期货市场这一现代市场风险管理工具转移和分散风险，也没有行业性管理机构从产业链角度进行一体化风险管理的设计和指导，当市场发生不利于自身的变动后，最终只能导致农户和农产品加工（流通）企业"风险自担，利益独享"，农户和加工（流通）企业无法成为真正意义上的一体化组织。政府可以建立引导型的期货投资基金解决分散农户利用期货市场的困难，价格支持体系的建设推动农业支持政策的完善，并为制度风险的应对提供借鉴。农业产业链各环节风险管理如表 9-1 所示。

表 9-1　农业产业链各环节风险管理

风险管理环节	主要风险	风险管理方式
产前环节	市场风险、资产风险	生产资料补贴、供应链体系、信息服务等
产中环节	自然风险、技术风险和产品质量风险	农业保险、质量控制体系、岗位责任制度等
产后环节	市场风险、制度风险	期货市场和基金、订单农业、价格支持等

🍁 动动脑

1. 创新型避险工具在应用中存在哪些问题？

2. 农业企业在产业链的各环节如何识别风险并进行有效的风险规避与处置？

🐟 链接案例

大连獐子岛集团股份有限公司"黑天鹅事件"风险分析

2014 年 10 月 30 日，大连农业上市公司——獐子岛集团股份有限公司发布公告，北黄海等海域遭遇几十年难遇的异常冷水团，公司 2011—2012 年两年间陆续播撒的将近 7 万公顷的虾夷扇贝由于自然灾害的缘故在收获期到来之前将绝收。公告发布之后，獐子岛集团股份有限公司业绩转盈为亏，导致 12 月 8 日、12 月 9 日该股股票连续两天跌停，每股股价累计下跌了 3 元左右，市值蒸发 20 亿余元，前期预报盈利的大好局面陡然转变为亏损 7 亿~9 亿元，公司坏账计提将近 8 亿元，前三季度全部亏损，整个 2014 年将巨额亏损。

（一）"獐子岛"面临的风险因素分析

1. 自然灾害风险

农业生产活动与自然环境有着密不可分的关系，几乎每年世界各地都会发生各种各样的气象、地质等影响农业生产的大型自然灾害。而我国作为农业大国，农业风险防范设施还相对薄弱，面对频发的自然灾害，不管是个体农业公司还是国企农业上市公司都难以独自承受这种损失。如獐子岛集团股份有限公司此次"黑天鹅"巨额亏损事件，即养殖海域受到冷水团袭击的影响而导致扇贝全部死亡，最终"颗粒无收"。

2. 农业技术风险

首先在传统农业迈向现代化的过程中，生产技术顺应农产品需求量的增加也随之走向复杂化、高新化，但新技术在某些技术层面也存在一定的不确定性，一旦新技术发生意外，同样会造成农业行业的震荡和与之对接行业的恐慌，从而增加了投资于农业上市公司投资者的风险。獐子岛集团股份有限公司"黑天鹅"绝收事件，公司的扇贝养殖深度指数就存在技术上的缺陷，并未将全部的扇贝种苗投放于合理的海水深度中养殖。其次，就技术层面来讲，从事海产品养殖的一线龙头企业，理论上应该对于起决定性作用的影响因素——海水温度，有着严格、及时的监控设备与检测团队，而獐子岛集团股份有限公司"黑天鹅"绝收事件的发生，暴露了獐子岛公司此领域技术方面的缺失或不重视，造成投资者的重大损失。

（二）"獐子岛"风险管理对策

虽然公司与中国人民财产保险股份有限公司于 2013 年 8 月 7 日签订了《战略合作协议》，推出以风力指数作为承保理赔依据的创新型保险产品，但公司表示，由于目前我国农业类的相关保险承保的范围非常有限，诸如寒潮、冷水团异常、敌害繁衍等给公司经营造成重大损失的情形，均不在承保范围内，因此此次受灾海域不在保险范围内。

同时，大连市政府召开长海县海洋牧场灾情分析会，会议强调，市政府对海洋牧场的建设不会因为出现自然灾害而动摇，并将继续支持以长海县为重点的全域海洋牧场建设；要在不断加强科研和海情海况监测的前提下，继续从人力、物力上支持以长海为主的深海养殖项目，加大深海养殖开发方面的研发和投入；大连市海洋与渔业局、财政局、发改委要尽快落实向长海县下拨省、市政府已确定的海洋牧场建设扶持资金，加快海洋牧场基础设施建设，推进以长海为主的辽宁省海洋牧场示范区建设；为保证海洋养殖产业长期可持续发展，大连市海洋与渔业局、财政局和保监局要尽快协调并研究推出海洋养殖抗巨灾保险品种，市财政按规定给予补贴，以最大限度通过保险杠杆降低自然灾害对海洋养殖业带来的损失。

注：黑天鹅事件（Black swan event）指非常难以预测且不寻常的事件，通常会引起市场连锁负面反应甚至颠覆。在发现澳大利亚的黑天鹅之前，17 世纪之前的欧洲人认为天鹅都是白色的。但随着第一只黑天鹅的出现，这个不可动摇的信念崩溃了。黑天鹅的存在寓意着不可预测的重大稀有事件，它在意料之外，却又改变一切。人类总是过度相信经验，而不知道一只黑天鹅的出现就足以颠覆一切。

（**资料来源**：证券时报网，2014 年 11 月 4 日；农业经济与科技，2015 年第 9 期）

🍁 **复习思考题**

1. 简述农业企业主要的经营风险。

2. 农业保险包括哪些内容？我国目前已有的农业保险包括哪些？

3. 经营风险管理有哪些创新的风险管理工具？

4. 如何管理农业产业链各环节的风险？

第十章

农业企业国际化经营

🍁 学习目标

1. 了解农业企业国际化经营的背景；

2. 掌握农业企业国际化经营的概念；

3. 了解目前国际市场划分及各市场的特征；

4. 掌握进入国际市场的步骤和方法。

第一节　农业企业国际化经营背景

案例导入

蒙牛总裁孙伊萍："国际化"和"数字化"打造中国乳业幸福梦想

1. 经济全球化

在经济全球化的时代背景下，中国乳业如何由"大"变"强"，应对时代和国际竞争的挑战，成为重大课题。

为应对全球经济共融和移动互联网的挑战，蒙牛正在以"国际化"和"数字化"的两大驱动，向"最具中国活力的国际化公司"转型，打造走向世界的中国乳制品品牌。未来蒙牛将持续进行国际化、数字化的战略布局，聚焦美食、运动、娱乐的三大幸福沟通主题，为消费者提供高品质产品，打造健康、多元、趣味的消费体验。

2. 国际化

2014年蒙牛500亿元业绩的背后，是其"引进来、走出去"的全球资源战略布局，目前，蒙牛已经积累了很多国际化的人才、国际化的整合能力以及国际化的系统管理等全球最佳实践的经验。蒙牛先后与丹麦Arla、法国达能、美国White Wave等全球顶尖乳企展开战略合作，并积极与新西兰鹏欣、Miraka建立合作关系，蒙牛旗下雅士利新西兰工厂也将正式投产。今年上半年，蒙牛成功续约NBA并推出定制包装产品，成为上海迪士尼度假区官方乳品合作伙伴，近期，蒙牛旗下雅士利拟收购多美滋中国的股权，这一系列战略举措为蒙牛液体奶、酸奶、奶粉业务的全球扩展打下坚实的基础。

3. 数字化

放眼国际化的同时，蒙牛更以互联网思维创新融入牛奶的数字化时代。蒙牛与美国IBM展开了全面深入的合作，协同推进SAP系统提高运营效率、推动全产业链食品安全信息的大数据建立、对社交化媒体信息进行自动采集和快速分析等。而基于互联网技术的国内首款二维码追溯精选牧场纯牛奶、首款智能跨界牛奶M-PLUS纯牛乳，以及联手羽泉组合即将推出的"嗨MILK"牛奶等，则引领了数字化牛奶的行业新趋势。而将数字化技术融入工厂参观的体验中，创新趣味互动，则让蒙牛与消费者走得更近。不论是数字化的管理、数字化的产品还是数字化的体验，都为蒙牛品牌注入了新的增长活力。

（资料来源：人民网，2015年8月11日）

❦ 案例思考

　　"新趋势"指的是什么，蒙牛为什么选择国际化和数字化？

　　经济国际化是指一国经济发展超越国界，与别国经济的相互联系、相互渗透不断扩大和深入的经济发展过程，经济国际化的内容非常丰富，其核心内容是资源配置的国际化，是一个动态的过程，进入 20 世纪八九十年代以来，经济国际化潮流在全球范围内进一步高涨，国际经济联系和合作无论在广度还是在深度上都取得全新的突破，知识信息网络化，全球贸易自由化，金融资本国际化，生产体系跨国化和运行机制趋同化等方面趋势都有了空前的加强，经济国际化进程迈向了一个更高级的阶段，表现出经济全球化的趋势。

一、知识信息网络化

　　知识信息网络化是由数字化技术、信息存储技术、数据库技术、网络通信技术与多媒体超文本、超媒体技术所支撑的知识信息资源的一种崭新的运动形式，也是信息社会化和信息产业化的一种重要组织形式，也就是现在最流行的"互联网＋"。以信息技术和互联网为基础的知识信息网络化迅猛发展，不仅冲破了国界，而且缩小了各国和各地的距离，不仅推动了生产方式的转变，更重要的是促进产品的生产、销售、筹资等全球网络的形成，直接促进了国际贸易。

　　"互联网＋"成为近期的热门词。传统企业纷纷"触网"，主营为饲料的大北农（002385.SZ）也开始着力在互联网方面进行布局。

　　大北农主营饲料、种子产品的研发、生产和销售。所谓的"三网一通"的三网就是大北农建立的管理网、农村电商网、金融平台网。"针对农村地区存在的一个问题——用电脑上网的人很少，也还未普及，相对来说，手机上网十分方便，因此，我们将'三网'整合成一个'智能通'，在移动手机端使用。"薛素文说。

　　他表示，2014 年以前，大北农的服务是封闭式的，公众看不到具体的产品，这一阶段属于内部探索，遵从的是由内而外的发展思路。"而我们的猪管网、农信网等平台最终面向的都是广大群众，经过 2014 年的内测和不断摸索，我们对今后平台的开放还是充满了信心的。"

　　在他看来，公司之前从未有任何推广举措，而从 2015 年开始会增加这部分的费用。除此之外，如果未来有机会的话，公司希望能够与在互联网行业、金融行业有良好口碑与实力的公司进行合作，借助专业的外部力量帮助公司更好地发展，企业合作这一部分可能也需要投入大量资金。

　　（资料来源：第一财经日报，2015 年 4 月 22 日）

二、全球贸易自由化

贸易自由化是指一国对外国商品和服务的进口所采取的限制逐步减少，为进口商品和服务提供贸易优惠待遇的过程或结果。全球经济一体化的不断推进和趋同，促进了贸易全球化的加速发展，贸易自由化是经济全球化的先导，是其程度加深的主要促动因素，贸易自由化的突出表现是 GATT 和 WTO，而我国提出的"一带一路"、自贸区的建立也是贸易自由化的表现。贸易自由化为世界不同类型的国家创造了有利的经济发展条件，使世界范围内生产分工得以改善，为世界经济注入了生机和活力。

8 月 21 日，中国新疆国际农业博览会暨现代农业智能装备、种子、农药、肥料专项交易会在乌鲁木齐开幕。

记者在现场看到，无人直升机等高科技农业设备吸引了众多观众。展会集中展示高科技农业智能装备、物联网、现代信息化农业领域以及农业生产资料，包含节水灌溉、温室大棚、农用飞机、植保药械、农业信息化、农业照明、新型肥药、农药、种子等大量高新、前沿技术产品。

据了解，作为国家"一带一路"和"科技援疆"的重要展会，新疆农博会承担着为新疆引进高新科技现代化农业智能装备，为新疆农业增产增效增收，促进中国装备出口，使全疆人民共同富裕的使命。随着新疆信息化建设的逐步完善，展会、论坛等活动已经成为向外界展示新疆发展潜力和前景的重要窗口，也是新疆、内地、国际三方交流的重要渠道。

作为中国最大的农业展会，新疆农博会已日渐成为我国对外涉农的窗口，也是中亚地区面向国内双向资源流动的最大平台。

农博会举办以来吸引了来自全球 33 个国家及国内各省市约万余家企业参展，展示面积年均 4.5 万平方米，参观人次年均约 50 000 人次，参观采购团仅新疆地区已达 960 个，受到了国内各大农业示范区、龙头企业、农合组织、科研院所、经销代理商及政府涉农主管部门、农技推广站、驻华使馆等单位的广泛关注。

（资料来源：人民网——新疆频道，2015 年 8 月 21 日）

三、金融资本国际化

自 1994 年以来，全球跨国并购大幅度升级，成为当今国际直接投资最重要的方式，2000 年的跨国公司并购总值占到了 FDI 流入总量的 90%。国际上的直接投资以前主要是发达国家之间互相投资，或者是发达国家向发展中国家投资。近年来，流向发展中国家的直接投资在增加，甚至出现了发展中国家向工业发达国家投资和发展中国家互相投资的现象。金融资本的国际化为生产融资国际化创造了良好的条件。

科菲·安南：亚投行将对促进地区互联互通发挥积极作用（节选）

中国网：您在《救救世界秩序吧》一文中提到世界银行和国际货币基金组织仍由欧美国家主导，不能够反映新兴经济体的利益诉求。去年，中国发起了亚洲基础设施投资银行，在您看来，亚投行将在提供基础设施投资以及促进亚太地区互联互通方面起到怎样的作用？

安南：首先，我仍然认为对于世界银行和国际货币基金组织的改革十分必要，因为它们的组织架构所反映的是1945年的情况，时间太过久远。但当今世界已截然不同，出现了很多新兴国家，甚至新领域，它们所发挥的影响力都不容小觑。如果世界发生了变化，相应的机构体系也应做出调整，如果对此置之不理，将会滋生更为严重的问题。由于全球对于基础设施发展的需求十分庞大，因此我认为亚投行将发挥积极作用。以非洲为例，非洲发展的两大障碍是基础设施落后和能源短缺，如果非洲能够解决这两个问题，将发生翻天覆地的变化；亚洲也面临同样的困境。因此，世界银行、国际货币基金组织以及亚投行需要做的工作还很多，我希望他们彼此能够相互合作、取长补短，同时我也希望不要忘记非洲，会有新的安排或设立新的银行来支持非洲与所有国家之间的利益。或者亚投行的运行能延伸到亚洲之外，能在非洲开展一些工作。我也相信亚投行的发展必将符合我所想。有些人认为亚投行的建立将引发与世行和国际货币基金组织之间的激烈竞争，但我对此很乐观，因为有足够多可运作的项目。

中国网：中国正在力推"21世纪海上丝绸之路"战略构想。如果该构想取得成功，不仅能够助推中国的发展，也将惠及沿线各国，当然也包括非洲。在您看来，海上丝绸之路是否将为非洲经济的发展注入动力？

安南：从长远来看，非洲与各国、各地区互联互通将会产生任何可能性，非洲对贸易路线的开放必将有助于非洲的发展。我认为未来世界将看到一个充满活力的非洲，也就是说，非洲不应仅仅在体育、自然资源开发方面有所建树，它还需要增添附加值，需要开始发展制造业、生产商品，无论是农产品还是其他，所有的产品都能够销往世界。

四、生产体系跨国化

由于技术进步的加快，当代国际分工早已从产业之间的分工深化到产业内的分工，即同一产业不同商品生产上的分工；近年来，进一步出现了同一商品不同零部件生产上的分工，甚至出现了同一零部件不同生产工序上的分工，生产体系跨国化逐渐深入。同一产品可以同时分布在十几个、几十个国家和地区生产，使得每个国家和地区可以发挥其技术、劳动力成本等方面的优势，最终产品最终也就成为一种各国协作生产的"国际性产品"。

在农业国际化进程中，农业国际合作与跨国公司扮演着极其重要的角色，其对中国农产品对外贸易的商品结构及市场结构变化的影响不断加深，在促进资本、技术和产品自由流动的同时，亦不断强化农业资源的双向流通。跨国公司对农业产业链的控制，给发展中国家农业产业健康发展带来隐患，因此，农业产业安全日益受到发展中国家的广泛重视。

2014 年 9 月，黑龙江垦区红兴隆管理局曙光农场组成 27 名农业人员队伍，奔赴安哥拉开展国际农业合作开发项目。"这是农场在非洲安哥拉莫希科省粮食试种取得成功，正式与安哥拉签订为期 3 年规模为 20 万亩农业合作开发项目合同后，派出的首批人员。"曙光农场场长田旭江说，此举是黑龙江农垦红兴隆打造"国际大粮商"取得的又一新成果。

"走出去开发境外农业资源，是维护国家粮食安全新的实现形式，也是农业全方位、宽领域、高水平对外开放开发工作的必然要求。"黑龙江农垦红兴隆管理局局长王贵说。曙光农场在安哥拉政府粮食战略项目合作中，通过对土壤改良、播种密度对比试验、施肥量和耕作农艺及田间管理技术综合施用，玉米单产 600 斤，比试验设计产量高出 320 斤；大豆单产 200 斤，比试验设计产量高出 120 斤。双鸭山农场在莫桑比克的玉米作物项目，受到莫桑比克总统的高度评价，并决定将合作规模扩大到 30 万亩。

的确，中国农业在海外所到之处，精湛的生产技术、优良的作物品质，都让外国人竖起大拇指，"中国农业好样的"好口碑已深植当地人心中。

在境外农业开发项目实施中，红兴隆采取先合作经营，后独立投资开办的方法进行风险规避。同时，他们在内部建立了安全保障机制和风险评估制度，每年下拨 100 万元对实施境外农业开发的重点农场给予资金支持。

目前，红兴隆跨国农业种植面积超过 70 万亩，输出国际型现代农业技术人才 330 人，实现增收 5000 余万元。

（**资料来源**：农民日报，2014 年 9 月 30 日）

五、运行机制趋同化

在当今世界各国经济发展中，根本不存在单一调节机制的运行体制或运行模式，不论其社会经济制度性质如何，往往都是多种经济运行机制的复合体或混合体，也就是说，世界各国经济运行机制上越来越显示出趋同的特征。这种趋同化使得"经济国界"日趋淡化，更有利于跨国公司的发展，为国际贸易、国际投资以及高新技术的推动提供良好的环境。

近日，江西五丰食品公司顺利通过了美国食品和药品管理局（FDA）的输美食品企业抽查，成为江西首家通过美国 FDA 现场检查的出口米粉企业。该公司是一家专业生产销售五丰牌、高富牌、汉仙牌米粉的省级农业产业化龙头企业，产品历年来一直畅销美国。该公司生产的五丰米粉分中式、西式、营养、速食四大类，共有 60 多个品种，采用公司自行建立的绿色基地生产的优质大米和独特的发明工艺精制而成，并通过了国家原产地标记注册认证和绿色食品认证。

本次检查包括企业的食品安全管理、食品防护、追溯召回体系，内容覆盖原料控制、生产过程、卫生管理、设备设施、产品储存运输、食品标签、实验室及出口证单等各个方面。

依据美国《食品安全现代化法案》，美国 FDA 每年组织对输美食品企业实施抽查。通过检查的企业能够正常出口美国市场；对于检查过程中发现问题较多的企业，美国 FDA 会有针对性地提高抽查频次，通关环节抽查增多一定程度上会影响企业出口；当 FDA 检查出问题较多的企业时，该企业将会被列入"黑名单"，该企业今后出口食品至美国口岸时将会被自动扣留，无法进入美国市场。因此，顺利通过美国 FDA 检查直接影响企业出口产品能否进入美国市场，具有十分重要的意义。

（资料来源：中原网，2015 年 8 月 13 日）

从目前的发展趋势来看，我国将加大对农业内资企业的扶持力度，加强对外资的引导工作，降低中国农业对外资的依赖程度，通过优惠政策鼓励内资企业扩大投资，减少外资对内资的挤出效应。同时，与其他国家建立互利共赢的国际农业合作机制，实现互补。中国可以充分利用农业大国优势，除传统的进出口贸易以外，在农业科技、人才培养交流和服务贸易等方面进行协商，建立互利共赢的合作机会，结成农业发展共同体。

❦ **动动脑**

1. 经济国际化有哪些表现？
2. 我国在经济国际化潮流中扮演什么角色？

第二节　农业企业国际化经营概述

❦ **案例导入**

中粮集团搭建国际粮食走廊

2015 年 5 月，在巴西里约热内卢举办的"中国装备制造业展览"上，中粮集团展示的全产业链发展模式和全球布局情况吸引了众多参观者驻足。"别的公司是在巴西当地卖东西，我们是在巴西当地买东西。"中粮集团董事长宁高宁说。

去年，中粮完成两笔海外收购大单：成功收购荷兰尼德拉集团 51% 的股份和收购香港来宝农业 51% 的股份。从中国第一到世界领先，从"买全球"到"卖全球"，中粮集团正在发生这样的嬗变。收购两家国际化农业公司后，中粮国际业务量已超过了国内业务量，成为名副其实的国际化大粮商。

过去中粮买大豆，是在北京通过电话向供应商订购。如今，可以通过尼德拉集团从阿根廷农民手中直接买到，这大大提升了供应链效率，提高了对中国粮食安全和供应的保障能力。

全球粮食大流通格局是从作为全球粮食主产地的美洲流向作为全球粮食新兴需求市场的亚洲。收购整合后，中粮在美洲和亚洲之间建立起一个稳定的粮食走廊。上游有港口码头、贸易团队、风险控制体系，与国内的港口码头、加工物流、品牌渠道相结合，不仅打通了全球粮食产地到中国消费者的通道，而且为国家粮食安全提供了更好的保障。

中粮全球化布局还在加速。下一步，中粮计划在北美洲地区加强布局和投入，充分利用各国资源优势，增强品种互补性，形成上下游一体化产业链，全面提升服务中国市场和全球市场的能力。

"面向全球布局产业链条，对中粮来说正在成为现实。"未来的中粮，不仅有能力为中国采购粮食，而且可以把南美的粮食卖到欧洲，把黑海地区的粮食卖到亚洲，既可以满足国内粮食安全的需要，也为保障世界更多地区的粮食需求贡献积极力量。

（资料来源：人民日报，2015 年 8 月 4 日）

🍁 案例思考

中粮实行全球布局战略前后有哪些变化？

一、农业企业国际化经营的概念

农业企业国际化经营是农业企业由国内经营向全球经营发展的过程，具体是指农业企业为了寻求更大的市场、更好的资源、追逐更多的利润，突破国家界限、向国外发展经营业务、参与国际分工相交换，实现农产品的产品交换国际化、生产过程国际化、信息传播与利用国际化以及企业组织形态逐渐国际化的过程。

农业企业开展国际化经营活动，必须要在全球经济范围内综合考虑农业产业结构调整和农业企业的发展，按照国际化标准组织生产和经营，建立国际化的生产体系和全球化的销售网络，大力开拓国际市场，提高农业企业的国际竞争力。并且随着国际经营业务的扩大，农业企业将在海外直接投资，建立海外企业，进而建立国际生产体系和营销网络成长为跨国公司，甚至全球公司。

贵州茅台与法国百多士集团合作

近日，在法国百多士集团（Groupe Partouche）旗下的里昂绿色庄园（Domaine de

Lyon Vert），一场不同寻常的品鉴音乐晚会吸引了来自当地的近百名中法嘉宾。这是法国百多士集团与贵州茅台（Moutai）2015 年合作的一个开始。

晚会开场前，百多士集团特地为嘉宾安排了一场鸡尾酒会。嘉宾们边品尝香醇茅台酒，边畅谈、交流、了解中国酒文化。茅台法国经销商陈兴告诉记者，为适应法国市场，贵州茅台酒在出口 53 度的基础上，还特别推出了 43 度的低度酒，供消费者选择，而用高档茅台酒特调的鸡尾酒系列，也是这次与百多士集团合作的一个创新点。茅台酒兑出的鸡尾酒，口感丰富，更带有谷物的醇香，口味别具一格。很多法国嘉宾对此称赞有加。

贵州茅台集团有限责任公司历来坚持"以人为本、以质求存、恪守诚信、继承创新"的企业核心价值，与百多士集团"追求每个客户最大满足"的企业文化不谋而合，因此能够携手并进，实现双赢合作。今后百多士集团将会向法国各大庄园、娱乐园和娱乐场、高档酒店的中法客户，推出纯正的茅台鸡尾酒和经典款白酒。

博彩娱乐在法国有着拿破仑时代以来的悠久历史和传统，一直是高端消费人士的首选娱乐项目和社交场所。法国百多士集团作为拥有 40 年经营传奇和法国博彩业唯一的上市公司，其娱乐场、星级酒店、美食餐饮、会议演出、温泉水疗、高尔夫等娱乐设施遍布全法国。通过百多士集团的销售网络，把中国的酒文化通过鸡尾酒等法国客户容易接受的方式迅速推广到法国的高端消费人群，丰富他们的消费选择，提供和他们身份地位相称的美酒佳酿。

（**资料来源**：中华财经，2015 年 7 月 24 日）

二、农业企业国际化经营的特征

农业企业进行国际化经营与国内市场经营有较大的差别。具体表现在以下几个方面（图 10-1）。

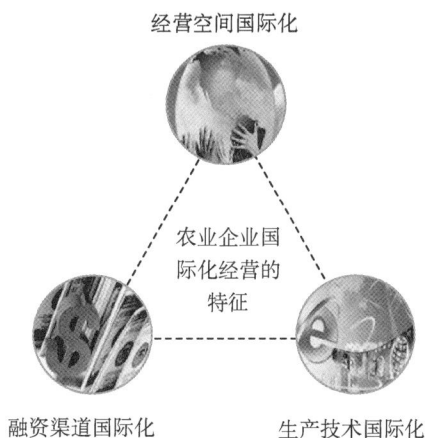

图 10-1 农业企业国际化经营的特征

（一）经营空间国际化

不同国家或地区的农业企业为了在国际市场上获得比较利益，按照比较优势的原则开展生产经营活动，越来越多的农业企业选择在海外开办分公司，建立全球性的生产经营网络，与东道国的自然资源、劳动力和市场优势相结合，以实现生产要素的最优配置和企业利润的最大化。农业企业的国际化经营特别是跨国公司的迅速发展和全球发展，进一步促进了国际农产品市场的形成。

老干妈进军韩国：你有都教授　我有老干妈

@中国经济网：【你的女神"老干妈"来韩国啦！】老干妈韩国各大homeplus有售，3800韩币一瓶，约合21元。

记者追访：没想到，这样一条简短的微博引起网友强烈反响。不少网友强烈建议"老干妈"赶紧申遗。更有网友想好了广告词："中国老干妈，好吃思密达！""心急吃不了老干妈！"有网友甚至称："你有国民男神都教授，俺有全球女神老干妈！"

喜大普奔派

有网友感慨："这么多民族企业奋斗了这么久，终于有一个拿得出手的国际一线品牌，听说'老干妈'在美国属于奢侈品呢。"

网友"风神"也称："去年老干妈攻占超市进军美国人餐桌，在美国被称为奢侈品，每瓶售价高达37元，如今又打入了韩国市场，3800韩币一瓶，约合21元。终于有一件商品挣外国的钱了，心里顿时平衡了。"

网友"行星"回忆称："当年在我很小的时候，老干妈还在我家附近摆摊卖，现在成女神了，太神奇了。"

冷静揭秘派

网友"宁信"指出："真不忍心告诉你们事实，就像国货出口欧美一样，谁买呢？就是在国外的华裔或者留学生而已，当地人买的很少。"（综合）

（**资料来源**：凤凰网，2014年3月23日）

（二）融资渠道国际化

随着全球资本市场的形成，国际资本的流动达到了空前规模。这就为农业企业国际化经营的资金供应提供了有利的条件。农业企业国际化经营中所需资金大多以跨国公司和国际金融机构的投资为主要来源。

（三）生产技术国际化

生产要素在全球范围流动和配置的同时，各国间的农业企业生产技术交流与合作的领域也在不断拓宽，合作研究的范围不断延伸和扩展。特别是由于科学技术的迅速发展，出现了农业生产的新品种、新技术，这些新品种和新技术在全世界范围内得到了广泛的推广和使用。

5月6日，新希望集团旗下新希望乳业与新西兰皇家农科院（AgResearchLtd）在新西兰哈密尔顿花园签署战略合作协议，双方在乳业健康与营养方面初步达成4个方向的合作。此次签约期间，适逢成都市与新西兰汉密尔顿市结为友好城市。作为中国最大的民营农牧与食品企业集团，新希望集团携旗下新希望乳业与新西兰皇家农科院在科研方面的合作不仅将进一步提升企业科研水平、借此推进新希望集团的国际化战略，也成为积极响应"一带一路"战略的排头兵。

据院长 Tom Richardson 博士介绍，此次战略合作协议初步确定的4个合作方向分别是：中国消费者对牛奶蛋白质过敏的反应机理、加热处理对乳制品营养价值的影响、针对中国宝宝的婴幼儿奶粉配方优化、无添加及功能性乳制品的开发等。其中，对中国消费者蛋白过敏体质的研究，将解决喝牛奶过敏人群的困扰。加热处理对乳制品营养价值的影响研究，则将提升新希望乳业乳品加工技术，生产更加优质的乳制品，推动中国消费者低温鲜奶的健康消费习惯。而皇家农科院多年来在婴幼儿配方奶粉研究方面享有丰富的研究成果，长期为多家国际知名乳业提供技术支持，此次合作也将推动新希望乳业的婴幼儿奶粉产品迈上新台阶。接下来，双方还将共同建立联合实验室，培养国际化专业化的人才队伍，开展更广泛的技术合作，从而提升科研团队的研发水平，增加产品的技术附加值，提升科技创新能力，最终建立和强化企业的核心竞争力。

"此次与新西兰皇家农科院的签约，将提升新希望乳业的乳品营养与健康研究的技术研发水平。我相信，凭借与皇家农科院这样知名科研团队的深度紧密合作，新希望乳业也将推动中国乳品市场向更健康科学的方向迈进。"席刚在签约仪式上表示。

（资料来源：光明网，2015年5月7日）

🍁 **动动脑**

农业企业国际化有哪些本质特点？

第三节　农业企业国际化实务

五粮液出海：中国白酒的国际化谋略

2015 年 7 月 5 日，五粮液股份公司董事长刘中国带队，在米兰世博园举行了主题为"世界名酒全球共享"的 2015 年意大利米兰世博会中国企业联合馆"五粮液周"活动开幕仪式，并于当晚 9 时举办了一场别具中国文化特色的品鉴活动，米兰市市长特使菲利波·巴贝利斯博士、蒙扎市副市长卡洛·阿巴博士、蒙扎市政府新闻办主任 MarcelloVolpato 先生以及米兰市商会主席等嘉宾参加品鉴晚宴。

中国白酒，有着数千年的悠久历史，其酿造技艺独特、文化底蕴深厚，是数千年诗酒文章的神韵、民俗风情的载体和民族文化的象征。越是中国的，就越是世界的。可以说，中国白酒的"走出去"，是中国文化走出去的重要部分。

对此，五粮液集团公司董事长唐桥有着深刻的认识：中国白酒要真正走向世界，口感不是问题，关键是要解决消费文化、消费场合、消费方式的问题。软实力是承载"中国的五粮液·世界的五粮液"梦想的重要支撑，也是五粮液走向世界的核心竞争力。五粮液要用五千年的东方文明"醉倒"外国消费者。

"中国白酒走出国门，就应该巧妙地把中国酒文化与当前世界商品经济发展和社会文明进步紧密结合，把传统文化和现代生活紧密结合，努力开拓、保持和发扬优秀的中国酒文化；就应该坚持白酒传统的酿造工艺与现代科技相结合，保持独特风味口感与符合国际食品标准相结合；让各国消费者了解中国文化、体验中国人的生活习俗，进而接受中国白酒，喜爱中国人的饮酒方式。"刘中国董事长有着同样的、深刻的见解。

事实上，五粮液的推广方式赢得了海外消费者的肯定和认可。据了解，在米兰世博会中国企业联合馆，五粮液展区以明清风格展柜展台营造出中式传统文化的浓郁氛围。

最值得一提的是，五粮液展区首次采用多媒体人机互动方式。当游客靠近时，大屏幕就会出现两位中国先生，并主动邀请游客入座，同时讲解中国白酒的历史、酿造过程以及介绍如何使用中式酒具、饮酒礼仪，还邀请游客与其隔空举杯互相敬酒。众多外国游客被浓浓的五粮美酒的醇香以及独具魅力的中国饮酒文化所吸引，饶有兴趣地参与多媒体人机互动体验，跟着互动视频学习中国的饮酒礼仪，或斟酒，或碰杯，或畅饮，纷纷竖起大拇指称赞五粮液是好酒。

（资料来源：中国企业网，2015 年 8 月 5 日）

五粮液在走向国际市场时采取了怎样的策略？

农业企业国际化，就是要农业企业进入国际市场，进行国际贸易。一般来说需要五个步骤：国际贸易交易前期准备、国际贸易合同的磋商和订立、国际货物运输及商品检验、国际货款的收付与合同履行以及国际贸易争议的预防和处理。

一、国际贸易前期准备

国际贸易交易前的准备工作一般包括国际市场的调研、目标市场的选择、企业选择进入国际市场的渠道、制订进出口商品经营方案、出口商品商标的注册和价格制订与成本核算。

（一）国际市场的调研

国际市场调研是指运用科学的调研方法与手段，系统地搜集、记录、整理、分析有关国际市场的各种基本状况及其影响因素，以帮助企业制订有效的市场营销决策，实现企业经营目标。国际市场调研的方法包括网上调研、付费调查、实地考察等。国际市场调研一般分为四步：确定问题、制订调研计划、执行调研计划及解释并报告调研结果（表10-1）。

表10-1　国际市场调研方法对比

	网上调研	付费调查	实地考察
优　点	费用低 速度快 信息量大	内容翔实 结论科学 针对性强 实施性强	结果具体 突破性强
缺　点	缺乏针对性	成本较高	费用较高

（二）目标市场的选择

选择国际目标市场的总体标准是要能充分地利用企业的资源以满足市场上消费者的需求。具体表现为可测量性、需求足量性、可进入性、易反应性四方面。农业企业选择国际目标市场的过程一般包括以下两个步骤：一是对所有国家的市场进行筛选，确认选取哪些国家的市场，以缩小选择的范围，降低进一步评估的成本。二是对特定国家进行筛选，也就是对经过第一阶段的初步选择后的较少的国家和地区进行筛选，对于这些国家或地区市场，企业需要进一步对其市场潜力，包括市场的现实规模、行业在企业的战略计划期内的增长率等做出较深入评估。

（三）企业选择进入国际市场的渠道

企业进入国际市场的渠道分为产品出口和国外生产两种。

1. 产品出口

产品出口又分为间接出口和直接出口。间接出口是指将产品卖给国内的中间商，由其负责出口；直接出口是指企业把产品直接卖给国外的中间商或最终用户。选择直接出口方式进入国际市场可以使企业摆脱中间商渠道与业务范围的限制，以对即将进入的海外市场进行选择；企业可以获得较快的市场信息反馈，并制订更加切实可行的营销策略；企业拥有较大的海外营销控制权，可以建立自己的渠道网络；也有助于提高企业的国际营销业务水平。

近年来，浙江省茶叶出口形势总体较好，除绍兴外，湖州等地也有新的突破。数据显示，2015 年第 1 季度，湖州出口茶叶 6662 吨、金额为 2150 万美元，环比上一季度，数量、金额分别上涨 49.8% 和 74.7%。

湖州嘉盛茶业有限公司是一家以出口欧盟、日本为主的茶叶企业，今年 5 月，"嘉盛茶业"生产的 65 箱、650 千克、价值 5.85 万美元的安吉白茶成功出口至德国。据了解，本次出口的安吉白茶均价达每千克 90 美元，是我国出口茶叶平均单价的 20 余倍。

"因欧盟是世界上茶叶安全标准最高的国家和地区之一，我国生产的名优茶很难符合欧盟法规的要求，所以安吉白茶之前很少跨出过国门。""嘉盛茶业"负责人说，早在 2012 年，他们就向国外客户寄安吉白茶样品，但由于国际市场长期接受的是低价茶，"正宗安吉白茶的价格，需要每千克 80 美元以上，加上要符合欧盟的相关标准，这样就导致安吉白茶不被国际市场客户所认可。"

可"嘉盛茶业"并没放弃，多年来一直与客户沟通、协调，不断传播"茶叶生意就要做原产地茶"的理念，并且强化原料基地建设，严控农残风险。终于于今年年初，在半年内欧元急剧贬值 25% 的大背景下，客户主动向安吉白茶伸出了橄榄枝。

（**资料来源：**食品商务网，2015 年 7 月 28 日）

2. 国外生产

国外生产的主要形式有国外组装、合同制造、许可证贸易、合营企业和海外投资生产等。

（1）国外组装。是指国际企业在母国生产出某种产品的全部或大部分零部件，运往东道国组装成成品，然后将成品就地销售或再予出口。这种方式的优点是运费低、关税低、投资少、制造成本低，能为当地提供就业机会，易被当地政府支持。

（2）合同制造。是指国际企业与东道国企业签订某种产品的制造合同，在东道国企业按合同要求生产出成品后，交由国际企业销售。这种方式的优点是有利于发挥母国企业在技术、工艺和营销上的优势，投资少、风险小，并且市场控制权仍在母国企业手中，产品在当地制造有利于维护与东道国的公共关系。该方法的局限在于难以找到有资格的制造商，质量难以控制，需与制造商分享利润，一旦合同终止，制造商易成为当地市场的竞争者。

（3）许可证贸易。是指国际企业与东道国企业签订许可协议，授权东道国企业使用国际企业的专利、商标、服务标记、商品名称、原产地名、专有技术等在一定条件下生产和销售某种产品，并向东道国企业收取许可费用。这一方式的优点是以低成本快速进入海外市场，可避开关税、配额、交通运输费等不利因素，风险较小、在当地销售后如需修改的商品不用支付修改费用。缺点是对被授权企业控制力有限，一旦合同终止，被许可方易成为当地市场的竞争者。

（4）合营企业。是指国际企业在东道国选择一个或若干个企业共同投资、共同经营、共负盈亏的企业。这一方式的优点是与海外独资生产相比，可以减少投资和人力，易获得当地政府与社会的支持，较容易获得当地的资源支持，能更多、更快地获得当地市场的信息，对生产和营销的控制程度较高。缺点是投入大、风险高。

（5）海外投资生产。是指国际企业在国外市场上全资控制一个企业的生产和营销，国际企业既可选择收购当地现存企业，也可投资设立一个新企业。这一方式的优点是国际企业可以独享利润，能更好地贯彻自己的经营目标与管理思想、能更直接更全面地积累国际营销经验，并将独资企业更有效地纳入其全球营销体系之中。缺点是投资大、风险高，相对合营企业较难取得当地政府部门和社会公众的认同与资源支持。

中新网 2014 年 11 月 21 日电　今日，中国国家主席习近平对新西兰进行友好国事访问期间，受邀参加了新西兰政府举办的颇具当地特色的农业科技展览会。在农展会上，习主席与新西兰总理约翰·基共同见证了蒙牛、雅士利在新西兰系列合作项目的签约，鼓励两国乳企进一步全球化。

蒙牛此次与新西兰合作伙伴鹏欣和 Miraka 携手，是国际化战略布局向更深层次进军的重要一步。蒙牛总裁孙伊萍表示："蒙牛一年前就与新西兰安硕公司开展质量管理合作，现在与新西兰牧场、工厂直接合作，不仅仅是考虑到新西兰的优质奶源地，更是想通过此举吸收国外的先进技术、全产业链管理等，为消费者奉献更安全、更优质的乳制品，持续强化蒙牛在 UHT 牛奶领域的高端品牌领导地位。"

伴随着蒙牛、雅士利国际化步伐的不断加快，中国乳业也将迎来新一轮的升级与进步。

（资料来源：中新网，2014 年 11 月 21 日）

企业具体选择以何种方式进入国际市场，要考虑企业自身的因素，如企业目标、产品条件、技术条件、人员要素、市场规模和产品出口的历史和经验，也要考虑其他主要因素，如市场信息、经验积累、投资、风险、控制程度、竞争状况及灵活性等。

（四）制订进出口商品经营方案

企业制订进出口商品经营方案，并通过相关渠道对交易客户进行必要的资信调查，以保证经营意图的贯彻和实施。出口商品经营方案是对外洽商交易、推销商品和安排出口业务的依据，主要包括货源情况、国外市场情况、出口经营情况及推销计划和措施。进口商品经营方案主要包括订货数量的掌握、采购市场的安排、交易对象的选择、价格的掌握、交易方式的运用及交易条件的掌握。

据淄博检验检疫局消息，韩国 2015 年 7 月颁布了《进口食品安全管理特别法》和《农药肯定列表制度》，将分别于 2016 年 2 月和 12 月正式实施。韩国是淄博市食品农产品出口的主要国际市场。2015 年上半年，淄博地区出口韩国食品农产品 886 批、货值 3005 万美元，批次、货值均占该市出口食品农产品总量的 80% 以上。新规实施后，除将大幅度增加需要检测的农药、兽药项目，增加检测费用外，通关周期也将延长，将对淄博食品农产品出口韩国造成一定影响。

（**资料来源**：济南日报，2015 年 7 月 17 日）

此外，对客户的资信调查可避免贸易双方发生索赔纠纷、履约发生障碍或收回货款方面发生阻碍等，有利于国际贸易的顺利进行。对客户资信调查的内容和范围主要包括国外企业的组织机构情况、政治情况、资信（资金和信用）情况、经营范围及经营能力等。对客户进行资信调查与咨询的途径有：通过银行调查；通过国外的工商团体进行调查；通过举办的国内外交易会、展览会、技术交流会、学术讨论会主动接触客户进行了解；通过实际业务的接触和交往活动考察客户；通过驻外机构和在实际业务活动中对客户进行考察；通过外国出版的企业名录、厂商年鉴以及其他相关资料进行考察；通过国外的咨询机构调查等。

（五）出口商品商标的注册

我国商品在向国外市场（特别是主销市场）销售之前，必须按照有关国家规定的法律程序办理商标注册，取得商标所有权及法律的保护，防止他人仿造冒用。而我国出口商品商标在国外办理注册之前，最好先在国内注册，以便在国内取得商标专用权的法律保护。在国外注册，一般委托中国国际贸易促进委员会或者直接委托客户作为代理人在当地办理。我国商标在国外注册后，应注意有无仿冒或映射我国商标的情况。

2013 年 6 月 8 日，记者从绍兴市黄酒行业协会了解到，该协会刚刚收到日本政府部门下发核准的"绍兴黄酒"集体商标注册通知书，这意味着绍兴黄酒有了第一个海外集体商标。

日本是绍兴黄酒的主要出口地，2012 年对日出口 2.1 万吨，出口总额 2500 万美元，约占绍兴黄酒出口总额的 70%。但一直以来，日本市场上充斥着不少假冒的绍兴黄酒，不但影响绍兴黄酒的美誉度，而且也不利于绍兴黄酒出口量的提升。为此，市政府相关部门及市黄酒行业协会于 2011 年开始，向日本提出"绍兴黄酒"集体商标的注册申请。

市黄酒行业协会秘书长陈祖亮说，此次"绍兴黄酒"集体商标成功注册，表明我市已被授权使用绍兴黄酒证明商标的"会稽山""古越龙山""塔牌""女儿红"等 15 家企业都可以在日本使用这一集体商标，这将为扩大绍兴黄酒产品出口，加强绍兴黄酒知识产权和原产地保护，提升绍兴知名度发挥重要作用。

据了解，"绍兴黄酒"证明商标在我国香港的注册已在受理中，而且进展较为顺利。今后，市黄酒行业协会还将到绍兴黄酒出口较多的东南亚、欧盟等国注册"绍兴黄酒"集体商标，以进一步扩大绍兴黄酒对外出口。

（**资料来源**：绍兴日报，2013 年 6 月 9 日）

（六）价格制订与成本核算

国际贸易商品的价格是国际货物销售合同中的主要条款之一，也是交易双方磋商的核心内容，在国际货物买卖中，如何确定进出口商品价格和规定合同中的价格条款，是交易双方最为关心的一个重要问题。进出口商品价格的费用对正确掌握价格有很重要的参考作用，是决定成交价格的基础。进出口商品价格的费用构成如表 10-2 所示。

表 10-2　进出口商品价格的费用构成

进口商品价格的费用	出口商品价格的费用
成本费（或出口国 FOB 价）	进货成本费（或出厂价格）
海运和其他运费	国内运费
保险费	商品包装费
银行费用	仓储费用（包括火险费和挑选、整理加工费）
进口关税及其他税收	商品检验费
装卸费、理货费	出口税金
商品检验费	出口关税及出口报关手续费
仓储费（包括改装等加工费）	货运保险费
国内运费	办理托运、结汇及签发所需单据手续及各种杂费
杂费（码头费、业务通信费等）	毛利率
毛利润	中间商佣金
中间商佣金	

注：FOB（Free On Board FOB），也称"离岸价"，是国际贸易中常用的贸易术语之一。按离岸价进行的交易，买方负责派船接运货物，卖方应在合同规定的装运港和规定的期限内将货物装上买方指定的船只，并及时通知买方。货物在装运港被装上指定船时，风险即由卖方转移至买方。

二、国际贸易合同的磋商和订立

（一）国际贸易合同订立步骤

交易磋商的一般程序应包括询盘、发盘、还盘和接受四个环节（图 10-2），其中发盘和接受是合同成立的必要法律环节。通常情况下一项有效发盘被对方有效接受时，合同即告成立。

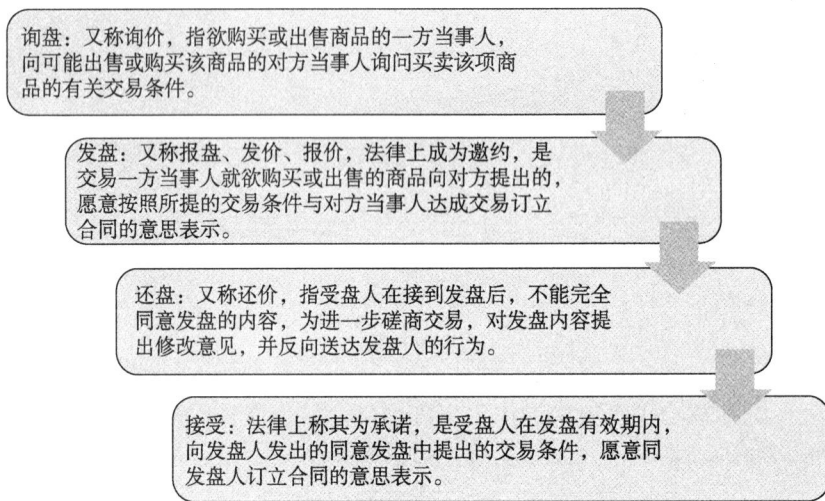

询盘：又称询价，指欲购买或出售商品的一方当事人，向可能出售或购买该商品的对方当事人询问买卖该项商品的有关交易条件。

发盘：又称报盘、发价、报价，法律上成为邀约，是交易一方当事人就欲购买或出售的商品向对方提出的，愿意按照所提的交易条件与对方当事人达成交易订立合同的意思表示。

还盘：又称还价，指受盘人在接到发盘后，不能完全同意发盘的内容，为进一步磋商交易，对发盘内容提出修改意见，并反向送达发盘人的行为。

接受：法律上称其为承诺，是受盘人在发盘有效期内，向发盘人发出的同意发盘中提出的交易条件，愿意同发盘人订立合同的意思表示。

图 10-2　国际贸易合同订立步骤

（二）国际贸易合同生效条件

在国际贸易合同订立过程中，交易一方的发盘经对方接受的，当接受生效时合同即告成立，但合同成立并不意味着合同生效。合同只有具备一定的条件才具有法律效力，才受法律保护。

国际贸易合同有效成立的条件为：

（1）合同必须自愿和真实；

（2）当事人须具有订约能力；

（3）合同的权利和义务必须对等；

（4）合同的标的和内容必须合法；

（5）合同的形式必须符合法律规定的要求。

三、国际货物运输及商品检验

（一）国际货物运输

国际贸易中的货物的国际运输线长、面广、中间环节多、情况变化大、涉及的问题也较多，是一项远比国内运输复杂的工作，涉及运输方式的选择、各项装运条款的规定及装运单据的运用等内容。

运输方式有海洋运输、铁路运输、航空运输、邮政运输、公路运输、江河运输、管道运输和联合运输等。在具体业务中买卖双方应根据进出口货物的特点、运量的大小、路程的远近、情况的缓急、运费的高低、风险的程度、装卸的情况、气候与自然条件以及国际政治形势的变化等因素，审慎选择合理的运输方式。在国际贸易中，通过海洋运输的货物约占世界贸易总量的80%以上，我国对外贸易货物绝大部分通过海洋运输（表10-3）。

表10-3　主要运输方式优缺点对比

	海洋运输	铁路运输	航空运输	邮政运输
优点	运输量大 通过能力高 运费低廉 对货物适应性强	速度较快 载运量大 不易受气候条件影响 风险较小	速度很快 运输质量高 不受地面条件限制	手续简便
缺点	速度较慢 风险较大	投资高 建设周期长	费用高	对邮件大小和重量有一定限制

2015年6月，河南省南阳市新野县惠万家公司直供香港蔬菜15吨，社旗县种德农业科技示范园供港无公害优质蔬菜25吨。次日，新野县凌峰电子公司满载十万支LED灯具和一万片显示屏的光电电子集装箱也从新野启程，将通过中欧班列出口德国。

据介绍，社旗县种德农业实行"产—供—销"一体化模式，蔬菜从下种、施肥、田间管理到采摘都有严格的标准和技术要求，在香港设立销售点，采取定点蔬菜直销方式，实现"产地直达餐桌"。新野县惠万家农业有限公司采用农牧结合办法，建设高标准供港农产品基地，一个年出栏5万头养猪场、一个2800亩规模的供港蔬菜基地，均依照国际饲养方式，保证商品猪生产的无公害化。蔬菜基地实行深翻精耕、定量播种、合理密植、人工清理杂草、施用生物肥，使用地下水灌溉。

（**资料来源**：科技日报，2015年6月19日）

（二）进出口商品检验

进出口商品检验，简称商检，是指由有资格的、有权威的、独立于买卖双方利益冲突之外的第三者（国家商检机构或民间公证鉴定机构）对进出口商品进行检验、鉴定，并对检验、鉴定的结果出具商检证书的行为。商品检验是进出口商品在贸易中不可缺少、至关重要的环节，其检验的内容包括质量、规格、数量、重量、包装及是否安全、卫生等。

商品检验的依据有两种：一是法律、行政法规；二是贸易合同。对于进口商品而言，一般按照生产国标准检验；对于出口商品而言，一般有国家标准、地方标准和企业标准。

1. 报验

报验是指对外贸易关系人（包括出口商品的生产、供货部门，进口商品的收货、用货部门，运输、保险契约的有关部门）向商检部门提出的检验申请，是商品检验的必办手续，一般有出口检验申请、进口检验申请和委托检验三种做法。

2. 抽样

抽样是检验的基础，除委托检验外，一般不得由报验人送样，而是在商检部门接受报验后，随即派抽样员赴存货现场自行抽样，抽样员按照约定的方法和比例，从存货的不同部位抽取一定数量的能代表整批货物质量的样品（标本）供检验之用，抽样完毕，由抽样员当场发给抽样收据。

3. 检验

检验是商检部门的中心工作，必须做到准确、迅速、证货相符，否则会影响检验结果的准确性和有效性。因此，商检部门在接受报验后，要认真研究申报的检验项目，确定检验内容，按照检验的依据和合同（信用证）对品质、规格、包装的规定以及其规定的检验标准和检验方法，对抽样进行检验。

4. 签证

商检证书是商检机构对进出口商品检验、鉴定的结果所出具的证书，是买卖双方交接货物的依据，也是买卖双方收付货款、处理索赔和理赔的依据。因此，要求商检证书所载事实清楚，论证严谨、周密。

四、国际货款的收付与合同履行

（一）国际货款结算票据

国际贸易货款的收付采用现金结算的较少，大多使用的是作为信用工具的票据，在国际贸易中使用的金融票据主要有汇票、本票和支票，其中以汇票为主。汇票（Bill of Exchange/Postal Order/Draft/Money Order）是由出票人签发的，要求付款人在见票时或在一定期限内，向收款人或持票人无条件支付一定款项的票据（图10-3）。

```
No._____                    Nanjing, China _____
Drawn Under_____
L/C No._____ dated_____
Exchange for _____ payable with interest @        % per annum
at _____ of this FIRST of exchange (Second of exchange being unpaid)
pay to the order of _____
The sum of _____
To: _____



                                 _____
                                      Authorized Signature


```

图 10-3　汇票

汇票的使用是通过一系列规范的票据行为完成的，包括出票、提示、承兑、付款等票据行为。如需转让，通常经过背书行为转让。汇票遭到拒付时，还要涉及做成拒绝证书和形式追索等法律权利。

汇票是协议付款的常见方式。国际货物贸易货款结算时，出口商往往开出汇票连同运输单据一起交给出口商所在地银行，银行再将其寄送给海外代收的银行（即进口商所在地银行），海外代收行通知进口商（代表货物的）单据已经收到，并在以下两个条件满足之一的情况下将单据交给进口商：第一，如果汇票是（见票即付的）"即期汇票"，买方全额支付汇票金额；第二，如果汇票是（以特定天数之后支付开付的）"远期汇票"，买方承兑票据，即买方在汇票背面签字同意在规定日期全额支付货款。

汇票使用程序如图 10-4 所示。

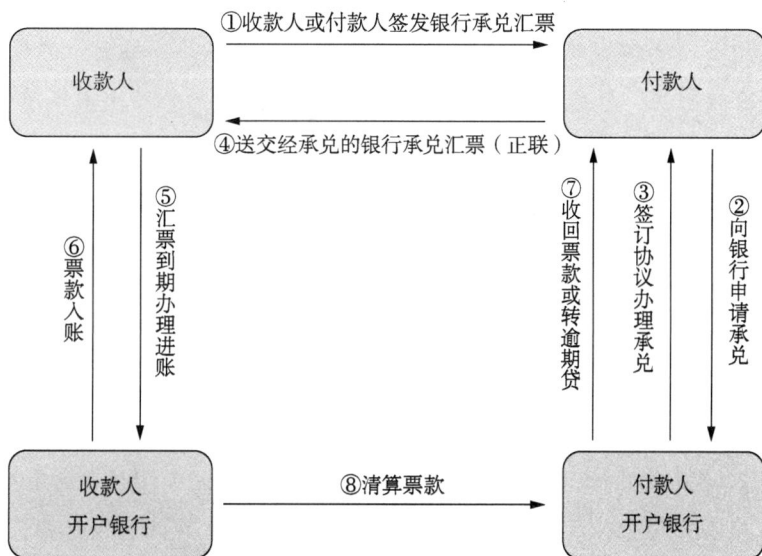

图 10-4　汇票使用程序

（二）国际货款常用支付方式

国际货款的常用支付方式主要有汇付、银行托收和银行信用证三种，其性质与特点各不相同，最常用的是汇付。

汇付又称汇款，指付款人主动通过银行或其他途径将款项汇交收款人。国际贸易货款的支付如采用汇付，一般是由买方按合同约定的条件（如收到单据或货物）和时间，将货款通过银行汇交给卖方。

如图 10-5 所示，汇付的基本流程是汇款人（进口商）根据合同或经济事项将汇款交付汇出行，并填交电汇或信汇申请书，委托汇出行接受汇款委托，并通过电讯工具或邮寄信汇委托书，委托汇入行解付汇款；汇入行经审核无误后通知收款人并向其解付汇款。

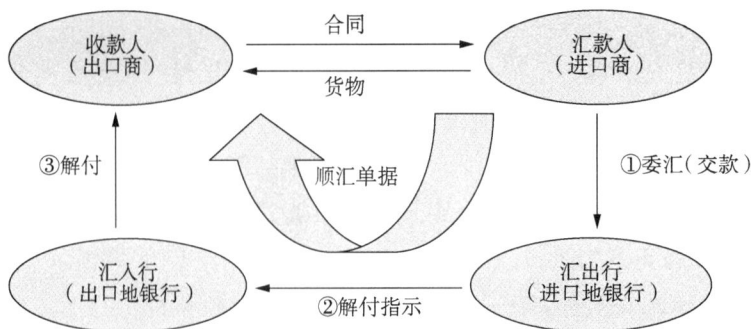

图 10-5 汇付的基本流程

近年来，随着我国优势农产品出口渐成规模，境外农业合作开发步伐不断加快，农业企业遭遇海外买方拖欠、拒收、破产等商业风险和进口国突然提高检验标准等政治风险的事件逐渐增多。如何有效防范海外信用风险和提高农产品国际竞争力成为农业"走出去"必须解决的问题。来自中国出口信用保险公司（以下简称"中国信保"）的承保数据显示，2014年，我国政策性信用保险对农产品出口的承保规模达到113亿美元；承保海外种植园、农业经济合作区等农业海外投资项目30余个，承保金额近10亿美元。同时，数据也显示，海外买方拖欠和海外买方拒收已成为我国农产品出口企业无法收汇的最主要原因。2014年，中国信保共计向农产品出口企业支付赔款3700余万美元，其中，买方拖欠致损金额占全部企业损失的84.4%，买方拒收致损金额占企业损失的11.7%，其他致损原因还包括政治风险、买方破产和开证行拖欠等。

政策性信用保险有力保障"走出去"农企海外利益。从实践经验来看，随着海外信用风险不断暴露，政策性信用保险作为保障收汇安全、维护海外利益的有效金融工具，正逐渐受到农业企业的青睐。据了解，中国信保作为国家政策性保险机构，可以向"走出去"企业提供出口信用保险和海外投资保险两类保障产品，前者可以为农产品出口企业提供以信用证、非信用证方式从中国出口的信用期限在一年以内的出口收汇风险保障；后者可以为境外农业项目投资企业提供因投资所在国发生的征收、汇兑限制、战争及政治暴乱、违约等政治风险造成的经济损失提供风险保障。

（资料来源：新华社，2015年3月20日）

（三）进出口合同的履行

进出口合同的履行是国际贸易的重要环节，是指进出口合同的当事人在合同生效后，全面、适当地完成进出口合同义务的行为。

其中，就进口合同的履行而言，依据成交方式不同，买卖双方承担的风险、费用和责任就不同，进口合同的履行程序也不同。假定进口合同以 FOB 价格成交、以信用证方式结算货款，则进口合同的履行程序包括：申领进口许可证；开立、修改信用证；租船

（订舱）和催装；办理保险（投保）；审单、付汇与核销；进口货物的通关及验收；办理进口索赔等环节（图10-6）。

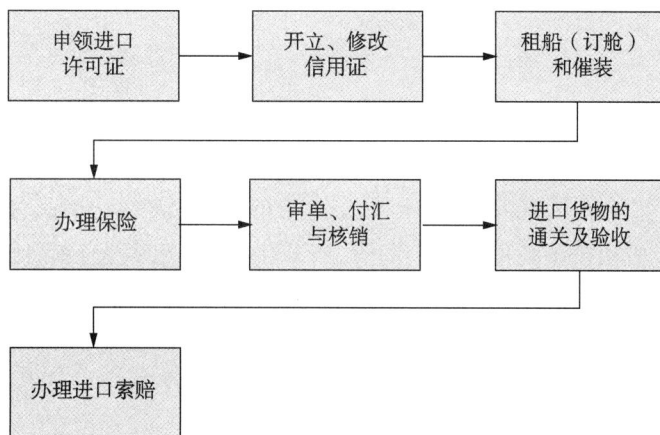

图10-6　进口合同履行程序

出口合同的履行环节一般包括备货和报验，催证、审证和改证，办理货运、报关和投保，信用证方式下制单结汇，以及出口收汇核销和办理出口退税环节。其中，以货（备货、报验）、证（催证、审证和改证）、船（租船订舱、办理货运手续）、款（制单结汇）四个环节的工作最为重要（图10-7）。

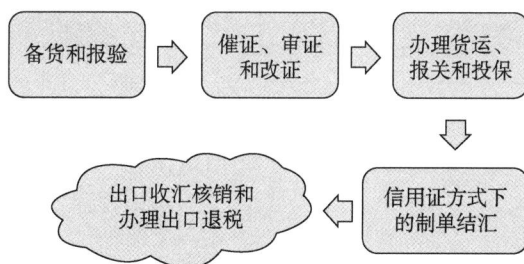

图10-7　出口合同的履行

五、国际贸易争议的预防和处理

（一）国际贸易争议内涵

国际贸易争议是国际贸易的一方当事人认为另一方当事人未能履行全部或部分合同规定的义务而引起的业务纠纷，产生争议、纠纷的原因很多，从其性质上看，争议产生的主要原因，一是当事人一方的故意行为导致合同履行违约而引起争议；二是由于当事人一方的疏忽、过失或业务生疏导致违约而引起争议。

（二）国际贸易争议处理方式

国际贸易争议的解决可采用四种方式：协商、调解、仲裁和诉讼。

1. 协商

协商又称友好协商，是指在发生争议后，由当事人双方直接进行磋商，自行解决纠纷。

2. 调解

调解是指由双方当事人自愿将争议提交选定的调解机构（法院、仲裁机构或专门的调解机构），由该机构按调解程序进行调解。若调解成功，双方应签订和解协议，作为一种新的契约予以执行，若调解意见不为双方或其中一方接受，则该意见对当事人无约束力，调解即告失败。

3. 仲裁

仲裁是指双方当事人达成书面协议，自愿把争议提交给双方同意的仲裁机构，仲裁机构做出的裁决是终局性裁决，对双方都有约束力。

4. 诉讼

诉讼是指一方当事人向法院起诉，控告合同的另一方，一般要求法院判令另一方当事人以赔偿经济损失或支付违约金的方式承担违约责任，也有要求对方实际履行合同义务的。当事人没有订立仲裁协议或者仲裁协议无效的，可以向法院起诉。国际贸易争议解决方式对比如表 10-4 所示。

表 10-4　国际贸易争议解决方式对比

	协　商	调　解	仲　裁	诉　讼
优点	①节省费用 ②气氛缓和 ③灵活性大	①和解性 ②经济性 ③灵活性	①时间短 ②费用低 ③保密性高 ④裁决权威 ⑤异国执行方便	①强制性 ②可冻结财产
缺点	①涉及数额巨大，双方不让步，难以解决	①稳定性较差 ②和解协议效力较低	①被申请主体数量受限 ②财产保全不易 ③效力不确定	①立案时间长 ②诉讼费用高 ③异国法院对判决认可度不同 ④比较复杂

❧ **动动脑**

1. 农业企业进行国际贸易前为什么要进行市场调研？

2. 在进行国际贸易过程中要注意哪些问题？

🍁 链接案例

海外"新希望"

新希望集团正在进行全球化生产、采购、金融基础上的市场转型。

新希望集团董事长刘永好对《财经国家周刊》记者说，一个企业"走出去"很困难，每个国家的文化、法律、社会习惯都不一样，因此中国企业应该抱团取暖，才能更好地得到双方政府的支持，让上下游企业更好地衔接。

目前，新希望已在 16 个国家创办了约 50 家工厂，比如越南、印度尼西亚、印度、埃及、土耳其、南非等，波兰、俄罗斯等国的新希望工厂也正在建设中。

刘永好表示，"走出去"的企业要善于与国外企业、国际机构合作，他们在法律或其他方面能帮助中国企业。比如，新希望就善于同国际金融公司（IFC）等合作，这是成功的一个秘诀。

1. 利用海外资本

6 月 9 日，世界银行集团成员 IFC 与新希望六和股份有限公司的新加坡子公司，在北京签署了 6000 万美元的融资协议，支持新希望在南亚及东南亚 10 个国家的饲料业与食品产业投资及运营，促进该地区农牧业发展。

IFC 的 6000 万美元贷款分为两个部分：4000 万美元的自有资金贷款，2000 万美元则来自于 IFC 管理的联合贷款组合计划。该计划是一个新的资金动员平台，为机构投资者提供机会间接参与 IFC 未来的中长期贷款组合。该投资项目主要帮助新希望在孟加拉国、印度和越南等国的投资。

"IFC 和新希望的合作关系始于 2001 年，当时合作的是化工企业。" IFC 负责全球合作的副总裁冯桂婷告诉《财经国家周刊》记者，新希望在中国农业领域是一个旗帜性的公司，IFC 正努力用各种各样的方式支持新希望的发展，且在 2013 年投资了新希望产业基金，现在开始支持新希望的海外布局。

冯桂婷表示，能够帮助中国公司进行海外扩张，把中国企业的专长带到其他市场中去，是一件很有意义的事情。未来，IFC 会继续支持新希望的海外事业。

据悉，IFC 提供的 6000 万美元长期贷款，是新希望集团继 2014 年与澳新银行、荷兰合作银行、星展银行及中国银行 1 亿美元贷款后，在海外资金运用方面与国际金融机构的又一次成功合作。该贷款优化了新希望集团的海外负债结构，减少了在海外投资、建设过程中的资金压力。

"新希望海外布局既依靠公司强大的自有资金支持，也离不开国际资本帮助。"新希望六和联席董事长兼 CEO 陈春花对《财经国家周刊》记者表示，东南亚是新希望海外投资发展最早涉足的区域，也是目前布局较多、发展相对成熟的区域。

未来，新希望在东南亚市场将以现有的饲料业务为基础，向上下游积极扩张，打造覆盖全产业链的产业体系，涉及育种、养殖、屠宰加工、食品生产销售等环节。

为此，新希望还设立了专注于农业及食品领域的新希望海外投资基金，并引入了世界银行、IFC、新加坡淡马锡、美国 ADM 公司以及三井物产等基金投资人。

2. 靠质量取胜

作为国内农牧产业龙头，新希望是第一批开拓国际市场的民营企业，经过 18 年的国际化探索，2014 年新希望海外市场的年销售额超过 30 亿元。但这并非一帆风顺。

早在 1998 年 10 月，新希望开始了对越南、柬埔寨、朝鲜等国的考察，并于 1999 年 5 月决定进行海外投资。由于东南亚为传统的养殖地区，且饲料市场起步晚、人力和原材料成本低廉、引进外资意愿强烈。

于是，新希望选定了各方面条件相对成熟的越南作为第一个投资国，投入资金 3000 万元，在胡志明市新建年产 20 万吨的饲料生产项目，就此拉开了新希望的海外投资之旅。

但很快就遭遇了挫折。刘永好表示，新希望最开始布局海外市场的主要产品是饲料，通过边贸卖到越南，后来建了一个工厂。但当地人并不买新希望的产品，他们认为中国的所有产品在越南都比别的国家要便宜 2/3 左右，所以新希望的饲料也要把价格下降一半。

刘永好拿到的市场调研报告显示，当时，中国出口到越南的鞋价格是美欧日等国的 1/4 左右，空调、电视、汽车、摩托车价格是 1/3 左右。

刘永好说："早期中国的很多低端产品从边贸卖到海外，特别便宜，对中国制造有不良影响，但新希望要靠质量赢得海外市场。"

自 2003 年以来，新希望海外业务收入稳定增长，2003—2013 年复合增长率达到 28%。2014 年海外业务收入达到 31.92 亿元，占集团总收入 4% 左右。

与此同时，新希望集团还提出，未来 3 年内集团农牧业务可合并收入达到 1400 亿元，海外业务收入占比达到 10%，预示着新希望将加速海外扩张步伐。

除了在发展中国家和地区布局外，新希望也逐渐加大欧洲和澳大利亚的投资。

2014 年 3 月，新希望斥资 8000 万元在俄罗斯的莫斯科和叶卡捷琳堡建大型饲料厂，计划 2015 年投入生产，这是其首度进军俄罗斯市场。

2014 年 12 月，新希望旗下投资基金与多位合作伙伴联合收购了澳大利亚第四大牛肉加工商 Kilcoy 畜牧业公司（KPC）的多数股权。

对于这次并购，新希望集团副董事长、厚生投资管理中心创始合伙人王航告诉《财经国家周刊》记者，双方从接触到并购完成历时 5 个月。目前新希望 100% 控股这家企业，整合很顺利，新希望保留了原来的管理团队。

2015 年 4 月，来自澳交所上市企业自由食品集团的公告显示，新希望乳业和澳乳业巨头佩里奇家族 LPC 乳业共同组建的澳洲鲜奶控股财团，已与奶牛场巨头摩克西家族签订谅解备忘录，将收购澳最大独立地块奶牛场运营集团 Moxey Farms。

对于未来，刘永好表示，新希望正在研究如何搭上"一带一路"的快车，中国企业应大力拓展国际空间，联合促发展。

❧ 复习思考题

1. 农业企业国际化背景是什么？

2. 什么是农业企业国际化经营？其特征有哪些？

3. 进行国际贸易前需要哪些准备？

4. 国际贸易怎样进行合同订立？货物交易时要经过哪些步骤？国际贸易合同履行要注意哪些问题？

5. 面对国际贸易争议如何处理？

附录 1

农业企业类固定资产分类及折旧年限表

序　号	固定资产分类	折旧年限
一	通用设备部分（同工业企业）	
1	机械设备	10~14
2	动力设备	11~18
3	传导设备	15~28
4	运输设备	6~12
5	自动化控制及仪器仪表	
	自动化、半自动化控制设备	8~12
	电子计算机	4~10
	通用测试仪器设备	7~12
6	工业炉窑	7~13
7	工具及其他生产用具	9~14
8	非生产用设备及器具	
	设备工具	18~22
	电视机、复印机、文字处理机	5~8
二	专用设备部分	
9	拖拉机	
	大中型拖拉机	6~10
	小型拖拉机（14 千瓦以下）	4~6
10	谷物联合收获机	8~12
11	机引农具及渔业、牧业机械	5~8
12	排灌机械及大型喷灌机	8~12
13	粮食处理机械	10~16
14	农田基本建设机械	8~12
15	农用飞机及作业设备	10~14

序　号	固定资产分类	折旧年限
16	修理专用设备及测试设备	10~15
17	金属油罐	10~15
三	**其他专用设备部分**	
	水电工业专用设备	
18	机电设备	12~20
	输电线路	30~35
	配电线路	14~16
	变电配电设备	18~22
19	冶金工业专用设备	9~15
20	机械工业专用设备	8~12
21	石油工业专用设备	8~14
22	化工、医药工业专用设备	7~14
23	电子仪表电讯工业专用设备	5~10
24	建材工业专用设备	6~12
25	纺织、轻工专用设备	8~14
26	矿山、煤炭为及森工专用设备	7~15
27	造船工业专用设备	15~22
28	港务专用设备	8~18
	铁道专用设备	
29	铁路机车车辆	12~16
	铁路通信线路	16~20
	铁路通信信号设备	6~8
30	运输船舶	8~20
31	建筑施工专用设备	8~14
	公用事业企业专用设备	
32	自来水	15~25
	燃气	16~25
33	商业、粮油专用设备	8~16

序 号	固定资产分类	折旧年限
四	**房屋、建筑物部分**	
34	房屋(同工业企业)	
	建筑物	
	水电站大坝	45~55
	港口码头基础设施	25~30
	铁路线路上部建筑及桥梁、涵洞、隧道等	35~45
	飞机跑道、停机坪	30~40
35	水库	40~60
	干渠、支渠	10~25
	机井	10~20
	水泥晒场	10~25
	养殖池	10~20
	公路 按公路等级确定	
	其他建筑物	15~25
五	**经济林木及产役畜**	
	经济林木	
36	橡胶树等	15~30
	果、桑、茶树等	5~15
37	产役畜 按生产周期确定	

2014 年新《企业所得税法》对固定资产折旧年限最新规定

一、固定资产定义

《企业所得税法》第十一条所称固定资产，是指企业为生产产品、提供劳务、出租或者经营管理而持有的、使用时间超过 12 个月的非货币性资产，包括房屋、建筑物、机器、机械、运输工具以及其他与生产经营活动有关的设备、器具、工具等。

二、固定资产折旧考虑因素

企业在固定资产的预计使用寿命时，应考虑以下因素。

（1）该固定资产的预计生产能力或实物产量。

（2）该固定资产的有形损耗，如因设备使用中发生磨损、房屋建筑物受到自然侵蚀等。

（3）该固定资产的无形损耗，如因新技术的进步而使现有的资产技术水平相对陈旧、市场需求变化使产品过时等。

（4）有关固定资产使用的法律或者类似的限制。

三、固定资产折旧计提方式及年限规定

企业应当自固定资产投入使用月份的次月起计算折旧；停止使用的固定资产，应当自停止使用月份的次月起停止计算折旧。

企业应当根据固定资产的性质和使用情况，合理确定固定资产的预计净残值。固定资产的预计净残值一经确定，不得变更。

除国务院财政、税务主管部门另有规定外，固定资产计算折旧的最低年限如下：

（1）房屋、建筑物，为 20 年；

（2）飞机、火车、轮船、机器、机械和其他生产设备，为 10 年；

（3）与生产经营活动有关的器具、工具、家具等，为 5 年；

（4）飞机、火车、轮船以外的运输工具，为 4 年；

（5）电子设备，为 3 年。

四、财政部、国家税务总局关于完善固定资产加速折旧企业所得税政策的规定

各省、自治区、直辖市、计划单列市财政厅（局）、国家税务局、地方税务局，新疆生产建设兵团财务局：

为贯彻落实国务院完善固定资产加速折旧政策精神，现就有关固定资产加速折旧企业所得税政策问题通知如下：

一、对生物药品制造业，专用设备制造业，铁路、船舶、航空航天和其他运输设备制造业，计算机、通信和其他电子设备制造业，仪器仪表制造业，信息传输、软件和信息技术服务业 6 个行业的企业 2014 年 1 月 1 日后新购进的固定资产，可缩短折旧年限或采取加速折旧的方法。对上述 6 个行业的小型微利企业 2014 年 1 月 1 日后新购进的研发和生产经营共用的仪器、设备，单位价值不超过 100 万元的，允许一次性计入当期成本费用在计算应纳税所得额时扣除，不再分年度计算折旧；单位价值超过 100 万元的，可缩短折旧年限或采取加速折旧的方法。

二、对所有行业企业 2014 年 1 月 1 日后新购进的专门用于研发的仪器、设备，单位价值不超过 100 万元的，允许一次性计入当期成本费用在计算应纳税所得额时扣除，不再分年度计算折旧；单位价值超过 100 万元的，可缩短折旧年限或采取加速折旧的方法。

三、对所有行业企业持有的单位价值不超过 5000 元的固定资产，允许一次性计入当期成本费用在计算应纳税所得额时扣除，不再分年度计算折旧。

四、企业按本通知第一条、第二条规定缩短折旧年限的，最低折旧年限不得低于《企业所得税法》实施条例第六十条规定折旧年限的 60%；采取加速折旧方法的，可采取双倍余额递减法或者年数总和法。本通知第一条至三条规定之外的企业固定资产加速折旧所得税处理问题，继续按照企业所得税法及其实施条例和现行税收政策规定执行。

五、本通知自 2014 年 1 月 1 日起执行。

参考文献

[1] 熊红颖，寿志敏.从经济意义上浅析农民组织化问题 [J].商场现代化，2007(493).

[2] 张红宇.对新时期农民组织化几个问题的思考 [J].农业经济问题，2007(3).

[3] 邱添.浅析我国中小企业跨国经营的策略 [J].淮海文汇，2008(4) .

[4] 刘俊宏，仲蓬，熊敏.基于就业的校企合作人才培养模式实践探索 [J].经营管理者，2013(7)：378.

[5] 包玉泽，谭力文，许心.中国的管理创新机制——基于改革开放后管理思想发展的研究 [J].管理学报，2010，11(10):1020–1027.

[6] 毕守峰，孔欣欣.中小企业创新面临的主要问题及对策研究 [J].中国科技论坛，2012(9): 83–88.

[7] 张振刚，余传鹏.创新平台：企业研究开发院的构建 [M].北京：机械工业出版社，2013.

[8] 张振刚，余传鹏，崔婷婷.家长式领导、心理授权对企业管理创新的影响 [J].科技管理学院，2015(3).

[9] 楼栋，孔祥智.新型农业经营主体的多维发展形式和现实观照 [J].改革，2013(2):65–77.

[10] 王钊.农业企业经营管理学 [M].北京：中国农业出版社.

[11] 蒋辉，蒋和平，王靖.农业龙头企业兼并重组面临的制度性障碍及政策建议——来自广东温氏食品集团股份有限公司的调研 [J].江苏农业科学，2010(4):376–379.

[12] 范黎波，马聪聪，马晓婕.多元化、政府补贴与农业企业绩效——基于 A 股农业上市企业的实证研究 [J].农业经济问题，2012(11):83–90，112.

[13] 刘晓婧.我国农业企业绿色化经营现状与法制化管理的途径 [J].贵州农业科学，2012（10）：226–228.

[14] 张丽颖.农业企业内部绩效评估及协调分析 [D].长春：吉林大学，2010.

[15] 张红霞.农业产业化龙头企业全面风险管理体系研究 [D].长春：吉林大学，2012.

[16] 刘云芬，陈砺.多元化、政府支持与公司绩效——基于中国农业上市公司的实

证研究 [J]. 农业技术经济，2015(2):118–128.

[17] 廖祖君，郭晓鸣 . 中国农业经营组织体系演变的逻辑与方向 : 一个产业链整合的分析框架 [J]. 中国农村经济，2015(2):13–21.

[18] 郭颖梅 . 云南省农业产业化龙头企业的风险管理特点 [J]. 经济师，2015(10):29–32.

[19] 罗双发，欧晓明 . 政治关联方式与农业企业绩效——基于农业类上市公司 2004—2012 年的经验数据 [J]. 农业经济问题，2015(10):43–52，111.

[20] 罗斌 . 国内外农产品质量安全标准检测认证体系 [M]. 北京 : 中国农业出版社，2007.

[21] 曾少军 . 全球能源新格局下的中国策略——以 "一带一路" 能源战略选择为例 [A]. 国际经济分析与展望（2010–2015）[C]. 2015:13.

[22] 张吉国 . 农产品质量管理与农业标准化 [D]. 济南 : 山东农业大学，2004.

[23] 陈思 . 中国农产品地理标志保护对策研究 [D]. 北京 : 中国农业科学院，2013.

[24] 余从田 . 食品企业质量安全追溯与监管平台的建设与应用 [J]. 食品工业，2010(7).

[25] 余鸿达 . 我国食品安全监管体制改革研究 [D]. 长沙 : 湖南大学 .

[26] 王中亮，朱亚兵 . 食品质量安全有效监管改革食品质量安全有效监管改革 : 控制权分享与利益相关者治理的角度 [J]. 企业经济，2010(12).

[27] 周应恒 . 现代食品安全与管理 [M]. 北京 : 经济管理出版社，2008.

[28] 陆立才 . 农业企业经营管理实务 [M]. 苏州 : 苏州大学出版社，2013.

[29] 赵海燕 . 中国における "三品" 認証制度の展開と現状 [J].《フードシステム研究》（Journal of Food System Research），2009（9）:15–27.

[30] 何忠伟 . 农业企业经营管理学 [M]. 北京 : 中国农业出版社，2011.

[31] 中国国际经济交流中心 "一带一路" 课题组 . "一带一路"：全球共同的需要人类共同的梦想 [A]. 国际经济分析与展望（2010–2015）[C]，2015(13).

[32] 张孟才 . 国际贸易实务 [M]. 北京 : 机械工业出版社，2012.

[33] 裴长洪，付彩芳 .2010 年世界贸易分析与展望 [A]. 国际经济分析与展望（2010–2015）[C]. 2015:19.

[34] 陈超，张明杨 . 禁止我国转基因大豆进口贸易的福利变动与虚拟耕地的分析——基于 Stackelberg 均衡 [J]. 国际贸易问题，2013(9):15–27.

[35] 岩田胜雄，王亚新 . 亚洲主要国家经济发展的过去和未来 [J]. 南洋资料译丛，2010(4):1–15.

[36] 范雯 . 中国对欧盟农产品出口的研究 [D]. 广州 : 广东外语外贸大学，2013.

[37] 沈亚纬 . 中国工程公司的国际化经营研究 [D]. 成都 : 西南财经大学，2008.

［38］田丰 . 中国与世界贸易组织争端解决机制 : 评估和展望 [J]. 世界经济与政治，
　　　2012(1): 128–106，160.

［39］徐春祥 . 国际贸易实务 [M]. 北京：机械工业出版社，2011.

［40］伊佩奇 . 论我国现代企业物流的现状、发展趋势和应对策略 [J]. 科技信息 (学
　　　术研究)，2007(34):59.

［41］[美] 加里·哈默，比尔·布林 . 陈劲，译 . 管理的未来 [M]. 北京 : 中信出版社，
　　　2012.

［42］赵勤 . 中国现代农业物流问题研究 [D]. 哈尔滨：东北林业大学，2006.

［43］王蕾 . 我国现代农业物流问题探讨 [J]. 农业经济，2012(1):117–119.

［44］董千里 . 现代企业物流管理 [M]. 北京：首都经济贸易大学出版社 .

［45］莫少颖 . 农业企业绿色物流体系研究 [J]. 生态经济 (学术版)，2012(1):258–260.

［46］王蕾 . 基于供应链的新疆北疆农产品物流体系优化研究 [D]. 石河子：石河子大
　　　学，2010.

［47］赵琨 . 农产品物流成本形成机理研究 [D]. 大庆：黑龙江八一农垦大学，2011.

［48］罗蓉 . 电子商务背景下的生鲜农产品冷链物流绩效评价研究 [D]. 武汉：华中农
　　　业大学，2010.

［49］孙红礼 . 农业信息化促进农业产业化的机理与对策研究 [D]. 杭州：浙江大学，
　　　2006.

［50］兰洪杰 . 现代物流管理系列教材：供应链与企业物流管理 [M]. 北京：清华大学
　　　出版社，2004.

［51］养殖商务网 . 上市量大牛蛙价格下滑有饲料经销商资金断裂 . 水产快讯，2015–
　　　07–03. http://www.yangzhi.com/news/201507/2015_07_03_652383.html

［52］程杰，武拉平 . 基于国内支持框架下的农业风险管理体系研究 [J]. 经济与管理，
　　　2007, 21(9):13–18.

［53］韩启忠 . 科技企业流动资金管理探讨 [J]. 河南科技，2004(9):26–26.

［54］杨晓斌 . 企业资金管理案例分析——基于晋中天宇合成炭有限公司 [J]. 会计之
　　　友 (下旬刊)，2010(7).

［55］段军，王永浩 . 企业小金库的来源及治理方法 . 企业导报，2012(23):39–40.

［56］肖湘雄，刘浩 . 贫困山区新型农村合作医疗农民筹资模式研究 . 卫生经济研究，
　　　2010(9):41–42.

［57］栾敬东，程杰 . 基于产业链的农业风险管理体系建设 [J]. 农业经济问题，
　　　2007(3):86–91.

［58］刘菲菲 . 北京市将农业自然灾害划定四大等级 [N]. 人民网，2015.5.13. http://
　　　bj.people.com.cn/n/2015/0710/c360761—25533799.htm.

［59］王辉.加强应收账款管理　提高企业效益［J］.山西财经大学学报，2008(01).

［60］崔润花.应收账款管理中的信用等级评价分析［J］.齐齐哈尔大学学报：哲学社会科学版，2010(1):111-112.

［61］贾璐.我国农业上市公司生物资产信息披露状况的探究［J］.中国集体经济，2013(6).

［62］于明霞.有关农业企业特殊固定资产管理问题的探讨［J］.中国农垦经济，2004(12):54-55.

［63］谭林根.浅析农业企业会计核算办法［J］.科技信息，2006:186-186.

［64］于桂娥.消耗性林木资产分段确认与计量［J］.中国乡镇企业会计，2007(8):70-71.

［65］国凤兰，刘庆志.生产性生物资产会计核算问题及改进［J］.财会通讯：综合版，2009(1).

［66］无忧管理会计网.风险有哪些特征？为什么要研究风险的特征？(2015-08-26).http://www.51cma.org/article-7950-1.html.

［67］新华社.农业上市公司：靠天吃饭还是靠天造假？2010.11.06.

［68］中国证券报.中证网(北京).农业企业成本核算的准确性及合规性，2015.03.21.

［69］中国日报网(北京).生猪价格飙升伤及屠宰场利润不升反降［N］，(2011-06-23).http://www.chinadaily.com.cn/zgrbjx/2011-06/23/content_12764138.htm.

［70］猪场动力网.规模养猪场的盈利关键点，2015.07.10.

［71］魏延安.骗人的农业企业利润率.价值中国网，2010.03.30.

［72］养猪网.出栏猪头均效益分析法，2015.07.24.

［73］刘浩.风险投资的风险分析与防范［J］.价值工程，2010(32).

［74］吴东立，李洪旭.制度变迁下我国农业风险管理体系重构：一个框架性设计［J］.农业经济，2008(3):70-72.

［75］陈善毅.我国现代农业的风险管理［J］.皖西学院学报，2003(1).

［76］郭佳琳.我国农业产业面临的风险及应对措施［J］.企业家天地：中旬刊，2007(2):4-6.

［77］焦阳，曹延芬，郭世主，乔立娟.农业上市公司投资风险管理研究——以大连獐子岛集团股份有限公司"黑天鹅事件"为例［J］.农村经济与科技，2015(9):112-113，203.

［78］中国经济网.保险风险证券化破题　巨灾保险迈出扎实一步(2015-08-21).http://www.ce.cn/xwzx/gnsz/gdxw/201508/21/t20150821_6279817.shtml

［79］孙金权，刘雪玲.农业产业链风险及其管理研究［J］.：中州学刊，2011(6).

［80］孙磊，李辉.关于投资风险规避问题的探讨［J］.长春：吉林建筑工程学院学报，2006，23(4).

［81］中国日报（中文网）. 证监会决定停止审核 IPO 首发和再融资 [N] (2015–07–9). http://caijing.chinadaily.com.cn/2015–07/09/content_21236787.htm.

［82］中华慈善新闻网. 我国自然灾害致直接经济损失 605.7 亿 [N](2015–08–10) http://ccn.people.com.cn/n/2015/0810/c366510—27436273.html.

［83］徐瑞成. 完善"订单农业"规避种植风险 [N]. 安徽日报，2015–11–05.

［84］李庆国. 北京创新农业风险管理工具为生猪价格上保险养殖户吃上"定心丸"[N]. 中国农业信息网，2010–12–12.

［85］豆丁网. 农业自然灾害分为哪几个等级 [EB/OL] (2015–05–21). http://www.docin.com/p—1156135501.html

［86］周超. 北京市农业自然灾害突发事件应急预案 [N]. 法制晚报，2012–02–25.

［87］北京市农村工作委员会，北京市农业局. 关于印发《北京市农业自然灾害突发事件应急预案》的通知 [EB/OL](2012–01–20). http://govinfo.nlc.gov.cn/bjfz/xxgk/bjsnw/201202/t20120208_1348815.html?classid=383.